서경식 다시 읽기 2
회상과 대화/최종 강의

서경식 다시 읽기 2
회상과 대화/최종 강의

하야오 다카노리 + 리행리 + 도베 히데아키 엮음

김지영 + 신민정 + 최재혁 옮김

fig 1. 피테르 브뤼헐, 〈죽음의 승리〉 1562년경, 패널에 유채, 117×162cm, 프라도미술관.

fig 2. 나카무라 쓰네, 〈두개골을 든 자화상〉 1923년, 캔버스에 유채, 101×71cm, 오하라미술관.

fig 3. **나카무라 쓰네, 〈소녀〉** 1913년, 캔버스에 유채, 69.8×65.6cm, 나카무라야살롱미술관.

fig 4. 조반니 세간티니, 〈알프스의 한낮〉 1892년, 캔버스에 유채, 86×80cm, 오하라미술관.

fig 5. **오기와라 로쿠잔, 〈갱부〉** 1907년, 브론즈, 47.5×45.5×33.5cm, 로쿠잔미술관.

fig 6. **오기와라 로쿠잔, 〈디스페어(절망)〉** 1909년, 브론즈, 52×99×58.5cm, 로쿠잔미술관.

fig 7. **오기와라 로쿠잔, 〈여인〉** 1910년, 브론즈, 98.5×47.0×61.0cm, 로쿠잔미술관.

fig 8. 사에키 유조, 〈서 있는 자화상〉 1924년, 캔버스에 유채, 80.5×51.8cm, 오사카 나카노시마미술관.

fig 9. **카라바조, 〈메두사〉** 1598년경, 패널 위에 붙인 캔버스에 유채, 60×55cm, 우피치미술관.

fig 11. 빈센트 반 고흐,〈천둥구름이 낀 하늘 아래 밀밭〉
1890년, 캔버스에 유채, 50.4×101.3cm, 암스테르담 빈센트 반 고흐 미술관.

fig 12. 빈센트 반 고흐,〈별이 빛나는 밤〉 1889년, 캔버스에 유채, 73.7×92.1cm, 뉴욕현대미술관.

fig 13. 빈센트 반 고흐, 〈피에타〉
1889년, 캔버스에 유채, 73×60.5cm, 암스테르담 빈센트 반 고흐 미술관.

fig 14. 빈센트 반 고흐, 〈슬픔〉

1882년, 석판화, 38.5×29cm, 암스테르담 빈센트 반 고흐 미술관.

fig 15. **윌리엄 아돌프 부그로, 〈목욕 후〉**
1894년, 캔버스에 유채, 152.5×89cm, 인스티투토 리카르도 브레넌드.

fig 16. 케테 콜비츠, 〈죽은 아이를 안은 어머니〉

1903년, 동판화, 42.5×48.6cm, 사키마미술관.

fig 17. 케테 콜비츠, 〈죽음은 여성을 붙잡는다〉

1934년, 석판화, 50.7×36.8cm, 뉴욕현대미술관.

fig **18. 케테 콜비츠, 〈희생〉** 1922년, 목판화, 37.2×40.8cm, 뉴욕현대미술관.

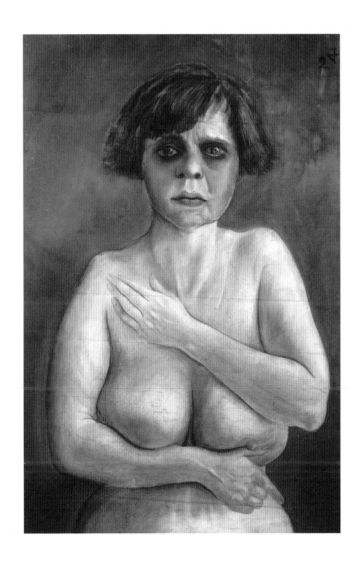

fig 19. **오토 딕스, 〈여성 반신상〉** 1926년, 나무 패널에 유채 및 템페라, 73×55cm, 개인 소장.

fig 20. 펠릭스 누스바움, 〈유대인 증명서를 쥔 자화상〉

1943년, 캔버스에 유채, 56×49cm, 펠릭스 누스바움미술관.

fig 21. 데이비드 강, 〈입을 위한 선禪〉 퍼포먼스(2004년 11월 27일, 도쿄경제대학)

fig 22. 〈후쿠시마현 미나미소마시 가이바마 해안에 쓰나미로 밀려든 폐기물〉

2011년(촬영: 아사노 고지로淺野康治郎).

fig 23. 아이미쓰, 〈눈이 있는 풍경〉

1938년, 캔버스에 유채, 102×193.5cm, 도쿄국립근대미술관.

fig 24. 사키마미술관에 진열 중인 〈오키나와전투도〉(마루키 이리·도시) 앞에서
대화를 나누는 사키마 미치오와 서경식(2021년 3월 30일)

fig 25. 2004년 무곤칸無言館 앞에 세워진 기념비 〈기억의 팔레트〉

2005년 6월 18일 일어난 붉은 페인트를 투척 사건 후, 그 흔적 일부를 남겨 두었다(촬영: 최재혁).

fig 26. **미야기 요토쿠, 〈어촌〉**

1934-1941년, 캔버스에 유채, 24×33cm, 개인 소장(나고시박물관 위탁 소장).

fig 27. 케테 콜비츠, 〈씨앗들을 짓이겨서는 안 된다〉

1941년, 석판화, 37×39.5cm, 사키마미술관.

일러두기

1. 이 책은 김지영, 신민정, 최재혁이 다음과 같이 나누어 번역했다.

　　최재혁 — 서문, 1부의 최종 강의와 인터뷰, 감사의 글, 일본어판 후기
　　김지영 — 1부의 좌담, 2부의 발표(우카이 사토시, 다카하시 데쓰야)와 응답(서경식)
　　신민정 — 2부의 코멘트(모토하시 데쓰야, 시부야 도모미)와
　　　　　　 3부의 대화(가마쿠라 히데야+서경식, 사키마 미치오+서경식)

2. 본문의 각주는 옮긴이가 작성한 것이다(시부야 도모미의 코멘트의 경우
　 저자의 주석을 미주로 수록했다).

3. 본문 중에 서경식의 저서가 언급될 경우는 일본판의 원서명을 번역하여 표기하고,
　 필요한 경우 각주에 한국판의 제목과 서지 정보를 추가했다.

4. 미술·영화·미디어 등의 작품명은〈 〉, 전시명은《 》, 단행본·정기간행물은『 』,
　 논문·기사·시·개별 문헌은「 」로 표기했다.

5. 작품 사진의 제공처는 다음과 같다.
　 20쪽, 32쪽 : 사키마미술관
　 31쪽 : 나고시박물관

차례

2.
한일을 오가는 비평 활동의 다면성
— 정년퇴임 기념 심포지엄 기록

3.
예술 표현을 둘러싼 두 번의 대화

서경식과 그의 시대

— 비평가로서, 활동가로서, 교육자로서

/ 하야오 다카노리

들어가며

이 책은 서경식이 펼친 비평 활동의 전체상과 의의를 밝히
려는 시도이며 3부로 구성되었다.

제1부 「자기 형성과 사색의 궤적」에서는 도쿄경제대학에서
열린 서경식의 '최종 강의'(2021.3.14)를 비롯해 그의 저작과 관련
하여 가진 인터뷰, 그리고 서경식과 세 명의 재일조선인 연구자
(리행리李杏理, 최덕효崔德孝, 조경희趙慶喜)가 펼친 좌담회 기록을 담
았다. 이 글들은 서경식이 어떤 상황 아래에서, 어떤 문제의식을
가지고 발언해 왔는지를 분명하게 밝혀 줄 것이다.

제2부 「한일을 오가는 비평 활동의 다면성」에서는 서경식의
정년퇴임 기념 심포지엄(2021.1.23)을 기초로 일본의 우카이 사토
시鵜飼哲, 다카하시 데쓰야高橋哲哉와 한국의 권성우, 최재혁이 쓴
네 편의 발표문과 이에 대한 서경식의 응답, 그리고 도쿄경제대
학 소속 모토하시 데쓰야本橋哲也, 시부야 도모미澁谷知美, 리행리의

코멘트를 수록했다.i 2부의 글에서는 서경식의 비평 활동이 수용
된 양상과 우리 사회에 미친 영향이 명확히 드러날 것이다.

　　제3부「예술 표현을 둘러싼 두 번의 대화」에서는 NHK 디렉
터 가마쿠라 히데야鎌倉英也, 그리고 사키마미술관 관장 사키마 미
치오佐喜眞道夫와의 대담을 수록했다. 서경식과 오랫동안 영상 제
작과 예술 관련 기획을 함께했던 두 사람이 나눈 대화는 이들이
공명하고 연대하면서 걸어 온 여정을 보여 줄 것이다.

　　한편 이 서문에서는 편저자 중 한 명이자 오랫동안 서경식
의 독자였으며, 직장 동료이기도 했던 필자가 서경식이 글과 말
로 펼쳐 나갔던 활동의 전체상을 조감하며 살피는 시도를 덧붙
이고 싶다.

제1기 — 지원 활동의 시대

　　한 사람의 '작가'로서 서경식의 비평 활동을 시대 구분을 통
해 바라보는 일은 엄밀한 의미에서 불가능할지도 모른다. 서경
식 본인도 시기를 나누는 이러한 시도에 위화감을 느끼거나, 이
론을 제기할 수 있으리라 생각된다. 하지만 서경식의 유일무이
했던 역할과, 비평 활동이 지닌 묵직한 의미를 이해하기 위해서
는 시대를 따라가며 사상적 배경이 되어 준 사회 정세까지 비추

---

i　권성우, 최재혁, 리행리의 글은 『서경식 다시 읽기』(연립서가, 2022)에 게재되었으므로
이 책에는 수록하지 않는다.

어 보는 시도가 유의미할 것이다.

　서경식의 비평 활동의 제1기는 두 형 서승, 서준식이 한국 유학 중에 정치범으로 체포된 1971년을 기점으로 하여 두 사람이 석방된 1990년까지로 상정할 수 있다. 1990년을 전후로 한 이 시대는 한국에서는 군사독재 체제가 끝나고 민주화가 이루어졌고, 세계사적으로는 냉전 체제가 형식적으로나마 종지부를 찍은 시기다. 일본 사회에서는 직접적 전쟁 책임자였던 쇼와 천황昭和天皇 히로히토가 사망하면서 '쇼와昭和'(1926-1989)가 끝을 맺은 시대이기도 하다.

　1970년대와 1980년대를 거치며 서경식의 비평 활동은 두 형의 석방 운동을 펼치는 가운데, 이를 지원하기 위해 모였던 일본의 리버럴·좌파 지식인과의 교류 속에서 이루어졌다. '서씨 형제 사건'은 단순히 한국의 군사독재 정권만의 문제가 아니었다. 일본 또한 냉전 구도 아래에서 미국 자본주의 진영의 일익을 담당하면서 한국 군사독재와 공범 관계에 있었기 때문이다. 일본에 의한 식민지 지배의 잔재가 청산되지 못한 것 역시 한국의 군사독재와 관련되어 있었다. 다른 한편으로는 냉전 구도 아래 공산당이나 사회당 등에 소속되었거나, 이를 지지했던 좌파 지식인이 아직 어느 정도 존재감을 갖고 있었던 시대이기도 했다. 일본에서는 일본 사회 자체의 민주화를 추구하는 동시에, 한국의 군사독재를 비판했던, 다시 말해 서씨 형제의 투옥에 책임을 느끼며 석방 운동에 함께한 지식인이 있었다. 히다카 로쿠로日高六郎, 야스에 료스케安江良介, 와다 하루키和田春樹, 후지타 쇼조藤田省三 등이 그 대표 격 인물이다. 서경식은 재일조선인 정치범의 동생이

라는 당사자의 입장에서 발언하면서, 동시에 이러한 리버럴·좌
파 지식인과의 대화를 통해 일본 사회에 문제를 제기했다. 이 시
기의 저작은 『길고도 험한 여정 – 서씨 형제 옥중의 삶』(가게쇼보,
1988)과 『황민화 정책에서 지문 날인까지 – 재일조선인의 '쇼와
사昭和史'』(이와나미쇼텐 이와나미북클릿, 1989)가 대표적이다.

제2기 – '역사 인식 논쟁'의 시대

　서경식의 비평 활동 제2기는 두 형이 석방되고 냉전도 종지
부를 찍어 '헤이세이平成(1989-2019)'가 시작된 1990년 무렵부터
도쿄경제대학의 전임 교원으로 임용되기 전인 2000년 무렵까지
로 볼 수 있다. 1991년부터 비상근 강사로서 몇몇 대학에서 강의
를 시작하기는 했지만 아무래도 전임 교원이 되면서부터 교육자
의 역할이 더해져 큰 변화가 생겼고, 그 전후로 서경식의 비평 언
어도 어떤 식으로든 질적 변화를 맞았다는 점, 그리고 일본 사회
가 1990년대부터 '포스트 냉전'과 '포스트 쇼와', '전후 50년' 등
의 기점을 맞이하며 크게 변동한 시기였다는 점에 입각하면 이
때를 제2기로 구분할 수 있을 것이다.

　1990년대는 전쟁의 기억과 역사 인식을 둘러싼 논쟁의 시대
였다. 냉전과 동아시아 군사독재 체제의 종식은 심한 이데올로
기의 대립 아래 묶여 있던 식민지 지배나 전쟁의 기억을 해방하
기 시작했다. 하지만 한편에서는 '전후 50년'이라는 단락 짓기가
역사 인식을 둘러싼 반동적인 움직임을 가속화하기도 했다. 구

체적 사안으로 1991년에 한국에서 최초의 '위안부' 커밍아웃이
있었고, 그때부터 아시아 전역에서 일본군 '위안부' 문제가 쟁점
화되기 시작했다. '위안부' 문제는 민족, 성, 계급이 복합적으로
연관된, 식민주의와 전쟁 성폭력의 전형적 사례인 동시에 기억과
증언의 (불)가능성과 오럴 히스토리까지 포함한 역사 인식과 역
사 서술의 과제로 부각했다. 다른 한편으로는 냉전이 미국·자본
주의의 승리라는 표면상의 현상으로 이어지며 끝났기 때문에 당
파적으로 좌파 논객은 퇴조의 길을 걷기 시작했다. 직접적 전쟁
책임자인 쇼와 천황이 사망하고 이른바 '평화주의'적인 헤이세이
천황이 즉위하면서 좌파 논객이 천황제 비판에서 거리를 두게 되
었던 것이다. 또한 '전후 50년'을 마무리 지으며 "더 이상 전후가
아니다.", "미래 지향"과 같은 문구로 대표되는 풍조가 강해져 전
쟁의 기억을 망각하려는 움직임도 강해졌다. 뿐만 아니라, 일본
에 의한 대對아시아 전쟁이나 식민 지배를 아시아 해방과 근대화
에 이바지했다고 정당화하는 논의가 횡행하며(이를테면 〈새 역사
교과서를 만드는 모임〉으로 대표되는) 반동의 조짐이 뚜렷해졌다.

　　이러한 정세 변화 속에서 일본인 리버럴·좌파 논단이 약화
되어 가던 시기에 재일조선인 지식인으로서 흔들림 없이 일본
의 식민주의를 비판하고 전후 민주주의의 가능성을 촉구했던 서
경식의 발언은 거꾸로 점점 무게감을 더해 갔다. 이 책의 공동 편
저자인 도베 히데아키戶邊秀明와 이 서문의 필자 하야오 다카노리
早尾貴紀는 1990년대에 대학생으로서 함께 이러한 '역사 인식 논
쟁'을 목도하면서, 서경식의 날카로운 발언을 접했고 가르침을
받은 세대이다. 또한 필자는 도호쿠東北대학에 다니던 학창 시절

에 미야자키宮成현에 살던 전前 위안부 송신도宋神道의 재판(1992년
커밍아웃 후 1993년 제소)과 지원 활동에 오랫동안 참여하면서 전
쟁과 식민지 지배, 재일조선인의 역사, 포스트콜로니얼리즘에
관심을 갖게 되어 서경식의 발언을 뒤쫓아 가게 되었다.

　　송신도의 재판 활동을 지원하면서 대학원 시절부터 나 자
신도 '위안부' 문제와 역사 인식 논쟁에 관해 발언하고 집필하게
되었다. 그때 다카하시 데쓰야의 초청으로 다카하시 – 서경식의
연속 대담〈단절의 세기, 증언의 시대〉(1998년부터 1999년에 걸쳐
이와나미쇼텐岩波書店에서 개최했고, 잡지『세카이이世界』에 연재 후 같은 제
목으로 단행본으로 출간됐다)에 젊은 세대 인터뷰어로서 함께 자리
할 수 있었다. 도호쿠 지방에 살면서 운 좋게 서경식과 직접 만남
을 갖게 된 것이다(이 책 제1부 좌담에 참가한 최덕효와도 그곳에서 알
게 되었다). 당시 다른 참가들은 모두 도쿄에 거주했다. 유일하게
멀리서 와야 했던 나를, 서경식은 돌아갈 시간부터 교통비에 이
르기까지 언제나 자상하게 배려해 주어 지금도 감사한 마음을
잊지 않고 있다.

　　이렇게 1990년대 후반에 서경식은 '위안부'의 존재를 인정
하지 않는, 혹은 '매춘부'로 멸시하는 우파, 보수파 중 역사 부정
주의자들과 맞붙는 동시에 리버럴·좌파 계열의 '퇴락'과도 싸워
나가야만 하는 매우 고된 시기를 보내기도 했다. 와다 하루키가
1995년 발족한 '아시아여성기금'이라는 민간 모금으로 '위안부'
에게 보상금을 지불하려는 운동이 기치를 올리자 국가 책임·국
가 배상을 부정하는 움직임이 이어졌다(서경식은 2015년 '위안부
문제에 관한 한일최종합의'에서 민간 기금으로 해결하자는 방안이 다시

주장되었을 때, 와다 하루키와 몇 번이나 공개 서한을 주고받았지만 의견
은 완전히 평행선을 달렸다). 1999년에는 하나자키 고헤이花崎皋平가
『월간 미스즈みすず』에 쓴 「탈식민지화와 '공생'의 과제」라는 글
에서 서경식의 원칙적인 비평을 '규탄 모드'라고 칭하며 받아들
일 수 없다고 비판했다. 서경식은 같은 잡지에 바로 「당신은 어
느 자리에 앉아 있는가?」i(『반난민의 위치에서 - 전후 책임 논쟁과 재
일조선인』에 재수록)라는 글로 반론을 시도하면서 전쟁 책임이나
역사 인식 문제를 커뮤니케이션 방법의 차원으로 왜소화했다고
과오를 지적했지만 역시 평행선을 그으며 끝나 버리고 말았다.

그에 앞서 1997년에는 윤리학자 가와모토 다카시川本隆史가
역시 『월간 미스즈』에 게재한 「자유주의자의 시금석, 다시」에서
스승인 쓰루미 슌스케鶴見俊輔가 원칙 없이 아시아여성기금(민간
기금)을 지지한 점을 포함하여 '위안부'를 향한 병사의 '사랑'을
운운하며 일방적으로 위안부 문제를 왜곡한 일을 비판했다. 하
지만 쓰루미 슌스케의 맹우이기도 한 후지타 쇼조가 같은 잡지
에서 쓰루미를 지지하며 가와모토에게 노골적으로 '격노'를 표
한 일도 있었다. 후지타 쇼조는 가와모토 다카시뿐 아니라, 서경
식에게도 은사이며, 쓰루미 슌스케와 나란히 일본의 전후 민주
주의를 대표하는 사상가이다. 당시 도호쿠대학 교원이던 가와모
토와 필자는 대학원생 때부터 친교가 있었기에 그 후 서경식이
센다이仙臺에 올 기회가 생겨 나와 세 명이 만남을 가진 적이 있

---

i 이 글은 『언어의 감옥에서 - 어느 재일조선인의 초상』(권혁태 옮김, 돌베개, 2011)에 수
록되었다.

다. 그때 서경식이 "가와모토 씨, 반론하지 않을 건가요?"라고 묻
자, 가와모토는 팔짱을 끼고 "음…" 하며 신음 섞인 한마디를 토
해 내며 힘들어 하던 장면이 생생히 떠오르기도 한다.

와다 하루키, 쓰루미 슌스케, 후지타 쇼조, 하나자키 고헤이
등이 1990년대를 통해 차차 '퇴락'해 간 것은 일본의 전후 사상
계가 심각한 한계를 드러낸 것이며, 재일조선인인 서경식은 예
기치 않게 그 상황을 드러내는 존재였던 것 같은 생각이 든다. 이
시기 서경식의 비평을 대표하는 저술은 『분단을 살다 – '재일'을
넘어서』(가게쇼보, 1997)와 『반난민의 위치에서 – 전후 책임 논쟁
과 재일조선인』(가게쇼보, 2002) 두 권을 꼽을 수 있다.

'보편성'을 향한 시선

서경식의 제3기 활동을 이야기하기 전에 그의 비평이 지닌
특징을 한 가지 덧붙여 두고 싶다. 내가 서경식의 비평에 매혹된
점이기도 한데, 유럽에서 자행된 유대인 박해, 그리고 그 충격의
여파였던 팔레스타인 난민 문제와 팔레스타인 해방 투쟁을 향한
시선이다.

필자는 학부 때부터 대학원 시기까지 유럽 철학을 연구했
고, 그중에서 특히 한나 아렌트Hannah Arendt나 마르틴 부버Martin
Buber, 자크 데리다Jacques Derrida와 같은 유대계 철학자에 관심을
갖고 유대인의 특이성과 철학의 보편성이 자아내는 긴장 관계를
고찰해 왔다. 더욱이 그러한 유대계 철학자들이 유대인 국가 건

설 운동이나 전후 건국된 이스라엘에, 게다가 그 결과로서 생겨
난 팔레스타인 난민에게 어떤 거리감과 자세를 가졌는가를 탐구
했다. 그런 상황을 살피지 않고서는 철학으로 '보편'을 말할 자격
같은 건 없다고 생각했다.

　이러한 기대감에서 읽었던 책이 서경식의 『나의 서양미술
순례』(미스즈쇼보, 1991)i였다. 이 책은 동아시아의 식민주의와 군
사독재의 '특수'한 문제가, 게다가 그중에서도 '미미한' 재일조선
인의 존재가 세계의 '보편'적인 문제로 통할 수 있다는 점을 알려
주었다. 서경식은 이 책을 통해 근대 자본주의 세계 체제 속에서
발생하는 인간 소외, 국가·민족과 개인 사이에서 발생하는 모순,
머조리티majority와 마이너리티minority의 긴장 관계, 권력과 폭력
이 자아내는 어두운 양상이, 동양과 서양 어디에서나 생겨나는
'인간성'을 둘러싼 난문이라는 점을 이야기했다. 『나의 서양미술
순례』는 그러한 인간성을 표현하는 회화나 예술과 만나면서, 두
형의 옥중 투쟁 지원 운동 과정에서 느꼈던, 사방이 온통 막힌 듯
한 절망에서 자신이 가까스로 구원받았다는 점을 이야기하는 에
세이였다.

　또 홀로코스트의 생존자이자 그 의의를 계속해서 고민하다
가 마지막에는 자살로 삶을 맺었던 이탈리아의 작가 프리모 레
비Primo Levi의 족적을 따라갔던 글도 빼놓을 수 없다. 프리모 레
비에게 자신의 경험을 겹쳐 보면서, 나아가 일본의 전쟁 기억과
증언의 문제에까지 시사점을 던졌던 『프리모 레비를 찾아가는

---

i　한국판: 『나의 서양미술 순례』(박이엽 옮김, 창비, 1992/개정판 2002).

여행』(아사히신문사, 1999)i은 충격적이었다. 1990년대 역사 인식
논쟁의 한복판에서 간행된 수많은 서적 가운데 나지막한 목소리
로 울려 퍼진 이 한 권의 책은 앞으로도 오랫동안 읽혀야만 할 명
저이다.

　게다가 프란츠 파농Frantz Fanon이나 백낙청 등 제3세계 민족
저항 운동의 사상가나 작가의 작품 독해를 통해 식민주의나 아
이덴티티에 관해 논한『'민족'을 읽다 – 20세기의 아포리아』(일
본 에디터스쿨 출판부, 1994), 그중에서도 팔레스타인 작가 가산 카
나파니Ghassān Kanafānī에 관해 논한 장「땅의 기억」이나, 후지타
쇼조와 히다카 로쿠로, 오카베 이쓰코岡部伊都子, 마쓰이 야요리
松井やより, 그리고 이 책 2부에 수록된 심포지엄에도 등장하는 우
카이 사토시 등과 펼친 대담을 묶은『새로운 보편성으로 – 서경
식 대담집』(가게쇼보, 1999), 그중에서도 팔레스타인 영화감독 미
셸 클레이피Michel Khleifi와 나눈 대담「'보편주의'라는 맷돌에 갈
려」는 때로는 번득하는 깨달음을, 때로는 깊은 사색의 경험을 안
겨 주었기에 그의 말에 수긍하며 반복해서 읽었다.

　서경식은 팔레스타인 문제에 공감하면서 그것이 동아시아
의 (포스트)식민주의에 공통적으로 관련되어 있음을 발견했다.
팔레스타인 사람들의 경험을 통해 서구 근대의 보편주의가 아니
라 제국에 억압된 각지의 마이너리티 동지가 연대할 수 있는 또
다른, '새로운 보편성'을 모색해 갔다. 단행본에는 수록되지 않았
지만,『겐다이시소現代思想』에 기고한 팔레스타인/이스라엘 연구

---

i　한국판:『시대의 증언자 쁘리모 레비를 찾아서』(박광현 옮김, 창비, 2006).

자 우스키 아키라田杵陽와의 대담「분단과 이산을 넘어」(『겐다이시소』 1996년 8월호 특집 〈상상의 공동체〉에 수록)에서도 많은 것을 배울 수 있었다.

1998년부터 서경식과 알게 된 필자는 그를 센다이로 초청해 좌담회를 열었다. 2000년에는 〈단절을 응시하며 – 재일조선인과 일본인〉, 2002년에는 〈조선과 팔레스타인, 혹은 일본과 이스라엘〉이라는 제목으로 개최했는데, 사전 학습 차원에서 참가자들은 1회 때는 북클릿『황민화 정책에서 지문 날인까지 – 재일조선인의 '쇼와사'』를, 2회 때는 앞서 말한 미셸 클레이피, 우카이 사토시와의 대담을 읽으며 준비하기도 했다. 회장에서 쏟아진 질문에 서경식이 하나하나 정성껏 응답해 주어 무척 충실한 행사가 될 수 있었다. 이러한 행사가 보다 널리 알려질 수 있도록 현장의 발언 내용을 전부 기록하여 책자로 만들었고 이후 서경식의 저작『저울질해서는 안 된다 – 북일 문제를 생각하는 좌표축』(가게쇼보, 2003)에 수록되었다. 단독 강연이나 지식인과의 대담이 아니라 시민 강좌의 기록이 서경식의 저서에 수록된 것은 드문 일이어서 내게는 무척 귀중한 책이다.

팔레스타인 난민 문제와 관련하여 덧붙여 두고 싶은 것은 필자가 2009년 일본에 초빙된 가자Gaza지구 연구자이자 홀로코스트의 생존자인 사라 로이Sara Roy와 서경식을 대담으로 만나게 한 일이다(「새로운 보편성을 찾아 – 포스트홀로코스트 세대와 포스트콜로니얼 세대의 대화」, 『홀로코스트에서 가자지구로』에 수록). 또한 서경식은 가자지구의 인권활동가이자 변호사인 라지 스라니 Raji Sourani나 이스라엘의 유대인 저널리스트인 아미라 하스Amira

Hass 등과도 대담을 이어 갔다.

제3기 — 교육자·문화 운동의 시대

서경식의 비평 활동 제3기는 2000년 도쿄경제대학에서 교수로 직장을 얻은 이후로 볼 수 있다. 서경식이 대학 상근 교원이 됨으로써 사회에, 특히 젊은 세대에게 다양한 영향을 미치게 된 것이다. 이 상황은 몇 가지 의미로 나누어 볼 수 있다. 첫 번째는 '교양' 교육으로서 전쟁이나 차별, 인종과 마이너리티 등의 문제를 일본 사회의 중간층을 이루고 있는 학생들에게 전달했다는 점이다. 두 번째는 '21세기 교양 프로그램'과 세미나를 통해, 특히 '예술'을 매개로 인간과 사회를 고찰·표현하는 학생들을 육성한 점을 들 수 있다. 미술뿐 아니라 사진, 영화, 음악, 연극 등 여러 예술 표현을 다룬 졸업 논문이나 작품을 완성하고 사회로 진출한 학생들이 있었는데, 이들 대부분은 서경식의 지도가 없었다면 자유롭게 자신의 생각을 펼쳐 나가지 못했을 것이다. 또한 사회적 마이너리티로 자임하는 많은 학생이 서경식의 세미나 수업에 모여들기도 했다. 서경식이 스스로를 '학생들의 안전망'으로 불렀다는 말이 떠오르기도 한다. 그의 퇴임 기념 마지막 강의 때에는 세미나에 참가했던 수많은 제자가 찾아와 그가 얼마나 사랑과 신뢰를 받는 스승이었는가를 보여 주었다. 교육자로서 서경식이 끼친 세 번째 영향은 매년 재일조선인 학생이 서경식의 제자로 입학하여 재일조선인의 아이덴티티와 역사, 사회적 과제를 다룬 졸업 논문을 썼다는 점을 꼽을 수 있다. 이 책의 공동 편저자 중 한 명인 리행리 또한 서경식한테서 배웠던 학생이다.

이 시기 교육자로서의 서경식의 활동을 반영하는 저술은 『교양의 재생을 위하여 – 위기의 시대의 상상력』(가게쇼보, 2005)i과 『재일조선인은 어떤 사람?』(헤이본샤, 2012)ii일 것이다. 전자는 도쿄경제대학에서 서경식이 중심이 되어 '21세기 교양프로그램'이 발족되었을 때 펼친 강의에 가토 슈이치加藤周一와 노마 필드Norma Field의 기념 강연을 묶어 단행본으로 만든 책이다. 후자는 중고생부터 대학 신입생 정도를 독자로 상정하고 연속 강의를 정리한, 재일조선인에 관한 종합 입문서다.

이 시기의 저작을 두고 1990년대 서경식의 날카롭고 엄격했던 논조를 알고 있는 사람들은 "둥글둥글해졌다.", "순해졌다."라는 식의 비판을 가하기도 했다. 하지만 그런 비판은 서경식의 반쪽만 보았기에 생긴 오해로 보인다. 서경식은 교육자로서 어떻게 일본 사회의 중간층을 점하고 있는 '논포리non –political(탈정치화된)' 젊은이들에게 가닿을 언어로 풀어낼 수 있을까를 절치부심했다. 필자는 2006년부터 서경식이 2년 동안 연구년을 맞아 한국에 체류했을 때 비상근 강사로서 그가 맡았던 강의를 대신했다. 서경식은 강의 때 가져야 할 마음가짐과 주의할 사항을

---

i 한국판: 『교양, 모든 것의 시작 – 우리 시대의 인문교양은 왜 필요한가』(이목 옮김, 노마드북스, 2007).

ii 한국판: 『역사의 증인 재일조선인 – 한일 젊은 세대를 위한 서경식의 바른 역사 강의』(형진의 옮김, 반비, 2012).

고심 섞인 표정으로 전해 주었다. "교실은 독선적으로 최신 연구
성과를 피력하는 장소가 아니에요. 눈앞에 있는 학생들에게 어
떻게 잘 전달할 수 있는지가 관건이지요."라고 말하던 모습이 기
억에 생생하다. 다양한 학생을 가르치는 경험이 쌓여 가면서 자
연히 서경식의 글에도 변화가 생긴 것은 당연하다고 생각한다.

   덧붙여 이 시기 서경식의 활동으로서 『계간 젠야前夜』(총 12호,
2004-2007) 등을 통해 펼친 문화 운동도 이야기할 필요가 있다.
1990년대까지 서경식은 '고고한 사람'이라는 인상이 강했으나,
2000년대 들어서는 교육자의 면면이 더해져, 여러 아티스트나 연
구자, 활동가를 잇는 가교로서 문화적 발신에도 힘을 기울였다.
2004년에 도쿄경제대학에서 개최된 전시와 심포지엄 〈디아스포
라 아트의 현재-코리안 디아스포라를 중심으로〉와 2005년 『젠
야』에서 펼친 다큐멘터리 영화 〈루트 181: 팔레스타인-이스라
엘 여행의 단장斷章〉(미셸 클레이피, 에이알 시반Eyal Sivan 공동 감독)
의 상영 운동 및 관련 이벤트(여기서 필자도 영화 해설 등을 담당),
2012년에 도쿄경제대학에서 개최된 한국의 사진가 정주하의 사
진전과 관련 심포지엄 〈후쿠시마의 물음에 어떻게 응답할 것인
가-동아시아 현대사 속에서〉(이 책의 편집자 3인이 참가) 등을 들
수 있다. 서경식의 (다양한 의미에서의) 월경적인 위치가 가능케
한 조직력과 실행력의 성과였다고 생각한다. 또한 이들 활동의
결과물로서 『계간 젠야』 별책 「루트 181」, 『디아스포라 기행-
추방된 자의 시선』(이와나미쇼텐, 2005)ⅰ, 『빼앗긴 들에도 봄은 오

ⅰ 한국판: 『디아스포라 기행-추방당한 자의 시선』(김혜신 옮김, 돌베개, 2006).

는가 – 정주하 사진전의 기록』(다카하시 데쓰야 등과 공저, 고분켄,
2015)ii 등의 책을 들 수 있다.

　　특히 정주하 사진전과 관련 심포지엄은 2011년 3월 11일부터
시작된 동일본대지진, 그중에서도 도쿄전력 후쿠시마 제1원자력
발전소의 심각한 멜트다운 사고를 배경으로 개최된 것이다. 이
렇게 심대한 타격을 가져온 사고를 서경식 역시 심각한 사태로
받아들였다. 단순히 '미증유의 대재해'로서가 아니라, 전후 일본
이라는 국가가 펼쳐 온 핵에너지 정책의 파탄, 동아시아 냉전 체
제 아래에서 은폐되어 온 군사주의, 도호쿠 지방으로 위험 부담
을 억압적으로 전가한 내부 식민지 문제를 폭로하는 사건으로 바
라보았다. 이러한 위기에서 각성한 일본 사회가 '부흥'이 아니라
'재생'으로 나아가기를 서경식은 바랐다(만, 그렇게 되지는 못했다).
당시 필자는 재해 지역인 미야기宮城현에 살고 있었고, 그다음 달
인 4월부터 도쿄경제대학에 부임할 예정이었기에 피난과 관련하
여 서경식에게 많은 심려를 끼쳤고 물심양면으로 따뜻한 지원을
받기도 했다. 부임하고 나서도 이런저런 신경을 써 주며 앞에도
썼듯 원전 사고 관련 이벤트를 열 때마다 함께하자고 권유했다.
그중에서도 2012년 한국 합천(히로시마에서 피폭되어 귀국한 한국인
이 많아 '한국의 히로시마'로 불리는 도시)에서 개최된 〈비핵·평화대
회〉에도 불러 준 것은 '나'의 개인적인 피해 경험을 '세계'로 연결
하여 발신할 수 있는 귀중한 기회가 되었다.

---

ii　한국판:『다시 후쿠시마를 마주한다는 것 – 후쿠시마와 식민주의, 후쿠시마와 연대, 후
쿠시마와 예술』(형진의 옮김, 반비, 2016).

2012년 열린《정주하 사진전》은 2013년부터 2014년까지 후쿠시마 미나미소마南相馬시와 사이타마埼玉시 '원폭도·마루키미술관', 오키나와현 '사키마미술관' 등 여섯 장소를 순회하며 그때마다 좌담회와 심포지엄이 개최되었다. 필자 역시 그중 두 곳에서 참가하여 사회를 보고 발언도 했는데, 전체를 기록으로 남겨 책으로 만든 것이 『빼앗긴 들에도 봄은 오는가』이다. 또한 같은 시기 서경식은 단독 저서로 『후쿠시마를 걸으며 ─ 디아스포라의 눈으로』(마이니치신문사, 2012) i를 펴냈고, 후쿠시마 출신이기도 한 다카하시 데쓰야, 한국의 역사학자 한홍구와 열었던 연속 좌담을 『후쿠시마 이후의 사상을 찾아서 ─ 한일의 원전·기지·역사를 걷다』(헤이본샤, 2014) ii로 간행했다. 이 세 권의 책은 서경식에게 원전 사고가 얼마나 큰 의미였는가를 이야기해 준다.

마치며

서문, 그리고 이 한 권의 책이 서경식의 모든 비평 활동을 망라할 수 있을 리 없다. 그럼에도 편자 세 사람을 비롯해 서경식 선생, 관계자 여러분의 협력으로 가능한 것들을 최선을 다해 모아 볼 생각이다. 되돌아보건대, 전후 민주주의와 동아시아 냉전

---

i　한국판:『디아스포라의 눈─서경식 에세이』(한승동 옮김, 한겨레출판, 2013).

ii　한국판:『후쿠시마 이후의 삶─역사, 철학, 예술로 3·11 이후를 성찰하다』(형진의 옮김, 반비, 2013).

이 긴장 관계를 갖고 있었던 1970년대와 1980년대, '포스트냉전'과 '포스트 쇼와'가 겹치며 역사 인식 논쟁이 격화된 1990년대, 남북한과 중국과의 관계가 악화되는 한편에서 '9·11' 이후 대對테러 전쟁으로 군사적 긴장 관계가 더욱 첨예해진 2000년대, 원전 사고 이후 안으로 향한 '부흥 내셔널리즘'이 목소리를 높여 간 2010년대까지 서경식은 흔치 않았던 시대의 목격자인 동시에 어떤 시대에도 체제나 머조리티를 냉철하게 꿰뚫어 보는 '마이너리티의 눈'으로 발신을 계속해서 이어 간 비평가였다. 재일조선인으로서의 민족 아이덴티티를 강하게 긍정하는 '민족주의자'(이 용어의 정확한 의미는 본문에서 설명될 것이다)이자, 서양문화(회화, 음악, 문학)의 전통에 정통하고 거기에서 가장 좋은 것을 길어 올리는 '인문주의자', 팔레스타인을 비롯한 제3세계의 학대받는 사람들과 연대를 모색하는 '새로운 보편주의자', 그리고 일본의 대학이나 사회에서 학생과 동료, 시민을 항상 일깨워 준 '교육자'였다. 한 사람의 인간이 떠맡기에는 너무나 무거운 짐을 서경식이 짊어져 왔다고 다시금 생각하게 된다.

나는 그런 서경식을 가까이서 접할 수 있는 가장 큰 은혜를 입은 사람 중 하나다. 이 책으로 그 은혜를 다 갚을 수는 없겠지만, 적게나마 보답할 수 있다면 기쁘겠다.

바라건대 이 책을 통해 서경식 선생의 다양한 저서가 다시금 읽힐 수 있기를.

1

자기 형성과
사색의 궤적

최종 강의

도쿄경제대학
2021년 3월 14일

인문교육으로서의
예술학

/ 서경식

들어가며

코로나 상황에서는 무리가 아닐까 생각했습니다만, 오늘 이렇게 은퇴 강연의 기회를 마련해 주셔서 제게는 과분하다 싶을 만큼 영광스럽습니다. 둘러보니 예전 세미나 수업에 참가했던 분들, 오랜만에 뵙는 얼굴이 많아서 너무 기쁩니다.

본 강연에 들어가기에 앞서, 조금 길어질지 모르지만 제가 어떻게 태어나고 자랐는지를 서론 삼아 말씀드리려고 합니다. 새삼스레 제 입으로 이런 이야기를 드리는 까닭은 앞으로의 내용을 위해서 필요하다고 생각하기 때문입니다.

저는 1951년 교토에서 태어난 재일조선인 3세입니다. 도쿄경제대학에서 담당하고 있는 과목 중 하나는 〈인권과 마이너리티〉입니다. 이 수업의 첫 시간에는 "나는 어떤 경위로 교토에서 태어나게 되었는가?", "재일조선인이란 어떤 존재인가?"라는 질문을 통해 자신이 나고 자란 이력을 설명하면서 본격적인 수업으로 들어가는 방식을 취하곤 했습니다.

저는 〈인권과 마이너리티〉라는 과목의 담당자로서, 21년 전이 학교에 채용되었습니다만, 객관적인 사실이나 현상, 교과서적 정의를 가르치는 것이 아니라, 마이너리티의 입장과 시선에서 일본 사회의 인권 상황을 이야기하는 일이 제게 주어진 사명이라고 생각해 왔습니다. 바로 그런 필요성 때문에 나 같은 사람이 교수로 채용되었다는 사실을 마음에 새기고 있었기에, 저의 이야기도 가능하면 숨기지 않고 솔직히 털어놓았던 것입니다. 다만 이런 이야기는 얼굴을 맞대면서 하지 않으면 어렵습니다. 재직 중 마지막 1년은 코로나 시국이어서 그 점이 무척 힘이 들었습니다.

제가 1951년에 교토에서 태어난 까닭은 1928년에 할아버지가 조선반도에서 일본으로 건너왔기 때문입니다. 3세라고 말씀드린 이유는 아버지가 할아버지를 따라서 일본에 왔기 때문이죠. 당시 여섯 살이던 아버지는 1세와 2세 사이에 끼어 있는 것 같은 존재였습니다. 저는 그다음 세대이므로 3세라고 말씀드릴 수 있지만 사실상 '2세'라고 볼 수 있습니다.

1951년에 태어났다는 것도 꽤 상징적인 의미를 가지고 있습니다. 조선이 식민지 지배에서 해방된 해가 1945년, 남과 북에 두 개의 정부가 생겨 분단된 해가 1948년입니다. 그리고 남북 사이에 전쟁이 시작된 그다음 해에 제가 태어난 거죠.

아직 남북으로 갈라지지 않았던 '조선'이 하나의 나라로 독립하리라고 다들 생각하고 있던 무렵, 일본에 남아 있던 재일조선인은 1947년에 마지막 칙령으로 공포된 「외국인 등록령」의 대

상이 되었습니다. 그 시점까지는 할아버지도, 아버지도 일본 국
적이었지만, 1952년 4월 샌프란시스코 평화조약이 발효되고 일
본이 독립을 회복하는 사이 일방적으로 외국인으로 간주해 버린
것이 바로 「외국인 등록령」입니다.

그러므로 1951년에 태어난 저에게 "어떤 나라 사람으로 태어
났습니까?"라는 질문은 무척 복잡한 의미를 갖고 있습니다. 많은
일본인은 "일본에서 태어났으니 일본인이죠?"라든가 "조선에서
왔으니 조선인이죠?"라고, 하나의 고정적인 영역을 전제 삼아 고
정적인 관점으로 국적을 생각합니다. 그렇기 때문에 그 틀 안에
서 살아갈 수 없는 사람을 이해할 수 없습니다. 어렸을 적에 "그
렇게 (일본이) 싫으면 조선으로 돌아가라!"라는 말을 종종 들었습
니다. 요즘도 인터넷상에서는 그런 헤이트스피치(혐오 발언)가 넘
쳐납니다. "조선으로 돌아가!"라고들 말하지만 '과연 나는 어째
서 일본에 오게 되었을까? 돌아가라고 하는데 대체 어디로 돌아
가야 할까? 게다가 조선반도는 1945년 전쟁이 끝난 후로는 오갈
수 없는 그런 장소가 되어 버렸는데…' 그런 생각을 하며 내 나라
와 민족이 무엇인지 고민하는 일이 인생 거의 최초의 순간부터
시작되었던 셈입니다. 이렇게 복잡한 상황을 잘 정리해서 이해
하기란 성인에게도 어려운 일일 겁니다. 하지만 아무리 어리다
고 해도 그 문제를 어떻게든 정리하지 않으면, 타자와 대등하게
교류하는 것이 불가능해집니다.

저는 일본에서 태어나 교토시에서 자라고 교육을 받았습니
다. 비교적 교육열이 높았던 부모님 덕분에 나름 미술이나 음악
과 접할 기회도 얻을 수 있었습니다. 하지만 나와 비슷한 환경에

서 나고 자란 재일조선인 모두가 그런 기회를 똑같이 얻을 수는 없었다는 사실 역시 아프게 실감하고 있습니다.

고등학교 시절까지 교토에서 보낸 후, 도쿄대학 입시가 중단되었던 1969년에 와세다대학에 진학했습니다. 전공은 프랑스문학이었지만, 처음 1년 동안은 학생운동 때문에 강의가 전혀 열리지 못했습니다. 그렇지만 그런 파란만장한 상황 속에서 오히려 진짜 공부를 할 수 있었지요. 당시 학교 친구들은 학생운동이나 베트남 반전운동에 힘을 쏟고 있었지만 저는 제 자신이 해야만 하는 일은 조선 민족으로서의 역할을 고민하는 것이라는 생각을 했습니다. '조선 민족은 여전히 남북으로 분단되어 있고, 한국에는 군사독재 정권이 수립되어 있다. 그렇다면 내가 해야만 하는 일은 무엇일까?' 그런 고민 속에서 같은 민족 출신의 학생들(한국계)과 서클 활동을 했습니다.

2학년으로 올라가던 해, 동아리방에 갔더니 선배가 웃으며 "설마 너희 가족은 아니지? 너랑 성이 같은 녀석들이 붙잡혔대."라며 신문기사를 보여 줬습니다. 당시 한국에서 유학 중이던 형들이 틀림없었습니다. 두 형은 박정희 군사독재 정권에 반대하는 학생들에게 침투하여 배후 조종을 한 '북한 스파이' 혐의로 육군보안사령부에 체포됐습니다. '요즘 들어 통 연락이 없네'라고 생각하던 차에 신문에서 이름을 발견한 거죠. 놀라서 바로 교토에 계신 부모님께 돌아갔습니다. 그날 이후, 저는 남들이 일반적으로 생각하는 대학 생활을 보내지 못했습니다. 대학에 들어갔지만 '대학 생활'은 거의 없었던 셈이지요.

당시 프랑스문학과 교수였던 고바야시 루이小林路易 선생님이 프랑스의 대학원으로 유학을 권유했습니다. 공부를 잘해서가 아니라, '이 녀석에겐 그 길밖에 없겠다'라는 생각이셨겠지요. 고마운 조언이었지만 제게는 꿈같은 이야기였습니다. 형이 한국의 감옥에 갇혀 있고 경제적으로 안 좋은 집안 사정까지 겹쳤지만 가장 근본적인 문제는 여권이 없었기 때문입니다. 저는 한국 국적이었지만 한국 정부가 그리 쉽게 여권을 발급해 줄 리가 없었습니다. 형을 설득해서 전향하게 만들면 여권을 내주겠다는 식이었지요. 하지만 형의 뜻을 거역하면서까지 프랑스에 가서 무엇을 하겠냐는 생각이 들었습니다.

즉 넓은 의미에서 저는 '난민' 상태였다는 말이 됩니다. 지금도 여러 이유로 인해 난민이라 불리는 사람들이 일본에 살고 있습니다. 일본은 난민을 받아들이는 정책에 매우 소극적입니다. 제가 가르친 학생 중에도 그런 입장에 처한 사람이 있었습니다. 조선 민족만이 아니라, 아시아의 여러 지역 출신 사람들입니다. 정치적 이유로 여권이 없기에 운동부에서 해외 합숙 훈련을 떠날 때도 혼자만 갈 수 없는 그런 일들이 수시로 일어나고 있습니다.

그 당시 저 역시 일본의 공립대학이나 고등학교 교사가 될 수 없었습니다. 국적 조항에 묶여 있었기 때문입니다. 다만 사립대학에는 고용될 수 있었지요. 일반 기업에서도 '히타치日立 취직차별 반대 투쟁'i에서 원고 박종석朴鍾碩 씨가 어렵게 승소한 1974년까지는 대기업에서 대수롭지 않게 민족차별이 일어났습니다. 전후 재일조선인이 변호사가 된 것은 1977년 김경득金敬得 씨가 최초입니다. 그 전에는 일본 국적이 아니라는 이유로 국가가 사법연수원 입소를 거절당했습니다. 사법 시험에 우수한 성적으로 합격해도 연수생이 될 수 없었습니다. 김경득 씨가 힘껏 싸워서 '사법연수생 1호'라는 결과를 만들어 낸 것이죠.

저 역시 비슷한 입장이었기에 자포자기하기도, 분노하기도 했지만 문학이나 예술에 종사하고 싶다는 집착만은 계속 남아 있었습니다. 어렸을 때부터 그런 마음을 가지고 있었지만 내가 할 수 있는 일은 그것밖에 없다는 생각이 점점 확실해졌던 겁니다.

1980년대 후반에 형들이 출옥했습니다. 본인들도 감옥에서 힘껏 싸웠지만, 한국 사회의 민주화가 진전되고, 세계적으로도 냉전 체제가 붕괴되기 시작하면서 형들이 출옥할 조건이 가까스로 만들어졌다고도 할 수 있겠지요. 1988년과 1990년의 일입니다.

"그때까지 너는 무엇을 했는가?"라고 제게 묻는다면, "형들의 석방 지원 운동"이었다고 대답할 수 있겠지만, 그렇게 말하기에는 심적으로 꽤 큰 저항감이 들기도 합니다. 첫 번째 이유는 "동생인 내가 두 형의 지원 운동을 주된 일로 삼는다는 것은 어떤 의미일까.", "나 역시 지원을 받으며 싸워야만 하는 사람은 아닌가?" 하는 생각 때문입니다. 두 번째 이유는 이러한 운동은 당사자 가족이 펼쳐야 하는 것이 아니라, 제3자에 해당하는 사람들, 즉 전 세계, 혹은 일본 사람들이 보편적인 가치관에 입각해서 펼쳐야 하는 것이지 가족인 내가 그 일을 총괄하거나 지시 같은

---

i 1970년 일본식 통명으로 히타치 제작소 입사 시험에 합격해 취직이 내정되었던 박종석이 호적 등본 제출 과정에서 재일조선인임이 알려져 히타치 측이 "외국인은 고용할 수 없다."며 채용을 취소한 사건이다. 박종석이 소송을 제기하여 4년 만에 승소 판결을 받고 입사하게 되었다. 재일조선인에 대한 일본 사회의 고용 차별을 공론화한 계기가 된 역사적 사건으로 알려져 있다.

일을 해서는 안 된다는 생각이 있었기 때문입니다. 또 하나 이유를 들자면, 그러한 활동을 할 때 닥쳐오는 감시의 눈초리도 저를 힘겹게 했습니다. 상상이 안 되실지 모르겠지만, 예컨대 교토 같은 곳에서 스무 명, 서른 명이 모이는 작은 집회를 열지라도, 제가 옥중에 있는 정치범의 가족으로서 인사를 하면, 바로 한국의 중앙정보부로 그 소식이 들어가, 서승과 서준식의 동생이 언제 어디서 반국가적 활동을 했다는 보고서가 작성되었습니다. 이건 이미 지나간 옛날 일이라고만 할 수는 없을 겁니다. 지금도 미얀마에서, 홍콩에서, 벨라루스에서 여전히 똑같은 상황에 처해 있는 사람이 존재하지 않을까요?

그렇게 길고 지루하게 이어진 상황 속에서 슬슬 마흔에 가까워진 인간이 돌연 사회로 나오게 되었습니다. 여러분이라면 어떠셨겠습니까? 생계를 위해 가족이 경영하던 회사에서 일하기는 했지만, 저는 완전히 '노동 부적격자'였습니다. 아침에 정해진 시간에 나가 열쇠로 가게 문을 여는 그 간단한 일조차 제대로 해내지 못해서 곧잘 혼이 나곤 했습니다. 밤이 되면 눈물을 훔치며 책을 읽다가 '앞으로 나는 어떻게 살아가면 좋을까?' 하는 생각에 빠졌습니다. 그때 저를 든든히 붙잡아 준 것이 루쉰魯迅의 작품이었습니다. 그렇게 살아가던 사람이 도쿄경제대학에서 21년간이나 일하면서 이렇게 퇴임 강연까지 하게 되었으니 정말 불가사의하다는 생각까지 듭니다.

형들이 출옥한 당시 일본 사회는 지금보다는 열려 있던 관용적인 사회였습니다. 물론 어디까지나 비교를 하자면 그렇다는 것이지, 소수파의 입장에서 본다면, 충분하다는 생각은 들진

않았지만, 그래도 적지 않은 시민이 저 같은 입장에 선 사람들에
게 관심을 쏟고 손을 내밀어 주셨습니다. 그중에서도 훌륭한 선
생님들이 계십니다. 예를 들면 가토 슈이치 선생님, 히다카 로쿠
로 선생님, 출판사 이와나미쇼텐 사장이던 야스에 료스케 선생
님, 철학자 고자이 요시시게古在由重 선생님 같은 분들입니다. 특
히 야스에 선생님께는 정말 감사의 인사를 전하고 싶습니다. 제
형의 서간집을 이와나미신서로 출간하는 데 힘을 보태 주셨고,
제게는 이와나미 북클릿에서 책을 한 권 내보라고도 권유하셨지
요. 거기에 응해 글을 쓰면서 비상근 강사로 동아시아에 관한 수
업을 할 기회를 얻었고, 이어서 릿쿄立教대학과 호세法政대학에서
도 가르치게 되었습니다. 이와나미쇼텐의 잡지 『세카이』 등 여
러 매체에 글도 발표할 수 있었습니다. 그걸 눈여겨보신 걸까요?
도쿄경제대학의 후지사와 후사토시藤澤房俊 선생님으로부터 강연
의뢰를 받았습니다. 그 강연이 전임 교원으로 채용되는 계기가
되었고 그때로부터 21년이 흘렀습니다. 전혀 예상도 못했던 인생
이지요.

　　하지만 '그런 행운을 자랑해서는 결코 안 되며, 불운과 부조
리한 경우에 처해 있어서 그런 기회조차 잡을 수 없었던 동포들
을 절대 잊어서는 안 된다, 잊을 수 없다'는 것이 그동안 제가 스
스로에게 다짐하고 지켜 온 기본적인 원칙입니다. 나와 같은 처
지의 재일조선인이면서 더 재능 있고 더 노력하는 사람들이 덧
없이 병으로 쓰러지거나, 스스로 목숨을 끊는 사례가 적지 않았
습니다. 저는 극히 드물고 예외적인 경우라고 생각합니다. 게다
가 그 행운마저 결국은 형들의 투옥, 투쟁과 바꿔서 얻은 것이지

요. 때때로 형들이 농담조로 "너는 정말 운이 좋은 놈이다."라는
말을 해도 나는 그저 수긍할 수밖에 없습니다. 하지만 도쿄경제
대학에서 보낸 시간은 뭐라 해도 행운이었습니다. 아마 일본의
대학 가운데 나 같은 사람에게 가장 관용적인 학교이겠지요. 그
행운을 개인의 것으로 삼지 않고, 그 행운으로 얻을 수 있었던 지
적 자산과 사상적 교훈을 어떻게 사회에 환원할 수 있을까? 혜택
과 행운을 받지 못하는 사람들에게 어떻게 되돌려 줄 수 있을까?
하는 과제는 예전부터 계속 생각해 왔습니다. 그 과제를 제대로
실현했는지 어떤지는 스스로는 판단할 수 없는 문제이겠지만요.

어째서 '미술'인가?

　　제가 행운아일 수 있었던 원인 중 하나는 생활이 그리 곤궁
하지 않은 가정에서 자랐다는 것도 들 수 있습니다. 수많은 재일
조선인이 먹고사는 일조차 매우 힘들어 생계에 쫓긴 나머지 삶
전체가 무너져 버린 일이 많았기 때문입니다. 또 하나의 행운은
교토학예대학 부속중학교(지금의 교토교육대학 부속중학교)라는
국립 수험학교에 들어갔던 점입니다.

　　그 학교에 감사하는 점은 여러 가지가 있습니다만, 수학여
행에서 오카야마岡山현 구라시키倉敷시에 있던 오하라大原미술관
에 갔던 체험이 나에게는 결정적이었습니다. 오늘 말씀드릴 나
카무라 쓰네를 비롯한 화가의 작품이 전시되어 있었고, 미술관
입구 정면에는 앙투안 부르델Emile Antoine Bourdelle의〈베토벤 흉

상〉이 있었습니다. 왼쪽으로 돌아보면, 당시 유행하던 베르나르
뷔페Bernard Buffet가 그린 아내의 초상 〈아나벨〉도 있었지요. 철사
같은 신경질적인 선묘가 특징적인 작품입니다. 나는 한눈에 반
해 버렸습니다. 그런 공간에 발을 들이는 것만으로도 형언할 수
없는 기분이 들었습니다. 어떻게든 그런 세계와 관계를 맺으며
살고 싶다는 강한 동경 같은 것이었지요. 바로 예술이 지닌 신비
한 힘입니다. 중학교 2학년 때니 열네 살 무렵입니다. 지금 제 나
이가 일흔이니 이렇게 오랜 시간 동안 계속 영향을 받고 있는 것
은 바로 그 중학교에 다닌 덕분이었다고 생각합니다.

　　저는 도쿄경제대학에서 미술에 관해서도 가르치고 있습니
다만, 미술을 상세하게 해석하거나 미술사적인 논의를 펼치는
것보다, 제가 예전에 경험했던 미술과의 만남을 어떻게 하면 학
생에게도 전달해 줄 수 있을까? 그런 문제에 관심이 있습니다.
정말로 힘 있는 미술이라면 만남만으로도 무언가가 시작됩니다.
그 작품과 다시 만나고 싶어지고, 작가는 어떤 사람일까, 왜 이런
걸 그렸을까를 묻게 되는 것. 그런 만남의 기회를 학생들에게 제
공하는 것이 제게 주어진 일이라고 생각해 왔습니다.

　　저는 이 학교에서 〈인권론〉과 〈예술학〉이라는 두 과목을 담
당하고 있습니다. 완전히 별개의 강의가 아니라, 저에게 있어서
는 하나로 이어지는 것입니다. 왜냐하면 그 두 가지가 모두 '인간
에 관한 학문'이기 때문입니다. 인권에 관한 강의라면 학생들은
빤하고 당연한 이야기만 한다고 느끼지는 않을까? 또는 나 스스
로도 당위적인 이야기만 늘어놓고 있지는 않을까? 늘 경계를 잃
지 않으려고 합니다. "인권은 중요한 개념이죠."라고 이야기하면

여기에 "그렇죠, 물론 중요하지요."라는 반응이 돌아오는 식으로 강의가 흘러가서는 안 됩니다. '인권'이라는 말이나 개념을 알지 못한다 하더라도 인권의 중요성을 스스로 깨닫고 행동할 수 있는 태도를 갖추는 게 중요합니다. 인권과 같은 개념이나 이념은 언어화되고 교과서화되는 순간, 형식만 껍데기처럼 앙상해지고 마는 측면이 있습니다. 인권을 으레 필요한 것으로 치부해 버리지 않기 위해, 미술을 비롯한 '인간에 관한 학문'—거기에는 물론 추하고 잔혹한 것도 있겠지만—을 동시에 이야기하는 것이 중요합니다. 학교가 이 두 과목을 담당하게 배려해 준 일은 그래서 무척 감사하게 생각하고 있습니다.

역병과 미술

그럼 조금 더 구체적인 주제로 들어가서 작품을 보면서 함께 생각해 보기로 하지요.

코로나 시대이기에 일부러 소개하는 측면도 있지만, 역병은 미술에서 옛날부터 다뤄 온 주제입니다. 지금 보는 작품은 1562년에 플랑드르(지금의 벨기에)의 화가 피테르 브뤼헐Pieter Bruegel the Elder(1525-1569)이 〈죽음의 승리〉라는 제목으로 그린 그림입니다.(fig.1) 당시 유행하던 페스트를 해골 모습을 한 사신의 군대로 표현하고, 그들의 공격을 받아 사람들이 몰살당하는 현장을 묘사했습니다. 이 작품은 무시무시한 전염병인 페스트뿐 아니라, 전쟁 그 자체를 그리고 있기도 합니다. 당시 플랑드르 전쟁이 일어나면서 스페인 합스부르크 왕가의 지배 아래 있던 네덜란드에서는 종교전쟁 겸 독립전쟁이 잇따랐습니다. 〈죽음의 승리〉에 묘사된 잔학한 장면은 실제 벌어진 것이기에 우의라기보다는 현실이었던 셈입니다.

화면 뒤쪽에 그린 나무 둥치 위 오른쪽에는 교수형을 당한 사람의 모습도 보이지요. 이건 당시에 실제로 이루어진 처형 장면입니다. 죄수의 몸을 바퀴로 짓이겨 뼈와 손발을 부러트린 뒤 칭칭 감아 높은 곳에 매달았다고 합니다. 바로 죽지도 못한 희생자 곁으로 까마귀가 날아와 눈알을 파먹는, 그렇게 극도로 잔학한 처형 방법이었습니다. 브뤼헐은 이런 모습까지 남김없이 묘사했습니다.

저는 코로나의 유행이 시작되던 무렵, 칼럼을 연재 중인 『한겨레』(2020년 4월 10일)에 이 그림에 관해 썼습니다. 페스트가 유럽 전역을 석권하자 '메멘토 모리Memento mori', 즉 "죽음을 기억하라!"라는 경구가 널리 퍼져 나갔습니다. 사람은 반드시 언젠가는 죽는다는 사실을 잊지 말라는 의미입니다. "재해와 역병은 단독으로 사람을 덮쳐 오는 게 아니다. 인간 스스로 그 고통과 비극을 배가시킨다. 재해에는 전쟁이 뒤따른다. 역병이나 자연재해로 인해 인간은 생활 기반을 잃고 목숨을 빼앗긴다지만 실제로는 같은 인간의 손에 죽음을 당한다." 이런 취지의 글을 코로나가 퍼져 나가던 무렵에 썼지만, 지금도 그 생각엔 변함이 없습니다.

일반적으로 전쟁이 벌어지면 많은 인간들이 이동을 하게 됩니다. 이번 코로나의 대유행 역시 인간이 대규모로 움직이게 된 상황과 관계가 있지요. 하지만 군대는 밀집하여 집단행동을 합니다. 남을 침략하거나 죽이는 일은 상대방의 인권을 압살하고 폭력을 가하는 행위이기에 역병이 유행하는 요소가 전부 갖춰져 있습니다. 백 년 전, 이른바 '스페인 독감' 때도 그랬습니다. 전쟁과 역병은 반드시 서로 어깨를 걸고 찾아옵니다.

　우리는 지금 코로나라는 역병의 두려움에 떨고 있는 동시에, 벨라루스, 러시아, 미얀마, 혹은 홍콩 같은 곳에서 펼쳐지는, 일반 시민을 겨냥하는 폭력에도 위협받는 상황에 놓여 있습니다. 더욱이 코로나로 인해 정치적 폭력은 가려지곤 합니다. 혹은 코로나에 대한 방역 정책을 펼치거나 백신을 집중적으로 배포·제공하는 권한은 권력이 스스로를 정당화하고 강화하기 위한 수단으로 쓰이기도 합니다. 우리는 브뤼헐의 시대로부터 조금도 진보하지 않았습니다.

　그렇다면 역병의 참화 속에서도 어째서 인간은 예술을 필요로 할까요? 왜 그런 시대에도 뛰어난 예술이 탄생할까요? 브뤼헐의 작품을 훌륭하다고 말할 수 있는 이유는, 우리로 하여금 피할 길 없는 죽음의 기운을 강하게 느끼게 만들기 때문입니다. 말 그대로 '메멘토 모리'지요. 여러분도 최근 들어 '죽음'에 관해 자주 생각해 보지는 않으셨나요? 요즘 저는 학생들과 온라인으로 관계를 맺게 되면서 죽음이라는 것이 지금까지와는 다른 리얼리티를 가지고 그들의 머릿속에 떠오르게 된 게 아닐까 하는 생각을 합니다. "달아날 수 없는 죽음"의 기운이 바짝 다가왔음을 느끼면서 "죽음의 의미란 무엇인가?"라는 질문을 자기 자신에게 던질 수밖에 없는 시대이기 때문이겠지요. 하지만 바꿔 말하면 그건 삶의 의미가 무엇인가를 묻게도 합니다. 어차피 죽는다면, 죽을 수밖에 없다면, "우리는 왜 죽으며, 또 왜 살아가는가?"라고 누구라도 자신에게 물을 수밖에 없는 셈이겠지요.

"그건 이렇기 때문이다!"라고 말로 자르듯 가르치는 것은 한계가 있습니다. 하지만 예술은 답이 불거져 나오게 하는 넓은 층위를 가지고 있습니다. 말로는 표현할 수 없는, 그리고 뭐라 말할 수 없는 꺼림칙한 느낌이라든가, 혹은 잘 표현할 수는 없지만 매우 기쁘고 충만해진 마음을 표현할 수 있는 세계입니다. 역병의 참화 속에서 창조되는 예술에는 그런 배경이 자리하고 있는 셈입니다. 훌륭한 예술가들은 지금과 같은 어려운 상황 속에서도 이런 세계를 보여 주기 위해 씨름해야 합니다.

나와 미술의 만남

다음으로 소개할 나카무라 쓰네中村彝(1887-1924)의 〈두개골을 든 자화상〉(fig.2)은 방금 이야기한 중학교 시절 수학여행에서 구라시키의 오하라미술관에서 대면한 이래, 여전히 잊을 수 없는 작품 중 하나입니다.

왜 중학생 아이가 이런 죽음의 이미지에 빠져들었을까요? 나이 칠십이 되었어도 이상하다는 생각이 듭니다. 그때 친구들은 이런 그림에 도통 관심이 없었습니다. 그렇지만 저는 확 끌렸어요. 해골을 든 이런 식의 초상화는 나카무라 쓰네의 독창적인 발상이 아니라, 유럽에서는 많이 볼 수 있는 도상입니다. 그럼에

도 일본의 나카무라 쓰네라는 화가는 죽음이라는 주제를 다루면
서 해골을 든 모습으로 스스로를 표현했습니다. 그의 생애는 결
핵이라는 병마와의 싸움 그 자체였습니다. 나카무라가 살았던
시대에는 결핵이, 말하자면 '시대병'이었습니다. 한 명 한 명 이
름을 다 들 수는 없지만 유명한 예술가와 화가, 문학가 여럿이 결
핵을 앓다가 삶을 마감했습니다.

　나카무라 쓰네에게는 그림을 그리는 일이 유일한 삶의 증거
였습니다. 그는 미토水戸 지역 무사 집안의 아이로 태어났습니다.
형은 러일전쟁에서 전사했고 본인도 육군유년학교에 입학했지
만 결핵에 걸려 도중에 그만둘 수밖에 없었습니다. 끊임없는 각
혈에 시달리면서 그리스도교와 만났고, 다이쇼 데모크라시의 시
대에 접어들자 신사조와 신문학의 세례를 탐욕적이라고 표현해
도 좋을 만큼 온몸으로 받아들였습니다. 단 한 번이지만 사랑에
불타오르기도 했습니다다만 그것도 덧없이 잃고 말았습니다.

　지금도 신주쿠에 '나카무라야中村屋'라는 빵집이 있지요? 그
가게를 창업한 소마 아이조相馬愛蔵와 곳코黒光 부부가 예술가를
후원했기 때문에 나카무라 쓰네는 이곳을 드나들며 아틀리에를
얻어 쓰기도 했습니다. 나중에 '나카무라야 살롱'이라 불리던 예
술가 서클이 생기는데 나카무라 쓰네는 그 중심적인 존재였습
니다.

　나카무라 쓰네가 소마 부부의 장녀를 그린 〈소녀〉(fig.3)라는
작품이 있습니다. 르누아르풍으로 그린, 앞서 보신 자화상과는
완전히 달리 삶의 환희가 넘치는 듯한 15세의 소녀상입니다. 쓰
네는 이 소녀와 사랑에 빠져 결혼을 꿈꿨습니다. 쓰네와 같은 화

가를 지원한 예술애호가였지만 소마 부부는 결혼을 반대했습니다. 결핵에 걸리고 생활도 변변치 못했기 때문이겠죠. 나카무라 쓰네는 얌전한 성격이지만 그때만은 평소와 달리 난폭해져 칼을 휘두르기까지 했다고 전해집니다.

그랬던 나카무라 쓰네가 인생의 막바지에 그렸던 것이 바로 해골을 들고 있는 자화상입니다. 제 인생에서 처음으로, 소년 시절에 강하게 끌렸던 그림입니다.

다음 작품인 조반니 세간티니Giovanni Segantini(1858-1899)의 〈알프스의 한낮〉(fig.4)도 오하라미술관에 소장되어 있습니다. 알프스의 밝은 빛이 흘러넘치는 한가로운 목장이 배경입니다. 모자를 쓴 여성의 얼굴이 햇빛에 파묻히듯 가려져 있습니다. 그때 저는 그런 그림에 묘하게 끌렸습니다.

하라 다미키原民喜(1905-1951)라는 '피폭' 소설가를 알고 계시는지요. 히로시마 출신으로 고향으로 돌아갔다가 원폭의 피해자가 되었는데 가까스로 살아남아 피폭 직후의 참상을 「여름 꽃」이라는 소설로 남긴 사람입니다. 「여름 꽃」은 제게 소중한 작품인데 세미나에서 몇 번이나 다루기도 했고, 올해도 비대면 수업에서 이 소설을 읽었습니다.

하라 다미키는 그 후 신경 쇠약에 빠져 중앙선 철도에서 자살했습니다. "두개골 후두부는 깨지고/한쪽 다리는 잘려/더는 사람이 아니었네."라는 추도시를 사토 하루오佐藤春夫가 쓰기도 했습니다. '저자는 왜 그런 상황까지 가야 했을까' 그런 생각까지 포함하여 죽은 자의 목소리를 들어 보아야 합니다. 작품은 거기까지 파고들어 읽어야 합니다. "하라 다미키가 피폭 소설가로서

히로시마의 참상을 호소했다."라는 설명만으로는 절대로 충분하지 않습니다.

　하라 다미키는 피폭 후 2년 정도 지나 도쿄로 돌아왔습니다. 원래 무척 내성적인 사람이라 친한 이들에게도 먹을거리가 없다는 이야기를 하지 못해 배를 곯았던 사람이었다고 하지요. 찢어지게 가난한 생활을 하던 어느 날 하라는 소설 「바람이 분다」의 저자 호리 다쓰오堀辰雄의 「그림엽서」라는 소품을 읽었습니다. 그 짧은 글에 앞서 말씀 드린 세간티니의 그림 이야기가 나옵니다. 예전에 오하라미술관에서 그 그림을 본 적이 있었던 하라 다미키는 참을 수가 없어서 '연말 살인열차'라고 불리던 혼잡한 기차에 몸을 싣고 구라시키로 떠나 실물과 재회합니다. 하라는 「알프스의 한낮」이라는 에세이에서 그때, 그 그림을 보고 "꼭꼭 바늘에 찔리는 듯한" 기분이 들었다고 썼습니다. 그저 한가롭다, 평화롭다, 아늑하다, 라는 말로 끝나지 않는 느낌이지요. 모든 사람이 이 작품을 보고 그런 생각을 하지는 않겠지만 그때 하라 다미키는 분명 그런 느낌을 받았던 것이지요.

　예술이란 어떤 작품이 저 홀로 예술로 완성되어 단독으로 존재하는 것이 아니라, 보는 사람과의 관계 속에서 생겨나는 것입니다. 작품을 보는 사람에 의해 예술은 만들어질 수 있고, 변용되기도 합니다. 그러니 하라 다미키의 언급으로 인해 이 그림은 또 새롭게 변용했다고 말할 수 있습니다. "꼭꼭 바늘에 찔리는" 느낌을 주는 그림이 되어 버린 까닭인 것이죠.

　저는 성인이 되고서야 하라 다미키의 「알프스의 한낮」을 통해 그 작품이 제가 어린 시절 오하라미술관에서 보았던 그림이라는 것을 알게 되었습니다. 또 시간이 흘러 서른이 지났을 무렵, 스위스의 엥가딘 지방에 있는 세간티니미술관을 찾아 그의 작품을 보았습니다. 잠시 후 이야기할 '서양미술 순례'의 주요한 발걸음 중 하나였습니다.

다음은 오기와라 로쿠잔荻原碌山(본명 모리에守衛, 1879-1910)의 조각 〈갱부〉(fig.5)입니다. 개인적으로 가장 좋아하는 조각 작품입니다. 이 조각상을 보고 있으면 젊은 시절에 느꼈던 동경이나 조급함, 야심, 좌절감 같은 감정이 그대로 되살아납니다. 당시 프랑스 북부나 벨기에 남부의 광산에는 외국인 노동자가 많이 찾아들었다고 합니다. 동구권이라면 폴란드, 남유럽에서는 이탈리아나 포르투갈 사람이 많았지요. 작품의 실제 모델은 미술학교에 다니던 이탈리아 남성이었다고 하지만요.

오기와라 로쿠잔은 현재 아즈미노라고 불리는 나가노長野현 중부의 산악지대, 조넨산이라는 높은 산기슭에서 태어났습니다. 한랭한 기후라 벼농사에 적합하지 않아 옛날에는 무척이나 가난한 지역이었습니다. 농사꾼 집안의 다섯 형제 중 가운데였던 로쿠잔은 어렸을 때부터 말을 끌고 밭을 일구는 일에 종사했습니다. 그러다 열여섯 살 봄에 심장병으로 쓰러진 후로는 고향의 풍경을 사생하며 지냈습니다. 그림 그리는 것을 좋아했지요. 어느 날 동네에서는 보기 힘들었던 파라솔을 쓴 아름다운 여성이 나타났습니다. 바로 소마 아이조의 약혼자, 필명으로는 소마 곳코로 알려진 사람입니다. 앞서 말씀드린 신주쿠 나카무라야의 여주인이지요.

운명적인 만남이었습니다. 로쿠잔에게 있어 곳코는 부유하고 영리하며 새로운 사상을 깨친 연상의 여인이었고, 독서량도 많고 미술에도 조예가 깊은 사람이었습니다. 동경의 대상이었겠지요. 그런 사람을 연모하며 여러 가지를 배우다가 결국 그의 도움을 받아 미국으로 건너가 고학으로 미술을 배우게 되었습니다.

예전에 일본에서 미술가가 서양으로 갈 경우, 배움터는 주로 프랑스였습니다. 대부분 혜택 받은 사람들이었지요. 집안이 부유했다든가, 화랑과 계약을 맺었다든가, 고액의 장학금을 받았다든가. 그런데 미국으로 간 사람들은 대체로 노동 이민이었습니다. 고된 일을 하며 생활비를 벌면서 미술을 공부한 경우가 많았지요. 로쿠잔이 바로 그런 경우로, 백인 가정에 급사로 채용되어 집안 잔심부름을 하면서 학비를 모아 미술 공부를 했습니다.

로쿠잔이 7년에 걸친 유학 생활을 마치고 돌아와 제작했던 작품이 〈디스페어(절망)〉(fig.6)입니다. 당시로서는 매우 대담한 포즈의 여성 누드 조각으로 〈갱부〉와 이 〈디스페어〉, 그리고 〈몬가쿠〉라는 세 점을 국가공모전인 문부성미술전람회에 출품했지만 〈몬가쿠〉 빼고는 낙선했습니다. 여성 나체는 거부되어 다른 전시에서, 그것도 특별실을 따로 꾸려 미술 관계자에게만 공개되었다고 합니다. 어쨌건 이 작품은 분명 동경하던 소마 곳코를 표현한 것이며, 게다가 은인의 아내였기에 이루어질 수 없는 사랑의 아픔을 묘사했다고 많은 사람들은 그렇게 보고 있습니다.

로쿠잔은 1910년, 서른의 나이로 세상을 떠났습니다. 역시 결핵이었지요. 아틀리에의 다다미 바닥과 벽이 토혈로 빨갛게 물들었다고 전해지는 비참한 죽음이었습니다. 소마 곳코가 아틀리에로 달려가 보니 〈여인〉(fig.7)이라는 작품이 있었다고 합니

다. 어떤 글에서 곳코는 자신을 모델로 삼았을 것이라고 쓴 적이
있습니다. 실제 모델은 따로 있었지만 곳코는 그렇게 보았던 것
이죠.

로쿠잔미술관은 아즈미노시에 있는데, 아담한 교회당 같은
모습이라 젊은 커플이 찾아오는 관광지가 되었지만, 그 입구에는
'STRUGGLE IS BEAUTY(고투는 미다)'라는 오기와라 로쿠잔의 좌
우명이 새겨져 있습니다. 말 그대로 고투로 점철된 생애였지요.

다음은 사에키 유조佐伯祐三(1898-1928)의 이야기입니다. 이
화가를 아시는 분은 그다지 많지 않을지도 모르겠습니다. 거꾸
로 우리 세대가 학생이었던 무렵에는 사에키를 모르는 사람이
없을 정도로 스타였습니다. 오사카에서 태어나 도쿄미술학교(지
금의 도쿄예술대학 미술학부)를 나와 프랑스로 유학을 떠났습니다.
거기서 본격적으로 화가의 삶을 시작하면서 블라맹크라는 유명
한 야수파 화가에게 의기양양하게 자기의 작품을 보여 주러 갔
습니다. 그런데 블라맹크는 "닳고 닳은 아카데미즘!"이라고 일
갈했다고 합니다. 사에키는 충격에 빠졌지요. 고민에 고민을 거
듭한 끝에 그린 작품이 바로 〈서 있는 자화상〉(fig.8)입니다. 그렸
다가 지우고, 그렸다가 또 지운 이 그림은 일본에서 몸에 익혀 온
아카데미즘을 극복하기 위한 고투의 흔적입니다.

그러다가 일본에 돌아온 사에키는 파리 체재 중에 제작한
작품을 이과전에 출품했습니다. 그 전시에서 서양화가 야스이
소타로安井曾太郎의 지지를 받아 상을 휩쓸며 센세이션을 불러 일
으켰습니다. 사에키의 동급생이자 평론가였던 사카모토 마사루
阪木勝는 "화단을 뒤흔들었다."라고 평가했습니다. 그렇게 말할

정도의 충격이었고, 전람회에 찾아온 여성들이 사에키의 그림 앞에서 감격한 나머지 눈물을 쏟을 정도였다고 합니다.

사에키는 일본에서 그림을 그리려 했지만 결국 "안 돼. 나는 일본에서는 그릴 수가 없어. 일본의 풍경은 내 그림이 될 수 없어. 파리로 돌아가려고 생각하고 있어…."라고 친구에게 심경을 토로했다고 합니다. "나무나 종이로 만들어진 일본의 집(풍경)과, 돌로 지은 질감이 살아 있는 파리의 풍경은 근본적으로 달라. 거기에다 건조하고 습윤한 공기의 차이도 도쿄와 파리는 전혀 다르지. 일본에서는 내가 그리고 싶은 것을 그릴 수가 없어." (결핵에 걸렸으니) "어차피 오래 살 수는 없어. 파리에서 죽는 편이 더 나아."라는 말을 남기고 귀국 후 불과 1년 만에 파리로 돌아갔습니다.

사에키는 1928년에 결핵과 신경쇠약으로 정신병원에서 세상을 떠났습니다. 아내 요네코, 어린 딸이 남았지만, 그 딸도 결핵에 걸려 파리의 여인숙에서 목숨을 잃었습니다. 사에키와 그 딸은 화장하여 파리의 페르 라셰즈 묘지에 묻혔습니다.

저는 미술사학자 와카쿠와 미도리若桑みどり 선생님을 인터뷰한 적이 있습니다. 와카쿠와 선생님은 미술대학에서 회화를 공부한 분으로, 일본 미술계의 남성 중심주의와 철저하게 싸우신 분이지요. 선생님에게 최고의 화가는 누구냐고 물었을 때, "그건 정해진 거 아닌가요? 사에키 유조지요."라고 한마디로 대답했습니다. "그림을 그린 적이 있는 사람이라면 사에키가 얼마나 뛰어난지 반드시 알 수 있어요."라고 하신 말씀이 잊히질 않습니다.

지금까지 다룬 화가를 정리해 보면 모두 결핵을 앓고 죽은 사람들입니다. 실제로는 더 많은 사람이, 예를 들면 세키네 쇼지 등도 결핵으로 죽었지요. 그들 중 소수의 몇 사람이 뛰어난 작품을 남겼습니다. 죽음으로 인해 또렷하게 윤곽이 지어진 듯한 작품을 우리에게 남겼지요.

저는 어째선지 열두세 살 때부터 죽음과 관련된 예술에 끌리면서 친근한 생각을 품었습니다. 그러한 생각은 이야기를 시작할 때 밝힌 민족적 출신 내력과 어딘가 깊은 관계가 있지는 않을까, 하는 생각도 듭니다. 한국전쟁, 군사독재 정권을 거치며 많은 사람이 투옥되거나 죽임을 당했습니다. 예를 들면 민간인 학살이 거듭되었던 제주도에서 목숨을 걸고 밀항하여 일본으로 건너온 사람들이 어려서부터 제 주위에 있었습니다. 죽음이란 무엇일까. 인간에게 죽음은 어떤 의미가 있는 걸까. 그런 생각을 아이 때부터 해 온 것 같아요.

서양미술 순례

1983년 10월, 저는 처음으로 유럽 여행을 떠났습니다.

앞서 말씀드렸듯 대학에서 적을 두고 있던 곳이 프랑스문학과였고 오하라미술관 같은 곳에 가 보았기 때문에 빨리 유럽에서 실물을 보고 싶다는 생각만큼은 누구에게도 뒤지지 않았습니다. 대학 시절 친구들이 프랑스로 유학을 떠날 때마다 복잡한 심정으로 배웅하곤 했지요.

말씀드렸다시피 한국 정부가 여권을 발급해 주지 않았습니다. "형은 옥중에 있는데, 너는 유럽에서 미술 삼매경에 빠져 있다니 도대체 어떻게 된 놈이냐?" 그런 목소리도 들려왔습니다. 그래서 가지 못했지만 형들이 감옥에서 나오지 못했던 때 어머니, 아버지가 차례차례 세상을 떠나신 후, "이제, 해 보고 싶은 걸 해 보자."라는 마음이 들었던 것입니다. 일종의 자포자기적 심정이겠지요. 평생 한 번이라도 좋다, 이게 마지막이라도 좋으니 유럽에 가 보자, 라고 결심했습니다. 책을 쓴다거나, 연구를 해 보겠다는 그런 마음은 전혀 없었습니다. 제가 그런 게 가능한 사람이라고는 조금도 생각해 보지 않았으니까요.

약 3개월 동안 무수히 많은 미술관과 성당을 돌아봤습니다. 당시 일기를 들춰 보면, "지쳤다. 힘들다, 이건 고역이다."라고 적혀 있습니다. 즐거움이 아니라 고역. 그러니 '순례'라는 타이틀이 된 것입니다.

보는 일이 실로 '고역'과도 같은 처참한 그림을 한 점 보여 드리겠습니다. 카라바조Michelangelo da Caravaggio(1573-1610)의 〈메두사〉(fig.9)라는 작품입니다. 카라바조는 1600년경 이탈리아에서 활약한 화가입니다. 가톨릭 신앙에 뿌리를 두고 있었으니 보수파라고 말해도 좋을까요? 요즘 점점 평가가 높아져 전시도 거듭 열리고 있지만 당시 일본에서는 그다지 알려지지 않았던 화가입니다.

카라바조는 로마나 밀라노에서 주로 활동했지만 이 그림은 피렌체 우피치미술관에 있습니다. 저는 애초에는 관광객 행렬에 섞여 라파엘로나 보티첼리를 보려고 했지만, 마음을 빼앗긴 것은 복도 한구석에 있던 바로 이 그림이었습니다. 말을 타고 창으

로 싸우는 경기를 위한 방패에 그려진 것입니다. 메두사는 그리
스 신화에 나오는 괴물인데, 눈을 마주친 자는 돌로 변해 죽는다
고 하지요. 저는 그저 눈을 마주치는 정도가 아니라, 몇 시간이나
그림 앞에 서 있었습니다. 이 그림은 도대체 무엇인가. 이런 것을
그린 유럽인은 어떤 사람들인가를 생각하면서요.

아름답다거나, 우아하다거나, 인간을 위로한다거나 하는 미
술의 정해진 이미지와는 전혀 다른 감각이 이 그림에 있습니다.
매력적인가 하면 그렇지도 않습니다. 그런데도 나를 매혹시켜
떠날 수 없었던 그림. 신화 속 메두사는 머리가 뱀인 여성이지만,
이 그림 속 얼굴은 남성이네요. 누군가는 카라바조의 자화상이
라고도 합니다. 머리가 잘린 순간이 그려져 있습니다. 눈을 부릅
뜨고 자신의 머리가 잘린 사실을 알고 있는 얼굴이지요. 피가 솟
구칩니다. 이런 것을 그릴 수 있는 자, 그릴 수 있는 미술이란 과
연 무엇인가? 그런 생각으로 놀라워했습니다. 몽테뉴의 『여행일
기』 같은 책을 보면, 16세기 무렵 이탈리아는 무척 잔혹한 사회
였습니다. 중세 유럽에서 그려진 온화하고 아름다운 그림은 다
름 아니라 실제 사회가 잔혹했기에 그려질 수 있었다고 말해질
정도입니다. 이단 심문과 화형은 일상다반사였죠. 로마에서는
공개 처형이 시민들 사이에서 큰 오락거리였기에 카라바조도 그
런 장면을 몇 번이나 보았으리라 추측됩니다.

우피치미술관 다음으로는 스페인의 마드리드로 가서 프라
도미술관을 찾았습니다. 거기서는 고야의 〈1808년 5월 3일의 총
살〉(fig.10)이라는 그림을 보았습니다. 이 그림은 저에게 '근대'란
어떻게 시작되었는가를 생각하게끔 만들었습니다. 프란치스코

데 고야Francisco de Goya(1746-1828)는 스페인의 궁정화가였지만 공화주의자였기에 궁정의 풍습에 질려 버린 상태였습니다. 그가 〈옷을 벗은 마하〉를 그렸을 때도 여성 누드여서 이단 심문을 받을까 봐 두려워 작품을 숨겨야만 했습니다. 프랑스혁명이 일어나 자유가 찾아오리라 기대했지만, 나폴레옹은 스페인을 침공해 자기 형제를 스페인 국왕으로 삼았고 저항하는 민중을 학살했습니다. 그 광경이 바로 프린시페 피오 언덕의 학살을 그린 이 그림입니다.

그밖에도 〈전쟁의 참화〉라는 시리즈가 있습니다. 동판화인 이 연작은 다수의 복제와 인쇄를 전제로 제작되었겠지만, 누구도 보지 못하게 숨겨 두었다고 합니다. 즉 고야는 전근대의 궁정화가였지만, 이미 근대인의 의식을 가진 존재였습니다.

그 후 왕정이 복고되자 고야는 다소 애매한, 전향 성명으로도 받아들여질 그림을 그려 왕실에 충성을 맹세하게 되지만 최후에는 프랑스 보르도로 망명하여 그곳에서 삶을 마감합니다. 그가 만년을 보낸 마드리드의 집에는 지금은 '검은 그림'이라 불리는 일련의 연작이 벽에 그려져 있었습니다. 현재 모두 프라도미술관에 방 하나를 꾸려 이관되었지만 이 그림에 영향을 받은 화가가 무척 많습니다. 일본에서도 가모이 레이鴨居玲라는 뛰어난 화가가 있는데, 그는 프라도미술관의 '검은 그림의 방'에 며칠씩 다녔다고 합니다.

저는 앞서 말씀드린 상황 때문에 어떻게 살아야 할지, 내 앞의 미래는 어떻게 전개될지가 전혀 보이지 않는, 지하실에 내동댕이쳐진 기분이었습니다. 그 지하실은 어둡고 축축했고 공기도 점점 희박해져 갔습니다. 게다가 지하실에 갇힌 듯한 삶은 길게 이어졌습니다. 하지만 위쪽으로 작은 창문 하나가 뚫려 있었습니다. 지하실을 빠져 나가기에는 너무 조그마했지만 밖은 보여서, 바깥이 존재한다는 것은 알 수 있었습니다. 방 바깥으로 나가면 빛이 있고 바람도 불어온다는 것을 느낄 수 있었습니다. 저에게 있어 미술은 그런 것이라고 쓴 적이 있습니다. 『청춘의 사신 - 기억 속의 20세기 회화』i라는 책의 서문이었습니다. 그 글에서 저는 "고야처럼 살고, 고야처럼 죽고 싶다."라고도 썼습니다. 돌이켜 보니 고야처럼 살아왔다고는 말할 수 없고, 앞으로도 고야처럼 죽을지 알 수는 없지만요.

다음 작품은 반 고흐Vincent van Gogh(1853-1890)의 〈천둥구름이 낀 하늘 아래 밀밭〉(fig.11)입니다. 예술학 수업에서는 대체로 이 작품을 다룹니다. 아무 설명도 하지 않고 먼저 "이 그림을 보면 어떤 생각이 드나요?"라고 묻지요. 종이에 써서 제출하라고 하면 많은 학생들은 "광활하고 청명하다."라든가, "새파란 하늘이 확 트인 개방감을 준다." 등등 긍정적이고 밝은 이야기를 씁니다. 어떠신가요? 그런 생각이 드나요? 이 작품은 고흐가 자살하기 직전에 오베르 쉬르 오와즈 마을에서 그린 그림입니다. 동생 테오에게 보낸 편지에는 극도의 고독감과 비애를 푸른색으로 표현해 보았다고 썼습니다.

물론 그림을 보고 난 뒤의 대답은 하나가 아니라도 좋으며,

---

i 한국판: 『청춘의 사신-20세기의 악몽과 온몸으로 싸운 화가들』(김석희 옮김, 창비, 2002).

이 그림을 보고 밝은 이미지를 느끼는 것도 조금도 문제가 되지
는 않습니다. 하지만 작가인 고흐는 고독과 비애를 의식하며 그
렸던 거죠. 열심히 그려 봤자 한 점도 팔리지 않고, 동생에게 얹
혀살 수밖에 없어서 줄곧 동생의 경제적 지원을 받으며 살아갔
던 화가였습니다. 정신병원에 입원해서 고생하다가 퇴원을 했더
니 동생은 결혼을 해서 아이도 생겼고, 가능하면 미국으로 건너
가 본격적으로 화랑을 경영하고 싶다고 말합니다. 당시 미국은
프랑스 미술의 가장 큰 시장이었기에 미국에서 그림을 팔아 보
려고 마음먹은 것은 화상으로서 감이 좋았다고 볼 수 있습니다.
고흐는 대놓고 반대하지는 않았지만 무척 안타까워했습니다. 유
일하게 자기를 지지해 주던 존재가 자신을 떠나려 한다고 느꼈
음이 틀림없습니다.

　　마찬가지로 고흐의 작품인 〈별이 빛나는 밤〉(fig.12)은 뉴욕
근대미술관에 있습니다. 생 레미 정신병원의 창밖으로 보인 풍
경을 그렸다고 알려져 있지요. 창문 밖으로 보이는 달과 별을 빙
글빙글 회오리치듯 돌아가는 모습으로 그렸습니다. 고흐에게는
정말 이런 식으로 보였겠지요.

　　다음 작품은 들라크루아가 그린 〈피에타〉(fig.13)라는 그림을
고흐가 정신병원에서 모사한 작품입니다. 모사이긴 하지만 제가
무척 좋아하는 작품 중 하나입니다. 죽음을 연상시키는 이 깊은
푸른색과 저녁놀의 하늘빛에서는 정말로 고흐의 독창성이 반짝
입니다.

　　고흐를 다룬 영화는 1950년대에 커크 더글러스가 주연을 맡
은 〈열정의 랩소디〉라는 미국 영화를 필두로 지금까지 많이 만

들어졌습니다. 최근에는 〈고흐, 영원의 문에서〉(2018, 줄리언 슈나벨 감독, 영국·프랑스·미국 합작)라는 영화가 좋았습니다. 정신적으로 힘겨워 했던 고흐의 눈을 통해 바라본 영화입니다. 하지만 이른바 '정상인'의 시선으로 '정신병자'인 고흐를 분석하고 객관적으로 파악하는 시선이 아닙니다. 기묘한 영상이 왜곡되어 있고 마구 흔들리기도 해서 보고 있는 사람의 마음도 따라 술렁이게 합니다. 고흐는 광기 어린 사람이었기에 그런 그림을 그릴 수 있었다는 식의 속된 말이 있습니다. 하지만 정상과 비정상을 명확한 선으로 그을 수 있을까요? 자신은 정상이라고 어떻게 잘라 말할 수 있을까요? 자신을 '정상'이라고 괄호를 쳐 묶어 놓는다 한들 과연 그리 안심할 수 있을까요? 영화를 보면 그런 질문이 자꾸자꾸 떠오릅니다. 윌리엄 데포라는 네덜란드 출신의 미국 배우의 연기도 훌륭했습니다. 기회가 있으면 꼭 한번 보시길 바랍니다.

다음 작품은 지금까지 보여 드린 고흐의 작품보다 초기에 제작된 〈슬픔〉(fig.14)이라는 데생입니다. 수업에서는 이 그림도 작가와 제목을 숨기고 어떤 인상을 받았는지 물어보곤 합니다. 선생에게 솔직한 마음을 밝히는 사람은 그렇게 많지 않다고 생각하지만, 추하다든가, 무섭다든가, 더럽다 같은 느낌을 쓰는 학생도 꽤 있습니다. 분명 추하다면 추한 그림입니다. 그렇지만 그렇기에 어떻게 다가온다고 자신의 감상으로 확장하여 쓰는 사람은 그다지 없습니다.

이 그림을 같은 시대 프랑스에서 크게 유행했던 아카데미즘 화가의 그림과 비교해 봅시다. 예를 들면, 윌리엄 아돌프 부그로

William-Adolphe Bouguereau가 그린 〈목욕 후〉(fig.15)라는 여성 누드 상입니다. 당시 프랑스에 유학했던 일본인 화가가 미술아카데미에서 그림을 배울 때 스승이었던 사람이 바로 이 부그로나 라파엘 콜랭Raphaël Collin이었습니다. 이런 식의 누드화가 뛰어난 작품으로 여겨져 시장에서도 높은 가격에 팔렸습니다. 그런 시대에 고흐는 〈슬픔〉을 그렸던 것이죠. 저는 이 점이 뛰어나다고 생각합니다. 이 그림은 '진실'을 담고 있습니다. 끝까지 진실을 그려 내려는 혼이 담겨 있습니다.

이 그림의 배경이 되는 이야기도 대단합니다. 간단히 말하면, 모델인 여성은 이른바 거리에서 손님을 찾아 헤매던 매춘부였습니다. 뱃속에는 아버지가 누군지 알 수 없는 아기도 가진 상태였습니다. 고흐는 2년 전 쓰디쓴 이별을 경험합니다. 사촌이었던 케이라는 여성과 결혼하려고 마음먹고 집으로 찾아가지만 그녀의 아버지, 즉 고흐의 숙부는 "네놈의 그런 집요함에 구역질이 난다."라며 쫓아냅니다. 고흐는 "만나게 해 주실 때까지 절대 돌아가지 않겠습니다."라고 말하며 촛불에 손을 지져 살이 타들어 갈 때까지 그냥 버텼다고 합니다. 진짜 보통이 아닌, 말하자면 '이상한' 사람이지요. 물론 객기를 부린 것이겠지만요.

그런 실연의 경험을 가진 고흐가 드디어 "결혼하고 싶은 상대를 만났다."라며 이 여성과 동거 생활을 시작하고 동생에게도 소개를 시켜 주겠다고 말합니다. 고흐 자신은 한 푼도 벌지 못하는 처지인데 게다가 누군지도 모르는 남자의 아이를 가진 '매춘부'와 결혼한다고 말이지요. 동생 테오와 아버지는 당연히 그것만은 그만두라고 말렸습니다. 대단하게도 고흐는 자신의 결혼

결심은 훌륭한 일이라고 말합니다. "당신들 같은 속물에게는 불가능한 일이겠지. 이토록 불행한 여성과 함께 살 정도로 훌륭한 삶이 있을까?"라고요. 게다가 뒤로는 "그건 그렇고 400프랑을 보내 줘."라고 덧붙이기까지 합니다. 정말 대단한 사람이지요.

예를 들어 인간이라는 대상을 생각해 보면 어떻습니까? "아름답다", "예쁘다" 혹은 요즘에는 "귀엽다"는 그런 말로 모두 입을 모으는 것이 진정 미와 만나는, 인간과 만나는 것이라고 할 수 있을까요? 그런 점을 생각해 주면 좋겠습니다. 이것이 '인문교육으로서의 예술학'이라는 말의 의미입니다.

통일 독일 미술 기행

프랑스를 중심으로 유럽의 그림을 보러 다녔던 제가 1980년대 말부터 드디어 독일을 여행하면서 독일어권의 그림을 보게 되었습니다.

이 그림은 독일의 케테 콜비츠Käthe Kollwitz(1867-1945)라는 여성 미술가의 〈죽은 아이를 안은 어머니〉(fig.16)입니다. 콜비츠의 작품을 많이 소장하고 있는 오키나와의 사키마미술관에 있는 작품이지요. 죽은 아이를 부둥켜안고 있는 어머니는 마치 야차나 악귀와도 같아 보입니다. 유럽에서 전통적으로 그려져 온, 아름답고 풍만하며 건강한 성모 마리아와는 사뭇 다른 인상입니다. 아이를 잃은 슬픔이란 그 정도로 깊다는 뜻이겠지요. 콜비츠는 그 후 제1차 세계대전에서 실제로 아들을 잃습니다. 그걸 예견이라도 한 듯한 작품이지요. 당시로서는 보통의 독일 젊은이였던 콜비츠의 아들은 제1차 세계대전이 일어나자 자원하여 전장으로 나갔습니다. 콜비츠는 필사적으로 말렸지만 애국심으로 들끓던 세상 풍조에 동조하던 아들은 어머니를 뿌리치고 떠났습니다. 그러고는 한 달 정도 지나 전사하고 말았습니다.

케테 콜비츠는 오늘 이야기에서 처음으로 거론하는 여성 미술가지만, 이는 사회의 변화와 깊은 관계가 있습니다. 당시 프로이센 독일은 매우 반동적이고 권위주의적인 국가였습니다. 콜비츠는 세틀먼트, 즉 빈곤자를 위한 복지의료 시설을 운영하는 의사와 결혼했습니다. 그림을 그리는 것이 좋아도 콜비츠가 살던 시대에는 여성이 미술학교에 들어가는 일은 힘들었습니다. 그래도 끊임없이 노력했고, 실력도 있었기에 점점 인정을 받게 되었습니다. 지금은 여성 아티스트의 선구자로서 이야기됩니다.

방금 말씀드린 그림을 그린 후 30년 정도 지나 그린 작품 가운데 〈죽음은 여성을 붙잡는다〉(fig.17)가 있습니다. 사신이 뒤에서 아이를 안은 어머니를 붙잡고 있는 모습입니다. 죽음의 세계로 끌고 가려고 하는 것이죠.

이 그림에선 두 가지 이야기를 할 수 있습니다. 먼저 해골의 형태를 한 사신이 여성을 끌고 가는 도상은 유럽에서는 전통적으로 내려오는 형상이며 앞서 말씀드린 '메멘토 모리'의 시대부터 많이 다뤄졌습니다. "살아 있는 동안은 건강하고 아름답고 풍요롭겠지만, 결국은 모두 죽음을 면할 수 없다. 사신이 잡아채고 가는 것을 잊지 말라."는 메시지를 던지는 그림이 많이 그려졌습니다.

이런 전통적인 도상에 입각하면서도 콜비츠는 현대적인 해석을 시도하고 있습니다. 이 그림은 나치가 정권을 잡은 이듬해인 1934년에 제작되었습니다. 콜비츠는 격동의 시대를 살아가면서 작품 활동을 이어 갔습니다. 말년에는 나치의 위협을 받아 강제수용소행 명단에까지 이름이 올랐습니다. 꽤 고령이었고 이미 상당히 유명한 화가였기에 수용소행은 면했으나 나치가 패배하기 불과 한 달 전, 나치 패망의 날을 보지 못하고 세상을 떠났습니다.

현재 베를린 시가 중심부에는 '노이에 바헤Neue Wache(전쟁과 독재 희생자 추모 센터)'라고 이름 붙은, 국가에 의해 목숨을 잃은 모든 이를 추도하는 명목으로 세운 장소가 있습니다. 그 건물 한가운데에 콜비츠가 제작한 아이를 안은 어머니 상이 놓여 있습니다. 독일에서는 이 작품의 설치와 관련해서 큰 논쟁이 일었습니다. 반대론 중 하나는 좌파 여성 예술가로서 평생 싸운 케테 콜비츠의 작품 설치를 당시 서독의 콜 수상과 보수당 정권이 자신들의 공적으로 돌리지는 않을까 하는 우려였습니다.

또 하나는 조금 더 복잡한 문제였는데, 케테 콜비츠의 시대에는 "거대 서사를 위해 아이를 희생하는 어머니"라는 '숭고한' 어머니상이 만들어져 있었기에 아무리 콜비츠라고 해도 거기서 자유롭지 않다는 의견이었습니다. 예컨대 노동자 계급 해방이라는 대의를 위해 목숨을 바치는 것이 전쟁에서 조국의 승리를 위한다는 명분으로 목숨을 바치는 애국주의와 구별되지 않는다, 혹은 구별하지 않았다는 비판이었지요. 페미니스트들이 펼친 비판이었습니다. 콜비츠 개인을 향한 비판은 그다지 의미가 없다

고 생각하지만, 이들의 비판처럼 콜비츠의 작품을 지금 어떻게
읽어야 하는가는 생각해 봐야 할 과제라고 봅니다.

콜비츠의 작품에는 〈희생〉(fig.18)이라는 제목을 붙인, 여성
이 아이를 내밀고 있는 판화가 있습니다. 일본의 역사가인 이시
모다 다다시石母田正 선생의 『역사와 민족의 발견』(도쿄대학출판
회, 1952)이라는 명저의 표지 그림으로 사용되기도 했습니다. 어
찌 보면 1950년대까지 일본의 좌파에게도 모성신화적인 발상이
강하게 뿌리내리고 있었다고 해석이 가능합니다. 혹은 이시모다
선생은 시대의 제약 속에서 최대한 타자를 발견하고자 힘썼던
사람이라고도 말할 수 있겠지요.

다음으로 보여 드릴 작품은 오토 딕스Otto Dix(1891-1969)라
는 독일의 남성 화가의 〈전쟁제단화〉로 통칭되는 그림입니다.
딕스는 제가 무척 집착하고 있다고까지 말할 수 있는 화가 중 한
명입니다. 이 작품에서 말하는 전쟁은 제1차 세계대전을 가리킵
니다. 세계 최초의 총력전이었지요. 벨기에나 프랑스 북쪽의 서
부 전선에서는 참호를 파고 영국·프랑스 연합군과 독일군이 대
치했습니다. 4년 정도 이어진 전투 속에서 참호 속은 비로 질척
질척해져서 병사의 발은 마를 날이 없어 발이 썩는 '참호족(침족
병)'이라는 증상이 생기기도 했답니다. 그토록 참혹한 참호전의
모습을 그린 그림입니다.

오토 딕스 자신도 이 전쟁에 병사로 종군했습니다. 멀고 높
은 곳에서 전쟁을 내려다본 것이 아니라 자기가 직접 체험했습
니다. 딕스는 무척 특이한 사람이었습니다. "아시다시피 나는 리
얼리스트라서 그것이 그렇다는 것을 확인하기 위해서 모든 것을

자신의 눈으로 볼 필요가 있습니다. 인생의 모든 비참함을 직접
체험해 보지 않으면 안 됩니다. 그래서 나는 전쟁에 나가, 게다가
자원해서 입대한 것입니다.”라고 말했습니다.

전장에서 끔찍한 체험을 수없이 겪고 나서 딕스는 반전사상
에 도달합니다. 그러나 제1차 세계대전 후 독일에서는 극우 세력
이 우후죽순처럼 나타납니다. 나치당도 그중 하나였지만 그런
극우 세력이 세계대전에서 패한 책임은 비겁한 유대인과 공산
주의자에게 있다는 말을 퍼트리며 한 번 더 전쟁을 한다면 우리
가 이길 거라고 호언장담을 했습니다. 이러한 생각에 맞서 위험
한 풍조와 싸우고자 했던 미술전람회《전쟁에 반대하는 전쟁》전
이 1924년 열렸습니다. 오토 딕스는 이 전시에 〈전쟁〉이라는 동
판화 시리즈를 출품합니다. 그런 행위까지 했으니 나치의 눈 밖
에 나게 되어 박해를 받았습니다. 드레스덴 미술대학에서 교수
로 근무했지만 나치가 정권을 장악한 후에 실직하여 추방되었습
니다.

〈전쟁제단화〉는 1929년부터 1932년까지 즉 세계공황의 해
부터 나치가 정권을 장악하기 직전까지, 3년에 걸쳐 완성한 거대
한 그림입니다. NHK 교육텔레비전의 〈신일요미술관〉에서 그를
다룰 때 드레스덴 주립미술관으로 제가 이 그림을 보러 가는 장
면이 담겨 있습니다(〈나는 전쟁을 보았다!-나치에 저항한 화가 딕스〉,
2003년 12월 7일 방영).

다음 보실 그림은 딕스가 그린 〈여성 반신상〉(fig.19)입니다.
여러분은 이 그림이 어떻게 보이시나요? 저는 여성을 이런 식으
로 그린 사람은 무척 드물다고 생각합니다. 고흐가 지닌 ‘슬픔’의

계승자지요. 남성의 눈으로 이상화된 인형이나 여배우 같은 여성을 그려 돈을 버는 것이 화가의 직무라고 한다면 그런 생각에 정면으로 반기를 든 작품이라 할 수 있겠습니다.

아, 이 여성은 앞으로 어떻게 될까. 그런 우려가 생겨납니다. 완전히 저 개인적인 상상입니다만, 이 여성은 총을 맞고 앞으로 강간을 당하는 처지에 빠지지 않을까. 이미 그리 젊지도 않은 사람이니 딸도 함께 있지는 않을까. 그런 상상에 휩싸이게 만드는 힘이 그림 안에 있습니다. 실제로 제1차 세계대전에서도, 제2차 세계대전에서도 여성을 향한 성폭력이 실로 처참할 정도로 많이 일어났습니다. 독일의 경우만 해도 진상이 규명되기까지 긴 세월이 걸렸고 여전히 해명은 불충분합니다.

또한 1990년대 전반에는 유고슬라비아 내전이 일어났습니다. 민병대 조직이 여성에게 자행한 성폭력 사례가 잘 알려져 있습니다. 화가는 그러한 장면을 어떻게 그려 낼 수 있을까. 그런 생각을 하고 있자니 제 눈앞에 딕스의 바로 이 작품이 떠올랐던 겁니다. 제 상상은 맞지 않을지 모릅니다. 하지만 예술이나 미술 교육에서는 사실과 달라도 상관없지 않을까 하는 생각도 듭니다. 유일한 정답을 맞춰야 합격점을 주는 것이 아닙니다. 자신이 확장한 상상을 최대한 구체화하고 거기에 살을 붙여 언어로 풀어낼 때 훌륭한 답이 될 수 있으리라 생각합니다.

다음은 펠릭스 누스바움Felix Nussbaum(1904-1944)이라는 유대인 화가의 작품 〈유대인 증명서를 쥔 자화상〉(fig.20)입니다. 이 사람은 독일 북쪽 마을 오스나브뤼크에서 철물점을 운영하던 유복한 가정의 아들로 태어났습니다. 아내와 로마로 유학을 떠났

지만 나치가 정권을 잡는 바람에 고향으로 돌아오지 못하고 망
명했습니다. 망명지는 당시 유대인 난민을 예외적으로 받아들였
던 벨기에였습니다. 하지만 벨기에인의 고용 기회를 빼앗아서는
안 된다는 정책 때문에 난민 신분은 취직이 불가능했습니다. 재
산이 있는 사람만 조건부로 받아들이겠다는, 결국은 냉혹한 정
책이었지요. 누스바움은 런던에 있던 친척에게 송금을 받아 구
좌 증명서를 제출함으로써 체류가 허용되었습니다. 그런 망명
생활을 하면서 다락방에 숨어서도 그림을 계속 그렸습니다. 그
중 한 점이 이 작품입니다. 이런 그림을 누군가가 사 준다거나,
어디서 전시한다는 일은 전혀 기대할 수가 없었겠지요. 말하자
면 순수한 '증언'으로서 그린 그림이었던 셈입니다. 지인이었던
벨기에인 치과의사에게 그림을 맡기고 내게 무슨 일이 생기더라
도 이 그림만은 '죽지 않게' 해 달라고 부탁했다고 하는데, 그렇
게 하여 결국 살아남은 이 자화상은 현재 오스나브뤼크미술관에
소장되어 있습니다. 나치 점령 아래 있던 벨기에에서는 밤 9시 이
후 유대인의 통행을 금지했습니다. 거리를 걸어 다니면 게슈타
포가 검문을 했지요. 실제로 누스바움이 경험한 사건은 아니지
만, 이 그림은 그렇게 신원 조회를 당하는 순간을 그렸습니다. 등
장인물인 자신이 보여 주는 신분증명서에는 '유대인'이라는 빨간
도장이 찍혀 있습니다. 실제 신분증명서에는 그런 날인은 없었다
고 합니다. 누스바움이 일부러 그려 넣은 것이죠.

　화가의 눈은 겁에 질려 있다기보다는 자기를 불러 세운 사
람을 똑바로 응시합니다. 누구냐고 신원을 묻는 당신은 누구인
가? 라는 눈빛으로. 서양 회화사에서는 오랜 기간 자화상이 그려

저 왔습니다. 최초라고 이야기되는 그림이 '1500년'이라고 써 넣은 알브레히트 뒤러Albrecht Dürer의 자화상입니다. 자신을 예수의 얼굴을 닮게 그린 작품이죠. 그리고 약 500년이 지나 누스바움의 이런 자화상이 그려집니다. "너는 누구냐?"라는 질문을 당하자 독일인도, 벨기에인도 아니라 자신은 유대인이라고 말하고 있습니다. 저는 이 그림을 "자화상의 극치", "자화상의 극한"이라고 부른 적이 있습니다(NHK 교육텔레비전 〈신일요미술관 - 어느 유대인 화가의 궤적〉, 2002년 6월 13일 방송).

　누스바움의 이 자화상은 "나는 누구인가?"라는 아이덴티티를 권력이 폭력적으로 좌우하는 불합리함에 대한 저항이기도 합니다. 저 역시 사춘기 때부터 밖에서는 외국인등록증 휴대가 의무화되어 있던 사람입니다. 지금은 그 이름이 '재류카드'로 바뀌었습니다. 오스나브뤼크미술관에서 TV 프로그램 촬영을 위해 이 그림 옆에 섰을 때 카메라를 향해 제 외국인등록증을 보여 주며 이 모습을 영상에 담아 달라고 했습니다. 제 모습과 이 그림을 나란히 놓고 비춰 달라고 했지만 방송에서는 편집되었습니다.

　누스바움과 그 아내는 밀고로 체포되어 아우슈비츠로 이송되었습니다. 벨기에에서 마지막 이송 열차로 아우슈비츠에 도착한 직후 가스실에서 살해당했습니다. 그가 이 세상에 존재했다는 흔적은 벨기에의 외국인 등록 리스트에서만 확인할 수 있습니다. 그 목록에는 몇 월 몇 일에 사망했다는 의미로 성명에 가로줄로 지워져 있을 따름입니다. 그 후에는 오스나브뤼크에서 그를 기념하려는 움직임이 일어나 미술관도 건립되었습니다. 저도 그곳을 방문한 적이 있지만 유대인 박해가 얼마나 가혹했는

지 말만으로는 전부 전달하기 어렵습니다. 그저 '폭력적'이었다
고 말하는 것을 넘어 상상을 초월할 정도로 집요했던 증오였습
니다.

디아스포라 아트

오늘 말씀드릴 마지막 주제는 디아스포라 아트입니다. 데이
비드 강David Kang이라는 캐나다에 살고 있는 코리안 아티스트가
〈입을 위한 선禪〉(fig.21)이라는 제목하에 퍼포먼스를 펼친 적이
있습니다. 장소는 바로 이곳, 도쿄경제대학 6호관 1층입니다. 그
는 1층 바닥을 계속 기어서 전진하면서 바깥 중정 시계탑 근처까
지 나갔다가 되돌아왔습니다. 그렇게 계속 기어 다니는 동안 입
에 물고 있는 건 소의 혀입니다. 소 혀의 끝에 먹물과 모터오일,
케첩을 섞은 액체를 묻혀 종이에 흔적을 남기면서 포복하는 행
위예술이었습니다. 2004년에 이 학교에서 〈디아스포라 아트의
현재〉라는 전시와 심포지엄을 개최했던 때의 장면입니다.

왜 이런 행위를 하고 있는 걸까요. 그가 직접 설명하지는 않
았지만, 그는 한국에서 태어나 열 살 무렵에 가족과 함께 캐나다
로 이민을 갔다고 합니다. 모어가 아닌 낯선 언어의 세계에 던져
졌던 셈이지요. 그곳에서는 발화나 커뮤니케이션이라는 행위가
매우 곤란했을 겁니다. 소의 혀를 입에 물고 기어 다니는 것은,
실로 이해하기 어렵지 않은 암유겠지요. 성장해서 한국으로 돌
아가 홍익대학교 미술대학에서 서예를 공부했지만, "너처럼 외

국에서 자란 사람은 한국 서예의 진수를 이해할 수 없어. 네가 자란 세계는 '여백의 미'를 알 수 있는 세계가 아니야."라는 말을 듣고 벽에 부딪혔다고 합니다. 그래서 컨템포러리 아트(현대미술)로 전향하여 소의 혀를 붓 삼아 모터오일과 케첩으로 서예를 시도하게 되었다는 겁니다. 그런 아티스트가 도쿄경제대학에 와서 퍼포먼스를 펼치고 그 흔적이 종이에 남았습니다. 정말 추상적인 서예 작품 같은데 이 결과물을 잘라서 관객에게 나누어 주었습니다. 저희 집에 한 장을 액자에 넣어 걸어 두었고, 행사를 도와준 학생들에게도 한 장 한 장 나누어 준 기억이 있습니다.

　다음으로 보실 작가는 잉카 쇼니바레Yinka Shonibare(1962-), 아프리카계 영국인인데요, 부모는 나이지리아 출신입니다. 그의 작품 중 〈빅토리아 댄디의 일기〉라는 제목의 시리즈가 있습니다. 그 작품 중앙에 서 있는 사람이 작가 쇼니바레입니다. 하지만 빅토리아 왕조 시대의 '댄디dandy' 즉, 상류 부유층 시민이 아프리카인일 리는 없겠지요. 따라서 이 작품은 있을 수 없는 세계를 일부러 가상으로 만든 것입니다. 게다가 주위에 있는 하인은 백인 여성들로 동경의 눈빛으로 '주인 어르신'을 바라보고 있습니다. 이 역시 있을 수 없는 일이죠.

　그래서 이 작품을 보고 있으면 눈에 익은 풍경이지만, 또 어딘가 위화감을 느끼게 됩니다. 이런 장면을 통해 결국 영국이라는 나라가 어떻게 생겨났는지, 나아가 빅토리아 왕조라는 영국인들이 자랑스러워하는 시대가 얼마나 해외 식민지를 확장해 나가던 시대였는지, 또한 그 결과로 지금도 영국에 얼마나 많은 아프리카와 아시아계 사람들이 살고 있는지를 상기시켜 줍니다.

쇼니바레는 다양하게 변주한 이 시리즈를 런던 지하철역 백 군데에 게시했습니다. 런던 시민들은 아침저녁 출퇴근을 할 때마다 무조건 이 작품과 만나게 되었던 거죠.

데이비드 강과 잉카 쇼니바레, 그리고 또 다른 디아스포라 아티스트에 관해서는 『디아스포라 기행』이라는 책에 간단하게 나마 정리되어 있습니다. 20세기 후반, 즉 제2차 세계대전 이후의 아트는 그 이전 예술의 캐논(정전)이라든가, 어떤 정해진 관념을 뒤엎습니다. 단순히 전복하는 것만이 아니라, 이 두 작가가 특히 그랬듯, 자본주의나 제국주의, 식민지 지배가 남긴 상처, 여전히 남아 있는 상흔을 예술적으로 표현하는 세계가 이미 시작되었다고 할 수 있습니다.

다만 어려운 문제는 미술계 역시 하나의 제도이므로, 이번 '아이치 트리엔날레'에서도 분명하게 드러났지만 행정기관이나 스폰서가 자금을 대면서 정치가 예술에 개입을 하게 된다는 사실입니다. 그런 상황 속에서 디아스포라라고 하는, 국가나 기업의 후원을 받을 수 없는 사람들이 자신을 표현하는 일은 매우 어려워집니다. 쇼니바레는 그중에서 예외적이라 할 수 있고 성공을 거둔 아티스트지만, 수많은 디아스포라 아티스트들은 경제적으로 어렵습니다.

그래도 미술계의 조금 재미있는 점은 '요코하마 트리엔날레'나 독일의 '카셀 도쿠멘타' 같은 국제전에서는 큐레이터나 아트 디렉터가 모험적인 작품을 의욕적으로 다루며 세상에 질문을 던지기도 합니다. 바로 그게 아트의 재미있는 점이기도 하다는 생각을 해 봅니다.

　자, 이제 마지막으로 이건 어떻게 보이시는지요.(fig.22) 실은 인간이 만든 작품이 아닙니다. 2011년 동일본대지진 직후, 그해 6월에 저는 후쿠시마를 찾아갔습니다. NHK의 디렉터 가마쿠라 히데야 씨와 프로그램 취재를 위해서 여러 장소를 방문했지요. 마지막으로 가이바마貝浜라는 해안가에 갔습니다. 해류 때문인지, 밀어닥친 쓰나미의 썰물이 빠져나가는 좁은 수로가 형성된 곳이어서인지 폐기물 같은 것이 엄청나게 모이고 쌓여 있던 장소였습니다. 그때 촬영한 다큐멘터리 프로그램 〈후쿠시마를 걸으며 – 작가 서경식, 나에게 있어서의 3·11〉(NHK 교육방송, 〈마음의 시대〉, 2011년 8월 14일 방영)에서도 소개했습니다만, 가이바마의 해안을 걷다가 우연히 발견한 장면입니다. 이 모습을 꼭 찍어 방송에서도 소개해 달라고 말했습니다. 제 눈에는 매우 뛰어난 예술 작품이었습니다. 누군가가 인공적으로 만들고자 해도 이렇게까지는 할 수 없는, 자연스럽게 만들어진, 혹은 쓰나미가 만든 것이지요.

　그 속에 예술의 불가사의함이 있습니다. 즉, 예술은 기본적으로 언제나 자연을 대상으로 그것을 재현하려고 하지만, 자연은 언제나 다시 가뿐히 넘어서 버리지요. 우리는 그런 예술 앞에서 겸허해지면서 설령 실제로 후쿠시마의 가이바마 해안까지 가지 않더라도 이 오브제가 우리에게 전해 주는 메시지를 자기 자신의 손으로 재현할 수 있습니다. 혹은 자신은 재현하지 않아도 누군가가 재현한 예술에서 그것을 느끼고 이해할 수 있습니다. 예술이란 예술가가 만드는 작품이 아니라, 보는 자와 작품 사이에서 존재하는 것이기에, 보고 있는 사람이 작가가 될 수도 있습

니다. 그저 존재하는 것 가운데서도 예술을 찾아낼 수 있는 것이
지요.

마치며

지금까지 미술을 실마리로 삼아 제 삶과, 제가 생각하는 인
문교육에 대해 말씀을 드렸습니다. 마지막으로 "미술관에 갑시
다, 전시를 본 후 그림엽서를 두 장 삽시다."라는 말씀을 드리고
싶습니다. 언제나 수업 시간에 학생들에게 전하는 말이기도 하
고, 제 자신도 실천하고 있는 일입니다. 우선 미술관에 자주 가셨
으면 합니다. 학생들에게 미술관의 문턱은 꽤 높은 것처럼 느껴
집니다. 관람료가 싸더라도 문턱은 쉽게 넘어서기 힘든 듯 보입
니다. 그건 결국 일본에서는 미술관이 고급 예술을 다루는 곳이
라는 잘못된 고정관념이 있기 때문이 아닐까 싶습니다. 아마 초
등학교, 중학교 교육에서부터 그런 느낌이 들게 만드는 것 같다
는 생각이 들어요. 하지만 그렇지 않습니다. 저는 여러분이 자유
롭게 미술을 만나러 가면 좋겠습니다.

미술관에서는 보통 그림엽서를 팔지요. 제가 두 장을 사라
고 한 까닭을 말씀드리자면 우선 한 장은 자신의 추억으로 간직
하라는 의미입니다. 저는 지금도 반세기도 더 전에 오하라미술
관에서 사 온 나카무라 쓰네의 그림엽서를 가지고 있습니다. 나
머지 한 장은 소중한 사람에게 전해 주면 좋겠습니다. 친구든, 가
족이든, 연인이든 소중한 이에게 "나 이런 곳에 다녀왔어."라고

말하며 선물하면 좋겠습니다.

　왜냐하면 미술은 (미각이나 음악적 취향과 비슷한 면도 있겠지만) 그 사람의 감각을 말로 표현할 수 없는 부분까지 포함하여 나타내 주는 것이기 때문입니다. "어? 이 사람 이런 걸 좋아하는 줄은 몰랐는데 멋진데!"라는 식의, 바로 그런 세계입니다. 그렇게 어려운 일이 아닙니다.

　제가 이런 말씀을 드리고, 여러분이 그렇게 되었으면 좋겠다고 생각하는 이유가 있습니다. 어떤 대상을 아름답다고 말하고, 또는 아름답지 않다고 말하는 일은 완전히 여러분의 주관에 달린 것이기 때문입니다.

　미술은 주관적인 것이 가장 허용되어야만 하는 세계입니다. 남이 예쁘다고 하건, 더럽다고 하건 상관이 없습니다. 어떤 작품을 두고 있는 그대로 좋다고 말하는 사람, 그런 식으로 자기 스스로를 자유롭게 만들 수 있는 사람이 인권에 대해서도, 정치에 대해서도, 경제에 대해서도 자신의 생각을 통해 여러 가지 문제와 마주할 수 있습니다.

　자신을 자유롭게 해방시키는 행위의 기본은 바로 자신의 미의식을 해방시키는 것입니다. 미의식은 국가에게 지배당하기 쉽습니다. 혹은 자본에게도 그렇지요. 국가와 자본은 끊임없이 그 점을 노리고 있습니다. 모두가 귀엽고 예쁘다고 말하지만 그런데 그게 진짜 귀여운 것일까? 국가에서 추천하는 국보라서 진정 멋진 작품일까? 과연 정말일까? 라며 거듭 질문하고 생각해 봅시다.

　그림엽서를 두 장 살 때는, 정말로 좋다는 생각이 들어 간직하고 싶은 작품인지를 반드시 스스로에게 물어 보시기를 바랍니다. 그리고 나서 나머지 한 장을 전해 주는 행위는 자신이 진정으로 소중하게 여기는 사람에게 자기의 미의식을 표명하는 일이 될 것입니다. 꼭 이런 경험을 해 보셨으면 합니다. 이것이 제가 도쿄경제대학에서의 마지막 〈예술학〉 강의를 맺으며 드리는 말씀입니다.

긴 시간 들어 주셔서 감사합니다.

인터뷰

도쿄경제대학
2021년 3월 24일

서경식,
저작을 말하다

/ 인터뷰어 :
하야오 다카노리 + 도베 히데아키 + 리행리
+ 모토하시 데쓰야 + 다카쓰 히데유키

'작가'라는 호칭을 쓰게 된 이유

선생님은 '작가'라는 직함이랄까요, 호칭을 쓰고 계십니다. 대학교수라고 하면 흔히 떠올리는 '연구자'가 아니라는 점을 밝히고 싶기 때문이라고 생각합니다만, 한편으로 '작가'라고 하면 창작하는 사람이라는 이미지가 떠오릅니다. 연구자가 아니고 비평가도 아닌, '작가'를 자임하시는 까닭은 무엇일까요? 또는 어떤 저작에서부터 작가, 즉 문필가를 천직으로 생각하게 되셨는지요?

"당신은 왜 스스로를 '연구자'가 아니라 '작가'라고 칭하는가?"라는 질문이겠지요? 제가 도쿄경제대학에서 일하게 된 것은 다른 많은 연구자들처럼 대학의 교직이라든가 연구직을 목표로 삼고 연구 업적과 이력을 쌓아 나간 결과가 아니었습니다. 저는 아주 이른 단계에서부터 그런 길을 포기해 버렸어요.

후지타 쇼조(정치사상사가, 1927-2003) 선생님이 호세대학에서 비상근 강사를 해 보지 않겠냐고 제안해 주신 것이 1990년대에 접어들던 무렵이었어요. 믿고 맡겨 주신 일이 무척이나 힘이되었습니다. 형들의 석방 지원 운동이 제게는 일상적이고도 우선적인 일이었는데, 형들이 석방되고 나자 앞으로는 어떻게 살아가면 좋을지 막막하던 때였으니까요. 그래서 대학 교직이나연구직 같은 선택지도 있지 않을까, 어렴풋이 그런 생각을 한 적도 있지만 빨리 단념했습니다.

후지타 선생님이 "우선 논문처럼 보이는 글을 대학 연구논문집 같은 곳에 한두 번 발표하게. 그러면 어떻게든 될 테니."라고 말씀하셔서 그래 볼까 잠시 고민도 했지만 아무리 생각해 봐도 저는 그런 타입도 아니었지요. 게다가 그런 식의 연구를 계속해 오지 않았던 사람이 조리 있고 형식에 딱 들어맞는 연구를 발표한다면 거짓이지 않을까 싶은 생각이 들었습니다. 물론 비상근 강사로서 강의를 한다는 것도 내 나름의 경험이나 지식, 관점을 학생에게 전하는 것이기에 보람 있는 일이었지만 '나는 연구자가 아니다, 나는 역시 글쟁이가 되고 싶다'라는 생각이 늘 있었습니다. 1990년대 중반까지는 되든 안 되든 시도라도 해 보자고목표를 세웠습니다.

그래서 작가로서 확실히 꽤 많은 글을 썼습니다. "정년까지이거다 싶은 필생의 연구서를 한 권만 쓴다면 그걸로 족하다. 그런 책을 목표로 살아가면 만족한다."라는 이야기를 주변에서 종종 듣습니다. 아마 대학에 계신 연구자나 학자 들의 주된 사고방식이나 목표겠지만, 저는 그런 세계에서 타자의 위치에 있다고생각했습니다. 한편으로 학계에서 "전공은 어떤 쪽이세요?"라는 질문을 종종 받을 때 "아니요, 전공은 딱히 없습니다. 그냥 글쟁이, 작가지요."라고 대답하면 더 이상 대화가 이어지지 않는 것 같은 느낌도 받곤 합니다. 하지만 스스로에게 그런 역할을 부과했으니 감히 "작가입니다."라고 말하는 거지요.

　　그런 배경이 형성된 데에는 사회적인 상황과 개인적인 사정이 있습니다. 넓은 차원의 사회적 상황이란 역시 제 자신이 '재일조선인' 출신이라는 것입니다. 재일조선인은 아카데미즘이라는 제도권 속에서 안정적으로 직업을 얻기가 완전히 불가능하다고는 말할 수 없지만, 무척 힘든 상황 아래 있는 경우가 많습니다. 제가 활동하던 시대는 지금보다 더 곤란했을지도 몰라요. 그렇기에 재일조선인 출신으로 작가가 된 사람이 유명하건 무명이건 상관없이 비율로 따지면 일본인보다 많으리라 생각합니다. 그들은 재일조선인이라는 출신으로 인해 자신이 쓸 수 있는 뚜렷한 테마를 가지는 경우가 많습니다. 농담조로 "재일조선인이라면 누구라도 소설책 한 권쯤은 쓸 수 있어."라고 말하기도 하지요. 달리 보면 예컨대 연구직이라든가 대기업 회사원 같은 직업을 가질 기회는 적으니 결과적으로 '자유직'을 가질 수밖에 없는 셈입니다. 비율적으로 연예계나 스포츠 쪽에 재일조선인이 많은 것도 같은 이유겠지요.

　　저는 아마 여러분이 상상하는 것보다 꽤 **빠른** 시기인 중학교 1학년 무렵부터 작가가 되겠다는 생각을 해 왔고, 쓰고 싶다는 충동이라면 더 어렸을 때부터 갖고 있었습니다. 제가 쓴 글을 보면 눈치 채시겠지만, 독서량이 많지는 않았어도 책을 읽으면 그 속에 등장하는 표현의 디테일에 관심이 있었고 재미있는 글

을 좋아했습니다. 그러니 나도 저렇게 써 보고 싶다는 생각으로
어린 시절을 보냈습니다.

　그랬던 제가 형들이 투옥되면서 장기수의 가족이라는 경험
이 더해지게 되었습니다. 이와나미신서에서 나온 『서씨 형제 옥
중에서 보낸 편지 ― 서승, 서준식의 10년』(1981)과 돌아가신 어머
니의 추도 문집 『아침을 보지 못한 채 ― 서씨 형제의 어머니 오기
순 씨의 생애』(이와나미쇼텐, 1990/사회사상사 현대교양문고판, 1981)
가 어느덧 거의 40년 전의 책입니다만, 내 인생을 결정 지은 중
요한 계기였습니다. 지금 되풀이해서 읽어도 형들의 투옥이라든
가 어머니의 죽음, 그때 느낀 고통스런 감각이랄까, 솔직히 말하
면 비애나 고립감, 절망 같은 감정이 매우 생생히 되살아납니다.
그러니 지금도 다시 읽다 보면 잠을 이루기 힘들 정도입니다.

　하지만 그때로부터 시간이 꽤 흘러, 제 나이도 일흔이 되어
가는 지금, 예전에 쓴 글을 되짚어 보면 단순히 사실을 기록한다
든가, 정보를 전달하는 것 이상으로 일종의 '작가적 근성' 같은
것을 느끼곤 합니다. 저 스스로도 확실히 붙잡을 수 없는 감정을
어떻게든 남에게 전하고 싶다고 생각했던 기억도 떠오릅니다.
『아침을 보지 못한 채』에는 어머니의 주치의 선생님과 고자이
요시시게(철학자, 1901-1990) 선생님도 추도문을 써 주셔서, 그 당
시 느꼈던 감사의 마음이 되살아나지만, 저도 그 책에 「죽은 자
의 무거운 짐을 풀기 위하여」라는 제목으로 한 꼭지를 썼습니다.
당시 저는 이 글에 상당히 힘을 쏟았습니다. 즉 사실을 담담히 전
해야겠다거나, 유족이기에 조금 조심스럽게 써야겠다는 생각을
안 한 것은 아니지만, 아무래도 가능하다면 어머니를 생각하는

마음, 그 전부를 담고 싶다고 생각했어요.

그 당시 미라이샤未來社라는 출판사에 있던 편집자 마쓰모토 마사쓰구松本昌次 씨(이후 가게쇼보影書房를 창업), 그리고 후지타 쇼조 선생, 이와나미쇼텐의 야스에 료스케 씨, 주오코론샤中央公論社의 편집자 미야타 마리에宮田毬榮 씨 같은 분들의 눈에 띄어 글을 써 보라는 권유와 격려를 받았습니다.

어머니와 형들의 희생을 바탕 삼아 글을 쓰게 되었다고 말할 수 있으니 꽤나 복잡한 생각이 듭니다. 자신이 현장에 투신하지 않았다는 점이 열등감이랄까, 콤플렉스로 강하게 다가왔어요. 물론 그 콤플렉스는 여전히 없어지지 않았습니다. 실로 현장 중의 현장이었다고 할 수 있는 감옥에 있었던 형들이 보기에는 안전지대에 몸을 두고서, 그 형들이 말하는 것을 중개하여 책을 내는 것일 뿐이라고 생각했으니까요. 게다가 그 책이 널리 읽히게 된 것도 지금 말씀드린 분들에게 응원을 받았기에 가능했던 것이기도 하지요.

방금 '현장'이라는 말을 썼지만, 우리 세대 재일조선인의 시각에서 현장으로 가는 것은 먼저 '공화국', 즉 북한으로 '귀국'하는 길이 있었습니다. 그 길은 제 세대에게는 매우 리얼한 현실이어서 주변 어떤 이가 귀국을 하면, "그 사람은 돌아갔는데 너는 어째서 귀국하지 않는가?"라는 질문이 일상적으로 오갔습니다. 가족끼리도 귀국을 둘러싸고 논쟁을 펼치기도 하던 시대였지요. '민족분단'이라는 과정이, 상상 속에서가 아니라, 재일조선인 각 가정까지 문자 그대로 '분단'하여 갈라놓았던 셈입니다.

당시 저는 초등학교 5, 6학년 정도라 아직 어렸습니다. 그러니 '조국'이라는 현장으로 돌아가야 한다는 마음도 물론 있었지만, 그곳으로 돌아가 도대체 내가 할 수 있는 일은 무엇인가? 라는 의문도 생겨 두 마음이 싸웠던 것 같습니다. 조금 더 말하자면, 잘 알지 못한 채 귀국하려는 사람들이 어쩐지 멀게 느껴진다든가, 막연한 불신 같은 것도 있었습니다. "북은 낙원이다."라는 이야기와 "낙원이라는 꿈에서 깨어나라."라는 이야기가 교차하던, 민족분단 그 자체였다고 할 수 있었던 대립 속에서 어린 시절을 보내면서, 나 자신은 그 어느 쪽도 아니라는 생각이 있었습니다. '조국'이 낙원이라서 돌아가야 할 곳이 아니라, 낙원이 아니기에 더욱더 그 현장으로 돌아가야 한다는 선택이 맞는 말이지 않은가. 그렇게 생각했습니다. 다른 한편으로는 그곳으로 돌아가서 내가 할 수 있는 역할이 무엇일까에 대해서도 생각했습니다. 아직 열두세 살에 불과한 아이의 생각이었으니 대단한 것은 아니었지만, 제게는 이러한 모든 상황이 '현장'의 이미지였습니다. 일본이라는 장소를 결코 내가 의도적으로 선택한 것은 아니지만, 거기서 태어나고 자랐기에 모어도 일본어이고, 교육도 일본에서 받았으니 일본에서 살아가는 상황이 당연해지는 과정을 도무지 어떻게 해야 좋을지 알 수가 없었습니다.

그 후 중학교 3학년, 고등학교 1학년 무렵인 1965년에 한일협정이 체결되자 이번에는 '남한(한국)으로 돌아간다'는 선택지가 생겼습니다. 그때까지 대부분의 재일조선인이 한국과 왕래할 수 있는 길은 끊어져 있었기에 일반적으로는 한국에 편하게 오갈 수 있다든가, 취직을 하는 상황은 상상도 할 수 없었습니다. 그런데 두 나라가 조약을 맺은 이후, 둘째 형 서승이 도쿄교육대학 재학 중에 가족 중 처음으로 한국 땅을 밟았습니다. 일본에 살던 가족과 친척을 대신해서 고국의 친척을 만나고 온 것이지요. 저도 1966년 여름, 한 달 동안 서승과 함께 '재일교포 하계학교'라는 한국 정부가 주최한 교육 프로그램으로 한국을 방문했습니다. 태어나 첫 번째 한국 방문이었지요. 그때 받은 인상을 『8월』이라는 시집으로 묶어, 고등학교 3학년 때 자비로 출판했어요. 고등학생 때니까 지금 생각하면 부끄럽지만, 하나의 기록이라는 의미로 『시의 힘』(현암사, 2013)에 전문을 수록했습니다.

　1967년에 바로 위의 형 서준식이 고등학교 졸업과 동시에 한국에 '모국유학'을 떠나고(1년간 한국어 교육을 받은 후 서울대학교 법학부에 입학), 다음 해 1968년에는 서승이 도쿄교육대학을 졸업하고 한국에 유학(서울대학교 대학원에서 사회학을 전공)했기 때문에, 그 과정을 통해 한국이 어떤 사회이며, 거기에는 어떤 사람들이 살고 있는지 제게도 조금씩 알 수 있는 기회가 생겼습니다.

　일본의 지인으로부터 "역시 당신은 조국으로 돌아가나요?"라는 말도 들었습니다만, 그런 이야기는 너무 단순하다고 생각했습니다. '조국으로 돌아간다'는 생각은 굳이 부정은 하지 않았지만, '조국이므로 돌아간다'거나 '조국으로 돌아가면 따뜻하게 품어 주는 사람들이 당연히 있을 것이다'라는 사고방식에는 의문을 가졌습니다. 조상의 출신지를 찾아 자신의 뿌리를 확인하고 싶은 기분은 있었습니다. 하지만 현존하는 대한민국이라는 나라에 '조국'이라는 말이 갖는 정서적인 감정을 느끼거나, 그 나라를 애정을 투영할 대상으로 삼기가 어려웠던 것이죠. 어디까지나 '조국'의 남반부에 불과하다, 내게 '조국'은 통일된 '조선'이어야 한다는 생각도 있었습니다.

그러던 사이에 1971년 형들이 한국에서 이른바 '간첩'으로 몰려 구속되고 말았습니다. 서승은 취조 중에 분신자살을 시도했는데 가까스로 목숨은 건졌습니다만, 끔찍한 화상을 입은 모습으로 법정에 출석했습니다. 서승은 재판에서 최초는 사형, 그후로 무기징역을 선고받아 사람들의 관심을 모았습니다.

그러자 일본 사회 여러 방면에서 형들이나 우리 가족을 도와주려는 사람들이 생겼습니다. 그 과정에서 저 역시 일본의 지식인과 만나 교류를 가지게 되었는데, 매우 중요한 경험이었다고 생각합니다.

그래도 한편으론 "왜 한국 같은 곳에 갔습니까?" 하고 말하는 사람도 꽤 있었습니다. "그냥 일본에서 살면 좋았을 텐데.", "일본에서 나고 자랐으니 일본에서 사는 게 자연스럽지 않나요?" 그런 생각을 넌지시 밝히는 사람들도 적지 않았지요. 당시 일본의 진보적인 사람들 중에서는 "왜 북이 아니라 남으로 갔어요? 이승만의 나라이자 박정희의 군사독재 국가가 무엇이 좋아 갔어요?", "한국에 가면 출세할 수 있거나 잘살 수 있다고 생각했어요?"라는 식으로 말하는 사람도 있었습니다. 일본의 진보파가 매우 도식적으로 '북'을 지지하는 동시에, '남'을 단순하게 암흑지대처럼 생각하고 있었기 때문입니다. 매우 안타까웠지요. '한국을 향한 조국애 때문에 돌아갔다'라는 생각과, '일본의 가혹한 차별을 피해 조국으로 돌아갔다'라는 생각이 전형적이었지만, 실정은 조금 복잡합니다.

차별에 대해 말하자면, 당시는 일본 국적자가 아니면 공무

원은 물론이고 고등학교 교사도, 변호사도 될 수 없었습니다. 사방팔방이 다 막혀 있는 상황 속에서 의사라든가 이과.계통 기술자가 되지 않고는 아무리 좋은 교육을 받아도 소용없다는 현실이 우리에게는 상식과도 같았습니다. 저도 어릴 때부터 주변에서 그런 사정을 많이 보아 왔기에, 이과로 진학하려고 수학이나 물리에 도전해 봤지만, 역시 적성에 맞지 않아서 좌절했지요.

그런 상황이었으니 한국에 가면 우량 기업에 취직한다든가 대학 교원이 될 수 있는 길이 열리지 않을까 생각하는 재일조선인 젊은이가 생기는 건 자연스런 결과였겠지요. 하지만 현실은 그리 간단하지 않았습니다. 당시 한국 사회는 일본보다 훨씬 가난했기 때문에 취직이 쉽지 않았습니다. 연구직에 한정해서 말해도 한국에서 학벌의 벽은 견고해서 외부에서 들어온 사람이 자리를 얻는다는 것은 일본과는 또 다른 의미에서 어려웠습니다. 게다가 재일조선인이라는 존재에 대한 한국의 머조리티의 편견도 있었습니다. "일본에서 잘 살고 있으면서도 무엇 때문에 왔는가?"라는 싸늘한 시선도 있고 "자국의 역사도 알지 못하고 말도 제대로 못하는 놈이 어떤 도움이 되겠는가?"라는 비판도 있었지요. 또한 한국 사람들이 가진 '일본적'인 것에 대한 이유 없는 반감이 재일조선인을 향해서 분출하기도 했습니다. 한국에 간 많은 재일조선인은 한 번은 울 수밖에 없는 상황이었습니다. 하지만 형들은 그런 어려운 상황을 알면서도 한국으로 갔습니다. 그곳을 자신의 치열한 삶의 현장으로 삼아야겠다고 결심하고 몸을 던진 것이지요.

그러므로 "일본에서 차별을 받았기에 조국을 동경하는 마음

으로 한국으로 갔다, 그런데도 감옥에 가다니 불쌍하다."라는 말
역시 틀렸다고 저는 생각합니다. 한국이라는 현장으로 가서 자신
의 역량을 발휘하는 것이 제대로 살아가는 것이라고 생각하며 서
툴러서 힘이 들지라도 현장을 선택한 것입니다. 형들은 한국 생
활이 고되지만 훌륭한 사람들과도 많이 만났다며 기뻐했습니다.

저는 어렸지만 그런 형들과 어느 정도 뜻을 함께했습니다.
형들과 같은 길을 나도 가겠다, 힘이 들더라도 그것이 나의 현장
이다, 그런 생각을 했습니다. 일본에서 대학을 졸업한 후, 나도
형들처럼 한국으로 유학을 하리라 예감하고 있었던 거죠.

바로 그 타이밍에서 형들이 체포되었습니다. 이제 내가 한
국에 갈 길은 끊어졌다고 생각했습니다. 요컨대 시국사범, 정치
범의 가족이 되었기 때문이죠. 한국 여권이 없으면 일본 밖으로
나갈 수도 없었는데, 이제 자신의 고국으로도 돌아갈 수 없게 되
었습니다. 여권을 발급받으려고 하니 심문을 받거나 서약서를
쓰게 했습니다. 나 같은 정치범의 가족은, 반드시 형을 설득해서
전향시키라는 강요를 받았습니다. 여권이 필요하면 '유신체제
지지 집회'에 참가하고 그 증명서를 가지고 오라는 요구도 있었
습니다. 그런 상황에서 대체 어떤 일이 가능할까 고민했습니다.
프랑스로 유학을 가고 싶다고 생각한 때도 있었지만, 해외 유학
을 떠나려면 한국의 여권이 있어야 했기에 완전히 새장 속의 새
같은 상태였습니다. 이런 상황이 언제 끝날지를 생각해 봤습니
다. 이 나이가 되고서야 알게 되었지만, 인간의 젊음이란 무서운
것이라서 객관적으로 보아 낙관할 수 있는 이유가 어디 하나 없
더라도 젊다는 이유만으로 앞으로 헤쳐 나간다면 문제는 가벼워

지고 해결할 수 있다는 생각을 하고 맙니다. 젊었던 저 역시 당시는 그렇게 생각했습니다. 하지만 3년이 지나도, 5년이 지나도 형편은 전혀 나아지지 않았습니다. 그것이 당시의 제 상황이었습니다. 안정적인 직업도 없이 시간을 보내는 완전한 '사회 부적응자'였지만, 어쨌건 '글쟁이'가 되고 싶다는 생각만큼은 계속 가지며 살았습니다.

형들이 출옥했을 때, 저는 이미 40세에 가까운 나이였으니, 한국으로 '현장'을 찾아나서는 것도 때늦은 일이 되었다는 느낌이 들었습니다. 결국 인연이 닿아 일본의 몇몇 대학에서 비상근 강사로 강의를 하며 일본의 젊은이들과 대화를 나눌 수 있게 되어, 좋건 싫건 간에 이곳이 '자신의 현장'이다, 여기서 나는 무언가를 실천하지 않으면 안 된다, 라고 마음을 먹게 되었습니다. 정확히 그 시기가 마침 세계적인 동서냉전 구조가 붕괴되던 시기와 궤를 같이합니다.

나의 현장은 일본의 대학이라고 작정하긴 했어도 연구자가 되기에는 이미 출발이 늦어 능력도, 쌓아 놓은 성과도 없다는 점을 깨달았어요. 그러니 이젠 어떻게든 작가로서 내 뜻을 실현해 나갈 수밖에 없다고 마음을 먹게 된 것이지요. 그렇게 여러 가지를 시도해 가던 과정에서 도쿄경제대학으로 오지 않겠냐는 고마운 제안을 받아 정규직으로 채용되고 20년 남짓 흘러 버렸네요. 취직을 하던 당시는 조금도 상상하지 못했던 일입니다.

수많은 재일조선인은 국가라는 존재도 그렇게 안정적이라고는 생각하지 않습니다. 일본의 머조리티는 국가라는 것을 안정적이고 영속적이라고 생각하겠지요. 그러나 재일조선인은 식민지 시대에는 자신들의 국가가 없었고, 그 시대가 끝나자마자 남북으로 분단되고 그 남북이 서로 갈라져 싸우게 되었으니까요. 나에게 있어서 국가란 무엇인가라는 질문은 어떤 의미에서 직장이나 직업이라는 것은 무엇인가라는 질문과 마찬가지 의미이겠지요. 안정적이고 영속적이라고는 생각할 수 없다는 점에서는요. 그래서인지 이렇게 정년까지 일하게 된 것도 실감이 나지 않습니다.

제가 저의 직업을 통해 사회변혁에 무언가 도움이 되고 싶다고 말하면, 1960년대 말 무렵에는 공감해 주는 일본의 학생도 많았겠지만, 요즘은 좀 이상한 사람처럼 보곤 합니다. 그렇게 말하면 자신을 드러내고 과시하는 것으로 여겨 꺼린다고 할까요. 그저 자신에게 주어진 장에서 인생을 성실히 살아간다면 그걸로 만족한다고 생각하는 식입니다. 이것이 매우 '일본적'인 현실인지 어떤지, 재일본조선인인 내 쪽이 특수하고 예외적인지 모르겠습니다. 아무튼 여러모로 그런 생각을 하면서 '디아스포라'라는 용어를 사용하며 생각해 본다거나, 해외, 특히 제3세계 출신 지식인들과 대화하면서, 자신의 이런 감각을 지켜 나가고자 하는 것입니다. 어딘가에는 그들과 공유할 수 있는 이념이랄까 보편성이 있을 것이다. 그런 가설을 정하고 '글쟁이'로서 여러 활동을 해 왔다고 말할 수 있습니다.

'서양'과의 만남이 가지는 의미

선생님이 초창기부터 지금까지 일관되게 다루는 큰 테마가 '서
양미술'입니다. 『나의 서양미술 순례』(미스즈쇼보)가 1991년, 『청춘
의 사신-기억 속의 20세기 회화』(마이니치신문사)가 2001년, 『당신의
눈을 믿어라-통일 독일 미술 기행』(미스즈쇼보)i이 2010년, 『메두사
의 머리-나의 이탈리아 인문 기행』(론소샤)ii이 2020년, 이렇게 대략
10년 정도의 간격을 두고 서양미술에 관한 책을 묶어 내셨지요. '서
양'과 만나게 된 경위와 선생님에게 있어 '서양'이란 무엇인지 여쭙
고 싶습니다. 이 질문은 "서양에는 있지만 동아시아에는 없는 것은
무엇일까?"라는 궁금증과도 이어집니다. 그리고 인간의 다양한 표
현 활동 가운데 어떤 측면에서 서양의 미술(회화)에 관심을 두고 계
시는지도 듣고 싶습니다.

우리 같은 일반적인 재일조선인 가정에서는 서양미술에 관
련된 '문화적 자원'은 전무했다고도 말할 수 있어요. 조금 안정적
으로 살던 일본인 친구의 집에 가 보면, 복제품이긴 하지만 르누
아르 그림이 걸려 있거나, 많지는 않아도 가족끼리 미술관에 다
녀왔다고 하는 이야기를 듣곤 했습니다. 그런 일은 보통의 재일
조선인 가정에서는 불가능한 상황이었어요. 그래서 내 속에는
어느 새부터인가 그런 '서양 문화'를 향한 동경이 싹텄던 것 같

---

i 한국판: 『고뇌의 원근법-서경식의 서양근대미술 기행』(박소현 옮김, 돌베개, 2009).

ii 한국판: 『나의 이탈리아 인문 기행』(최재혁 옮김, 반비, 2018).

아요. "당신은 조선인인데 어째서 서양을 그렇게 좋아하는가?"라는 질문을 들을 때마다 저는 늘 긴장합니다. 그렇게 묻는 것을 넘어 직접적으로 비판하는 사람도 있지요. "술은 와인을 좋아해요."라고 말하면 삐딱한 시선으로 보는 듯한 상황 같은 거죠. 속으로 저는 '와인은 프랑스나 이탈리아에서는 노동자도 즐겨 마시는 술인데'라고 생각하긴 하지만요.

이건 양가적인 감정인데, 어린아이였던 무렵에는 한편으로는 '부르주아적'인 유럽 세계에 대한 동경이, 다른 한편으로는 민중적인 유럽에 대한 동경이 있었어요. 영화를 예로 들자면, 제가 "이것이 유럽이로구나!" 하고 생각하며 동경의 대상으로 삼은 건 할리우드 영화가 아니라, 이를테면 비토리오 데 시카 감독의 〈자전거 도둑〉(1948)이나 피에트로 제르미 감독의 〈철도원〉(1956) 같은 이탈리아 네오리얼리즘 영화였습니다. 등장인물들은 와인을 마시기는 해도 무척 가난했고 집에서는 언제나 이런저런 싸움이 끊이질 않았습니다. 뭐 우리에게는 친근감 있는 세계이기는 했지요.

에피소드를 하나 소개하자면, 1983년에 처음으로 유럽에 갔을 때, 어머니와 아버지는 모두 돌아가셨고 저는 무직자였습니다. 아주 적긴 했지만 부모님이 돈을 조금 남겨 주셨습니다. 이제부터는 앞이 전혀 보이지 않은 인생 후반기에 접어들게 될 텐데, 나는 무엇을 하고 싶은지를 생각해 보았습니다. 그때 돌연 유럽에 가자, 라는 생각이 들었던 겁니다.

당시는 아직 유럽연합이 결성되지 않아서 유럽 각지를 몇 차례씩 국경을 넘어가며 열차로 이동했습니다. 프랑스에서 이탈리아로 갈 때, 스위스를 통과하며 알프스 터널을 빠져나와 평지를 향해 내려가자 지중해의 눈부신 햇빛 아래로 철도 기관사 사무실마다 붉은 깃발이 나부끼고 있었습니다. 당시 이탈리아 공산당은 서유럽의 사회주의, '유로 코뮤니즘'의 거점이었고, 엔리코 베를링구에르Enrico Berlinguer라는 서기장이 지도자로 있었지요.

아, 이건 내가 어렸을 때 교토 시내의 '니시진 키네마'라는 싸구려 영화관에서 보았던 바로 그 풍경이로구나, 라는 생각이 들었어요. 유럽을 향한 제 마음속 동경에는 유럽이니까 부르주아적이고, 아시아라서 노동자라는 식으로 딱 잘라 나눌 수 없는 또 하나의 선이 아마 그어져 있지 않았나 싶습니다. 물론 당시 유럽 좌파에 대해서는 많은 비판이 제기되었고, 저 역시 그렇게 생각했지만 그래도 프랑스의 베르코르Vercor나 루이 아라공Louis Aragon 등이 전개한 레지스탕스 문학이 일본에서도 한창 읽히던 때였습니다. 바로 그런 것들이 초등학교, 중학교 시대 제 주위에 존재한 '교양'이었습니다. 즉 유럽 좌파에 대한 막연한 동경이 있었던 셈이지요.

그리고 또 하나가 중학교 시절의 경험입니다. 저는 중학교부터 공립학교가 아니라, 당시는 교토학예대학이었던 지금의 교토교육대학 부속중학교에 다녔습니다. 큰형 입장에서는 아이 때부터 수도원이나 군대 같은 곳에 보내서 엘리트로 교육하겠다는 의도였을지도 모르지만, 저는 그게 무척 싫었습니다. 물론 큰형이 바랐던 '엘리트'는 고급관료나 기업가라는 의미가 아니라, 막연하지만 '민족의 행복한 미래를 위해 공헌할 수 있는 인재'라는 의미였고 저 역시 그 의미는 알고 있었습니다.

　그래서 교토교육대학 부속중학교에 다니게 되었는데, 친구들은 주로 교토의 이른바 부유층 자제들이었습니다. 학교에서 재일조선인은 저 하나였어요. 초등학교 때까지는 제 주위에서 볼 수 없던 여러 가지 문화가 형성되어 있었습니다. 우선 바이올린 케이스를 들고 학교를 다니는 아이가 몇 명 있었지요. 초등학교 때였다면 돌이라도 던져 버리고 싶었겠지만(웃음), 돌을 던지고 싶다는 생각과, 저 바이올린에서는 어떤 소리가 날까 한번 켜 보고 싶다, 한번만 만져 봤으면 좋겠다, 하는 부러움이 마음속에서 양가적으로 혼재했습니다.

　중학교 수학여행으로 오카야마현 구라시키시에 있는 오하라미술관에 갔습니다. 지금 생각하면 꽤 결정적인 경험이었습니다. 거기서 본 미술 작품의 인상은 50년 이상 지난 지금도 제 근저에 흐르고 있습니다. 예를 들면 나카무라 쓰네의 〈두개골을 든 자화상〉(fig.2)이라든가 세키네 쇼지의 〈신앙의 슬픔〉, 유럽 회화로는 엘 그레코의 〈수태고지〉라든가, 조르주 루오도 있었지요. "우와, 이런 세계가 있구나!"라고 놀라며 감동을 받았습니다.

　함께 갔던 친구들은 나처럼 과하게 생각하지는 않는 것 같았지만, 저는 지금도 그때의 정경이나 감정을 마음속에 간직하고 있어요. 그래서 최근에도 그때 처음 봤던 나카무라 쓰네에 관해 에세이로 썼습니다.

　역사적인 이유가 있겠지만, 한국에서는 일본 근대미술의 유명한 화가들이 거의 소개되지 않기 때문에 사에키 유조나 나카무라 쓰네는 극소수의 미술사 전공자나 연구자를 제외하면 거

의 알지 못합니다. 그런 상황에서 한국의 독자를 대상으로 구태
여 일본 근대미술에 대해 쓰려고 하니 무엇 때문에 그런 작가를
다루는가, 라는 비판을 받을지도 모른다는 생각이 들었습니다.
일본과 조선의 미술 중 어느 쪽이 뛰어난가, 같은 이야기를 하고
싶은 것이 아닙니다. 다만 두 민족의 관계를 생각해 보면, 미술이
나 음악과 같은 감성 차원에까지 스며들어 있는 영향 관계를 생
각해 보아야만 합니다. 어느 민족이 만들어 낸 미술이나 음악을
그것이 형성되어 온 역사적 문맥으로까지 헤치고 들어가 고찰해
보려는 것이죠. 드디어 마음을 다잡고 그런 주제를 '일본미술 순
례'라는 연재로 시작하게 되어 그 첫 회로 나카무라 쓰네를 다뤘
습니다. 이어서 사에키 유조, 그다음이 세키네 쇼지입니다. 그런
책을 쓸 수 있는 원체험이 바로 중학교 시절의 오하라미술관 방
문이지요.

　　오하라미술관에는 세간티니라는 이탈리아계 스위스인 화가
가 그린 〈알프스의 한낮〉(fig.4)이라는 그림이 있습니다. 아주 밝
게 표현한 목장 풍경에 양과 여성을 그렸을 뿐인 작품이지만 히
로시마의 원폭에 피폭된 하라 다미키는 이 그림을 제재로 같은
제목의 에세이를 쓰기도 했습니다. 그는 피폭 후 도쿄로 와서 거
기서 제대로 먹지도 못할 정도로 심한 고생을 하다가 마지막에
는 원폭이라는 결정적인 경험을 잊어버리려는 일본 사회에(혹은
인류 그 자체에) 절망하여 철로에 몸을 던져 자살하고 맙니다. 때
마침 한국전쟁이 한창이었던지라, 미국 대통령 트루먼이 국면
전환을 위해 핵병기 사용을 검토했던 직후입니다.

　　그런 하라 다미키가 '연말 살인열차'라 불리던 혼잡한 기차

에 올라타 일부러 오하라미술관에 〈알프스의 한낮〉을 보러 갔다는 내용의 에세이입니다. 오카야마는 히로시마 바로 옆이니까 하라는 예전에도 이 그림을 보았을 겁니다.

"천정에서 쏟아져 비추는 광선이, 구름이 흘러감에 따라 끊임없이 변화하고 있기는 해도 눈앞에 있던 〈알프스의 한낮〉의 화면에 날카롭게 반사되었기에 나는 양치기 부인과 함께 꼭꼭 바늘로 찔리는 듯한 느낌을 받았다."라는 구절이 나옵니다. 즉 이러한 '밝음'이 하라 다미키와 같은 체험을 한 사람들에게는 바늘처럼 신경을 찔러 들어왔던 것이지요. 그것은 원폭이 투하되던 날 번쩍이며 자신을 덮쳤던 섬광의 기억과도 분명 연결되었을 겁니다.

세간티니는 어떻게 이런 묘사가 가능했을까, 어째서 그런 식으로 그리고자 했을까. 그런 궁금증과 동경을 품고 있던 저는 30대 중반 무렵에 스위스 생 모리츠에 있는 세간티니미술관에 갔습니다. 그러니까 동기는 중학교 때 제게 박혀 왔던 '바늘과 같은 햇빛'이었던 셈이죠. 세간티니는 프랑스 인상파와는 다른 독자적인 형태로 밝은 빛을 어떻게 잡아낼 수 있을까, 하는 기법적 도전에 자신을 걸었던 사람입니다. 그래서 점점 높은 지대로 아틀리에를 옮겼고 고산 지대에서 위궤양에 걸렸지만 의사가 없어서 위 천공으로 세상을 떠났습니다. 말하자면 밝은 빛을 포착하기 위해 생명을 건 것이었죠. 그렇기 때문에 하라 다미키의 마음을 사로잡았겠지요.

그렇게 저에게는 중학교 때부터 미술에 대한 동경이랄까 관심이 계속 있었고, 특히 교토에는 교토국립근대미술관과 교토시

미술관 같은 좋은 미술관이 있어서 자주 전시를 보러 다녔습니다. 대학을 도쿄로 가서 기뻤던 이유로 우에노가 가까워서 국립서양미술관이나 도쿄도미술관에 쉽게 갈 수 있었던 점도 들 수 있습니다. 앞서 말한 사정으로 유럽으로 떠나 실제 작품을 볼 수 없는 상황이었기 때문이죠. 미술 작품을 보고 싶고 그래서 유럽에 가고 싶다는 말을 해도 그게 무슨 소용이 있느냐, 무엇 때문에 그런 일을 하고 싶은 거냐, 그런 질문에 자주 부딪히곤 했습니다. 저는 변변한 수입도 없이 아르바이트로 살아가고 있었기 때문에 "그래도 본고장 유럽에 가서 그림을 보고 싶다는 의미는 무엇일까?"라고 스스로에게 묻곤 했습니다. 경제적인 이유뿐 아니라, 조국의 민주화 투쟁이라든가 조국 통일 운동으로 바빠야 할 때 "왜 미술인가?"라는 점을 항상 의식해야 했던 것입니다.

또 다른 에피소드입니다만, 저는 유럽만이 아니라, 세계 각지의 인권단체를 찾아다니며 형들의 사정을 알리는 일이 여행의 공식 목적이 된 적도 있습니다. 하지만 그런 공적인 목표 뒤편에는 미술관에 가 보고 싶다는 개인적인 바람도 있었습니다. 저는 한국의 유명한 정치범의 가족이므로 현지 인권단체 활동가들이 친절히 마중을 나오고 안내도 해 줬습니다. 미국에서는 어떤 공항에 내려도 반드시 누군가가 나와서 기다리고 있었지요. 어떻게 보면 너무 불편하고 부담스럽기도 했습니다. 혹시 우리 편이 아니라 감시하는 사람일지도 모르는 상황이라 불안하기도 했어요. 하지만 그 사람의 차를 타지 않으면 아무 데도 못 가니 몸을 맡길 수밖에 없었어요. 모어가 아닌 언어로 끊임없이 이야기를 나눠야 하는 것도 너무 피곤했지만, 더욱이 대화의 내용은 형들이 감옥에서 어떤 고문을 받고, 어떤 인권 탄압이 이루어지고 있는가 같은 무거운 이야기였으니까요.

머릿속이 그런 생각들로 가득 차 버리면 저는 미술관에 가고 싶다는 마음이 더욱 간절해졌습니다. 예를 들어 시카고미술관이라든지, 워싱턴의 내셔널갤러리라든지, 미국에도 좋은 미술관이 많으니까요. "내일은 혼자 있고 싶어요."라고 에스코트해 주는 분께 말하자, "왜요? 뭔가 기분이 상했나요? 제가 안내해 드릴게요."라고 말했습니다. "아니요, 잠깐 혼자 있고 싶어서요."라고 대답하면 "어디 가 보실 곳이 있나요?"라는 질문이 되돌아옵니다. 그래서 미술관에 가고 싶다고 하면 "정말요?" 하며 의아한 듯 웃는 그런 상황이었습니다.

일본에서도 이런 일이 있었어요. 어느 날 센다이의 시민단체의 초청으로 형들 이야기로 강연을 했습니다. 강연이 끝난 후, 혼자 미야기현립미술관에 가고 싶다고 하자, "어? 뭐하러요?"라고 말씀하신 분도 있습니다. 아주 좋은 미술관인데 말이죠. 거기서 조양규의 〈맨홀〉도 봤고, 미기시 고타로三岸好太郎의 좋은 작품도 많이 보았지만요. 일본 사회의 특징인지도 모르겠습니다만, 미술관을 다니는 일을 사치스런 '고급 취미'의 세계로 보는 경향이 있는 것 같아요.

성인이 되면서 여러모로 느끼는 것이지만, 미술이란 미술관에만 있는 것이 아니라, 저도 모르는 사이에 주변의 여러 가지를 통해 미적 체험을 하는 것이라고 생각합니다. 일본의 가정이라고 한다면 예컨대 족자나, 꽃을 꽂아 두는 도자기, 그릇도 그런 것이죠. 생활 속에 침투한 미술이라고 할까요? 하지만 우리 재일조선인들은 그런 혜택을 거의 받지 못했습니다. 그렇다고 조선의 전통 미술이 가까이 있었는가 하면, 그것도 아니었지요. 나는 교토에서 자랐기 때문에 절이 많아서 가노파狩野派라든가 린파琳派 등 유명한 일본 미술의 명작이 가까이에 있었습니다. 지금 보면 꽤 좋다는 생각을 하지만, 당시의 저는 그런 마음을 가질 수 없었어요. 오히려 반발심이 생겼습니다. 내가 반발해야만 하는 '일본적 미'가 여기에 있구나, 하는 느낌이었지요.

'일본적 미'라는 스테레오 타입에 회의적인 생각을 가지고 거기에 반발하면서도, 조선적인 미로부터도 단절되어 있었던 셈입니다. 다시 질문으로 돌아서 "어째서 서양인가?"에 대한 답을 내린다면 그건 중학교 때 싹텄던 '서양 문화'를 향한 동경이라는 측면과, 서양 문화에 내재된 비평적 정신에 대한 동경이었다고 할 수 있겠지요. 어릴 때 제 속에서 이 두 가지는 명확히 분절되어 있지 않고 긍정과 부정이 없이 뒤섞여 있었습니다.

오랜 시간에 걸쳐 서양미술을 많이 보아 온 저에게 소중한 작품은 무엇이냐고 묻는다면, 결국은 카라바조, 고야, 고흐, 케테 콜비츠, 오토 딕스와 같은 계보라고 말할 수 있을 것 같아요. 이들의 작품이 '서양미술'이라는 점은 틀림없지만, 보조선을 한 줄 그어 생각해 볼 때, 저항이나 반항의 이미지가 강합니다. 그러한 예술가들에게 제 마음이 움직인 것이죠. 개인이 개인으로서 떨쳐 일어나서 펼치는 저항입니다. 전형적인 계몽주의적 발상일지도 모르겠지만 르네상스 이후의 미술이 그렇다고 저는 생각합니다. 카라바조의 작품을 보고 "이는 종교개혁에 대항하는 이데올로기다."라고 설명한다고 해도 틀림없는 이야기겠지만, 그 말만으로 정말로 중요한 것을 전부 설명했다고는 볼 수 없습니다.

정신적으로 지쳤을 때, 미술관에 가고 싶어지지만, 그건 단순히 '치유'라든가, '위안'을 얻기 위해서가 아니라, 평범한 생활 속에서 느낄 수 없는 자극과 같은 다른 시각을 찾으려는 것입니다. 감성의 차원을 자극하는 경험이라고 할 수 있겠지요. 그 자극으로 인해 자신의 감성까지 확 펼쳐지는 느낌이 듭니다. 역으로 말하면, 말(언어)만으로는 내 안에 웅크리고 있는 것을 충분히 설명할 수 없다는 뜻입니다. 뭔가 잘못되었다는 찜찜한 생각이 항상 남아 있게 되죠. 이런 생각은 '디아스포라 아트'에 관련된 생각과도 통하는 것입니다. 아트는 언어를 초월한 표현의 세계, 즉 로고스적 세계를 일탈한 표현이라고 할 수 있습니다. 디아스포라 아티스트 중에는 이민자나 난민과 같은 사람이 많고 여성도 많습니다. '국민'의 틀에서 밀려난 사람들은 로고스가 중심인 세계의 외부로 밀려난 사람들이기도 합니다. 그들이 그럼에도 자기를 표현하려고 할 때, '디아스포라 아트'가 태어나는 것이죠.

예를 들어 재일조선인이란 누구인가, 정치범이란 어떤 사람인가, 민주주의란 무엇인가 등의 논의에 대해 어느 한도 안에서는 언어로 응답하는 것이 가능하고, 그래야만 합니다. 저 역시 최대한 언어로 풀어내려고 하지만, 그런 설명의 틈으로 비집고 나오는, 말로는 불가능한 감정을 표현하는 아트에게 저는 매혹당하는 것 같습니다. 대학에서 가르치게 된 1990년대 무렵부터 '디아스포라 아트'라든가, '포스트모던'이라는 개념이 활발하게 이야기되었습니다. 인간의 사상과 신조를 단순히 언어적으로만이 아니라, 다른 구조로 나타내야 한다면 어떠해야 하는가. 그 구조가 질곡이라면 그것을 탈구축해야만 한다는 관점이 생겨났습니다. 그래서 더욱 미술이 담당하고 있는 역할이 크다고 저는 생각하고 있습니다.

다만 대학에서 아트에 관련된 그런 내용과 관점을 가르치려면 무척 어렵습니다. 학생 쪽도 이른바 교과서적으로, 이 화가는 미술사적으로 보면 어떤 유파라고 설명하는 지식을 원합니다. 하지만 저는 그보다 작품 그 자체와 직접 대화를 해 주었으면 좋겠다고 강조합니다. 화가에 대해서는 전혀 알지 못한다고 해도, 그 작품이 어떤 감정을 불러일으키는가를 생각하는 일이 중요하다고 말이죠. 제 어머니는 교육을 받지 못하고 교토에서 자라며 어릴 때부터 남의 집에서 보모 일 같은 노동을 하느라 학교를 다니지 못했기에 글을 읽지도 쓰지도 못하는 사람이었지만, 모딜리아니Amedeo Modigliani의 그림을 좋아했습니다. 모딜리아니가 어떤 화가였는지 알고 있어서 좋아한 것이 아닙니다. 모딜리아니가 누군지 알지 못해도, 그저 복제화를 보고서 "이 그림은 참 좋구나."라고 깊이 감동하며 바라보곤 했습니다. 제 어머니라는 배우지 못한 재일조선인 여성과 유대계 이탈리아인 모딜리아니 사이에서 대화가 성립된 것이죠. 언어로는 서로 소통할 수 없었지만 아트로 소통한다고 한다면 멋진 일이 아닐까요?

제가 쓴 책 중에서 가장 나다운 책이라고 생각한 것은 『나의 서양미술 순례』입니다. 단순히 미술에 관한 기행문이라기보다 미술 작품과 제가 대화하고, 협업을 하고 있다고나 할까, 경우에 따라서는 충돌도 하는 형태로 썼습니다. 그런 서술 방식에 도달했을 때 비로소 나 자신의 생각을 쓸 수 있겠구나, 라는 느낌이

들었습니다. 어떤 의미에서는 미술가가 남긴 작품의 힘을 빌려, 가까스로 스스로를 표현하는 것이 가능해졌다고 말할 수 있을지도 모르지요.

재일조선인인 저의 로고스적 세계는 일본어적 세계이며, 그 한계 또한 느끼고 있습니다. 일본어로는 이렇게밖에 말할 수 없다든가, 일본어 화자에게는 이렇게밖에 들리지 않는다. 하지만 내가 말하고 싶은 것은 그것과는 조금 다르다. 그런 생각입니다. 즉 내 감성과 표현 언어 사이에는 어떤 어긋남이 있습니다. 그 어긋남이 나에게는 고통이라서, 처음에는 일본에서 일본어를 사용하여 글쟁이가 되고자 하는 것은 잘못되었다는 생각을 했습니다. 그럼에도 표현을 향한 욕망이 억눌러지지는 않았습니다.

『시의 힘』에는 고등학생 때 쓴 시를 재수록했습니다만, 그 시집의 서문에는 "이 책자는 내 인생 마지막 시집이 될 것이다."라고 썼습니다. 즉 고등학생인 나는 "일본어로 쓰는 일에 한계를 깨달았던 것이다."라고 말합니다. 내게 표현 능력이 있는지 없는지는 차치하고, 내가 몸을 두고 있는(혹은 포섭되어 있는) 언어권이랄까, 담론의 시장이랄까, 아카데미즘의 구조 같은 것에 스스로가 구속되어 있다는 감각을 갖고 있습니다. 그렇다고 해서, 작가가 되고 싶은 희망을 버리고 장사를 한다거나, 활동가가 되겠다는 식으로 마음먹기는 불가능했습니다. 그 와중에 부모님이 타계하시고, 유럽을 여행하면서 오랫동안 동경의 대상이던 고흐와 고야를 직접 보니 여러 가지 생각이 끓어올랐습니다. 이런 생각을 일본어로 언어화하기에는 당연히 한계가 있고, 게다가 그런 글을 읽어 줄 독자가 어디에 있는지도 알 수 없었습니다. 우선은 내가 쓴 글을 받아들여 줄 사람은 일본어 사용자밖에 없으니까요.

그래서 고흐나 고야의 그림이 있고, 그 앞에 내가 서서 사이에서 이런저런 상상이 발동하는 상태를 우선 써 보자고 생각했습니다. 다행이 재미있다고 말해 준 사람이 있어서 『나의 서양미술 순례』라는 책이 나올 수 있었습니다. 하지만 책이 출간되자 도서관이나 서점에서 "이 책은 어떤 장르입니까?"라고 물어 왔습니다. "소설입니까? 기행문입니까? 미술평론입니까? 장르가 뭐지요?"라고요. 제가 쓴 책은 그런 기존의 장르 구분에서 볼 때 낯선 것이었지요.

'서양의 보편성'이라는 문제

『나의 서양미술 순례』와 『고뇌의 원근법』을 읽으면, 선생님은 1980-1990년대에 유럽을 방문하면서 결국 자신이 돌아갈 일본, 그리고 한반도를 연상시키는 사건이나 작품에 끌려 버린 게 아닐까 하는 생각이 듭니다. 예를 들면 『나의 서양미술 순례』의 여정에서 찾은 엥다에 역에서 선생님은 프랑스와 스페인으로 나뉜 바스크 지역 사람들을 보며 한반도의 '분단 상황'에 관한 상념에 빠집니다. 이러한 경험은 선생님이 가졌던 유럽을 향한 시각에 어떤 영향을 주었을까요? '실망', 혹은 어떤 종류의 '납득', 또 어쩌면 제국주의적 '세계 질서'의 발상지를 향한 '분노' 같은 감정이 생기지는 않았는지요.

한편 『고뇌의 원근법』에서 통일된 지 얼마 지나지 않았던 독일을 여행하면서 아직 통일이 실현되지 않은 한반도의 장래까지 생각이 뻗어 나갑니다. 그때 선생님은 독일 혹은 유럽에 대해 어떤 생각을 가지고 있었는지요? 서양의 미술 작품을 선택하는 과정에는 동아시아에 사는 재일조선인이 가졌던 동경이라는 점 말고도, 서양 내부에서도 싹트던 비서양을 향한 열린 가능성 같은 것에 크게 공감한 면도 있지 않았을까 생각됩니다.

여기 『'민족'을 읽다 – 20세기의 아포리아』(일본에디터스쿨 출판부, 1994)라는 꽤 초기에 쓴 책을 가지고 왔습니다. 제가 일본의 아카데미즘의 한쪽에 적을 두게 되고 아직 그리 시간이 많이 지나지 않았을 시기였고, 그래서 무척 마음을 다잡고 쓴 책이었다는 생각이 들어요. 이 책의 '서문'에서 프란츠 파농의 말을 인용했습니다.

"유럽은 모든 길모퉁이에서, 세계의 구석구석에서, 인간과 만날 때마다 그 인간을 살육하면서, 그래도 인간에 대해 말하는 것을 멈추려고 하지 않는다. 이런 유럽과 결별하자." 『대지의 저주받은 사람들』의 한 구절이죠. 이 말을 인용하고서 이어 이런 식으로 썼습니다. "여기서 '유럽'은 주석을 붙여 보면 '일본'으로도 치환할 수 있다. 하지만 일본은 스스로 만족하며 타자에 관해 말하는 것조차 하지 않는다." 이 글을 쓴 당시 제 속에서 '유럽'이 논쟁적인 문제로 부상하고 있었음을 알 수 있습니다. 40세 전후로 형들의 석방 운동에서 대학으로 활동의 장을 옮기고 얼마 지나지 않아 긴장감 속에서 유럽을 하나의 테마로 삼게 되었고 그 점을 프란츠 파농의 말을 빌려 이야기한 셈입니다.

1968년 미스즈쇼보에서 『프란츠 파농 선집』이 나오면서 파농은 일본에서도 꽤 널리 읽혔습니다. 저도 그즈음에 재일조선인 선배의 권유로 파농을 접했습니다. 즉 재일조선인 가운데는 많지는 않았지만 파농에 무척 진지한 관심을 가진 사람들이 있었습니다. 그 선배는 파농의 말을 빌려 '유럽과 결별하자'고 저에게 말하고 싶었는지도 모릅니다. 제가 아직도 유럽에 막연한 동경 같은 것을 품고 있던 때였으니까요.

그 선배를 통해 첨예하고 논쟁적인 도전을 받아들였지만, 결과적으로 유럽과의 결별은 하지 못했습니다. 그건 제가 유럽을 좋아했기 때문이 아니라, 파농이 이런 식으로 결별을 말할 수 있는 것도 그것이 '유럽'이기 때문에 가능했다고 생각했던 까닭이죠. '유럽'이라는 틀이라든가 기반이 있었기에 파농은 그렇게 말할 수 있었던 것입니다. 파농의 이런 언급은 프랑스에서 나올 수 있었고 사르트르의 소개를 통해 알려지게 되었습니다. 물론 파농과 사르트르도 긴장 관계에 있었습니다. 그것을 '보편성'이라고 말해도 좋을지 어떨지는 모르겠습니다만, 파농이라는 형태를 취해 보다 더 넓은 틀과 구조를 지닌 '유럽'이 드러난다는 생각이지요.

"파농도 유럽이다."라고 한다면 틀린 말일지도 모르지만, '유럽'이라는 것은 하나의 '장場', 즉 공간적으로도 시간적으로도 보편성을 목표로 삼는 논쟁이 교착하는 '장'이라고 생각할 수 있습니다. 예컨대 '유대인은 유럽의 외부'라는 말이 나올 수 있었던 것은, 유럽의 중심이 그들을 외부화했기 때문이지만, 유대인이라는 외부가 존재하지 않는 유럽 또한 있을 수 없습니다. 나에게

유럽은 유대인을 배제할 수 없는 유럽입니다. 유대인인 베냐민
과 아렌트가 없는 유럽 사상은 과연 존재할 수 있는가? 베냐민과
아렌트는 유럽이라는 장에서 활동하고 발언하면서 나름대로 많
은 사람들에게 읽히고 있습니다. 보편성을 향한 통로가 주어진
것이죠. 제가 거칠게 '유럽'이라고 말하고 있는 대상 속에는 이러
한 사람과 사상들도 포함되어 있어요.

한국에서 무척 존경받는 백낙청이라는 학자가 있습니다. 박
정희 군사독재 시대에 『창작과 비평』이라는 잡지를 창간하고 민
주화 운동을 이끈 사람 중 하나지요. 그분이 1966년 즈음이었나,
박정희 독재체재가 형성되어 가던 때입니다. 창간호 권두언에
서 '보편성으로의 통로'라는 이야기를 했습니다. 자신들의 잡지
는 프랑스에서 사르트르 등이 펴낸 『현대Les Temps Modernes』라는
잡지와 마찬가지 역할이 있다, 동아시아의 한구석에서 가로막혀
버린 '보편성으로의 통로'를 자신들이 개척하겠다고 말이지요.

제가 있던 곳은 동아시아의 한구석은커녕 일본의 한쪽 구
석이라고 말할 수 있을 따름입니다. 제3세계 여러 나라에는 나름
활발한 문화와 투쟁이 있었지만, 오랜 기간 동안 단절되어 있었
고, 근대화에 뒤처져 있었다고 여겨져 역사에서는 유럽의 관점에
서 이용당했습니다. 예컨대 제가 유럽이 아니라 인도나 아프리
카로 가서 '미술 순례'를 할 수도 있었겠지만 그것은 파농이 비판
했듯 과거의 흑인 문명으로 회귀함으로써 스스로의 아이덴티티
를 유지하고자 하는 행위와 비슷할지도 모릅니다. "우리 재일조
선인에게는 예로부터 이런 우수했던 문화가 있었다."라는 식으
로 말이죠. 제가 고등학생 무렵에 김달수金達壽 선생(재일조선인 작

가, 1920-1997) 등이 주도했던 잡지 『일본 속의 조선문화』(총 50호,
조선문화사, 1969-1981)에 대해서도 저는 복잡한 심경을 갖고 있습
니다. "과거의 뛰어났던 흑인 문명을 눈앞에 들이밀어도 백인 식
민지주의자들은 크게 부끄러워하지 않는다."라고 한 파농의 말
에 저는 크게 동감하고 있기 때문입니다.

　　제가 말하고자 하는 '유럽'은 '비유럽(유럽에 의해 빼앗기고 억
압된 부분)'마저 포함한 유럽입니다. 유럽 중심주의적인 유럽이란
말은 참으로 아이러니합니다. 예컨대 영국적인 것이라고 말하면
바로 영국의 왕실 같은 것을 표상하지 않습니까? 하지만 그건 너
무나 시시한 일부에 불과합니다. 나이지리아에 뿌리를 둔 영국
의 아프리카계 아티스트 잉카 쇼니바레는 어떤 의미에서 완전
히 영국적인 사람이지요. 아프리카만 알았더라면 잉카 쇼니바레
의 예술은 태어나지 못했습니다. 그렇지만 영국 백인의 흉내를
내려고만 해도 아티스트 잉카 쇼니바레는 태어나지 못했을 겁니
다. 경계를 넘나들고 뒤섞이고 있는 것이야말로 '영국적'인 것입
니다. 영국 문학에서도 이를테면 자메이카 근처의 플랜테이션에
서 들어온 경제적 이익으로 살아가는 부유층이 묘사되곤 합니
다. 즉 그런 것들이 없이는 '영국'도 없습니다. '영국'은 단지 영
국만이 아닙니다. 바로 그런 점을 표현한 예술가가 잉카 쇼니바
레입니다. 저에게는 그런 것이 '유럽'이지요. 즉 대항해시대에 세
계를 침략한 유럽, 제3세계를 침략해 들어간 그 역사 속에서 발
생한 대립과 교섭까지 모두 포함한 상황에서 상상할 수 있는 '새
로운 보편성'을 저는 기대하는 것입니다.

　　에드워드 사이드Edward W. Said(팔레스타인 출신의 비교문학자,

사상가, 1935-2003)가 했던 '새로운 보편성'이라는 말에, 저는 '으로'라는 말을 붙여 졸저의 제목을『새로운 보편성으로』(가게쇼보, 1999)라고 지었습니다. 유럽에서는 자신들이 만든 바로 그것만이 보편성이라는 관념이 구축되었습니다. 하지만 '그 보편성'은 끊임없는 비판 속에서 변용되거나 탈구축되어 가야 합니다. 바로 그것이 '새로운 보편성으로' 향하는 지적 활동입니다. 사이드가 주로 다룬 것은 제3세계 민족해방운동이지만, 그밖에도 여성해방운동을 비롯해 정해진 대열과 주류에서 '밀려난 사람들'이 펼치는 도전을 통해 그런 지적 활동은 일어나겠지요. 저는 18세기 계몽주의 철학에서 구축된 '보편성'이라는 관념을 고정적인 것으로 보거나, 그것을 동경하지 않습니다. 변용하는 보편성을 향한 장을 펼쳐 나가려는 것입니다.

특히 유럽에 나가서 처음으로 강하게 느꼈습니다만, 일본에 있으면 사람들은 '경계선'을 거의 의식하지 않은 채 살아가는 것 같습니다. 재일조선인은, 특히 조금 윗세대들이라면 더 그렇겠지만 목숨을 걸고 경계선을 넘어왔다든가, 또한 넘어가고 있다는 식의 이야기가 현실적으로 받아들여지는 세계입니다. 대부분의 일본 머조리티는 그렇지 않습니다. 하지만 유럽에 나가서 경계선이란 실제로 엄연히 존재한다는 것을 경험하면, 경계선이 전혀 쳐져 있지 않은 세계 따위는 없는 점, '세계는 역시 경계로 나누어져 있다는 사실'을 납득할 수 있게 됩니다.

예를 들어 여권이 없이 이동하는 사람들, 프랑스어로 말하면 '상 파피에Sans Papiers'가 온 세상에 존재하고 있으며 재일조선인도 그 일원이구나, 하며 납득하는 것입니다. 그래서 '조선적'을 가진 저보다 젊은 세대 친구들은 EU가 성립하기 전에는 유럽 내의 국경에서 출입국관리국에게 수상쩍다고 여겨져 하룻밤 발이 묶이곤 했습니다. 공항의 출입국 심사에서는 유럽 국가의 시민이나 일본국 여권 소지자는 어려움 없이 통과했지만 제3세계 사람은 부당할 정도로 길게 줄을 서며 의심을 받아야만 했습니다. 재일조선인도 그들 중 하나이지요. 유럽에 대해 환상을 품었던 사람이라면 실망하겠지만, 그런 관용적인 유럽이란 애초에 존재하지 않습니다.

프레드 진네만Fred Zinnemann 감독이 1964년에 만든 〈비루먹은 말을 봐라Behold A Pale Horse〉라는 미국 영화가 있습니다. 바스크 해방운동을 배경으로 한 작품입니다. 바스크 지방은 프랑스와 스페인 사이에 있어서 같은 바스크인이라도 프랑스와 스페인 양쪽으로 갈려 있었습니다. 프랑코 정권 아래에서 펼쳐진 바스크 해방운동은 프랑스 측을 거점으로 삼았어요. 그 사람들을 모델로 한 무척 좋은 극영화로, 운동 과정에서 생겨난 배신과 관련된 이야기입니다. 제가 젊을 때 개봉해서 영화관에서 본 기억이 있습니다. 저는 꼭 봐야 할 영화 중 하나라고 생각하는데, 영화에서는 바스크의 경험을 다루지만, 재일조선인의 경험과 꼭 닮았다는 생각이 들어요. 자의적으로 이루어진 분단이라는 상황 속에서 일본 측과 한반도 측으로 나누어져 어느 한쪽을 거점으로 삼고서, 또 다른 쪽과는 싸워야 한다는 것이죠. 게다가 거기서 배신이 일어나지요. 그런 가혹한 현실에 또다시 실망했다는 뜻은 아닙니다. 영화를 보며 오히려 정말로 실망할 정도의 경험을 한 것이 아니라, "아, 그런가. 과연 세계는 이러한 것인가?"

라고 납득을 하게 된 것입니다. 다만 이런 상황을 유럽에서는 문학으로, 영화로 만든다는 점에 선망과 동경을 느꼈던 거지요.

앞서의 질문에 대한 답과도 이어지지만, 유럽 미술에 제가 그렇게 집착하는 이유나, 언어를 사용하는 표상 활동인 영화나 문학이 아니라 미술에 집요하게 매달리는 것에 관해서는, 말씀드리고 싶은 인물이 있습니다. 압델와하브 메데브Abdelwahab Meddeb라고 튀니지 출신으로 파리대학의 교수였던 사람이지요. 우카이 사토시 선생의 지인이라 저도 덕분에 소개를 받았지만, 친해지지는 못했다고 할까, 그다지 친해지기 쉬운 타입의 사람은 아니었습니다. 어쨌든 그 메데브 씨가 일본의 리쓰메이칸 대학 워크숍에 참가했습니다. 저도 질의자로 참석하여 이런저런 이야기를 나누면서 생각한 것이 있었습니다.

그는 사춘기까지 튀니지에서 살았습니다. 아버지는 무척 엄격한 이슬람 법학자였습니다. 이슬람 세계에서 미술이라는 것을 보는 관점은 서양 그리스도교 세계와는 크게 다릅니다. 우상숭배를 금지하고 있기에 구상적인 대상을 그릴 수 없는 세계라고 할 수 있지요. 그런데 메데브 씨는 튀니지에서 다닌 리세(프랑스계열 고등학교)에서 처음 서양미술과 만나 매료당하고 맙니다. 오하라미술관에서의 제 경험과 비슷할지도 모른다고 생각했습니다. 그는 그 후 모진 고생을 하면서 지중해 남쪽에서 북쪽으로 넘어와서 마지막으로 파리에서 정주하게 되는데, 그 과정에서 이탈리아에 있는 르네상스 시기 작품을 포함하여 다양한 종교미술을 둘러보게 됩니다. 조토의 스크로베니 예배당 벽화 같은 걸 말이죠. 그는 워크숍에서 열변을 토했습니다. "저 기독교 도상 속에 이슬람적인 것이라든가 유대적인 것이 이미 존재했겠지만, 서양인이 깨닫지 못한 것뿐이다."라고요. 그 말이 어디까지 진짜 인지 저는 알 수 없습니다만, 다만 그는 기독교적인 것 속에 이슬 람적인 것과 자기 자신의 출신의 흔적을 찾았다는 점을 알 수 있 었습니다. 서양미술과 만난 방식이라고 하면 그가 지중해를 남 북으로 종단하듯, 저는 일본이라는 장소에서는 보편적인 것과 만날 수 없다는 생각을 하고 있었기에, 유라시아 대륙을 동에서 서쪽을 향해 건너갔던 것이겠지요.

그렇게 상대화하여 본다면, 유럽의 기독교 미술이라는 것은 미술 전체에서 극히 한정된 일부이며, 더욱이 이데올로기의 흔 적이 확실히 읽히기 때문에 이해하기 쉬운 세계입니다. 즉 기독 교의 프로파간다를 위한 미술이었기에 무엇을 위해 그려졌는지 를 쉽게 알 수 있지요. 중국이나 인도, 조선의 미술은 오히려 저 에게는 조금 더 어렵습니다. 그러던 중에 저는 유럽 예술 속에 조 선의 흔적을 찾는 것이 아니라, 이른바 유럽의 보편성 속에 나 자 신이나 '조선'까지 포함할 수 있는지를 묻게 되었습니다. 다른 말 로는 그들의 보편적인 담론이나 미학이 투쟁하는 세계에 나 역 시 참여하고 싶다는 바람이라고도 말할 수 있겠지요. 왜 미술인 가? 라고 묻는다면 미술은 나처럼 유럽의 언어를 자유롭게 구사 하지 못하는 사람도 "아, 그렇구나, 16세기 이탈리아는 이런 식으 로 생각하고 있었구나."라는 상상력을 자극받을 수 있는 미디어 이기 때문입니다.

그러는 과정에서 '개인'이 부상하게 되지요. 카라바조는 종 교개혁에 대항하는 보수적 이데올로기를 체현하고 있는 듯 보이면서도, 실은 개인의 욕망을 작품을 통해 주장하기 때문에 그림 속에 개인이 보이기 시작합니다. 이것이 미술이라는 매체가 가진 특성이라고 생각합니다. 미술의 세계에서는 세상 사람 전부가 대등하게 커뮤니케이션할 수 있다고 순진하게 생각하지는 않지만, 로고스적인 것이 특히 지배적으로 기능하는 유럽 세계에서 저항하는 자에게 미술은 역시 중요한 도구인 것입니다. 하지만 제가 처음부터 그런 식으로 생각했기 때문에 유럽을 찾아간 것은 아니고, 유럽에 가서 점점 그런 생각을 하게 된 것입니다.

이렇게 말하니 때때로 "당신은 미술에 치유를 받고 위로를 받는군요."라는 경로로 이어지기 쉽지만 그렇지는 않습니다. 미술의 세계는 그저 아름다운 것뿐 아니라, 눈을 돌리고 싶을 정도로 잔혹한 것, 처참한 상상으로도 가득 차 있습니다. 그걸 모르고 덮어 두기보다 제대로 아는 쪽이 좋습니다. 이런 상황을 저는 "지하실의 창"으로 표현해 왔습니다. 지하실의 창은, 거기서 빠져나갈 수 없는 높이에 나 있습니다. 그래도 창이 있고 없는 것은 다릅니다. '이 세계에는 외부가 있다. 바깥에는 다른 공간이 있다. 거기는 바람이 불어오고 볕도 내리쬔다.' 창은 그런 사실을 깨닫게 해 줍니다. 그런 창의 유무가 삶과 죽음을 정합니다. 아우슈비츠의 지하 감옥은 무척이나 가혹해서 그런 창조차 없고 외부가 없는 곳이었습니다. 손이 닿지 않는 위쪽에라도 작은 창이 있으면 달라집니다. 미술에는 그런 창의 역할이 있다고 생각합니다.

난민과 디아스포라를 둘러싸고

선생님이 가진 서양에 대한 관심은 처음부터 유대인을 비롯한 민족적 마이너리티와 박해, 폭력, 수난을 받은 자를 향한 관심을 밀접하게 묶어 낸 것이었다고 생각합니다. 『사라지지 않는 사람들-난민의 세기의 묘비명』(가게쇼보, 2001) i 이나 『반난민의 위치에서-전후 책임 논쟁과 재일조선인』(가게쇼보, 2002)에서는 '난민'이라는 용어를 사용하며 명확한 테마로 삼았습니다. 다른 한편으로 『디아스포라 기행』이나 『후쿠시마를 걸으며-디아스포라의 눈으로』(마이니치신문사, 2012)에서는 '디아스포라'라는 용어를 적극적으로 사용했습니다. 또 『월경화랑-나의 조선미술 순례』(론소샤, 2015) ii 또한 어떤 의미에서 '디아스포라 아트론'이라고 말할 수 있을 것 같습니다. '난민'에서 '디아스포라'로 용어 사용이 바뀔 때 의식상의 변화 같은 것이 있으셨는지요. 그렇다면 어떤 계기가 있었을까요. 대상 역시 서양과 유대인에서 아시아나 중동 출신 아티스트로 확장된 듯 보입니다만, 그런 점도 관계가 있는지 궁금합니다.

실은 그 문제는 아직 미해결의 과제이고, 제가 비판을 받는 부분이기도 합니다. 조금 역사적인 경위를 되짚어 보면, 예를 들어 1994년의 저서 『'민족'을 읽다』에서는 '디아스포라'라는 말을

---

i　한국판: 『사라지지 않는 사람들-20세기를 온몸으로 살아간 49인의 초상』(이목 옮김, 돌베개, 2007).

ii　한국판: 『나의 조선미술 순례』(최재혁 옮김, 반비, 2014).

쓰지 않았어요. 당시는 아직 그 말이 익숙하지 않았던 거죠. 디아
스포라는 1990년대 후반 일본에서 유통된 말입니다. 물론 이 용
어는 양의성을 가지고 있습니다. 재일조선인 사이에서, 혹은 한
국에서도 나에게 겨누어진 비판의 핵심은 이런 것입니다. 일본
과의 관계 속에서 식민지 지배와 어떻게 싸울 것인가? 민족 통일
을 어떻게 달성해야 하는가? 같은 과제가 주어져 있는데 '디아스
포라'라고 하는 보편적이랄까, 일반적인 개념으로 옮겨가 버리
면 실천적인 초점이 흐려지고 만다는 지적이지요. 또는 "서경식
은 형제가 정치범 장기수였던 것에서도 알 수 있듯 가장 정통적
인 민족해방론자여야 하는데 한창 유행하는 포스트모던적 개념
에 자신을 의탁하는 것인가?"라는 비판이 한국에서도 있었지요.

　　한편『디아스포라 기행』은 한국에서 번역되어 제 기대를 훌
쩍 뛰어넘을 정도로 널리 읽히고 있습니다. 젊은 세대, 40세 정
도까지의 독자들이 공감과 지지를 해 주었다고 합니다. 윗세대
가 '민족'이라는 어휘를 주어로 삼아 민족주의적 담론을 이야기
한 것에 비해 신선한 느낌을 받았다고도 하고, 숨이 막힐 듯한 상
황에서 풀려난 기분이었다는 반응도 있었어요. 이 책의 독자와
한국에서 만날 기회가 많았지만, 30세 정도였나 어쩌면 그보다
젊은 듯했던 여성분이 떠오릅니다. 그분은 여성으로서 한국 사
회에서 살기가 무척 힘들다는 점을 이야기했습니다. 예를 들면
담배를 피우고 있으면 지나가던 모르는 아저씨가 와서 잔소리를
하거나, 심지어 손찌검을 당할 뻔한 적도 있다고 했습니다. 그런
데 일본에 가서 나리타공항에 내리자 여성이 자연스럽게 담배를
피우는 모습을 보고 안심했다고 했어요. 그런 감각을 가진 사람

들이 이 책의 지지자 중에 있었던 거지요. 그밖에도 성소수자 분들도 있었지요. 즉 지금까지 민족주의적 담론의 틀 바깥으로, 뒷전으로 밀려나 있었던 사람들, 그다지 초점이 맞춰지지 않았던 사람들이 제 책에 주목해 주었던 것이죠.

예컨대 이 책에는 미희=나탈리 르무안 씨라는 아티스트가 등장합니다. 아기 때 벨기에로 입양되어 디아스포라로 살았던 여성의 이야기와, 광주 민주화항쟁의 탄압 이야기가 함께 쓰여 있지요. 그것도 단지 병렬적으로서가 아니라, 가능하면 내재적으로 연결될 수 있도록 고민하며 썼습니다. 굳이 그렇게 쓰려는 의도를 가지고서요. 그때까지는 그중 한쪽을 논하는 사람들은 다른 한쪽을 함께 논할 단서나 여유가 없었습니다. 그래서 디아스포라라는 용어를 부여하면, 자기 자신이 안고 있는 문제가 조금 더 넓은 시야에서 눈에 들어오는 효과가 있지 않을까 생각했습니다. 거칠게 말하면, 계급해방이나 민족해방의 논리와 심정과, 소수자 해방의 논리나 심정을 하나로 끌어안는 구도를 그리고 싶었다고 말할 수 있겠습니다.

제 자신까지 포함하여 재일조선인은 당연히 그럴 만한 이유가 있겠지만, 주로 민족 담론의 세계 속에서 살아가는 사람들이지요. 민족적 주체성을 가지고 있는가, 그것을 어떻게 수립해 나가는가, 라는 과제 의식을 줄곧 관철하거나 요구받아 온 셈입니다. 저도 젊은 시절부터 그래왔으니까요.

'주체성'이라는 말이 재일조선인 사이에서 활발히 사용된 것은 1960년대 전후부터였습니다. 지금 생각해 보면, 이는 세계적인 문제로 연결되는 것이어서 전 세계에서 민족 단위 운동이나 민족해방 운동이 큰 조류를 형성하던 시대였습니다.

한국과 관련해서는 한국전쟁이 휴전이 된 후, 조선민주주의 인민공화국이 어떤 의미에서 제3세계 중 유력한 주도적 주체 중 하나로서 부상했고 재일조선인 중에도 귀국하는 사람들이 나오기 시작했던 시대에 펼쳐진 '민족적 주체성론'입니다. 일본 속으로 그대로 매몰될 것이 아니라 '민족적 주체성'을 갖자. 그러기 위해서는 조국과 일체화해야 한다고 외치던 시대였지요. 그랬던 시대에 저는 아직 어렸지만 저보다 조금 연배가 있던 사람들은 실제로 북으로 돌아갈 것인가, 돌아가기까지는 않더라도 어떻게 남아서 그 사상을 실천할 것인가, 라는 질문과 수시로 맞닥뜨렸습니다. 그 점에서 보면 디아스포라 담론은 국가 수립이라는 사상과는 어울리지 않습니다. 국가가 없는 상태는 부자유스럽고 불편할지도 모르지만, 그런 상황 속에서 특정 국가에 묶이지 않은 인간다운 삶을 찾자는 발상이기 때문이지요. 물론 저 자신은 그 지점에서 제대로 방향을 잡아 나아간다면 국가를 부정하고, 국가의 폐지로 향할 전망까지 열어 주지 않을까 생각하고 있지만, 민족주체성론을 따르는 사람들이 본다면, 내가 '디아스포라'를 운운하는 것은 이해하기 힘든 것, 시류에 타협하는 것으로 보일지도 모릅니다.

1990년대 중반부터 일본 사회 전체에서 디아스포라라는 말이 널리 알려졌다고까지는 말할 수 없지만 주로 아카데미즘 일각에서 보급되었습니다. 그때 저는 이중의 감정을 맛봤습니다. 한편으로는 디아스포라라는 말에서 회자되는 팔레스타인인, 혹은 유대계 유럽인 같은 사람들에 대한 제 공감이 있었습니다. 지금까지는 '국제 연대'라는 말로 표현되어 왔을 따름이지만, 디아스포라라는 말로 표현하면 '국제國際'라는 표현, 즉 '국가와 국가', '국민과 국민'과 같은 각각의 주체가 연대한다는 이야기가 아니라, 조금은 더 감정적인 측면이 내재되어 있는 사람들과 연결될지도 모른다는 느낌이 들었던 거죠. 예컨대 저는 아우슈비츠의 생존자인 유대계 이탈리아 작가 프리모 레비에게 공감을 해 왔지만, 그 감정은 조선 민족과 이탈리아 민족(이 말은 좀 기묘하지만)과의 연대로는 설명할 수 없고, 조선(내지는 한국)이라는 국가와 이탈리아라는 국가 사이의 국제 연대도 말하기가 어렵습니다. 그런 측면을 깊게 파고들어 표현하기 위한 개념으로서 '디아스포라'를 사용하기 시작했습니다.

　　말씀드렸듯 일본에서는 '디아스포라'라는 용어가 1990년대에 유행했습니다만, 그건 아카데미즘 일각에서의 이야기였어요. 만약 그것이 국가나 사회를 하나의 억압적 조직으로 생각하며 그 속박에서 자유로워지고 싶은 생각에서 나온 담론이라면, 충분히 이해할 수 있는 진지한 욕구라고 할 수 있겠습니다. 하지만 이 용어를 즐겨 사용하던 이들이 자신이 몸을 두고 있는 일본 사회 그 자체에 문제의식을 느꼈는지에 대해서는 큰 의문을 가지고 있습니다. 그들 가장 가까이에 있는 디아스포라는 바로 재일조선인인데도, 그리고 재일조선인이라는 존재에는 일본의 식민지 지배 책임이 해결되지 않은 채 남아 있는데, 과연 그 점을 인지하고 있는 것일까? 라는 의문이었습니다.

　　'에그자일Exile(추방, 망명)'이라는 이름을 가진 댄스보컬 그룹이 황실 행사에 불려가 노래하고 춤추는 것에 무비판적인 일본 사회에서는 디아스포라 역시 많은 이들에게 남의 일일 따름이며, 자기비판과는 연결되지 않는 의미입니다. 그래서 저는 앞서 말했듯 보다 넓은 시야를 통해 제시하는 새로운 시점이라는 긍정적인 의미에서 디아스포라라는 말을 사용하면서도, 동시에 지금 말했던 함정에 빠지지 않는 자세가 필요하다는 점에 항상 신경 쓸 예정입니다.

'포스트모던'에 대해 말해 보자면, 1990년대 냉전 체제가 무너진 후 백낙청 선생이 했던 언급이 떠오릅니다. 제 나름대로 요약해 보자면 이렇습니다. 백낙청 선생은 우리 민족이 선진국을 모방하여 그 뒤를 쫓을 게 아니라 제3세계 민중으로서 자기 인식을 확고히 해야만 한다고 강조합니다. 그리고 예전에 선진 제국주의 국가에 의해 민족과 국가의 독립이라는 목표를 빼앗겼을 때뿐 아니라, 진정한 해방을 지향하며 싸우고 있는 지금도 '민족' 개념 자체를 낡았다든가, 억압적이라고 하는 선진국의 포스트모던 지식인의 언설이 우리 안에서 유행하고 있다고 말합니다. 바로 '어물쩍 얼버무리며' 넘겨 버리는 선진국의 태도입니다.

우리들을 향한 중요한 질문은 "민족인가? 디아스포라인가?"라는 양자택일의 관점으로 어떤 길이 맞는지를 결정하자라는 식이 되어서는 안 됩니다. 세계 전체의 변용과 함께 담론 역시 변용되고 있습니다. 따라서 바뀌고 있는 논의를 오늘날의 시점에서 어떻게 다시 한 번 재구성할 것인가가 문제시되어야 하지 않을까 저는 생각합니다. 힘은 없지만 저 역시 그러한 담론의 전선에 참여하고 싶었기에 익숙지 않은 말도 사용하면서 글을 써 본 것입니다. 조선 민족에 한정해서 말하면, 해외 이산자를 중심으로 한 코리안 디아스포라의 시야를 제외하면 진정한 '민족주체성'을 논하는 것도 불가능하리라 생각합니다.

　오늘날의 일본을 되짚어 살펴보면, 1990년대에 벌어진 논의의 전체상은 과연 무엇이었는가? 라는 생각을 하지 않을 수 없습니다. 그때 저는 "천황제란 '프리(pre-, 前)모던'과 '포스트모던'의 결탁이자 유착이다."라고 말했습니다. 천황제는 근대 이전의 것이지만, 동시에 민주제를 초월한 것이라는 생각을 해 보면, 근대 이후 천황제의 책임, 일본 국가의 책임을 무화하는, '얼버무림'에 지나지 않는다. 하지만 실로 지금 천황제를 문제시하는 일본인은 점점 줄어들고 있습니다. 리버럴파 논객으로서 잘 알려진 우치다 다쓰루內田樹 씨는 자신에게는 "입헌 데모크러시와 천황제는 양립하지 않는다고 생각한 시기가 있었지만, 지금은 '천황주의자'로 바뀌었다."라고 선언했습니다(『아사히신문』 2017년 6월 20일). 국가에는 '정치 지도자 같은 세속적 구심'과는 달리 천황과 같은 '초월적이고 영적인' 구심점이 존재하는 것이 좋다고 공언하기도 합니다. 이 말에 거의 아무도 이론을 제기하지 않고 있습니다. 말할 것도 없이 이러한 논의는 프랑스 혁명을 거치며 인류 사회가 쌓아 온 보편적 가치에 대한 파괴 행위이며, 천황제에 의해 희생을 강요당한 사람들(특히 아시아 전쟁 피해자)을 향한 시점을 완전히 결여한 '타자 부재'의 수사입니다.

　이러한 의미에서 일본은 포스트모던이 프리모던(천황제)을 넘어서는 것이 불가능했다고 말할 수 있지 않을까요? 혹은 프리모던이 모던도 경유하지 않은 채 포스트모던의 모습을 빌려 연명하고 있다고 느껴집니다.

'포스트콜로니얼'이라는 말에 대해서는 그러한 시대가 지나가 버렸을 리 없다는 점을 명확히 지적해 두고 싶습니다. 지금도 '콜로니얼'적인 상황은 살아 있으며, 형태를 바꾼 채 오히려 만연하고 있습니다. 포스트콜로니얼이라는 말로 개념을 정의하는 것이 좋을지, 혹은 유효한지는 별개의 문제입니다. 현재도 일어나고 있는 현상을 점차 일종의 지적 '모드'로 바라보지 않는 자세가 옳다고 생각합니다. 그러므로 앞으로도 저는 일본의 문제는 천황제와 식민주의라고 알기 쉽게 이야기할 것입니다.

전후 일본의 보편주의를 향한 질문

선생님이 평론 활동을 전개한 1980년대 이후는 사상계를 포스트모던이 석권하는 상황이었습니다. 그런 상황에 대해 선생님은 에드워드 사이드 등을 언급했음에도 대략적으로는 일정한 거리를 두었던 것으로 생각됩니다. 오히려 '새로운 보편성'에 관한 문제를 제기하셨지요. 이러한 비평의 자세를 취하게 된 배경과 계기에 대해 듣고 싶습니다. 그때까지 일본의 '전후 민주주의'가 품고 있었던 보편주의 지향에 대해 서 선생님의 평가는 어떻게 바뀌었는지, 바뀌었다면 그 구체적인 계기를 포함하여 말씀해 주십시오.

1997년 역사학연구회 전체회의에서 발표를 해 달라는 의뢰를 받았습니다. '근대일본에서의 마이너리티'라는 테마였어요. 가노 마사나오鹿野政直 씨와 니시카와 유코西川祐子 씨, 그리고 저까지 세 사람이 오키나와, 여성, 재일에 관해 발표를 하게 되었죠.

　무척 놀랐던 것은 발표 준비 과정에서, 어떤 사람으로부터 "당신이 이야기하는 것은 낡았다. 언제까지 국가 같은 것에 집착하고 있을 것인가?"라는 말을 들은 일입니다(쓴웃음). '포스트모던'이 그런 것이라면, 저는 저항해야만 한다고 생각하고 더욱 강한 경계심을 가지며 연구자의 세계와 접해 왔습니다. 단적으로 말하면 그 세계는 식민주의 비판과 포스트모던이라는 것이 전혀 양립하지 않는 담론 공간이었던 셈입니다. 게다가 자국의 식민주의에 대한 비판도 결여되어 있지요. 오키나와를 문제로 삼으면 식민주의를 회피할 수 없기 때문에 어느 정도 논의의 단서랄까, 공유점은 존재하겠지만, 식민지주의에 비판적인 담론을 가진 사람들은 일본 내부에서 소수화, 주변화되어 버린다는 생각이 들었습니다. 따라서 그러한 현장에 나를 불러 발표를 하라는 것은 어떤 의도인지 의아해하면서, 그래도 이런 의뢰는 거절해서는 안 되겠다는 생각에 직접 부딪혀 가며 문제 제기를 해야만 한다고 스스로에게 명령을 내렸던 거죠.

　일본에서 포스트모던이라는 상황을 문제로 내세우려면, 일본이라는 나라가 어떤 모던을 만들어 왔고, 그것을 어떤 식으로 바꾸어 가고자 하는가, 라는 과제와 불가분한 관계를 맺어야만 합니다. 서양에서 유행하고 있다, '민족'이라는 개념은 이미 낡은 것이다 같은 식의 이야기가 아닙니다. "저항의 민족주의도 민족주의다."라는 비판적인 어법이 조금 유행한 적이 있습니다. 지금은 유행을 넘어 정착했는지도 모르겠습니다만, '저항의 민족주의'를 그런 식으로 화제에 올린다는 것은, '저항'을 무화하고 있는 것이며 '민족주의'를 비판적으로 극복하는 일에는 도움이 되지 않는다는 것이 제 생각입니다. '민족'이라는 용어나 개념을 기피한다고 민족주의를 넘어설 수 있을 리가 없기 때문입니다. 사람들을 '민족'으로 결집시키는 식민주의의 구조적인 힘을 극복하지 않고서는 '민족주의'를 극복할 수 없지 않을까요?

이는 일본의 지식계가 지닌 특유한 문제일까, 아니면 더 광범위한 역사적, 사회적 문제일까. 어려운 질문인 동시에 항상 제가 느끼는 벽이기도 합니다. 그 후로 저는 연구 유학의 기회를 얻어 2006년부터 2년간 한국에서 체류했습니다. 그때 한국의 진보적 철학자인 김상봉 선생과 긴 대화를 나누었는데, 한국에서는 『만남』(돌베개, 2007)이라는 책으로 나왔습니다. 김상봉 선생은 칸트와 헤겔을 공부한 정통 철학자입니다. 독일에서 8년 정도 유학을 했고, 한국에서는 '거리의 철학자'라고 불리는 분입니다. 즉 항상 거리에서 집회나 운동의 선두에 서서 활동가로서도 존경을 받고 있는 분이시죠. 그런 김 선생에게 제가 지금 말씀드린 일본의 지식계에서 느낀 어떤 욕구불만에 관해 이야기하자, 대화가 그리 매끄럽게 진행되지는 않았습니다. 다만 일본에서 말이 통하지 않았다는 경험 같은 것과는 의미가 다릅니다. 예를 들면 에드워드 사이드에 대한 이해가 서로 어긋났지요. 한국의 진보파 지식인의 대부분은 이스라엘에 반감을 갖고 있습니다만, 제 느낌에는 적어도 당시 한국에서는 반이스라엘과 반유대의 구별이 그다지 명확하지 않은 점이 있었던 것 같습니다.

물론 그런 면뿐 아니라, 배워야만 하는 점은 얼마든지 있었습니다. 한국의 노동 현장 이야기 같은 것들이죠. 노동자의 권리

회복을 부르짖으며 분신한 전태일 열사의 이야기나, 군사독재 시절부터 끈질기게 이어져 온 그런 투쟁이 쌓이고 쌓여서 한국의 민주화의 근저를 이룬 역사를 거기서 다시금 배웠습니다. 일본에 있었던 제게는 거리감이 있었던 것들이지요. 여기서도 마찬가지로 '충분히 납득'된 거지요. 일본과는 모순되지만, 세계는 그렇게 움직이고 있구나 하는 납득입니다.

그러므로 담론을 중심으로, 혹은 담론에만 의거하여 "당신은 포스트모던이 무엇인지 이해하지 못한다."라든가, 거꾸로 "포스트모던의 관점에서 보면 당신의 주장은 낡고 근대주의적이다."라고 딱지를 붙이는 일에 시종일관할 뿐, 심화된 논의로 이어지는 데에는 어떤 도움도 되지 못한다는 것을 통감했습니다. 한국의 김상봉 선생과는 인내심 있게 대화를 주고받는 동안 여러 가지 측면에서 서로 이해할 수 있게 되었지요. 제게 있어서는 중요한 배움의 기회였습니다. 하지만 일본의 경우는 토론의 장에서도 그런 이야기는 이미 지나 버렸다고 정리해 버리고 마는 것이 하나의 유형처럼 되어 버렸습니다. 일본이 천황제와 식민주의의 나라라는 현실은 조금도 지나 버린 과거가 아닌데도 말이죠. 이 역시 매우 특수한 일본적 문제인 걸까, 라는 생각을 하게 됩니다.

앞서 유럽은 우리에게 있어 완성된 모델이 아니라, '창'이라고 말한 것처럼, 일본은 일그러져 있지만, 우리 조선 민족에게 있어서는 근대로 향해 열린 '창'이었습니다. 전체적인 구도를 보면 조선은 일본에 의해 식민지화되긴 했지만, 이른바 근대적인 사조나 기술 같은 것은 역시 일본을 경유해 받아들였기 때문입니다. 그러므로 그 일본이라는 통로를 비판하는 것과, 받아들인 것 자체를 비판하는 것은 별개의 문제입니다. 그건 미술의 세계에서도 마찬가지입니다. 상대(여기서는 일본을 말합니다)를 대상화하면서, 이에 대해 준비를 갖추는 일이 요구됩니다.

이는 경우에 따라서는 타협적인 담론처럼 받아들여지기 쉽지만, 영국에서 잉카 쇼니바레와 대화를 나눴을 때, 그는 "나는 이미 아프리카로 회귀할 수 없으며, 그럴 생각도 없다. 나는 영국에서 이런 식으로 살아가고 있다. 그게 나 자신이기 때문이다." 라고 이야기했습니다. 그건 쇼니바레가 기정사실에 굴복했다는 의미는 아니라고 생각합니다. 나 서경식이 여기에서 이렇게 살고 있다는 것과, 조선의 민족해방이라는 과제를 방기하는 것은 전혀 같은 차원이 아니지요. 우리는 어디에 있어도, 이미 '조선 민족'의 일원이며, 그런 점에서 조선의 민족해방이라는 과제와 무관할 수 없는 것입니다.

다시금 생각해 봐도 일본의 전후 민주주의 속에는 보편주의라는 것이 그렇게 강고히 내재하고 있지는 않다고 봅니다. 와타나베 가즈오渡邊一夫(프랑스문학자, 1901-1975)가 전쟁이 끝나고 겨우 3년이 지난 1948년에 쓴 『광기에 대하여』에서 "보편적 정신은 벌써 원래의 '야만', '기계적인 반복'의 세계로 되돌아갔는가." 라고 썼듯, 안타깝지만 얕고 일시적인 유행과도 같은 것이었습니다. 그 후 지금까지 70년에 가까운 역사를 보아도, 보편적 정신이 뿌리내렸다고는 아무래도 말할 수 없겠지요.

그중에서 압도적인 소수자로서 '전후 지식인', 예컨대 후지타 쇼조나 히다카 로쿠로(사회학자, 1917-2018) 등은 그런 현실을 온몸으로 받아들여 일본 사회를 변혁하려는 고독한 분투를 벌인 사람들입니다. 저는 운이 좋게도 그런 몇 안 되는 존경할 만한 분들의 말을 가까이서 접하며 직접 들을 수 있었습니다. 하지만 그들의 존재만으로 일본의 전후 민주주의에 보편적 정신이 깊게 내재해 있었다고는 생각하지 않습니다.

'전후 지식인' 중 한 사람인 이시모다 다다시 선생이 출판사의 작은 책자에 에세이를 때때로 실었는데, 그중 하나에 "전후 일본의 지식인들은 머리만 있고 몸통이 없다."라고 쓴 적이 있어요. 저는 역사학자인 오카도 마사카쓰大門正克 선생과도 한때 여러 논의를 펼친 적이 있는데, 그때 이시모다 선생의 이 말도 화제 중 하나가 되었습니다. 이시모다 선생은 자세하게 말로 설명을 남기지 않아서 '몸통'이란 무엇인가는 지금도 의문이 남습니다. 그래도 이 익숙지 않은 비유에 의해, 남의 생각을 빌리는 것이 아닌, 자신만의 절실한 생각을 표현했음은 분명하겠지요. 이시모다 선생의 저서 『역사와 민족의 발견』(1952)은 간단히 말해 보면, 변혁의 주체가 형성되는 원천을 민족투쟁의 역사 속에서 '발견'하자는 문제 제기입니다. 이 논고에서는 재일조선인 시인 허남기許南麒(1918-1988)의 서사시 「화승총의 노래」를 가져와 논하는 부분이 있습니다. 재일조선인에게 있어 이시모다 선생은 무척 중요한 분이어서 『역사와 민족의 발견』은 어떤 시기까지 우리 재일조선인에게는 필독서였습니다.

어려운 문제라는 점은 충분히 인식하고 드리는 말씀이지만, 진보적인 이시모다 선생의 발상 속에도 아시아 피억압 민족의 시점을 빌려와 자기를 긍정하고자 하는 일본 지식인의 심리적

회로가 잠재되어 있는 것은 아닌가, 하는 의문을 저는 가지고 있습니다. 그러므로 이시모다 선생에 대한 평가와는 별개로, 역사와 민족을 일본 자체를 통해 '발견'하는 것은 불가능하지 않았을까, 일본의 투쟁사 속에서는 변혁의 주체의 원천으로서 민족투쟁을 발견하는 것은 불가능하지는 않았을까, 라고 생각합니다. 지금도 씨름하고 있는 문제입니다만, 한편으로 일본 지식인 사이에서 "그건 불가능하다."라는 체념이랄까, 혹은 암묵적인 합의가 있지 않았을까 하는 생각도 듭니다. 오히려 "(민족을 변혁의 주체로 발견하는 일이 일본에서도) 가능하다."라고 확신을 가지고 말하는 사람은 민속 연구 쪽이나 국수주의 같은 쪽으로 향하게 되는 것 같습니다. 복잡하지만 이 난문을 풀 힘은 저에게 없습니다. 다만 문제를 제기하는 것이 가능하다면, 남에게 빌려오고 들여온 용어에 기계적, 기술적으로 이 사회를 적용한 뒤 자족하는 자세를 극복하고, 실천에 비추어 타자(아시아 지역의 식민주의 피해자들)와 끊임없이 비판, 반비판의 경험을 쌓아 나갈 필요가 있다고 생각합니다. 일본은 이러한 방법을 통해 역사적 문제를 스스로 짊어져야 하는 책임의 논리와 사상을 단련해 나가야 하리라 생각합니다.

전후 지식인과의 교류

선생님은 미술론과 미술 비평을 계속 발표하시는 한편, 정치와 역사에 관한 평론도 많이 쓰셨습니다. 그러면서 전후 일본을 대표하는 지식인들과 깊이 있는 교류와 논의를 진행하고 계시지요. 도쿄경제대학에서도 '21세기 교양 프로그램'을 발족하면서 가토 슈이치 선생을 초청했습니다. 그 기록이 『교양의 재생을 위하여-위기의 시대의 상상력』(가게쇼보, 2005)으로 출간되었습니다. 야스에 료스케 선생, 히다카 로쿠로 선생 등과의 친교도 있었고, 후지타 쇼조 선생과 오랫동안 교류하신 것은 물론이고요. 하나자키 고헤이 선생 등과 복잡한 논쟁도 있었습니다. 그 주변 이야기가 『일본 리버럴파의 퇴락』(고분켄, 2017)에 수록되어 있습니다. '전후 지식인'이라고 묶을 수 있는 일본 지식인과의 교류는 선생님께 과연 어떤 의미였을까요?

　　제가 일본의 '전후 지식인'이라고 묶어서 말하거나, 쓰기 시작한 것은 요 근래 4, 5년 정도입니다. 예를 들면 한국에서 가토 슈이치 선생(평론가, 1919-2008)의 『언어와 탱크를 응시하며』(지쿠마쇼보 지쿠마학예문고, 2009)의 번역본이 나왔을 때, 해제를 써 달라는 의뢰가 있어서 일본의 전후 지식인이란 대체 어떤 이들인가를 새롭게 생각해 보는 계기가 되었습니다. 그 후, 한국에서 한국일본학회 총회(2017)의 기조강연을 의뢰받아 오에 겐자부로大江健三郎 씨의 노벨평화상 수상 기념 강연 「애매한 일본의 나」(1994)를 비튼 듯한 「애매한 일본과 나」라는 제목으로 일본의 애매함이라는 것이 어디에서 기인했는지에 관한 이야기를 했지요.i 그 이전부터도 저는 일본의 '리버럴파' 사람들을 비판해 왔습니다. 누구나 알 만한 우파나 극우파를 비판하는 것은 당연하겠지만, 제가 말하고자 했던 것은 '리버럴파'에 대한 비판입니다. 하지만 제 비판을 두고 "요컨대 그는 반일이니까."라든가, 또는 "그 지식인들 한 사람 한 사람을 보면 얼마나 좋은 사람들인데 그 점을 알지 못하는 것인가?"라는 식의 얄팍한 수준의 반발이 일본 사회에서도, 또한 재일조선인 사회 일부에서도 있었습니다. 그러니 이는 역시 정면에서 문제화하지 않으면 안 되겠다는 마음이 들어 『일본 리버럴파의 퇴락』이라는 작업을 한 것이지요.

제가 지금부터 이야기할 사람들은 일본의 전후 지식인 중에서도 소수파입니다. 저 같은 사람이 어떻게 그들과 알게 되었을까요? 지금부터 말씀드리는 이들은 제가 무척 존경하는 분들로 한정되어 있습니다. 역시 형들의 사건이 있었기 때문이죠. 그때 저에게 도움의 손길을 내밀어 주신 분들이 꽤 있습니다. 저명하신 분이라거나 조직적인 대중 투쟁을 펼쳐 주셨다는 점에서 말씀드리는 것이 아니라 개인적으로, 즉 한 인간으로서 저와 제 가족에게 다가와 주셔서 친교를 맺을 수 있었던 사람들입니다.

조금 더 심리적인 부분을 설명드리자면, 저는 재일조선인이며, 게다가 재일조선인으로서도 고립된 존재였다고 할 수 있겠지요. 일본에는 크게 민단와 총련이라는 두 개의 재일조선인 단체가 있는데, 저는 어느 쪽도 아니었습니다. 국적은 '대한민국'이지만 대한민국은 제 가족을 탄압했던 국가라고 할 수 있지요. 그 산하 단체인 민단은 한국의 국가 정책을 따르는 입장이므로 거기에 가서 지원을 부탁하거나, 이해를 바라기는 어렵습니다. 그

i 이 글은 『다시, 일본을 생각한다─퇴락한 반동기의 사상적 풍경』(한승동 옮김, 나무연필, 2017)에 수록되었다.

리고 '조선민주주의인민공화국' 측을 지지하는 총련에 대해서는, 한마디 증언으로서 말해 두자면, 이른바 '정치적으로 이용' 당할 수 있는 측면이 있었습니다. 제 형들은 한국의 감옥에 갇혀 있고, 어머니가 그곳을 찾아가 면회를 하고 있었으니 총련계 운동과 공공연히 관계를 맺다가 형들에게도 무언가 악영향을 끼치지 않을까 걱정이 되었던 거죠. 그래서 거리를 두었습니다만, 저는 그런 식의 '거리감'을 넓게 말하면 일본의 당파적인 운동 단체에 대해서도 갖고 있었습니다.

어쨌건 그랬던 시대에 지금부터 거론하는 분들은 오히려 개인적인 동기로 우리 가족에게 연락하고 다가온 사람들입니다. 당시 저는 젊었고, 정세도 엄혹했기 때문에 경계심이 무척 컸습니다. 게다가 소심한 성격이라 누군가 가까이 다가와도 쉽게 마음을 열지 못하는 사람이었지만, 그런 제 마음을 열게 만든 분들이랄까요. 그래서 당파라든가 정치적 입장이 아니라, 각각 독립적인 개인으로 다가오는 것입니다. 고자이 요시시게, 히다카 로쿠로, 야스에 료스케, 이바라키 노리코茨木のリ子(시인, 1926-2006) 같은 분들, 그리고 후지타 쇼조라는 이름도 당연히 빠져서는 안 되겠지만, 후지타 선생님에 대해서는 따로 이야기를 하고 싶습니다.

먼저 고자이 요시시게 선생에 대해 말씀드리겠습니다. 이분은 너무 유명하고 존경받는 선생님이지만 제 어머니에게 너무 편하게 전화를 걸어서 "이번에 제가 교토에 가는데요, 어떠세요? 한번 만납시다."라는 식으로 따뜻하게 다가와 주셨습니다. 상대는 고명한 철학자, 제 어머니는 이름 없는 민중이었지만, 그래도

둘 사이에 가로막힌 벽 같은 건 전혀 없었어요. 어머니도, "고자
이 씨야! 고자이 씨한테서 전화가 왔어."라고 어린아이처럼 말했
습니다. 하지만 이런 고자이 선생과 우리의 관계에는 고찰해 볼
만한 역사적 배경이 있다고 생각합니다. 먼저 고자이 선생 자신
이 패전 전 「치안유지법」으로 탄압을 받았던 피해자였다는 점입
니다. 투옥된 조선인과 구치소 같은 방에서 보냈다고 마루야마
마사오丸山眞男 선생과의 대담 등에서 구체적으로 이야기하기도
했지요. 함께 취조를 받았던 조선인은 자신들보다 세 배, 네 배
더 혹독한 대우를 받았다고 했습니다. 그런 경험을 했던 거죠.

　　전쟁 말기에 고자이 선생의 동생이 남방전선에서 전사했는
데 그 이전부터 동생이 전쟁터에서 죽지 않을까 하는 나쁜 예감
에 휩싸였지만, 그래도 '용기 있고 늠름하게 살아야만 한다'라
는 고자이 선생다운 표현이 그의 책 『전중일기』에 나옵니다. 그
일기에는 최주천崔奏天이라는 조선인과 같은 감방에서 있으면서
"그의 열렬한 민족의식에 무척 감명을 받았다."라고 쓴 부분이 있
습니다. "열렬한 민족의식"에 주목하고 감명을 받을 수 있는 일
본의 지식인은 지금은 그다지 많지 않습니다. 지식인의 입장에서
는 '민족의식'이라는 것을 네거티브하게 여기거나 혹은 후진적인
것으로 치부해 버리기 쉽기 때문이죠. 하지만 조선의 독립운동과
해방운동은 공산주의자가 주도한 경우도, 민족주의자가 주도한
경우도 있었습니다. 고자이 선생은 어떤 '주의자'이기에 좋고 나
쁜 것이 아니라, 인간의 내면이랄까, 인간성에 주목해서 경의를
표했습니다. 그것도 나중이 아니라, 동시대에 쓴 글이라는 걸 보
면 간단히 말하면 편견이 없었던 사람이라고 할 수 있겠지요.

그 후, 고자이 선생은 '조르게Sorge 사건'i으로 구속된 오자키 호쓰미尾崎秀實가 어떻게든 사형을 면하게 하기 위해 열심히 구원 운동을 펼쳤습니다. 이런 이야기 역시 당시 오자키의 친구나 가족의 수기에 나오지요. 애석하게도 오자키 호쓰미는 처형당하고 말지만 고자이 선생의 그런 경험이 제 형 사건을 돕는 데도 반영되어 있다고 생각합니다.

지금 주제에서는 조금 벗어나는지도 모르겠지만, 고자이 선생은 전후 일본공산당에 복귀하여 당 활동 중에서도 국제 평화운동 분야, 특히 반핵운동 분야에서 많은 노력을 기울였습니다. 그런데 일본의 원자폭탄·수소폭탄 금지운동이 공산당 계열과 사회당 계열로 대립이 생겨납니다. 단체가 원수협(원수폭금지 일본협의회)과 원수금(원수폭금지 일본국민회의)으로 나눠져서요. 고자이 선생은 공산당원이었으니 원수협 측에 있었지만 대립을 극복하고 원·수폭 반대운동을 통일하고자 힘을 다하셨어요. 실은 그 일 때문에 만년에는 공산당에서 제명을 당했습니다.

형 서승이 석방된 후, 서승과 함께 석방 운동에 연대해 준 미국의 지원단체 관계자에게 보고를 하러 떠났을 때, 고자이 선생이 돌아가셨다는 연락을 받았습니다. 구단회관에서 열린 추도집회(1990년 9월 14일)에 맞춰 미국에서 급히 귀국하여 저도 추도사를 읽을 수 있었습니다(「용기 있고 당당했던 사람 – 고자이 요시시

---

i　1941년에 일본에서 발생한 국제 간첩 사건. 주일 독일대사관 고문이던 리하르트 조르게가 코민테른의 지령으로 일본의 군사 기밀, 국내 정세, 가능성 따위를 탐지하여 소련에 알리다가 체포되어 처형되었다.

게 선생을 보내며」, 『분단을 살다』, 가게쇼보, 1997에 수록). 그 추도식
에 모인 사람들을 중심으로 새로운 정치적 운동을 만들자는 이
야기가 한때 있었습니다. 고자이 선생이 사회당과 공산당의 대
립을 지양하는 입장에 서 있던 까닭도 있고, 개인적으로 그를 존
경한 사람도 많았기 때문이었죠. 후지타 쇼조 선생도 그중 한 사
람이었습니다. 고자이 선생은 아마 전후 일본의 좌익운동을 대표
하는 중요한 존재였다고 할 수 있지만 본인은 전혀 그런 느낌을
주는 분은 아니었습니다. 어려운 이야기는 조금도 하지 않았고
자신의 고생한 이야기나 공훈담도 전혀 꺼내지 않았습니다. 오히
려 '무슨 일 때문에 오셨을까?' 싶은 생각이 들 정도로 편하게 우
리 집에 찾아와 어머니와 차를 마시고 이야기를 나누다 돌아가는
일도 많았습니다. 우리 가족 특히, 어머니와 여동생에게 힘이 많
이 되어 주신 고마운 분이셨지요. 물론 우리도 도쿄 나카노구 사
기노미아에 있던 고자이 선생 댁에 자주 찾아갔어요. 고자이 선
생 같은 존재가 있었다는 점을 꼭 전해 드리고 싶었습니다.

　　고자이 선생과 관련되어 또 하나 말씀드려야 할 중요한 일
화가 있습니다. 형 서준식이 한국에서 매우 심한 고문을 받고 있
었을 때, 1971년 5월 3일, 니시무라 간이치西村關一(1990-1979)라는
참의원 의원이 한국의 감옥까지 면회를 가서 형이 자기에게 가
해진 고문 행위를 폭로할 수 있었던 일이 있습니다. 우연히 일어
난 사건이 아닙니다. 몇 달 전부터 우리는 형을 면회한 어머니를
통해 고문에 관해 들었습니다. 게다가 형 개인에게만이 아니라,
한국전쟁 이후 거의 20년이 지난 그 시점에도 전향하지 않고 감
옥에 갇혀 있던 사람들을 일소하려고 박정희 정권이 펼친 잔혹

행위였던 것이지요. '일소'라는 말은 전원 전향시키든가, 그렇게 되지 않는다면 그들을 말살해도 좋다는 뜻입니다. 전향 공작 전담반이라는 프로젝트 팀을 만들어 그런 정책적 목적 아래 형무소에 있는 비전향 정치범, 그들의 눈에는 이른바 '빨갱이'를 몇 달 동안 집중적으로 고문하며 괴롭혔던 겁니다. 그런 행위가 절정을 이루던 시기였지요.

　그러니 제 형도 본인 자신이 힘드니까 구해 주길 바랐다고도 물론 말할 수 있겠지만, 그뿐 아니라, 전향 강요를 위해 여러 정치범에게 자행되는 고문 정책을 어떡하든 저지해야만 된다는 점을 어머니를 통해 전한 것입니다. 상황을 알게 된 우리는 어떡하면 좋을지 몰라서 무척 힘들었지요. 그 일을 그대로 폭로하면서 "고문을 멈춰라!"라고 외치면, 바로 형의 안전에 어떤 위협을 받게 될지도 모르고, 또는 어머니나 가족 누구도 면회가 불가능해져서 앞으로 형들에 대한 어떤 정보도 알 수 없게 될지도 모른다는 불안도 있었습니다. 좋은 방법이 없을까 매우 고심하다가, 주변 사람들에게 상담을 했습니다. 그 상담 과정에서 "유명한 일본인에게 면회를 부탁해 보자. 그리고 그 사람이 일본에서 기자회견을 열어 증언하면 효과가 있지 않을까?"라는 의견이 나와, 여러 분들께 한국으로 가서 면회를 해 줄 수 없겠냐고 부탁을 했지요. 하지만 부탁을 받은 사람들은 역시 주저했습니다. 그렇다고 그런 태도를 비판하고 싶은 생각은 없었어요. 그들 입장에서는 그런 중책을 내가 맡을 수 있을까, 하는 조심스런 마음이었겠지요. 그 과정 속에서 나로서는 잘 알지 못하는 일본 내부의 정치적 문제도 있었던 것 같습니다. 그런데 단 한 사람, "제가 가겠습니다!"라고 거침없이 말씀해 준 이가 바로 고자이 선생이었습니다. 솔직한 심정으로는 고자이 선생은 공산당원이므로 그다지 효과가 없지 않을까 걱정하기는 했습니다. 연세가 많으시다는 점도 신경이 쓰이기도 했지요. 고자이 선생 본인은 가겠다는 생각이 머리에 가득 차 있었지만, 당시 일본공산당은 당원이 한국에 가는 것을 허가하지 않았기 때문에 실현되지는 못했습니다. 그래도 고자이 선생이 훌륭하신 점은 "무리다."라고 말하며 포기하지 않고, 무엇이든 어떡해서든 해 보자고 이런 저런 사람들이 나설 수 있도록 노력을 했던 것입니다. 그런 움직임에 응해서 대상이 된 분이 바로 니시무라 간이치 씨였지요.

니시무라 씨는 사회당 참의원 의원이자 기독교 목사였습니다. 고자이 선생과는 입장이 달랐지만 두 사람은 친하게 지냈습니다. 친분을 맺게 된 경위는 베트남 반전 운동 일환으로 로마에서 국제회의가 열렸는데 거기에 두 분이 일본 참가자가 되어 파견되었고 서로 뜻이 맞아 진심을 터놓고 사귀게 되었다고 합니다. 니시무라 씨는 벌써 돌아가셨지만 훌륭한 분이셨습니다. 기독교의원연맹이라는 단체의 지도자 격 존재로, 목사였지만 의협심 강한 '협객 스타일'이셨지요(웃음). 실제로 협객으로 유명한 시미즈노 지로초清水次郎長(1820-1893) 집안 출신이라고 들었습니다. 니시무라 씨가 "그럼 내가 가지요."라고 승낙해 주셨는데 그런 사정을 알지 못하는 한국 정부가 기독교 목사니까 괜찮으리라 생각하고 초대한 것이죠. 그래서 당시 김종필 총리와 만찬을 할 기회가 생기자 그 자리에서 단도직입적으로 "일본에 있는 여러 지인들이 광주교도소에 있는 서준식 군을 무척 걱정하고 있습니다. 제가 얼굴이라도 보고 위문을 하고 싶은데 부탁드립니다."라고 말하자 김종필이 사정을 제대로 알지 못했는지, "아, 좋습니다."라며 부하에게 허가하라고 명령을 했던 것이죠.

그렇게 해서 니시무라 씨의 면회가 가능했는데 면회실에서 우리 형은 자기를 포함한 정치범이 얼마나 심한 처우를 당했는지를 모조리 이야기했다고 합니다. 형도 당연히 목숨을 걸고 했던 것이죠. 니시무라 씨는 일본에 돌아와 의원회관에서 기자회견을 열고 그 일을 공표했습니다. 물론 그 일의 보복으로 형은 더욱 고초를 겪었지만, 다만 나중에 듣자니 역시 그때를 정점으로 고문은 점점 약해졌다고는 합니다.

이 사건에 대해 구원 운동의 역사라는 관점에서 정확히 이야기해야만 한다는 점은 차치하더라도 고자이 요시시게 선생의 훌륭한 점은 당파를 초월해 개인으로서 상대가 사회당 사람이건 벽을 두지 않고 솔직히 이야기를 건네며 소통하는 사람이었다는 점입니다. 그 후, 공산당에서 제명을 당했지만, 그 일에 대해서도 개인적인 감정이나 원망을 일절 하지 않고 세상을 떠났습니다. 돌아가실 때, 고자이 선생을 하나의 실마리로 삼아 다시 한 번 일본의 좌파 운동을 일으켜 세우고자 했던 사람들이 적지 않았습니다. 아쉽게도 그 기획은 결실을 맺지 못했지만요.

고자이 선생이 전쟁 전부터 좌파 운동과 관계를 맺게 된 계기는 본인이 글에도 쓰셨듯이, 젊은 시절 도쿄여자대학에서 철학과 강사를 했던 경험으로 거슬러 올라갑니다. 당시는 마르크스주의 철학이 아니라 칸트 철학 등을 전공으로 하고 있었다고 합니다. 당시 「치안유지법」 희생자와 피해자를 돕기 위한 '모프

르MOPR(국제혁명운동희생자 구원회)'라는 단체가 있었습니다. 그
때 도쿄여자대학 학생이 찾아와서 "사실 저는 모프르 활동을 하
고 있는데, 선생님도 협력해 주시지 않겠습니까?"라고 도움을 청
했던 것이죠. 일반적으로는 꽤 부담스럽고 폐가 되는 부탁이겠지
요. 그래도 고자이 선생은 "조금 생각할 시간을 주겠어요?"라고
대답하고, 하룻밤 동안 생각을 했지만, "거절할 이유가 없다."라
고 결심하고 다음 날 그 학생을 만나서 뜻을 받아들였습니다. '거
절할 이유가 없다'는 것은 뭔가 애매한 말처럼 들릴 수도 있지만,
그런 뜻이 아니라, 철학자라는 입장에서 논리적으로 거절할 이유
의 유무를 엄밀하게 곱씹으면서 결론을 내리는 사람이었다는 것
이죠. 실천운동과 맺은 최초의 관계가 원래 모프르였다는 점도
있지만, 그때로부터 30년 이상의 시간을 훌쩍 넘어 형들의 사건
에도 그렇게 실천적 관심의 경험이 나타났다고 생각합니다.

　다음은 야스에 료스케 선생의 이야기를 할까요. 야스에 선
생은 사회당계 미노베 료키치美濃部亮吉 도지사 정권 때 출판사 이
와나미쇼텐에서 파견 형식으로 잠시 나와 미노베의 특별비서
를 맡았습니다. 당시 미노베 혁신 도쿄 도정부에 이와나미쇼텐
이 협력을 했던 것이죠. 그중에서도 미노베 씨가 지명해서 특별
비서를 맡을 정도로 야스에 선생은 유능한 사람이었습니다. 이
사람은 물론 공산주의자 타입은 아니었습니다. 본인은 부정했을
지 모르지만, 굳이 말하자면 내셔널리스트적인 인물이었죠. 그
랬던 그가 특별비서 임기를 마치고 이와나미쇼텐에 복귀하여 잡
지『세카이』의 편집장이 되었습니다. 그때 마침 저와 알게 되었
던 거죠. 제 쪽에서『세카이』에서 형들을 돕는 데 도움이 될 기사

를 실어 줄 수 없는지를 부탁하러 갔던 겁니다. 바로 그 무렵『세카이』는 'T·K생生'이라는 필명으로「한국으로부터의 통신」을 연재하며 한국의 민주화 운동과 연대하던 시기입니다.i

여러 이야기를 나누었습니다만, 야스에 선생은 편집자와 투고자라든가, 한 명의 지식인과 한 명의 재일조선인이라는 식의 입장을 넘어서, 가까운 친지처럼 이야기를 들어주셨습니다. 게다가 위에서 내려다보는 시선 같은 것도 전혀 없었지요. 저에게도, 저희 어머니에게도 늘 경어를 썼습니다. 형들의 옥중서간을 출판하고 싶다고 상담하며 원고를 보여 드렸을 때, "합시다!"라고 말해 주며『세카이』에 몇 회 연재한 후에 이와나미신서『서씨 형제 옥중에서 보낸 편지 – 서승, 서준식의 10년』으로 묶어 주었습니다. 이 책은 초판만 4만 부가 나갔습니다. 당시 이와나미신서 중에서는 특별히 놀랄 정도의 판매 부수는 아니고 수십만 부 팔리는 책도 드물지 않은 시대였지만, 그래도 제가 보기에는 역시 형들의 옥중서간집이 4만 부나 팔렸다는 사실은 굉장합니다. 요즘도 "예전에 읽은 적이 있다."고 말하는 사람들을 여기저기서 만나고 있으니까요. 지금 생각으로는 이런 책은 당연히 팔리지 않을 거라는 우려가 있을 겁니다. 그렇지만 조르게 사건의 희생자 오자키 호쓰미의 옥중서간『애정은 반짝이는 별과 같이』는 100만 부 정도 팔렸습니다. 그러니 일본 사회 전체에는 아직도

---

i 1973년부터『세카이』에 한국의 유신독재 정권의 폭압과 민주화 운동의 상황을 전한 연재 기사이다. 익명의 필자 T·K생은 덕성여대 교수와『사상계』주간 등을 지내고 일종의 정치적 망명으로 일본에 건너갔던 지명관이었다.

그런 상황이나 인물에 대한 반응이 남아 있었던 셈이죠. 출판사가 망설였다면 그 이유 뒤에는 분명 그런 책을 내면 한국이나 북한과의 관계가 어떻게 될 것인지에 대한 우려가 있었기 때문일 것입니다. 지금 시대의 편집자라면 걱정이 더 많았겠지요. 야스에 선생도 아마 그런 걱정을 하긴 했겠지만, 굉장한 실천가의 면모도 갖고 있었기에 "그래도 해 보자."라고 결단했던 것입니다.

여담이지만 야스에 선생은 한편으로 가노 요헤이河野洋平 같은 자민당 계열 정치가와도 인간관계를 쌓고 그들의 가장 긍정적인 부분을 끌어내기 위해 『세카이』에 인터뷰 기사를 싣기도 했습니다. 다른 한편으로는 조선민주주의인민공화국의 김일성 주석과도 인터뷰를 하는 등 행동의 폭이 넓었던 사람이지요. '내셔널리스트'로 형용하는 것이 야스에 선생에게 어울릴지 어떨지는 모르겠습니다. 특히 지금은 내셔널리즘이 부정적으로만 취급되고 있는 것 같지만, 당시에는 인도네시아 반둥Bandung에서 열린 '아시아 아프리카 회의'라든가 또는 아시아의 내셔널리즘 운동에 대한 존경과 공감이 일본 사회 내에서도 존재했습니다. 대對아시아침략전쟁에 패배했던 일본이 진정한 의미에서 과거를 극복하고 다시 일어서기 위해서, 야스에 씨 역시 내셔널리즘을 중시했다고 저는 생각합니다.

어머니가 더 손을 쓰기 힘들 정도로 진행된 암으로 교토 병원에서 투병하고 있을 때, 어머니에게는 가혹할지도 모르지만, 살아 계실 동안 가능하면 많은 사람들을 만나서 어머니의 생각과 마음을 이야기하게 하고, 또 가능하면 그 이야기를 기사로 쓰게끔 하자는 생각이 들었습니다. 실제로 몇몇 신문에 기사화되

었습니다만 야스에 선생도 그때 교토까지 일부러 어머니를 찾아
오셔서 병실에서 미소를 띠며 어머니와 한 시간가량 이야기를
나누었습니다. 고자이 선생도 마찬가지였지만, 전혀 위에서 내
려다보는 시선이 아니라, 마치 친척이 문병을 온 것 같은 분위기
였습니다.

　하지만 그 자리에서 무척 혹독한 이야기도 하셨어요. 1980년
5월 광주 항쟁 직전이었는데, "한국에서 군사정권이 쿠데타를
일으킨 것 같아요. 아직 더 고생해야 할 거예요. 하지만 길게 이
어지진 않겠죠."라는 이야기를 어머니께 한 거죠. 5·18 직전의
신군부의 움직임에 대한 정보는 나도 알고 있었던 것이라, 오히
려 제 쪽에서 위에서 가르치듯 "굳이 지금 어머니에게까지 그런
암담한 이야기는 안 하셨으면 좋겠는데."라고 생각했지만, 야스
에 선생은 병상에서 죽어 가는 조선인 여성이라고 하더라도 자
신이 생각하고 있던 것을 단도직입적으로 전했던 거지요. 일종
의 저널리스트의 근성이라고 해도 좋을까요. 저는 야스에 선생
을 향한 추도문(「선명한 일본인—야스에 료스케 씨를 추도하며」, 『반난
민의 위치에서』에 수록)에 그런 이야기를 쓴 적이 있습니다.

　야구에 비유한다면 야스에 선생은 절체절명의 위기 상황에
몰린 팀의 포수 같은 사람이었다고 생각해요. 포수는 팀이 위기
에 내몰리더라도 냉정함을 유지하며 "지금은 어떻게 해도 한 점
줄 수밖에 없나, 이러다가는 지겠구나."라는 식으로 누구보다 빨
리 상황을 파악해야만 하지만, 한편으로는 "괜찮아, 괜찮아!" 하
며 팀원의 용기를 북돋아야 하죠. 뜨거운 가슴과 차가운 머리를
함께 갖추지 않으면 안 됩니다. 야스에 선생은 그런 사람이었습

니다.

야스에 선생의 저서 중에 『고립하는 일본 – 다층위기 속에 서』(가게쇼보, 1988)라는 책이 있습니다. 거기에 「일본의 내셔널리즘을 올바로 만들기 위해서」라는 글이 있는데 제가 이해하기로는 일본이라는 네이션을 진정한 민주주의적 네이션으로서 형성해 나가야만 한다는 전제 아래, 그 절차는 어떠해야 하는지, 주체로서의 국민은 어떠해야 하는지에 관한 문제의식이 담겨 있었다고 생각합니다. 물론 국수주의는 아니며, 그렇다고 포스트모던적 상대주의도 아닌 자세에서 바른길을 계속 찾아 나선 분이었습니다.

그랬던 야스에 선생이 "이와나미 북클릿으로 나올 책 한 권 써 보지 않겠습니까?"라고 연락을 주신 거지요. 저에게는 무척 중요한 일이었습니다. 그때는 와세다대학을 가까스로 졸업한, 무직에다 백수였어요. 옥중의 형들에 대해서는 알아도, 저 같은 사람에게 '일본과 조선의 역사에 대한 소책자'를 쓰라고 출판사의 책임자가 제안을 했다는 것은 대단한 일이지요. 저는 의심이 많고 소심한 사람이라, '정치범의 가족인 나를 딱하게 여겨 그런 말을 하는 게 아닐까'라고 생각하기 쉬웠지만, 야스에 선생의 태도는 내 경력 같은 것은 전혀 개의치 않고, 시종 예의바른 말투로 "써 주지 않으시겠습니까?"라고 말하셨지요. 개인적으로 큰 격려가 되었습니다. 고민했지만 아무래도 받아들일 수밖에 없겠다고 각오하고, 교토의 아라시야마에 있던 집에서 자료를 읽으며 『황민화 정책에서 지문 날인까지 – 재일조선인의 '쇼와사'』(1989)를 썼습니다. 그 책이 평론 영역에서 저의 데뷔작이라고 할 수 있지요.

다음으로 히다카 로쿠로 선생에 대해서도 이야기해야겠네요. 개인적으로도 여러 가지 차원에서 만나 왔지만 얼마 전에 (2018년) 돌아가셨지요. 형들이 한국에서 구속되었을 당시는 교토의 호넨인法然院 근처에서 살면서 교토 세이카精華대학 교수로 계셨습니다. 안보투쟁 이후 도쿄대를 사직하고 잠시 프랑스에 계셨기에 프랑스에 집이 있었습니다만 헤이그 사건으로 일본적군파 용의자를 묵게 했다는 용의로 본인은 이후 프랑스에 입국이 불허되고 말았지요. 베트남 전쟁 탈영미군이 홋카이도에서 소련, 핀란드를 경유해 망명했을 때도 그 프랑스 자택이 은신처가 되었다고 합니다. 정치범 가족이라는 점도 있어서 저나 여동생에게도 매우 따뜻하게 대해 주셨어요.

히다카 선생과는 얼굴을 맞대고서 작정하고 충분히 이야기를 나누며 대담을 한 적이 있습니다(「'국민'을 둘러싸고」, 『새로운 보편성으로 - 서경식 대담집』에 수록). '국민문화회의'(2001년 해산)라는 운동을 펼치셨는데, 매년 8월 15일에 여는 집회에서 발언을 해 주지 않겠냐고 히다카 선생께 의뢰를 받았을 때, 저는 "국민문화회의의 '국민'이라는 용어에 저항감이 있습니다. 이를 재검토하지 못한다면 이 운동도 잘못된 것은 아닐까요?"라고 불손함을 무릅쓰고 말씀드린 적이 있습니다. 이런 지적을 일본의 많은 리버럴파는 진지하게 받아들이지 않았지만, 히다카 선생은 무척 진지하게 대응해 주셨습니다.

중국 칭다오에서 태어난 히다카 선생은 매우 특권적인 식민자colon로 자라났습니다. 당시 칭다오는 독일 조계지였기에 유럽식 생활을 즐길 수 있었습니다. 그리고 거기서 도쿄까지는 여권도 필요 없이 국내 여행처럼 연락선을 타고 올 수 있었지요. 본향인 도쿄에 돌아와서 바로 들었던 감상은 '뒤쳐져 있구나, 변소도 아직 재래식이고'였다고 합니다. 하지만 그런 식민자로서의 생활에 향수를 느끼는 한편, 그래도 "그땐 좋았지."라는 식의 말은 하지 않고, 그때 현지 중국인들이 얼마나 나쁜 대우를 받았는지, 얼마나 고초를 겪었는지, 어떤 멸시를 받았는지를 가슴에 새기고 있던 사람이었습니다. 그러니 전후에 중국을 다시 찾았을 때는 눈물을 흘렸다고 합니다. "사회주의 중국은 그래도 제대로 밥을 먹을 수 있게 되고, 차림새도 깨끗하게 되었지만 옛날에는 그렇지 않았다."라는 것이죠. 물론 그렇게 된 사정에 관련되었던 일본의 책임에 대해서도 말하는 것을 잊지 않았습니다. 그러니 아시아에 식민지를 경영했던 제국주의 국가 일본의 지식인으로서, 게다가 자신의 실제 체험을 디딤돌 삼아 이러한 자세로 활동하신 히다카 선생은 무척 중요한 인물이었다고 생각합니다.

1970년대부터 1980년대까지의 저는 직장도 없고, 두 형이 형무소에 있었고, 부모도 차례로 암으로 세상을 떠난 상태로 교토에 살고 있었습니다. 완전히 암흑과도 같은 시절이었어요. 그때 히다카 선생의 사모님은 "경식 군, 아직도 구멍을 파서 그 속만 들여다보고 있지요? 구멍만 들여다봐선 안 돼요."라는 독특한 표현으로 위로해 주셨습니다. 그 후로도 때때로 프랑스에서 국제 전화를 걸어 "또 구멍 속을 들여다보는 거예요?"라고 말씀하셨죠. 너무 그립고 고마운 기억입니다.

다음은 이바라기 노리코 선생 이야기를 해 볼까요. 물론 유명한 시인이라 저는 직접 만나기 전부터 그분의 시를 좋아하던 팬이었습니다. 『어린아이의 눈물 – 어느 재일조선인의 독서 편력』(가시와쇼보, 1995)i이라는 책에도 썼습니다만, 제가 중학교 때 영향을 받은 여성 시인 세 명 중 한 사람이었어요. 「6월」이라는 무척 좋은 시가 있습니다. 형이 감옥에 있었을 때, 책이라도 넣어 주려고 해도 사회과학서는 '불온서적'으로 의심을 사기도 하고, 일본어라 검열관이 읽기 어렵다는 이유까지 겹쳐 허가를 받지 못했습니다. 그래서 검열을 통과하기 쉬운 책을 찾던 중에 이바라키 선생의 시집이라면 시인이 여성이라는 점도 있으니 허가가 쉽지 않을까 생각하여 『이바라키 노리코 시집』을 넣어 줄 수 있었습니다. 거기 실린 「6월」이라는 시에 형이 감명을 받아 한글로 번역해서 제게 "이렇게 번역을 해 보았다."라고 편지를 보낸 적도 있습니다. 그때까지는 이바라키 선생과 일면식도 없었지만, 제가 우러러봐야 할 훌륭하신 분이었기에 그런 사연을 알려드렸습니다. 그랬더니 "당신을 만나러 교토로 가겠습니다."라고 연락이 와서 그 후로 여러 가지 대화를 나누며 친해졌습니다. 이바라키 선생의 시는 다 좋지만, 그중에서 한 편 들자면, 「장 폴 사르트르에게 – 유대인을 읽으며」입니다. 전쟁 직후를 배경으로 일본 여성이 빨래를 하고, 양지에 세탁물을 너는 기쁨과, 오랫동안 봉건적이고 군국주의적인 억압에서 해방된 기쁨을 사르트르를 빌려 노래하는 시인데, 전후 해방공간의 분위기가 잘 전해지는 작품입니다. 직접 뵙고 보니 기본적으로는 전업주부로, 정치의식

i 한국판: 『소년의 눈물 – 서경식의 독서 편력과 영혼의 성장기』(이목 옮김, 돌베개, 2004).

은 뚜렷하지만 그런 것을 드러내지는 않는 분이었습니다. 생각이 얕고 여물지 못했던 당시의 저는 그 점이 조금 김이 빠졌다고나 할까요, 그런 느낌이 있었지만 차근차근 사귀면서 정말 속이 깊으신 분이란 걸 알게 되었습니다. 나중에 윤동주의 시를 소개해 주거나 본인이 직접 한국어를 배우고 『한글로의 여행』(아사히신문사, 1986)이라는 에세이를 쓰시기도 했습니다만, 제가 그분과 만난 것은 그보다 꽤 전의 이야기입니다.

이바라키 선생은 돌아가셨지만, 세상을 떠나신 후에 편지가 왔습니다. 본문을 미리 준비해 놓고 편지를 받는 쪽을 쓰는 란에만 손 글씨로 이름이 쓰여 있었습니다. "나 이바라키 노리코는 몇 년 몇 월, 이러저러한 사정으로 세상을 떠납니다. 여러분 감사합니다."라고 자신의 사망 통지를 준비하고 "이 사람들에게 보내라."라고 건네준 리스트에 따라 조카분이 내게도 보내 주었던 것입니다. 그렇게 시원스럽고 산뜻한 성격을 가진 분이셨지요. 저는 이바라키 선생을 한국에 소개도 했고 그 후로 한국에서도 번역되어 꽤 읽히게 되었습니다(「6월/이바라키 노리코」, 『한겨레』, 2016년 1월 22일).

마지막으로 가토 슈이치 선생입니다만, 지금까지 말씀드린 사람들 중에서 가장 나중에 뵌 분입니다. 선생의 대표작 『양의 노래 – 나의 회상』(이와나미쇼텐 이와나미신서, 1968)은 제가 고등학교 3학년 때 나와서 널리 읽힌 책이며 수많은 제 친구들도 함께 읽은 책이지요. 당시는 캐나다에 계셨던 가토 선생이 『아사히 저널』(아사히신문사)이라는 잡지에 연재한 글을 묶은 책입니다. 고교생으로서 그 책을 읽었던 제가 그 '가토 슈이치' 본인과 직접 알게 된 것이죠.

도쿄경제대학에 취직한 무렵, 『프리모 레비를 찾아가는 여행』이라는 저서로 이탈리아 문화회관이 주는 마르코 폴로상을 받았을 때, 이 상의 선정위원회에 가토 선생이 계셨습니다. 뵈었을 때는 무척 조리 있고, 실로 인문주의자란 이런 사람이구나, 하는 느낌을 받았습니다. 그 후로 도쿄경제대학에 와서는 가토 선생과 친했던 후지사와 후사토시 선생님과 상담을 한 후, 〈21세기 교양 프로그램〉을 만들 때, 시카고대학의 노마 필드 교수와 함께 강연을 부탁드렸습니다. 그때 제가 진행 담당을 맡았는데, 그 내용이 『교양의 재생을 위하여 – 위기의 시대의 상상력』이라는 책으로 정리되어 묶였습니다.

인간을 향한 관심

선생님은 남과 그리 잘 어울리지 못하는 사람이라고 본인을 설명하면서도, 정말 많은 대담에 참가하셨습니다. 논쟁을 마다하지 않는 한편으로 국내외의 지식인, 작가나 미술가, 편집자, 영상 제작자들과 돈독한 관계를 쌓아 오셨습니다. 일본어권의 화자의 세계에서는 결코 일반적인 대응은 아니지요. 적어도 어느 단계부터는 의식적으로 임해 왔다고 생각합니다. 그간의 만남이나 대화에 관해 생각하고 계신 것이 있다면 말씀해 주세요.

사람과 어울리는 것에 서툰 사람이냐고 묻는다면 맞기도 하

고 틀리기도 합니다. 아까 말씀드렸다시피 20대에는 무척 비사
교적이었습니다. 서양미술 순례도 그래서 갔던 것 같아요. 30세
무렵이었죠. 즉 그곳은 아는 사람과 만나지 않아도 괜찮은 장소
였기 때문이고, 처음 해외여행을 갔지만, 비행기가 이륙하고 나
면 기분이 조금 상쾌해지기도 했어요. 이대로 어디에도 착륙하
지 않아도 좋을 텐데, 하고 여러 번 생각했을 정도로 남과 어울리
는 것을 좋아하지 않는 사람이었습니다.

　이렇게 상상해 보시면 어떨까 싶은데, 당시의 제가 처한 상
황에서는 그런 성격이라고 해도 이해할 법하다는 생각이 듭니
다. 방금 전에 예외적으로 좋아하게 된 사람들의 이야기를 했습
니다만, 대부분은 그렇지 않았습니다. 우파 성향의 사람이라든
가 전혀 저의 상황을 이해해 주지 못하는 사람은 논외라고 하더
라도, 이해하고 있는 듯 보이면서도 저를 무척 소모시키는 듯한
사람도 많았습니다. 이를 테면 "그냥 일본으로 귀화하고 편해지
면 좋지 않겠어?"라는 식으로 '선의'를 가지고 정색하고 말하는
사람들이죠. 하지만 제 마음 한쪽에선 인간에 대한 갈망이랄까,
인간과 만나고 싶다는 마음이 강하게 자리 잡고 있었던 것 같아
요. 지금 생각하면 그래서 조금만 친절하게 대해 주면 마음이 약
해져 버리는 면도 있는 것 같고요(쓴웃음).

　적지 않은 지식인들과 인터뷰나 대담을 해 왔습니다만, 여
담을 많이 섞어 가면서 대화하는 것이 제 스타일입니다. 아까 말
씀드린 고자이 선생이나 야스에 선생을 두고 정치적 당파로 어
떤 사람인지 나누는 일이 불가능하다고 말한 것처럼, 대화를 나
누는 이가 어떤 사람인가를 스스로 확인해 보려는 것이죠. 다시

말해 이런 이야기를 하니까 그 사람은 좋은 사람이 틀림없다고
판단을 내리는 건 곤란합니다. 대담을 하다 보면, 이른바 정치적
으로는 보이지 않는 사람들이 얼마나 훌륭한지를 깨닫곤 합니
다. 예를 들면 수필가 오카베 이쓰코岡部伊都子 씨와 대담을 했는데
무척 훌륭한 분이셨어요. 학문을 연구하는 사람이 대담을 하는
목적은, 상호 비판을 통해 진실에 도달하려는 것이겠지요. 물론
중요한 일이지만, 저는 거기에 덧붙여 그 사람에게서 전해지는
다양한 '감촉'을 포함하여 상대방을 확인하고 싶은 것입니다. 그
런 직접적인 확인을 발판 삼아 그 사람과 이야기를 할 때 저로서
는 더욱 납득할 수 있습니다. 뛰어난 사람의 학설이라도 어떤 점
은 마음에 와닿지 않는 점이 있고, 거꾸로 사회적으로 보면 그다
지 바르게 보이지 않는 사람에게도 마음을 움직이는 면이 있는
것이지요.

　　좌담회를 회피하려고 하진 않습니다. 오히려 제가 회피당하
고 있는 것은 아닐까 생각하지요(쓴웃음). 다만 저는 그런 성향의
사람이니까, 역시 일대일이나 기껏해야 두 사람은 그렇다 쳐도
지금처럼 네 명이나 다섯 명이 함께 나누는 대화는 하기가 더 힘
든 경우가 많습니다. 그래서 제가 나서서 좌담회를 제안하지는
않는 겁니다. 다만 『계간 젠야』라는 잡지에서, 나카노 도시오中野
敏男, 다카하시 데쓰야, 나카니시 신타로中西新太郎 같은 분과 함께
한 좌담회(「『젠야』란 무엇이었는가」, 『계간 젠야』 제3호)는 내용적으
로 꽤나 충실했다고 생각합니다.

전후 민주주의와 식민지주의

선생님의 저서 『일본 리버럴파의 퇴락』은 일본 헌법의 평화주의나 민주주의 같은 보편적 가치로부터의 주변화가 진행되는 현실을 예리한 감성을 바탕으로 이상화의 시를 인용하며 능숙하게 표현했습니다. 인권이라는 범주 자체에서 배제되거나 주변화되는 현상에 관심을 돌리는 시도라고 할 수 있겠지요. 서양과 비교했을 때 일본의 전후 민주주의나 보편주의는 어떤 문제점을 갖고 있을까요? 또 그것이 구종주국과는 어떤 공통 과제를 안고 있을까요?

앞에서 거론한 선생님들은 활동 당시에도 일본에서 소수파였지만 지금은 더욱 잊히고 말았습니다. 하지만 그런 사람들이야말로 진정한 의미에서 전후 일본에서 주체적으로 민주사회를 만들어 가려고 했던 맹아 역할을 했습니다. 그런 노력이 너무 이른 시기에 무산되거나 왜곡되어 버린 경위를 해명하는 일은 역사적 과제라고 생각합니다. 또한 그러한 과거를 오늘날의 시점에서 성찰하며 배워 나가려는 자세가 과연 지금 일본 사회에 있는가, 하는 물음도 중요하다고 생각합니다.

이와 관련해서 앞서 말씀드린 가토 슈이치 선생은 패전 직후 1946년 도쿄대 의학부 조수 시절에 대학신문에 '아라이 사쿠노스케荒井作之助'라는 필명으로 「천황제를 논하다」라는 글을 발표했습니다. 일본국 헌법이 제정되기 전날 밤, 천황제와 결별하지 않으면 안 된다는 것을 분명히 서술한 것이지요. 일찍이 그런 분들이 계셨지만 지금은 주변으로 밀려나는 것은 일본 전후 민주주의의 질적인 측면이 매우 이른 시기부터 왜곡되어 버린 상황과 궤를 같이하고 있습니다. 전후의 일본이 민주주의 국가로 발전하면서 나아가려고 할 때 타자의 시선이나 의견이 어느 정도라도 반영되었다면 오늘날과 같은 상황은 벌어지지 않았을 겁니다. 그러니까 민주주의라는 게 실질이야 어떻든 원래는 이념으로서 갖추고 있어야 할 '타자'라는 관념이 일본에서는 철저하게 배제된 형태로 진행되었다고 저는 생각합니다.

조선에 대해서 말하자면, 옛 식민지 출신들은 전쟁 전부터 일본에 살고 있었고 당시까지 좋든 싫든 일본 국적 보유자여서 한정적이긴 하지만 참정권도 있었지만 패전 후 전부 제로無로 돌아가게 되었습니다. 그런 터무니없는 과정이 당사자와 상의나 사회적인 문제 제기 없이 진행되어 버린 것이 바로 일본의 전후 헌법 제정 과정입니다. 여성 참정권 등을 강조하며 '새로운 민주국가의 새벽'이라고 말했던 바로 그 곁에서 타자의 부정이 동시에 진행되었던 것이지요. 전후 일본이 타자를 부정하지 않는 형태로 출발했다면 지금과 같지는 않았으리라고 생각합니다.

전형적으로는 헌법 10조 '일본 국민의 요건'과 11조 '모든 국민은 기본적 인권의 향유를 방해받아서는 안 된다'라는 조목에서 나타나지요. 원문인 'people'을 '국민'이라고 표기하고 '국적 보유자'로 한정적으로 해석하여 민주국가로 환골탈태해 나간다는 것이죠. 이렇게 냉소적으로 표현하는 감성은 어떤 의미에서는 일본의 심오한 전통이며, 로고스(언어적 이성)에 대한 모독이기도 합니다. 자의적으로 다른 해석을 내린 후 그것을 관철하려는 점에서는 역대 일본 정부가 역사의 과오를 두고 어떤 논리적

인 설명도 하지 않거나 제멋대로 해석을 해서 밀어붙이는 모습
과도 통한다고 저는 생각합니다.

　　민주주의나 보편주의는 구종주국이 공통적으로 가져야 할
과제라고 생각하면, 영국의 예를 들어 보고 싶습니다. 물론 모범
적인 구종주국이라고는 말할 수 없지만, 영국은 당시도 지금도
탈식민지화를 진행하는 과정에서 큰 문제를 지니고 있으면서도
카리브해 여러 국가 출신자라든가, 남아시아 출신자를 사회 속
으로 편입하여, 표면상으로는 다문화적 형태로 전후 사회 구성
을 해 나갔습니다. 그렇게 할 수밖에 없을 정도로 식민지였던 쪽
의 반격과 요구도 강했다고 생각합니다. 프랑스는 확실히 더 그
랬지요. 특히 알제리와의 전쟁에서 프랑스가 패전을 받아들인
결과로 알제리가 독립했습니다. 베트남과의 관계에서도 마찬가
지였죠. 그런 의미에서 완전하게 옛 관계를 마무리 지었다고 볼
수도 있지요. 그 결과로 프랑스 국내에서 물론 차별의 시선은 잔
존하지만 알제리 출신자나 베트남 출신자가 법적인 명분 아래
프랑스 시민권을 가지고 있습니다. 그렇게 본다면 우리 조선인
의 힘이 부족했던 것일까, 하는 씁쓸한 반성도 됩니다만.

　　유럽 중심주의와의 결별의 문제에 대해서 말씀드리자면, 명
분이었을지라도 보편적 이념이라는 것을 생각해 내고, 전 세계
에 발신한 곳은 유럽이었습니다. 어디까지나 겉치레에 지나지
않는다고 하더라도 틀린 말은 아니지만, 그런 것이 전혀 없는 시
대, 비유적으로 말하면 법치가 아니라 인치였던 시대에서부터
한 발짝이나마 벗어날 수 있었던 셈이죠. 18세기, 19세기를 거치
며 유럽에서 유혈이 낭자한 투쟁을 거듭해서 작으나마 점점 결

실을 맺어 갔고 한쪽으로는 나치즘과 파시즘을 경험하면서 결국 1948년 세계인권선언에까지 이르게 되었습니다. 세계인권선언은 실제적인 힘으로 뒷받침되지는 않으니 어디까지나 호소에 그치고 있다고는 해도, 보편적 이념으로서의 인권을 외친 첫 번째 사건이었다고 할 수 있습니다. 그조차 없었다면 일본이라는 나라는 '전후 헌법'도 없이 전쟁 속 상태 그대로였을 겁니다. 일본의 전후 헌법 도입 과정도 그렇지요. 패전 직후 조사위원회는 전쟁 전의 천황 중심주의를 계승한다는 방안을 마련했습니다. 그런 걸 생각하면 우리가 이 문제를 대하는 태도는 당연히 이중적이지만, 이 이중적이라는 것이 기만적이라는 뜻은 아닙니다. 그러한 이념을 긍정하고 그것을 격려하면서 이념을 배신하고 있는 냉소적인 현실을 비판해 나가는 것을 기본적인 태도로 삼아야 한다고 생각합니다.

　　재일조선인으로서 말하자면, 많은 일본 국민들은 타자를 식민지 지배했다는 자국의 역사를 제대로 인식하고 그 역사를 거울삼아 자신들의 민주주의를 살려 나가겠다는 발상을 갖지 못한 채로 살아가고 있습니다. 그런 발상이 뿌리내릴 가능성이 열려 있던 시간은 1960~1970년대에는 순간이나마 어느 정도 존재했습니다. 예를 들면 "과거의 속죄론을 넘어 가해의 역사를 응시한다."라든가, "오욕의 근대사를 자기부정한다."라든가, 혹은 루쉰의 말을 빌려 "피로 진 빚은 반드시 피로 씻어야 한다."와 같은 언설이 일본 사회 일각에서 입버릇처럼 전해지던 시기가 있었습니다. 그런 분위기는 어디로 사라져 버린 걸까요. 그런 점을 감안하면 타자인 재일조선인이나 그 밖의 다른 소수자가 맡고 있는 역할은 큽니다. 하지만 어떻게 보면 부당한 부담이기도 해요. 다시 말해, 소수자 쪽이 "우리는 이렇게 부당한 일을 당했고, 이렇게 힘에 겹다."라고 끊임없이 설명하라는 요구를 받는 위치가 되는 겁니다. 그리고 그 설명이 적절하지 않다느니, 불충분하다느니, "그런 이야기를 한다고 해도, 너희 나라는 다를 게 무엇인가?"라는 반발에 부딪힙니다. 보편적 이념을 이야기하는데도 국가 대 국가의 구도로 빠져 버리는 발상을 이른바 우익적 시민만이 아니라 지식인들도 많이 가지고 있다고 저는 생각합니다.

페미니즘의 질문이 가질 수 있는 가능성

선생님은 민족, 계급, 젠더라는 복합적 시점에서 '위안부'를 제국 일본에서 가장 억압받은 존재로 자리매김했습니다. 주류 서양 페미니즘은 젠더-억압의 문제에서 구식민지나 난민 여성을 계속 주변화해 왔습니다. '시민'이나 '인권'이 놓쳐 온 대상 중에는 페미니즘이 문제시하는 '여성'뿐 아니라 난민이나 시민권을 가지지 못한 사람들 또한 존재합니다. 남성 중심 사회가 만들어 온 '공적 영역'이나 '보편주의'의 편협함을 따져 묻는 페미니즘의 시도가, 서양 보편주의에서 제외된 난민이나 '시민 아닌 사람들'을 향한 차별과 폭력을 반대하는 시도나, 재일조선인 사회와 제3세계 여러 국가에도 존재하는 성적 편견gender bias이나 성차별을 문제시하는 질문과도 이어질 수 있는지에 대한 생각을 듣고 싶습니다.

"이어질 수 있는가?"라는 가능성에 관한 질문이라면 "이어질 수 있을 것이다, 이어져야 한다."라는 것이 제 대답입니다. 다만 이 문제를 둘러싸고 제가 했던 경험을 조금 말씀드리고자 합니다. 앞서 어머니 이야기를 했지만 솔직히 말하면, 저는 한편으로 재일조선인 1세 여성인 어머니의 착취자였다는 자각을 가지고 있습니다. 하지만 젊은 시절에 이런 자각을 하고 있었는지는 의문입니다. 내가 가부장제의 수혜자라는 아픔과 반성은 기본적으로 갖고 있으며 잊어버려서는 안 된다고 생각합니다. 사실 페미니즘은 재일조선인이라는 소수자의 문제와도 근본적으로 통하는 것일 텐데 그 연결점을 찾는다는 게 꽤 어려운 문제 같아요.

예컨대 "재일조선인의 민족주의는 가부장제의 원천이어서 결국은 페미니즘에 적대적인 것이다."라는 식으로 페미니스트 측이 비판하는 경우가 있습니다. 물론 어느 측면에서는 사실입니다. 다만 민족해방을 주장하는 쪽에서 보면 결국 민족적 독립이나 사회 민주화가 정치적 당면 과제일 때, 성차별 이야기를 해도 잘 와닿지 않거나 내부의 대오를 흐트러뜨리는 행위가 될 수 있다는 분위기가 있었던 시절에 저도 살았습니다.

저희 집안에서 특히 여동생은 정치범 재일조선인의 가족 중에서도 가장 나이가 어린 여성이고 힘이 없는 소수자입니다. 그런 존재이기 때문에 동생에게 많은 희생이 강요되었지만, 그 희생을 내가 자각하지 못했구나, 라는 마음이 지금도 지워지지 않습니다. 하지만 단지 그 상황을 재일조선인 남자는 가부장적이라는 식으로 딱지를 붙여 다른 형태의 담론에 동원하는 행위에는 결코 동의하고 싶지 않습니다. '재일조선인 남자가 지닌 가부

장주의'라고 스테레오 타입화하며 낙인을 찍는 단순 구도에는
승복할 수 없습니다. 왜냐하면 인간 사회의 모순이라는 것은 반
드시 복합적으로 일어나지 그렇게 단순화된 형태로 발생하는 것
이 아니기 때문입니다. 예를 들어 재일조선인 남자가 가족에게
폭력을 행사한다고 합시다. 그 폭력만을 언급한다면 당연히 용
서할 수 없는 일이고, 경우에 따라서 처벌을 해야 합니다. 하지만
왜 그런 폭력이 생기느냐 하는 문제는 더 큰 구조 속에서 살펴야
합니다. 차원이 다른 두 가지 물음이지만, 이 근본적인 차원을 잊
어서는 안 됩니다. "재일조선인 남자는 가부장적이다."라는 스테
레오 타입은 그 근본적인 차원을 아무 것도 아닌 것으로 만들어
본질주의로 바라보는 일에 불과합니다.

　재일조선인 남자는 일본의 식민주의 속에서 가정의 외부인
일본 사회에서도 매우 억압을 받는 경우가 많았습니다. 그렇게
멸시당한 존재였으므로(이를 변명거리로 삼아서는 물론 안 되지만)
가정 내부에서 부조리한 행동으로 발현되기도 합니다. 그래서
학문적으로 이 문제를 생각하려 한다면 "재일조선인은 가부장적
이다, 민족주의적이다."라는 이런 단순화된 꼬리표에 기대지 말
아야 한다는 것이 저의 기본 입장입니다.

　또 하나 말씀드리고 싶은 것은 당연히 페미니즘이라고 하더
라도 모두 같다고 할 수 없다는 점입니다. 특히 미국에서 페미니
즘이 큰 조류인 상황에서 오사카의 재일교포 가운데 김이사자
金伊佐子라는 분이 선진국 페미니즘에 대한 비판론을 제기했습니
다(「재일여성과 해방운동」, 『계간 젠야』 제4호, 2005년 7월). '이사자'
라는 이름은 매우 '재일조선인'다운 이름이고, 일본어를 모어

로 사용하는 사람에게는 위화감이 있는 이름입니다. 그분의 글
을 간단히 요약하자면, 일본 사회 속에서 민족차별의 기득권자
이자 계급적으로도 중산층인 사람들이 선진국 페미니스트와 연
대한다며 페미니즘을 이야기하고 있는데, 이들의 눈앞에 오사카
이카이노猪飼野(재일조선인이 많이 모여 사는 지역)에 있는 중소 공
장에서 아침부터 저녁까지 가사노동에 매여 사는 여성들이나 조
선학교를 다니며 차별받고 있는 아이들이 있다는 사실을 어떻게
생각하고 이론적으로 어떻게 평가하고 있는가, 하는 질문입니
다. 상당히 높은 수준의 날카로운 비판입니다. 그녀는 학문 연구
자가 아니라 생활자입니다. 이 점이 내가 보기에 매우 중요한 일
이고, 그 질문은 물론 저 자신에게도 향해 있다고 느껴집니다.

　"저희 어머니는 일본에 오셔서 남의 집에서 보모 일을 하면
서 학교도 못 다니고 고생하셨습니다."라고 말하면 동정을 받지
만, 페미니즘이 펼쳐 낸 해방의 구도 속에서 어떻게 자리매김할
것인가 하는 이야기는 그다지 들어 본 적이 없습니다. 오히려 그
런 우리 어머니 같은 사람들과, 그들을 동정하는 사람들 사이에
는 괴리가 있다고 생각한 적이 있습니다. 이런 괴리는 없어져야
한다는 것이 페미니즘을 향해 던져진 질문이겠지요.

　한편으로 저는 그리스도교인들과 민중신학연구회를 꾸린
적이 있습니다. 신앙이 없는 사람입니다만, 한국의 민중신학자
박성준 씨가 일본에 오셔서 릿쿄대학 대학원에 재학하면서 체
류할 때, 함께 연구 모임을 가졌던 거지요. 멤버 중에는 오사카
의 가마가사키釜ヶ崎에서 식사 봉사를 하던 가톨릭의 혼다 데쓰로
本田哲郎 신부도 있었습니다. 그 연구회에서 제가 발표한 글이 「재

일조선인은 민중인가?」입니다(『반난민의 위치에서』 수록). **i**

　해방신학은 중남미의 구티에레스Gustavo Gutiérrez라는 신부
가 이론적 지도자였습니다. 해방신학과 미국의 공민권 운동, 그
리고 페미니즘 운동은 시기적으로 대체로 일치합니다. 해방신학
측이 서구 페미니즘을 비판할 때 "너희는 선진국 안에서 나누어
야 할 몫에 대해 문제 삼고 있을 뿐이다. 그저 그 이권이 남자에
게 치우쳐 있거나, 여자의 지분이 적다는 점을 말할 따름이다. 그
것도 중요하지만, 문제는 너희들이 나눌 이권 그 자체다. 그것은
누구에게서 빼앗아 온 것인가?"라고 묻습니다. 다시 말해 해방
신학의 비판은 미국의 제국주의를 향하고 있었고, 서구 페미니
즘은 결국 자국 자체의 정치든 외교든 본질적 비판을 수행하지
않았다는 점을 지적한 것입니다. 해방신학이 주창되던 당시의
비판이지만 현재도 어느 정도 수긍할 면이 있다고 생각합니다.

　지금도 미국이, 예컨대 베네수엘라나 라틴 아메리카의 좌파
정권을 비판할 때 자주 들고 오는 것이 가부장제이죠. 맞는 면이
있다고 생각하지만, 그것이 미합중국이 행하고 있는 지배를 정
당화할 이유가 되지는 않는다고 생각합니다. 따라서 도식적으로
말하면 미국의 페미니스트들은 자신들의 운동과 자국을 향한 반
제국주의 운동을 연결해야 한다고, 동시에 라틴아메리카와 그
밖의 민족해방 세력은 자신들 내부를 포함해서 여성해방을 본질
적인 과제로 삼고 재검토해야 한다고 생각합니다. 그런 노력을
하면 이 두 운동은 접근할 수 있겠지만, 좀처럼 쉽지는 않은 과제

i 이 글은 『난민과 국민 사이』(이규수·임성모 옮김, 돌베개, 2006)에 수록되었다.

겠지요.

1997년에 열린 심포지엄 〈내셔널리즘과 '위안부' 문제〉에서 우에노 지즈코上野千鶴子, 다카하시 데쓰야, 요시미 요시아키吉見義明 세 분과 함께 패널을 맡았는데, 그때 저는 "재일조선인 '위안부' 송신도 씨는 나의 어머니다."라는 말을 했습니다. 마침 송신도 씨와 우리 어머니는 같은 해 동향에서 태어나 한쪽은 일본으로 떠나야 했고, 한쪽은 중국으로 끌려가 위안부가 됐습니다. 아주 사소한 차이일 뿐이어서, 제가 송신도 씨의 아들이었다고 해도 이상하지 않다는 점에서 개인적인 이야기였을 뿐만 아니라, '위안부'라는 이른바 '게토화'된 존재를 가시화함으로써 조금 더 우리의 역사나 사회 속에 자리매김해 보기 위해서 그런 식의 표현이 필요하다는 생각이었지요.

그러니까 제가 말한 '어머니'는 신성화된 모성 신화의 객체가 아니라, 아까 말했듯 저 자신 역시 학대를 했던 대상이라는 자각의 표현이기도 했습니다. 그런데 우에노 씨가 이 표현에 반발하면서 "그런 식으로 가족을 비유해서 말하는 것은 위험하다."라고 발언을 했지요. '아, 이런 수준이구나' 하고 깜짝 놀랐는데, 그건 디베이트 토론이라는 방법 때문이었습니다. 디베이트 토론은 그 당시 아카데미즘 내부에서도 유행하고 있었는데, 상대방의 언설을 부정하는 것을 목적으로 수사학을 구사한다는 느낌이 들었습니다. 그렇게 되면 논지의 핵심에 접근하는 것이 아니라 반박을 받는 제 쪽이 '변명'해야 하는, 뒤집힌 관계가 되고 마는 것입니다.

또 하나는 재일조선인 소설가 이양지의 작품에 대해 「서울

에서 『유희由熙』를 읽다」i라는 평론을 써 이를 일본 사회문학회
의 잡지에 발표했을 때의 일입니다. 저는 한편으로는 이양지를
평가하면서 상당히 분명하게 비판하는 논지를 펼쳤습니다. 이와
관련해서 여러 시민 단체에서 강연을 했을 때, "서경식의 여성
멸시나 여성 혐오를 느꼈다."라는 식의 말을 들었습니다. 하지만
그건 스테레오 타입화된 반응이라고 생각합니다. 그들이 지금까
지 겪었던 경험 때문에 그런 생각으로 기우는 것은 충분히 이해
합니다. 하지만 그 사람들이 근처에서 보이는 여성 혐오나 여성
멸시의 태도를 가진 사람들과, 나라는 인간 사이를 나누는 선이
야말로 중요합니다. 그럼에도 불구하고 그 선을 지우면서 바로
단정해 버리는 것이 아닌가 싶습니다.

좀 더 구체적으로 말씀드리자면 포스트모더니즘이라든가
포스트콜로니얼리즘 같은 무슨 '‑이즘'에 부합하는지 아닌지를
비판의 축으로 삼은 것은 아닌가 하는 문제 제기입니다. 일본에
서도 한국에서도 저를 두고 "서경식은 민족주의자다."라고 비판
하는 경우가 있습니다. 하지만 내가 민족주의자라고 해서, 그 사
실로 인해 무엇을 알게 되었냐고 되묻고 싶습니다. 그렇게 해서
는 제대로 된 논의와 논쟁으로 전개되지 않기 때문입니다. 이 사
람은 가부장주의자라든가, 이 사람은 민족주의자라든가 하는 것
을 카테고리화해서 논문을 쓰곤 합니다. 전혀 불필요하다고는
말할 수 없지만, 왜 그렇게 되었는가가 중요합니다. 그 사람을 어

i 이 글은 『언어의 감옥에서‑어느 재일조선인의 초상』(권혁태 옮김, 돌베개, 2011)에 수
록되었다.

떤 '주의자'라고 붙이는 꼬리표 이면에 있는 것을 확인하면서, 같은 시대를 살고 있는 인간으로서 공유할 수 있는 과제는 무엇인지에 다가가는 접근이 필요하다고 생각하지만 좀처럼 그렇게 되지는 않습니다. 특히 일본에서 논쟁이 발전하지 않는 이유가 그 때문이라고 생각합니다. 일본의 평론계에서도 학계에서도 마찬가지입니다.

아카데미즘에서 볼 때는 제가 아마추어이기 때문에 그런 걸 느낄 테고, 아카데미즘에서 프로페셔널하게 단련된 사람들은 역시 사고방식이나 쓰고 말하는 방식을 철저히 어떤 틀에 맞추고 거기에 합치해 가지 않으면 살아갈 수 없는 세계이기도 하니까요.

'후쿠시마'로부터의 10년

2011년 동일본대지진을 사고하는 작업으로 단독 저서인 『후쿠시마를 걸으며』를 2012년에, 다카하시 데쓰야, 한홍구 선생과의 연속 좌담을 엮은 『후쿠시마 이후의 사상을 바탕으로-한일 원전·기지·역사를 걷다』(헤이본샤)를 2014년에, 그리고 2015년에는 사진가 정주하 씨의 순회 사진전과 함께 열린 심포지엄을 묶은 『빼앗긴 들에도 봄은 오는가-정주하 사진전의 기록』을 출간했습니다. 대지진과 원전 사고 관련 서적을 세 권 펴낸 셈인데요, 도쿄경제대학에서도 2012년에 선생님과 이 책의 편저자 도베 히데아키, 하야오 다카노리, 리행리 세 사람이 참가하여 〈'후쿠시마'의 물음에 어떻게 응할 것인가〉라

는 심포지엄을 개최했습니다. 2011년의 동일본대지진은 복합지진이
지만 동시대의 중대 사건으로 무겁게 받아들여지고 있는 것 같습니
다. 그리고 또 10년이 지났는데, 선생님에게 이 지진은 다른 지진과
어떤 점이 특별히 달랐을까요? 또 지진 이후 지난 10년간은 서 선생
님에게 어떤 시간이었을까요?

후쿠시마는 제 최근 기억 중에서 특히 중요합니다. 다른 여러
지진과 어떤 점에서 다른지에 관해서 이야기하자면 간단합니다.
후쿠시마의 경우 '방사능 재해'였다는 점입니다. 나는 교토·오사
카와 인연이 깊습니다. 1995년에 그 지역에서 일어난 '한신·아와
지 대지진'의 경우는 근본적으로는 천재였지만 '후쿠시마'는 명
확한 인재입니다. 국가 정책의 파탄이 초래한 인재라고 할 수 있
지요. 국가 정책은 전쟁과 매우 흡사합니다. 전후 일본의 원자력
정책은 표면적인 평화 국가라는 가면 아래로 전쟁이 은닉되어
있던 현장이었다는 점을 고스란히 보여 줍니다.

그날은 저도 큰 충격을 받았어요. 고쿠분지의 도쿄경제대학
7층 회의실에 있었을 때, 최초의 흔들림을 느꼈고, 계속 이어져
서 모두 계단을 통해 건물 앞마당으로 피했습니다. 대피 중에도
흔들림은 멈추지 않았고 학생이 스마트폰으로 TV를 보고 피해
상황을 전해 주기도 했습니다. 결국 귀가하지 못한 동료들과 우
리 집까지 같이 걸어와서 우리 집에 묵게 했고 신주쿠에 있던 아
내는 귀가 난민이 되어 도보로 새벽 2시에 돌아왔습니다.

재해의 규모가 크기는 했지만 저는 이 사건이 일본 사회의
사람들이 근본적으로 자신을 다시 파악하는 계기가 될지도 모

른다는 기대를 품었습니다. 지금 생각하면 순진한 기대였을지도 모르겠지만요. '부흥'이라는 말이 어디서나 울려 퍼졌고 TV에서는 매일처럼 "힘내라! 닛폰!"이라고 외쳤지요. 내가 보기엔 너무 빤하고 치졸한 선전이었지만 실은 많은 사람들이 그런 목소리에 몸을 의지했습니다. 민주당의 하치로 요시오鉢呂吉雄 경제산업성 대신이 원전 사고 현장 근처에 가서 "죽음의 거리였다."고 솔직한 소감을 말했다가 이재민에게 무례한 발언이라는 엉뚱한 비난 속에서 장관직을 그만두게 되었습니다. '죽음의 거리'라는 것은 현실인데, 그 말을 했다고 비난하는 것도 지극히 '일본적'이라는 생각을 했습니다.

　　우선 환경적인 측면에서 탈원전이 필요하단 말은 체르노빌 사고 이후 줄곧 이야기되어 왔습니다. 사고를 겪고 나서야 겨우 탈원전에 대해 진지하게 고민해야 할 시기가 온 것이었는지도 모르지요. 실제로 독일은 바로 실행에 나섰고요. 하지만 일본에서는 그렇게 되지 않았습니다. 앞서 국가 정책을 전쟁으로 비유하기도 했지만 예전부터 도호쿠 지방 출신 병사들은 국가로부터 인내심이 있는 훌륭한 군인이라는 말을 많이 들었습니다. 그래서 도호쿠 지방에서 만주 지역으로 이주한 만몽滿蒙개척단이 많이 나오기도 했습니다. 즉 근대 일본이라는 전쟁 국가 안에서 앞서서 역할을 맡아 온 곳입니다. 전후에 나카소네 야스히로中曾根康弘가 후쿠시마에 원전을 세우자고 제안한 것도 무리가 아닙니다. 도호쿠가 선정된 이유는 도쿄에서 떨어진 곳이라 도쿄의 안전을 확보하면서 전력산업으로 부를 축적하기 위한 목적도 있었고, 앞서 말했듯 후쿠시마 사람들이 오랫동안 순종적으로 국가 정책을 따라왔다는 점도 있습니다. 반면 단적으로 말해 수혜를 얻는 도쿄 사람들에게는 도호쿠 지방을 향한 일종의 차별의식이 예전부터 있었다는 뜻이기도 합니다.

'부흥'을 외치는 세태에 대해서도 말씀드리자면, 애당초 전후 일본이 추구해야 할 부흥이란 원래 모습으로 회복하여 경제를 번영시키자는 식의 이야기가 아니었지만, 오직 그런 뜻으로만 받아들여져 왔습니다. 그러니 다시 '부흥'을 꿈꾼다면 단순한 경제 부흥이나 일본의 재생再生과 같은 의미가 아니라 '갱생更生'이 필요했다고 생각했습니다. 지진 재해가 그런 계기가 될 수 있으면 좋겠다는 것이 저의 강한 바람이었지만 결국 그렇게 되지 못했습니다. 낙관하지는 않았으니 역시 어쩔 수 없는 일이었을까 싶긴 했지만, 재해를 마주하는 정부의 시선이 비열했다는 것이 제 생각입니다.

'부흥' 신화가 가진 악마적인 힘이라고나 할까요? 이상한 열기가 결국 부흥을 위해 올림픽을 개최하자는 이야기로 옮겨가고 있습니다. 일본의 국가 정책을 누가 어디서 디자인하고 있는지 모르겠지만 매우 교묘하다고 생각해요. 그러한 부흥 플랜이나 부흥 이데올로기에 반대하는 것과 이재민의 어려움을 보듬어 주는 것은 전혀 별개의 차원에 있는 것입니다. 하지만 부흥 이데올로기를 지지하지 않는다고 "이재민을 바보 취급한다, 이재민을 상처 입힌다!"라며 비난하면 누구라도 '부흥'을 반대하는 의견을 입에 올리지 못하게 되고 말지요.

다시 말하지만 '후쿠시마'는 근대 일본이 다시 태어나 '갱생'할 수 있다는 희미한 기대를 갖게 한 사건이지만 일본은 그 기회

를 놓쳤습니다. 거꾸로 말하면 그 일로 인해 일본이 새로운 전체
주의로 나아가는 하나의 계기가 되었다고 할 수도 있습니다. 그
런 네거티브한 상황이 발생했다는 사실을 잊어서는 안 된다고
생각합니다. 저 역시도 너무나 쉽게 "이대로라면 일본은 전체주
의에 빠진다."라거나 "전체주의 사회가 되어 버렸다."라고 말하
곤 했지만, 오히려 그보다는 전체주의가 계속 살아 있었고 그것
이 다시 '드러났다'라고 하는 편이 더 정확하지 않을까요? 즉 전
쟁 전 일본 사회에서 현재까지 이어지는 연속성이 명확하게 보
이게 된 것입니다. 그 연속성을 끊어 낼 수 있는 순간이 있었는지
를 생각해 보면, 조금 전에도 말했지만 '전후 지식인 가운데 나름
대로 저항한 사람들'이 활동하던 때라고 할 수 있지만, 결국 결실
을 맺지 못했지요. 저는 이렇게 지극히 심각한 인식을 갖고 지금
의 일본 사회를 바라보아야 한다고 생각합니다.

　　다시 제 이야기로 되돌아가면, 형들의 일을 매개로 한국의
민주화라는 주제에 얽매여 있던 시기가 있었고, 그 후로는 나의
현장을 일본으로 정하고 학생을 대상으로 교육을 한다든지, 일본
의 역사 인식 문제를 주제로 삼았던 시기가 있었습니다. 후쿠시
마 사건은 도쿄경제대학에서 보낸 20년 중 후반기 10년에 해당한
다고 할 수 있겠네요. 이 문제를 더 깊이 고찰해서 담론으로 이끌
어 낼 수는 없었을까, 하는 아쉬움은 있습니다. 『후쿠시마를 걸으
며』 등의 저서를 일본과 한국에서 내기도 했고, 가마쿠라 히데야
씨나 스베틀라나 알렉시예비치Svetlana Alexievich와 방송 프로그램
을 만들고, 대학 수업에서 다루기도 했지만 부족했습니다. 지금
도 이렇게 잡다하고 정리 안 된 이야기밖에 할 수 없군요.

후쿠시마라고 하는 개별적인 문제가 아니라, 대학이나 교육이라는 영역 자체에서 더 근본적인 문제가 산사태처럼 일어나고 있습니다. 예를 들어 후쿠시마 문제를 가지고 우리 교원들이 분야를 초월해서 논의를 한다든가, 공동 행동을 펼친다든가, 학생에게 직접 후쿠시마 원전 사태에 관한 문제를 이야기하는 그런 일들이 제대로 이루어지지 않습니다. 그런 시대가 된 지 벌써 20년 정도는 된 듯한 느낌이에요. 저는 이러한 상황이 매우 심각한 문제라고 생각합니다. 하지만 그런 이야기를 하며 문제 제기를 하면 괴짜나 유별난 사람으로 취급받고 게토화되는 것이 바로 전체주의입니다. 그런 사람들이 끌려가 투옥되는 시대가 얼마 남지 않았다는 생각까지 듭니다. 하지만 그런 고전적이고 누구나 알아차리기 쉬운 전체주의보다, "들어주는 이가 아무도 없는 건 아닐까?", "결국에는 고립되는 상황뿐이지는 않을까?", "바쁜 와중에 말을 걸어 봤자 성가시게 만드는 건 아닐까?", "모여서 외친다고 하더라도 대체 언제 어디로 모여야 할지…" 그런 생각이 이어지는 상황에서 '후쿠시마'가 일어났습니다. 제가 "좋은 기회를 살리지 못했다."라고 말하는 원인 중 하나입니다. 쇼와 천황의 죽음도 호기였고, 후쿠시마도 호기였다고 말하면 '반일'이라고 즉시 단순한 반발에 부딪히겠지만 실은 일본 사람들이 갱생할 수 있는 호기였을 것입니다.

그리고 또 한 가지 말씀드릴 내용이 있습니다. 도쿄경제대학에서 심포지엄을 열었을 때 조금 문제가 된 사안이기도 합니다만, 후쿠시마는 일본 중심부에서 보면 '식민지'라는 주장이 있습니다. 저는 부분적으로 타당한 견해라고 생각합니다. 즉 도쿄

와 같은 대공업지대에서 그동안 존재했던 다양한 지방 차별이
나 계급 차별, 즉 지방을 착취하고 이용하는 구조를 말합니다. 원
전이 집중되어 있는 후쿠이福井현도 마찬가지입니다. 후쿠이 현
도 오사카에 있어서는 분명히 그런 위치입니다. 그래서 "후쿠시
마는 내부 식민지다."라는 식으로 말하는 사람들이 있고 "그렇기
에 후쿠시마 문제는 반식민지 투쟁과도 연대할 수 있다."라고 주
장하기도 합니다. 하지만 실제로 식민지 지배를 받은 쪽의 입장
에서는 이 언설을 부조리하다고 느낄 수 있습니다. 일본이 자기
스스로를 식민지라고 상대화해도 괜찮은가? 하는 문제지요. 상
대화해서는 안 된다고 생각하지만 위상이 다른 문제이기 때문에
위상 차이를 제대로 이해한다면 연대는 가능하리라 생각합니다.
즉 후쿠시마를 식민지라고 말하는 사람들이 이러한 식민지적 구
조가 국내에서 해외로 외연을 확장해 가고 있고, 자신들 역시 많
든 적든 그 수혜자라는 자기 성찰과, "후쿠시마를 식민지로 만들
지 말라."라는 주장이 잘 조화될 수 있다면 대화는 가능하리라
생각합니다. 그런데 "일본의 식민지 지배의 역사 때문에 지금도
고통 받고 있다."라고 하는 아시아 피해자의 이야기와 "그건 그
렇지만 후쿠시마 역시 식민지다."와 같은 일본 측의 이야기가 대
치되면 문제는 전혀 달라져 버리는 거죠.

　　조금 비약일지도 모르겠지만 "재일조선인은 디아스포라지
만 나 역시 디아스포라다."라는 말이나 "당신은 재일조선인이지
만 나는 '재일일본인'이니까요."라는 주장과 구조적으로 비슷하
게 느껴집니다. 일본 사회나 일본 국가의 구속을 싫어한다는 주
장과, 일본 사회나 일본 국가가 타자를 지배하고 수탈한 역사를

매듭 짓는 일에서 계속 도망치고 있는 상황에 아무런 문제의식을 느끼지 않는 것은 완전히 다른 차원의 이야기일까요? "나는 재일일본인이다."라고 말하는 사람도 후자의 문제와 관련해서는 당사자인 국민으로서 이곳, 일본에 있는 것입니다. 그 사람의 투표라든가, 정치적 행동이라든가, 납부하는 세금 같은 것이 일본이라는 국가를 지탱하고 있습니다. 따라서 그런 주장은 책임 회피로밖에 들리지 않습니다. 예를 들어 교토의 니시카와 나가오 씨西川長夫(역사학자, 1934-2013)는 매우 훌륭한 분이고 식견은 저역시 존경하지만 때때로 그런 식의 언급을 하기도 했습니다.

이러한 발언은 일본 사람들이 실제로 존재하는 국가를 자신들이 어떻게 바꾸어 나갈 것인가, 경우에 따라서는 어떻게 타도해 나갈 것인가 하는 문제를 회피하면서, 자신의 책임을 경감하고 무화하는 언설로서 기능합니다. 포스트모더니즘만 해도 사실은 그렇지 않은 사상이라고 생각하고 있지만 아마 어떤 '이즘'이라도 일본에 유입되면 그런 식으로 환골탈태되어 버리는 것은 아닐까, 하는 생각도 듭니다. 나는 그런 상황과 싸워 왔지만 좀처럼 성과를 거두지 못했습니다.

전체주의 이야기로 돌아가지만, 제가 젊었을 때, 존경하는 후지타 쇼조 선생님을 인터뷰한 기록을 「전후 문화 세대의 최종 주자로서」라는 제목으로 졸저 『새로운 보편성으로 – 서경식 대담집』에 수록한 적이 있습니다. 선생님 입장에서 보면 자신의 윗세대로 존경하는 사람들, 예를 들어 "이시모다 다다시 등의 시대가 지나갔고, 나의 시대도 끝나 간다."라는 그런 결별사를 남기시길래, "선생님, 이대로 간다면 일본은 전체주의로 빠져드는 거

아닐까요?"라고 물었더니 도리어 "서 선생, 예전부터 전체주의
예요."라고 말씀하셨어요. 계몽적인 의도로 좀 과도한 표현을 하
시는 건가 했더니 그게 아니라 인식에 있어서 그렇다는 거였어
요. "그렇다면 일본의 전체주의는 언제, 어떻게 끝날까요?"라고
묻자 "세계가 끝나지 않으면 일본의 전체주의도 끝나지 않으리
라 전망하고 있습니다."라고 하셨습니다. "저 같은 젊은 사람 앞
에서 그렇게 말씀하시는 것은 너무 심한 것 아닙니까? 당신은 이
만 실례하겠으니 나중 일은 하고 싶은 대로 알아서 하라는 말씀
인가요?" 그랬더니 웃으시면서 "실제로 그렇습니다."라고 하셨
어요. 천황제 이데올로기를 깊이 연구하신 분이 그렇게 한 말씀
이 짓궂은 괜한 농담이 아니었다는 것을 최근에는 뼈저리게 느
낍니다. 일본은 세상이 끝날 때만 겨우 끝난다는 말(이 말을 일본
을 높이 평가하는 뜻으로 곡해하는 사람들이 있기 때문에 조심해야 합니
다)은 "일본국이여 영원하라."라는 이야기가 아닙니다.

　덧붙이자면 후지타 선생님은 「소나무에게 들어라 - 현대문
명에 대한 레퀴엠」(『전후 정신의 경험』, 가게쇼보, 1996년 수록)이라
는 에세이에서 "이 마지막 위기의 시대에 희생을 위한 진혼가는
귀에 쾌적한 노래가 아니라 정신과 혼을 담아 타자를 인식하는
일로 나타나야 한다. 그러한 인식으로서의 레퀴엠만이 간신히
소생할 수 있는 열쇠를 내장하고 있다고 말해야 하리라."라고 말
했습니다. 이 글에서 후지타 선생님이 '타자'라고 부른 것은 식물
인 눈잣나무지만 당연히 그 상상과 비유 속에는 소수자나 여성
등도 포함되어 있습니다. 유행어로서의 '타자'가 등장하기 훨씬
전부터 그런 말씀을 하셨습니다.

　오늘은 더 이야기를 하지 못했지만, 히다카 로쿠로 선생님도 1960년 안보투쟁 후에 후쿠다 간이치福田歡一 씨나 이시다 다케시石田雄 씨 등과의 좌담회에서 '타자'라는 말을 하셨습니다. 그래서 저는 포스트모던 연구에서 '타자'라는 개념이 부상했을 때, 희미하게나마 희망을 품었던 것입니다. 이 '타자'라는 개념을 매개로 일본 사회가 얼마나 타자를 묵살하고 배제하고 있는지 깨닫게 될지도 모른다고 말이지요. 그렇게 자기비판의 계기가 될지도 모른다고 생각했지만, 결국은 그렇게 되지 못했습니다. 쓰디쓴 결론이라 하겠습니다.

좌담

도쿄경제대학
2020년 12월
8·9일

서경식의 언론 활동과
재일조선인

— 세대 간 대화

/ 서경식 + 조경희 + 최덕효 + 리행리

들어가며

리행리 오늘은 서경식 선생님의 저술과 활동 중에서도 특히 재일조선인과 관련된 사상적 작업을 어떻게 평가할 수 있을지, 그리고 '재일조선인론'의 발전을 위해 서경식 선생님의 사상을 어떻게 이어 갈 수 있을지를 생각하는 기회를 갖고자 합니다. 잘 부탁드립니다.

서경식 오늘 이렇게 젊은 재일조선인 연구자들과 이야기를 나눌 수 있게 되어 기쁩니다. 우연일지도 모르겠지만 자리해 주신 여러분과 만났던 시기를 떠올려 보면 적절한 멤버 구성이 된 것 같습니다. 제가 릿쿄대학 비상근 강사 시절에 만난 최덕효 씨, 도쿄경제대학 교원으로 재직하던 시절에 만난 리행리 씨, 도쿄경제대학에서 연구년을 받아 한국에 갔을 때 만난 조경희 씨. 이렇게 시기적으로도 세 단계로 나뉘어져 있고, 성별로도 균형이

맞는 것 같습니다. 그리고 재일조선인의 입장으로 보아도 조선
학교에 다닌 경험이 있는 분도, 그렇지 않은 분도 계시네요. 저에
게는 여러분과의 만남이 다양하고 젊은 동포들과 대화할 수 있
는 좋은 기회였습니다. 각자가 보고 듣고 경험한 것에 대해 증언
을 잘 남겨 두는 게 꼭 필요한 일이라고 생각합니다.

리행리   오늘 진행 방식은 조경희, 최덕효, 리행리 세 명이 각
각 서 선생님의 사상적 궤적을 어떻게 보아 왔는지, 서 선생님이
나 선생님이 쓰신 글을 처음 만나게 된 계기가 무엇이었는지 간
단히 이야기한 후에, 각자 개인적으로 선생님께 궁금한 점을 직접
묻는 시간을 갖고자 합니다. 우선 최덕효 씨부터 시작해 주세요.

토대가 된 경험 ─ 1970-1980년대 사상의 형성

최덕효   제가 처음 서경식 선생님의 책을 접하게 된 건, 대학
생 시절 서 선생님과 개인적으로 만나게 되면서부터입니다. 25년
도 더 지난 1995년의 일입니다. 당시 서 선생님은 릿쿄대학에서
〈인권과 마이너리티〉라는 교양 강좌를 담당하셨는데 제가 2학
년 때 그 수업을 청강한 게 계기가 되어 선생님의 책을 처음 알게
되었습니다. 사실 서 선생님과의 만남 자체가 제 인생에서 어떤
근본적인 전환점이 되었는데요. 그때까지 '일본인'으로서 살아
온 제가 '조선인'으로서 사상을 형성해 가는 과정에서 서 선생님
의 작품이나 개인적인 교제에서 매우 큰 영향을 받았기 때문입

니다. 당시 저는 처음으로 해외에 나가게 되어 한국 여권에 기재
된 조선 이름을 처음으로 사용하게 되었는데, 그 일을 계기로 '나
는 누구인가?'라는 정체성 문제를 고민하기 시작했습니다. 그때
우연히 대학 강의 요강에서 서 선생님의 강좌를 보고, 이미 등록
해 놓은 전공 수업을 취소하고 얼결에 강의실에 얼굴을 내민 것
이 선생님과 만남의 시작입니다.

지금 되돌아보면, 제가 처음 읽은 서 선생님의 책은 『'민족'
을 읽다 - 20세기의 아포리아』였는데, 당시 저는 한반도나 재일
조선인에 대해 너무나 무지했기 때문에 책 내용을 거의 이해하
지 못했습니다. 오히려 처음에는 선생님의 수업이나 개인적인
이야기를 통해서 선생님의 민족관이나 재일조선인론에 대해 조
금씩 이해하게 되었습니다. 그러므로 제가 선생님의 책과 본격
적으로 마주하게 된 건, 한국에서 1년 반 동안 유학하면서부터였
어요.

1996년 여름부터 1998년 봄까지 교환학생으로서 연세대학
교에서 공부했는데, 태어나 처음으로 한국에서 생활하면서 오
히려 '민족'이나 '조선인'에 대해 점점 더 알 수 없게 되었습니다.
'모국 유학'을 통해 언어와 문화적 소양을 익혀 '완전한 조선인'
이 될 거라고 기대했던 꿈이 보기 좋게 부서지고, 유학하면서 오
히려 실존적인 고민이 깊어지던 때였습니다. 그러던 중에 선생
님의 책을 본격적으로 접하게 된 것인데요, '민족'에 대한 고정관
념을 비판적으로 논한 글에 깊은 감명을 받고 가슴이 후련해졌
던 기억이 아직도 생생합니다. 특히 「새로운 민족관을 찾아서 -
어느 재일조선인의 '꿈'」i(『분단을 살다 - '재일'을 넘어서』, 가게쇼보,

1997)에 쓰신 말씀에서 큰 용기를 얻었습니다.

지금부터가 질문인데요, 선생님의 민족관과 재일조선인론이 저술 활동을 통해 본격적으로 발표되기 시작한 건 1990년대부터라고 생각합니다. 우선 여쭙고 싶은 건, 그 전사前史로서 존재하는 1970-1980년대 선생님의 사상 형성 과정에 대해서입니다. 특히 그 배경에는 두 형님 서승과 서준식 선생님이 가진 사상과의 대화 혹은 갈등이 있으리라고 생각됩니다만, 선생님의 민족관과 재일조선인론의 토대가 된 경험에 대해 말씀해 주십시오.

서경식 저는 1951년생으로, 위로 형이 세 명 있고, 밑으로는 여동생이 있습니다. 첫째 형과 둘째 형은 해방(일본 패전) 전에 태어났고, 셋째 형과 저, 여동생은 해방 후에 태어났습니다. 정치범이었던 사람은 둘째 형과 셋째 형입니다. 둘째 형 '승勝'은 일본 이름 '마사루勝(이긴다는 뜻)'를 그대로 조선어 발음으로 읽은 것이라, 한국에서 보면 특이한 이름입니다. 즉 저희 형제의 이름에는 시대가 반영되어 있는 것이죠. 저희 집은 재일조선인치고는 비교적 가난한 편은 아니어서 어떤 의미에서는 혜택을 받은 편이었어요. 형들도 교육을 충분히 받았고, 저 또한 세 형들에게 많은 영향을 받으며 자랐습니다.

지금까지 별로 언급한 적 없는 첫째 형에 대해 잠시 말씀 드리자면, 첫째 형 선웅善雄은 1941년생입니다. 형은 당시 도쿄교육

---

i 이 글은『난민과 국민 사이―재일조선인 서경식의 사유와 성찰』(임성모·이규수옮김, 돌베개, 2006)에 수록되었다.

대학(지금의 쓰쿠바筑波대학)에 들어갔습니다. 그가 사춘기를 맞이하던 때는 '민족의식의 르네상스기'라고도 불리던 때였습니다. 한국전쟁이 한창이던 때에 유년 시절을 보내고, 1960년 즈음에 대학에 들어갔습니다. 나중에 둘째 형과 셋째 형이 한국에서 구속되었을 때, 첫째 형은 소위 '흑막'의 인물로서 당국의 발표나 기소장에 이름이 거론되었습니다. 왜냐하면 첫째 형은 대학에서 총련계 유학생 동맹에 가입해 있었기 때문입니다. 첫째 형의 지시에 따라 두 형이 '북한 간첩'으로 활동했다는 식으로 사건의 얼개를 만들어 놓았던 거죠. 두 형은 그 때문에 이루 말할 수 없는 고초를 겪었습니다. 한 사람은 고문을 견디다 못해 분신자살을 시도했습니다. 그러나 구속된 형들의 진술에는 '흑막'으로 여겨진 큰형을 비난하는 듯한 말은 전혀 없습니다. 오히려 형을 존경하는 마음이 써 있었습니다. 첫째 형은 둘째, 셋째 형이 투옥된 이후, 우리 일가 모두의 생계를 책임지는 역할을 감당했습니다.

그 당시에 이진우 사건(고마쓰가와小松川 사건)이나 김희로 사건이 일어났고,[ii] 우리 재일조선인은, 나는 어떻게 살아가야 하는가, 어떻게 살 수 있을까를 생각할 수밖에 없었습니다. 특히 그 시절 가장 중요했던 사안은 북(조선민주주의인민공화국)으로 귀국

[ii] 이진우 사건은 1958년 일본 도쿄도 고마쓰가와 고교에서 발생한 여학생 살인 사건의 범인으로 재일조선인 이진우가 체포되어 사형을 당한 사건이다. 재일조선인 차별 문제가 제기되어 일본의 많은 지식인과 재일조선인 김달수, 박수남 등을 중심으로 구명 운동이 펼쳐졌다. 김희로 사건은 1968년 2월 시즈오카현 시즈오카시의 카바레에서 김희로가 폭력단원 2명을 총으로 사살한 사건이다. 도주하여 온천에서 인질을 잡고 대치하다 체포된 김희로는 재일조선인 차별 문제를 매스컴에 호소하며 논쟁의 대상이 되었다.

·귀환을 어떻게 해야 하는가? 라는 문제였습니다. 많은 재일조선인 가정이 당면한 문제였고, 어떤 집안에서는 가장 중요한 쟁점이었습니다. 저희 아버지는 절대 반대였습니다. 그런데 추측해 보면 큰형은 한때 북한으로의 귀국도 생각한 듯합니다. 그는 귀국 운동 초기에 대학생이었던 세대였고, 도쿄교육대학에서 농업을 전공하고 있었기 때문에, 사회주의적인 농업 경영을 통해 조국에 공헌하고자 생각했던 시기도 있었던 것 같아요. 하지만 결과적으로는 귀국을 택하지 않고 일본에 남았습니다.

한국에서 진행 중이던 민주 혁명도 저희들을 요동시켰는데, 한국의 압제를 피해 일본으로 온 사람들이 재일조선인 학생이나 청년 들에게 큰 영향을 주었습니다. 4·19 혁명의 정신을 우리가 어떻게 이어 갈 수 있을까 뜨겁게 논의했습니다. 저는 세대적으로 조금 아래니까 그런 큰 논의에 적극적으로 참가한 적은 없었고, 단지 고민하면서 지켜보았을 뿐입니다. 재일조선인은 일본 사회에서 차별받는 상황 속에 있었고, 일제시대에 겪은 가난과 굴욕의 기억도 남아 있었습니다. 게다가 해방 후에 나라가 분단되는 와중에, 그렇다면 나는 어떻게 살아가야 하는가, 라는 무거운 질문에 처한 것입니다. 근처의 재일조선인이 모여 살던 지역에서는 북으로 귀국하는 사람이 많았는데, 나도 그렇게 할 것인가 말 것인가 망설임도 있었습니다. 북으로 가 버리면 남쪽에 있는 가족이나 친척을 만나지 못하게 될지도 모른다는 구체적인 고민도 있었습니다.

그렇게 망설이는 이유는 내가 너무 '일본화'되었기 때문인가? '부르주아적'이기 때문인가? 그런 식의 비판을 받으면 아무 말도 할 수 없게 됩니다만, 당시 초등학교 6학년인가 중학교 1학년 정도의 아직 어린아이였던 저조차도 정말로 그런가? 라는 생각이 들었습니다. 우리 재일조선인 대다수는 그런 역사적 과정을 거친 후에 지금의 상황에 이르고 있는 것입니다.

물론 한반도에서는 재일조선인 우리들보다도 훨씬 치열하고 유혈이 따랐던 전쟁을 거치며 민족 분단이 이루어졌습니다. 그 과정은 재일조선인 한 사람 한 사람에게 있어서도 내면이 분단되는 과정이었습니다. 실제로 저는 가족 안에서도 분단이 일어나는 걸 경험했습니다. 제 개인적인 기질이 문학이나 영화, 미술을 좋아했기 때문에 솔직히 북한에 가서 그런 일이 가능할까, 라는 걱정도 했습니다. "너는 조선학교에 진학해야 한다."라는 이야기를 들은 적도 있는데, 그건 분명 맞는 말이긴 해도 저는 자신이 없어서 괴로워하던 기억도 있습니다. 그런데 언젠가부터 형 서승이 "그러면 너는 좋은 학교에 가서 민족의 장래에 도움이 되는 인재가 되어라."라고 했습니다. 즉 공대에 진학해서 기술을 배우라는 말이었습니다. 하지만 저는 아무리 공부해도 수학에 약했기 때문에 결국 이공계로 진학하지는 못했지요.

당시 교토시 공립초등학교에는 '민족학급'(공립학교의 방과후나 사회과 시간에 재일조선인 학생들이 간단한 조선어나 문화를 배우는 과외 수업)이라는 게 있었는데, 파견 오신 선생님들은 조선대학교를 갓 졸업한 분들이었습니다. 총련과 교토의 교직원 조합이 의논해서 만들어진 제도인 것으로 압니다만, 그런 상황 아래에서 어린 시절을 보냈습니다. 그 후 진학한 중학교는 국립대학 부속학교였는데, 저는 학교에서 유일한 조선인이었고 주변은 일본인 중산층 자녀들뿐이었습니다. 양가적인 감정이었습니다만, 저는 같은 지역의 재일조선인이 많이 다녔던 황폐한 느낌의 초등학교를 떠나 중산층이 다니는 교양 있는 학교에 가서 안심이 된 면도 있었습니다. 제가 다닌 초등학교는 거친 친구들의 협박이나 폭력이 일상적인 곳이었고, 저는 주로 위협을 받는 쪽이었거든요. 그런 상황에서 형들이 지켜 주어서 겨우 다닐 수 있었다고나 할까요. 거기서 빠져나올 수 있어서 안심했다는 사실은, 나라는 인간이 가진 이면성이랄까, 좋게 말하자면 세상을 양면적으로 보는 복합적인 시각, 나쁘게 말하자면 이도 저도 아닌 성격이 그때부터 있었던 셈이죠.

　일반적으로 1965년 전까지는 재일조선인에게 한국에 간다는 선택지가 (민단 간부의 형제나 정치권력과 결탁하는 사람의 가족 외에는) 없었습니다. 1965년 한일 기본조약이 체결되면서 그 결과로 한국에 가는 게 가능해졌고, 서승은 아직 도쿄교육대학 학생이던 1966년에 우선 혼자 할아버지의 고향을 방문해서, 오랜 기간 연락이 끊겼던 친척과도 인연을 회복하게 되었습니다. 그러면서 한국에는 어떤 사람들이 살고 있고, 어떤 문제가 있는지 알아가기 시작했습니다. 그리고 해방 후 일본에서 태어난 셋째 형 서준식부터 나와 여동생 서영실까지는 한국 호적에 기록이 없었는데, 서승의 노력으로 호적에도 실리게 되었습니다. 그걸 계기로 사용하고 있던 일본식 이름을 조선식으로 고치게 되었고, 그때 저에게 '경식'이라는 이름이 붙여진 것입니다.

　서준식은 고등학교 졸업 후에 한국으로 유학하는 길을 택했고, 서승도 대학 졸업과 동시에 모국 유학을 떠났습니다. 이 상황을 어떻게 생각해야 할까요. 조국에 돌아갈 것인가, 일본에 남을 것인가, 라는 이항대립적인 이야기로 설명되곤 하지만, 과연 '조국'은 어디를 의미하는 걸까요. 당초에 북한으로 돌아가는 선택지밖에 없는 상황에서, 남한으로 간다는 선택지가 추가된 시대였습니다. 남한을 택한 결정을 두고 일본 사회의 차별이 너무 심하니까 조국으로 돌아가서 조국의 품에 안기는 걸 선택했다는 일반적인 해석이 있습니다. 일본에서는 취직이 어려우니 한국으로 간다는, 어떤 실리적인 동기에서 한국행을 선택한 게 아닌가 여기는 사람들도 있었습니다. 서승의 일본인 친구 가운데 학생운동을 하던 어떤 이는 한국을 선택한 모습에 실망했다고 말하기도 했습니다. 일반적으로 일본의 진보적 성향을 가진 사람들의 관점에서 보자면 한국은 박정희가 지배하는 암흑 지대라는 인식밖에 없어서, 그곳에 사는 사람들에 대해 현실감을 느끼지 못했고, 한국에서 펼쳐지고 있는 투쟁에 대해서도 알지 못했던 것입니다.

물론 일률적으로 말할 수는 없지만, 형들이 한국으로 돌아간 이유에는 일본에 그대로 머물러 살아도 보람 있는 인생을 기대할 수 없다는 점도 있었습니다. 안정된 자리에 취직할 수 있을까, 하는 문제가 아니라, 일본에서는 자신이 몸을 바쳐 지켜 갈 이념이나 삶의 방향을 발견할 수 없었다는 뜻입니다.

한편으로 '조국애' 때문에 한국으로 돌아갔다는 생각은 이 문제를 이해하는 데 오히려 방해가 됩니다. 형들의 마음을 움직인 건 애국적인 열정이 아닙니다. 한국에는 우파·보수파는 물론, 공리주의·실리주의를 추구하던 사람도 있습니다. 때문에 '한국은'이라든가 '조선은'이라는 주어로 통칭해서 말하면 놓치는 것들이 있습니다. 형들이 사랑한 건 조국에서 만난 친구들입니다. 형들의 이야기를 들으니 존경할 만한 사람들, 좋은 사람들이 있었던 것 같은데요, 4·19 혁명 직후에 삼선 개헌 반대 운동이 한창이던 때였습니다. 당시 한국에서는 시골에서 집안 전체의 기대를 짊어진 수재들이 도시의 대학으로 진학했는데, 그 학생들이 어느 날 수업 중에 갑자기 누군가가 "집회하러 나가자!"라고 외치면 모두 일제히 일어나 거리로 나갔다고 합니다. 그 모습을 보고 형들은 매우 감동받았다고 합니다. 그들과 연대하고 싶다는 마음이나, 조국의 동포들과 하나가 되고 싶다는 열망이 강했던 거라고 생각합니다.

서승은 법정 최후진술을 통해, 서준식은 옥중서간을 통해 그런 훌륭하고 소중한 친구들에 대한 애정을 고백했습니다. 저는 그런 형제들을 자랑스럽게 생각하고 있었지만, 정작 저는 그런 기회를 갖지 못한 채 성인이 되었습니다. 왜냐하면 제가 대학에 들어가자마자 형들이 구속되는 '서씨 형제 사건'이 일어났기 때문입니다. 저도 언젠가는 한국으로 유학을 떠나려고 생각하고 있었는데 불가능해졌습니다. 고등학교 졸업 후 바로 유학한다는 방법도 있었지만, 그렇게 한국으로 가서 무슨 도움이 될까, 일본에서 대학을 졸업하고 필요한 지식이나 기술을 익히고 가는 편이 좋지 않을까 싶었습니다. 그러나 이과 계열은 못하겠고, 문학이나 문화 관련 학과 중에 프랑스 문학을 배워서 프랑스어를 능숙하게 구사한 후에 가야겠다는, 지금 생각하면 어린아이 같은 생각을 하고 있었습니다. 그때 형제들이 체포된 것이죠. 20년 가까이 지난 후에 출소한 형 준식에게 그런 이유로 나는 일본에 남았다고 말하니, "설령 투옥되는 한이 있더라도 한국에 왔으면 좋았을 거다. 너의 현장이니까."라는 말을 들었습니다. 그 말도 부정할 수 없습니다. 최덕효 씨의 질문은 이런 냉엄한 내용까지 포함하고 있습니다.

형들이 투옥되었기 때문에 저는 결과적으로 형들을 구하는 쪽으로 애를 썼는데, 그때 일화가 하나 있습니다. 그때는 한국뿐 아니라 일본의 재일조선인 사회에도 심각한 공포감이 조성되어 있던 시대였습니다. 형들이 체포된 후 그 사실이 발표되기 전까지는 아무런 연락도 없었기 때문에, 저희 가족은 그들이 평범하게 잘 살고 있을 거라 생각했습니다. 그러던 어느 날 모르는 사람에게서 전화가 걸려왔어요. "나는 한국에서 온 사람인데, 당신 형제들이 전해 달라는 글을 가지고 왔으니까 어디로 나오시오."라고 했습니다. 그 말을 믿고 지정된 장소에서 기다렸는데 나타나지 않았습니다. 찝찝한 기분으로 집으로 돌아왔는데, 얼마 뒤 체포가 되었다는 뉴스가 나왔습니다. 동생인 제 전화번호까지 알고 있는 인물이 일본까지 왔다는 사실을 나중에 생각하니, 아마 제 얼굴을 확인하려고 했거나 아니면 너를 감시하고 있다는 경고였다고 추측을 했습니다. 정확히 증명할 수 없는 일이지만 그런 기분 나쁜 사건도 있었던 거지요.

유신 체제 시절의 일입니다만, 대학생 때 지인들도 한국에 가서 잠시 동안 연락이 없다가 몇 개월 후에 나타났기에 무슨 일이 있었냐고 물어도 입을 꾹 다물고 말하지 않곤 했습니다. 정말 친한 사람에게만 어디서 취조를 받았다는 사실을 말했다고 합니다. 함께 운동을 하는 사람들 사이에서는 한번 당국의 '취조'를 받은 사람은 더 이상 믿을 수 없다는 입장을 가질 수밖에 없다고 합니다. 무언가를 약속하고 나왔는지 모르기 때문입니다. 그런 공포감이 조장한 분열이 특히 한국계 재일조선인 사회에서 급속히 만연하던 시절입니다. 강한 긴장감 속에서 저는 대학 3학년 이후의 나날을 보내고 있었습니다. 조선학교나 조선대학에 다녔던 사람들은 나름대로 또 다른 긴장감이 있었을 테지만, 저와 같은 사람들은 한국의 공포정치가 바다를 건너 일본에 있는 우리에게까지 영향을 미치는 괴로운 상태에 있었다는 뜻입니다.

자연스럽게 많은 재일조선인들이 공포정치에 연루되는 걸 두려워하여 더는 정치에 관여하지 않기로 마음을 먹거나, 혹은 일본 국적으로 귀화해 버렸습니다. 가벼운 마음으로 조국을 왕래할 수 없는 어려운 상황이 이어졌지요. 본국의 상황은 직접적이지는 않더라도 재일조선인 개개인의 삶에 강한 영향을 끼쳤습니다.

질문으로 돌아가 다시 강조하자면, 세상이 이야기하듯 형들(두 사람 사이에도 차이는 있습니다만)이 '조국 지향'이었던 건, 입신양명이나 성공, 혹은 차별 없는 생활을 동경했기 때문이 아닙니다. 분단되어 있는 조선 민족의 현실에 어떻게 관여할 수 있을까, 라는 문제의식이 바탕에 있었습니다. 시기가 달랐다면 저도 와세다대학을 졸업하고 한국으로 갔을지도 모릅니다. 그랬다면 '서씨 삼형제 사건'이 되었을지도 모르지요.

형들의 입장에서 보자면, 제가 현재 갖고 있는 사고방식은, 자신들이 행한 '조국 귀환'이라는 실존적인 결단을 회피한 채로 현 상황을 추인하는 태도가 아닌가 여길지도 모릅니다. 그렇지만 근본은 변하지 않았어도 상황은 크게 변했습니다. 예를 들어 제가 대학생이던 때는 재일조선인은 '풍화'해 갈 거라고 심각하게 이야기되던 시절이었습니다. 그때 저는 사회가 모습을 바꾸어도 식민지 지배가 진정으로 극복되지 않는 이상, '재일조선인'이 계속 나올 거라고 생각했습니다.

저는 형들과는 다른 길을 걸었지만, 계속해서 '재일조선인'이므로 내 입장에서 할 수 있는 일을 모색해 가야 한다는 생각이 점점 강해졌습니다. 그들이 석방된 후에, 제가 대학에서 가르치거나 미디어에 글을 쓰게 되면서 대학 강단이 저의 현장이고, 무언가를 쓰는 일이 저의 투쟁이라는 생각이 확실해졌습니다. 형들과 나는 몇 년의 시차로 인해 각자의 현장이 달라졌다는 말이 됩니다. 이 문제는 제 개인의 책임으로 돌려야 할 부분이 크긴 하지만, 그건 별도로 생각해도, 재일조선인이라는 존재가 민족분단 상황에 휩쓸려 가는 과정에서 생겨난 역사적 현상이라고 바라보아야 할 것입니다. 그렇다고 한다면 제가 생각하고 있는 것들도 설령 비판을 받을지라도, 제대로 꺼내 놓아야 할 의의가 있습니다.

"한국도 너의 현장 아닌가?"라는 건 옳은 말이지만, 그게 유일한 현장은 아닙니다. 재일조선인 중에는 이런 저런 사정이 있어 한국이라는 현장을 택할 수 없는/택하지 않는 사람도 있습니다. 그들도 재일조선인입니다. 그 전체를 바라보며 포괄할 수 있는 진정한 의미의 '재일론'이 필요하다고 당시부터 생각했습니다. 그 후로 점차 일본인과의 사이에서 태어난 사람도 늘어났는데, 그런 세대는 더 이상 '조선인'이 아니라고 구별한다면 아무에게도 득이 되지 않습니다. '민족'이라는 관념을 그런 구성원까지 포함하는 넓은 시야에서 다시 묻고, 가다듬어야 하지 않을까. 이것이 제가 대학에서 일하면서 여러 사람들과 논의를 거치며 생각했던 점입니다.

1990년대는 포스트콜로니얼리즘이나 포스트모더니즘이 유행한 시대였기 때문에 '디아스포라'라는 개념도 그런 경로를 통해 일본으로 들어오게 되었습니다. 그 디아스포라라는 용어를 제목에 넣은 제 저서 『디아스포라 기행』이 한국에 번역 출판되고 꽤 많이 읽혀 제가 그 말을 한국에 퍼뜨린 장본인이 되어 버렸습니다만, 한국 독자에게도 그런 관심이 있었기 때문이라고 생각합니다. 그런 상황 속에서 제가 놓인 현장에서 자신에 대해 끊임없이 다시 생각하면서 (물론 아직도 과정에 있는 상태지만) 현재와 같은 지점에 도달한 것입니다. 당신은 '조국 지향'이 아닌가? 라고 묻는다면, "저는 조국 지향입니다. 어디에서 살고 있어도, 어디를 '현장'으로 삼더라도 조국(한반도)의 분단 상황에서 해방되지 않는 이상, 조국을 '지향'할 수밖에 없습니다."라고 말하고 싶습니다. "조국인가? 재일인가?"와 같은 이항대립적 구도에서 어느 한쪽으로 자신을 분류해 놓고 안심하는 것 자체가 틀렸다고 생각합니다. 끊임없이 자기 자신의 삶의 현실에서 출발해야 하고, 그에 비추어 '조국'의 현실과 연결 짓는 게 분명 가능할 것입니다.

최덕효 씨는 말씀하신 대로 저와 만나기 전까지 일본 국적을 취해야 할 것인가, 라는 선택의 기로에 있었습니다. 선택의 결과로 현재가 있는 것인데요, 사람들은 여러 선택지를 객관적인 입장에서 고심한 끝에 골랐다고 오해하기 쉽지만, 주어진 조건 속에서 의식적이든 무의식적이든 '어쩔 수 없이 해야 하는' 선택이라는 게 있습니다. 그 어쩔 수 없었던 선택을 가지고 '저 녀석은 이제 민족 밖으로 나갔다'라든가 '안으로 들어왔다'라든가 하며 구분선을 긋는다면, 오히려 민족에 대한 사상을 빈약하게 만드는 게 아닐까요. 물론 한국의 냉엄한 투쟁 현실에서 보자면, 제가 말하는 내용이 안이하게 보일지도 모릅니다. 저는 늘 제가 쓰는 글에 대해 체계적인 비판이 따르기를 바라고 있습니다. 그것이 다음 단계로 나아가기 위한 중요한 조건이라고 생각합니다.

대답이 되었는지 모르겠습니다. 재일조선인을 둘러싼 논의는 재일조선인 자신의 상황을 민족인가, (일본으로의) 동화同化인가, 혹은 조국인가 재일인가, 그렇지 않으면 남인가 북인가 등으로 알기 쉽게 분류해서 어느 쪽에 속하는지를 설정하려는 경향이 있습니다. 저도 젊은 시절에는 그렇게 생각했지만, 언젠가부터 그런 관점은 의미가 없다고 여기게 되었습니다. 대학에서도 '일본인'으로만 알고 있던 학생이 학기가 끝나서야 "사실 저는…"이라며 커밍아웃하는 일이 있었습니다. 그 시점에서 이 학생이 곧바로 이른바 '민족적인 사람'이 된다는 것은 매우 어렵고 그렇게 생각하기에도 무리가 있습니다. "사실은…"이라고 저에게 말하지 않은 채 떠나가는 사람이 압도적으로 많을 겁니다. 그렇다면 그 사람들은 이제 '조선인'이 아닌 것인가? 저는 그렇지 않다고 생각합니다. 누군가에게 "사실은…"이라고 말해야 한다고 생각한 그 시점에서 이미 충분히 '조선인'이라고 생각합니다.

제가 '조국이냐, 재일이냐'라는 문제를 생각하는 토대가 되는 발상은 이런 것입니다. 그 토대의 리얼리티는 바로 위의 형 준식과는 공유되지 않았습니다. 그의 리얼리티는 더 치열한 것으로, 저 같은 사람의 상상을 초월해 있을 겁니다. 그래도 저는 서로의 다른 리얼리티를 비교하면서 진지하게 비판적 논의를 나눌 수 있는 때가 오기를 바라고 있습니다. 그 바람은 개인적인 것이 아니라, 우리 재일조선인이 해방 후 수십 년 동안 직면해 온 사상적 문제를 더욱 고찰하고 심화하는 데 이바지하고 싶다는 바람이기도 합니다.

최덕효　서 선생님께서는 1981년에 출판된 『서씨 형제 옥중에서 보낸 편지』의 후기에서 "나에게는 형제들이 살아 있는 모습 그 자체가 나와 '민족'의 관계에 대한 근본적인 물음이다. 나는 나름대로 지난 10년간 이 질문을 반추해 왔다."라고 쓰셨는데, 지금 하신 말씀에서도 그러한 사상적인 고투가 느껴집니다. 서준식 선생의 옥중 서간에는 다음과 같은 구절이 있습니다. "이를 악물고 '진정한 한국인'이 되고 싶었고, 저의 골수 깊이 파고든 '일본'을 알코올이라도 써서 씻어 내고 싶었다." 저는 대학생 시절에 이런 심정에 깊이 공감하면서도 어떤 버거움 때문에 매우 괴로워한 게 기억이 납니다.

서경식　"일본인성性을 알코올이라도 써서 씻어 낼" 정도의 감정을 갖는 건 대단하지만, 저는 그게 불가능하다고 생각했습니다. 그러나 지금은 '어느 나라의 국민성'이라는 것 자체가 보다 상대적이 되어 있기 때문에, 더욱 컨텍스트(맥락)에서 파악되어야 할 개념입니다. 씻어 내고 싶은 건 무엇인가, 씻어 낸 후에 무엇이 남는 것인가? 라는 점을 깊이 생각해야 합니다. 저도 젊은 시절에 가졌던 이상과는 달리, 일본어라는 언어 세계에서 빠져나오지 못한 채로 살고 있습니다. 예를 들어 저는 교토 태생으로 '우동'을 좋아하는데, 그건 '일본'이 좋다는 것과는 전혀 다른 문제죠. '우동이 좋다'라는 미각까지 씻어 버리고 싶을 정도의 기분이 되는 건 존중해야 하지만, 그건 씻어 내지 않아도 되지 않나 싶은 게 지금의 생각입니다. 최덕효 씨는 어떻게 생각합니까?

최덕효   말씀하신 대로입니다. 자신이 익숙해진 감각, 예를 들어 "우동이 좋다."라는 미각과 '일본'이 좋은가, 라는 감각은 다른 차원의 문제라고 생각합니다. 하지만 저의 경우엔 한반도나 일본의 '현장'을 떠나서 해외에서 오랫동안 생활했기 때문에, 제 안의 '일본적'인 것, 특히 '일본어'를 모어로서 살아가는 것에 대한 거북함을 잃어버리면 '재일조선인'이 아니게 되어 버린다는 긴장감을 늘 가지려고 합니다.

서경식   알코올로 씻어 내고 싶다는 어떤 극단적인 느낌이라는 건 저희 세대에 매우 흔하게 있었고, 그게 잘못된 사고방식이었다고는 생각하지 않습니다. 자신의 '일본인성'을 씻어 내고 싶을 정도로 싫다는 그 생각 자체는 잘못된 게 아니라고, 당시도 지금도 그렇게 생각합니다. 단지 형의 유년기에 왜 그렇게까지 격렬한 감정이 생겨난 건지는 알 수 없습니다. 우리 형제들보다 더욱 심한 차별이나 가난을 겪은 재일조선인도 많은데, 그가 무엇 때문에 그렇게 열심일 정도로 마음속에 불씨가 생겼는지, 그 점은 흥미로운 부분입니다.

조경희 지금 말씀하신 '조국 지향'이라든가, '씻어 내고 싶다'는 감정과 관련하여 함께 생각해 보고 싶은 점이 있습니다. 예를 들어 간첩단 사건의 피해자로 재심에서 명예 회복된 분들 중에는 과거에 그렇게 비인도적인 억압과 고통을 당했는데도 불구하고, 결과적으로는 그렇게 바라던 조국 사람들과 같이 투쟁할 수 있었다는 의미에서 후회하지 않는다고 말씀하신 분이 있었습니다. 물론 부조리한 경험을 받아들이는 과정은 보통 일이 아니었을 겁니다. 모국어를 습득하고자 했던 당초 목표를 결과적으로 옥중에서 이루었다고 하는 아이러니를 생각하면, 과거의 한국 정부를 향한 분노와 함께 재일조선인과 조국 사이의 거리와 낙차에 슬픔을 느낍니다.

서경식 저는 그 하나하나의 경우에 대해 진지하게 생각합니다. 재일조선인 정치범 중에도 어떤 사람은 고문이나 장기 구금 후유증으로 오랫동안 조현병을 앓다가 세상을 떠난 분도 있잖아요? 그 현실도 저는 잊을 수 없습니다. 사람이 자신의 모국어를 회복하기 위해 그렇게까지 해야만 한다는 '상태'와 상황 자체가 잘못된 거라고 생각합니다. 그렇게 비상한 노력을 하는 사람이 잘못된 게 아니란 말이죠. 힘들이지 않고 그냥 언어를 익혀서 타인과 커뮤니케이션할 수 있는 상황이 되었다면 좋았겠지요. 그게 간단히 되지 않는다는 이런 상황은 식민지화와 민족분단, 그리고 이산이라는 역사가 초래한 것이니까, 사회 그 자체의 상태에서 일어난 것입니다. 이런 상태에서 피식민지인이 빼앗긴 존엄을 되찾으려면 언어 하나마저도 희생을 각오하며 싸울 수밖에 없다, 이게 바로 저희가 살아가고 있는 상황이겠지요.

1990년대 이후의 재일론을 어떻게 읽을 것인가

최덕효　서 선생님께서는 『분단을 살다』에서 1990년대에 일본에서 유행한 '공생론'과 그에 호응하는 형태로 나타난 '재일론'을 비판적으로 논하셨습니다. 1990년대는 논단이나 학계에서도 소위 '민족주의 비판 담론'이나 '탈국민국가론'이 유행하기 시작한 시기였습니다. 이 시기에 일어난 서 선생님과 일본 지식인의 논쟁에 대해서는 다른 대담에서 언급하셨기 때문에, 오늘은 주로 1990년대 이후 재일조선인 지식인에 의해 제시된 '재일론'과 관련해서, 당시 논쟁 상황과 '재일론'의 전개를 지금 시점에서 되돌아보며 어떻게 평가하시는지 듣고 싶습니다.

서경식　제 사춘기 시절까지 '조국'이라고 하면 조부모의 출신지로서의 한국은 있었지만, '조국으로서의 한국'이라는 이미지는 없었습니다. 재일조선인이 갖고 있던 조국＝한국의 이미지도 대개는 부정적인 것이었습니다. 그곳에서 간신히 밀항해서 도망쳐 온 친척을 몰래 숨겨 두고 있는 듯한 생활이니까요. 그 사람들에게 '바람직한 조국'의 이미지는 고향을 향한 노스텔지어라기보다 '억압이 없고 안심하고 살 수 있는 장소'라는 말로 집약할 수 있을지도 모릅니다. "그게 바로 북쪽의 공화국이다."라고 나타난 것이 귀국 운동이었습니다. '천리마 운동' 등도 있었고, 일본인 중에도 그것을 열렬히 지지하는 사람들도 있었지요.

한일조약 이후, 한국을 왕래할 수 있게 되자 한국 사회의 실정이 좋든 싫든 재일 사회에 전달되었습니다. 한편, 공화국으로 돌아간 사람들로부터는 그리 낙관적인 상황이 아니라는 사실도 전해졌지요. 제 아버지의 친한 친구가 북으로 돌아가 신의주의 방적공장 지배인이 되었다는 편지가 와서 아버지도 기뻐하셨지만, 그 후로는 소식이 끊어졌습니다. 저는 처음부터 낙관적이지 않았습니다. 재일조선인 대중의 대다수는 그럴 것입니다. 결국 귀국을 장려한 총련 간부들이나 활동가들도 이중 기준 같은 애매한 이야기만 하게 되었습니다.

그런 현실 속에서 '재일론'이 등장했습니다. 그것은 한편으로 조국이라는 존재에 대한 희망이 무너졌다는 환멸의 반영이기도 했을 겁니다. 그러나 저는 그런 동기에서 나온 재일론이 커다란 결함을 가지고 있다고 느꼈습니다. 거기에는 일본 사회를 향한 비판의 계기가 사라져 있었기 때문입니다. 모든 문제의 원인이 일본에 있다고 단순화하는 건 잘못이지만, 우리들이 놓인 상황의 결정적 요인으로서 일본을 올바르게 인식하고 비판하는 시각이 없다면, 그것은 소위 '조국 지향'을 뒤집어 버리는 견해에 지나지 않습니다. 안심할 수 있는 장소를 찾은 결과 일본밖에 없었다는 뜻일 뿐입니다. 그러나 일본은 그런 장소가 아닙니다. '조국, 아니면 일본'이라는 양자택일의 강요는 부당하다고 생각했습니다.

사토 가쓰미佐藤勝巳 씨는 1960년대에 니가타新潟현에서 귀국운동을 추진한 사람으로, 조선연구소에서 조선 문제 전문가로서 활동했고, 그가 쓴 저서도 널리 읽혔습니다. 그렇지만 저는 그를 매우 수상쩍은 사람이라고 생각하고 있었습니다. 그 당시에 조선연구소의 설문조사를 토대로 하여 재일조선인은 향후 '일본에 정주하는 경향'이 강화될 거라고 주장한 적이 있습니다. 그 논거의 하나가 일본인과의 국제결혼 비율이 높아지고 있다는 점이었고, 따라서 일본 정주를 선택하는 경우가 많아질 거라는 취지였습니다. 즉, 재일조선인의 일본인화化는 부정할 수 없는 추세라는 내용이었지요. 사토 씨는 니가타현에서 적극적으로 귀국 운동을 전개하면서 북한으로부터 훈장도 수여받은 적이 있습니다. 그때는 북한 사회를 낙원으로 그렸지만, 그 후의 주장은 그걸 그대로 뒤집는 것에 지나지 않았고, 거기에 어떤 논리의 발전이나 사상의 심화가 느껴지지 않았습니다. 사토 씨는 이후에는 보수파로 전향하여 '북한에 납치된 일본인을 구출하는 전국협의회' 회장이 되었습니다.

'재일론' 논객은 몇 명인가 있었는데요, 원래 총련이나 조선학교에 있던 사람들까지, 아니 오히려 총련계 사회에 오래 있었던 사람들일수록 '재일론'으로 기울게 되었습니다. 문경수 씨의 경우(「재일조선인의 '국민국가'」, 역사학연구회 편, 『국민국가를 묻다』, 아오키쇼텐, 1994), 일본 시민사회는 성숙하고 재일조선인 사회는 편협하므로 거기서 빠져나오는 것이 좋다며 '성숙한 일본 시민

사회의 일원'으로서 공생해야 한다는 주장을 합니다. 재일조선인 사회가 편협한 건 사실이라 해도 과연 일본 사회를 긍정하는 일로 이어지는 건 이상하며 그러한 재일론은 논의로서도 빈약하다고 저는 생각했습니다. 자세히는 졸고 「'에스닉 마이너리티' 인가 '네이션'인가 – 재일조선인이 가는 길」i(『역사학연구』 703호, 1997년 10월, 『반난민의 위치에서』 재수록)을 참조해 주세요.

그런데 1990년대가 되면, 동서 냉전구조의 붕괴와 함께 북한 사회주의에 대한 환멸도 생겨나면서 재일론에 가담하는 사람들이 늘어났습니다. 재일조선인은 일본 식민지 지배의 산 증인으로서 식민지 지배의 책임을 물을 수밖에 없는 존재이고, 일본의 머조리티의 입장에서 본다면 거북하고 불편한 존재입니다. 그래서 노골적인 배외주의자나 국가주의자는 예나 지금이나 "조선으로 꺼져라."라고만 합니다. 한편, 이런 사람들과 다르다고 자임하는 '리버럴'한 일본인 머조리티에게는 재일조선인 스스로가 '재일론'으로 향해 가는 행위가 자신에게 지워진 역사적 책임과 부담감을 덜어 준다는 잠재적 효과가 있었을 것입니다. 이 심리는 식민지 지배에 대한 책임을 부인한다는 점에서 기타 보편주의적인 다문화주의 담론과도 궤를 같이합니다.

저는 재일조선인이 스스로 거주지를 선택해도 되고, 일본에 정주해도 된다고 생각합니다. 특히 역사적인 경위에서 보면 일본에서 생활할 권리를 당당하게 요구해도 되는 존재라고 생각합

---

i 이 글은 『난민과 국민 사이–재일조선인 서경식의 사유와 성찰』(임성모·이규수옮김, 돌베개, 2006)에 수록되었다.

니다. 그러나 그 문제를 일본의 역사적 및 현재적인 책임과 분리해서 말하는 건 옳지 않다고 생각합니다. 지금 여러 압력이나 불공정한 상황이 개재되어 있기에 재일조선인은 진정한 '거주지 선택의 자유'를 행사할 수 있다고는 말할 수 없습니다. 재일조선인을 일본이라는 장소에 가두어 조국에 자유롭게 왕래할 수 없습니다. 심지어 그 조국이 분단 상황에 처해 있다는 현실이 전제로 있는데, 이런 모든 조건들로부터 눈을 돌린 채 재일론을 이야기하는 건 단순히 현 상황을 추인하는 것에 불과합니다.

일본인은 식민지 지배에 대한 역사적 책임을 다하고, 일본 사회를 보다 바람직하고 성숙하게 만들어서 사회에 존재하는 여러 배제와 차별의 논리를 스스로 극복해야 합니다. 그렇게 함으로써 재일조선인에게도 다양하고 유연한 선택지를 준비하여 제시해야 합니다. "당신들의 꿈은 깨졌으므로 이러니저러니 얘기하지 말고 일본에 눌러 살아라."라는 건 또 하나의 식민주의라고 저는 예전부터 생각하고 있었습니다.

저는 제가 해야 할 역할은, 재일조선인과 관련하여 계속 이 항대립적으로 단순화되어 가는 구도에 보조선을 긋고, 더욱 넓고 긴 척도에서 바라보면서 다른 논리를 제시하는 것이라고 생각해 왔습니다. 재일론이건 조국 지향이건, 식민주의 극복이라는 과제가 전제에 있기 때문에, 그 과제를 회피하거나 없는 것으로 돌리는 기능을 해서는 안 되기 때문입니다.

김찬정 씨나 문경수 씨가 쓴 글은 일본 시민사회가 앞으로 점점 성숙해질 것이니, 재일조선인이 일본 시민사회에 편입되어야 한다는 주장이었습니다. 역사수정주의와 증오가 일본 사회

전체를 뒤덮어 버린 듯한 지금은 예전의 이 주장들(희망적 관측)
은 현실에 의해 배신당한 것처럼 보이지만, 당시에도 오류는 명
백했습니다. 그들이 그런 생각을 하게 된 건, 총련 사회라는 폐쇄
된 공간에 있으면서 오히려 그 외부(일본 사회)에 대한 잘못된 인
식이 생겼기 때문이 아닐까 싶습니다. 단적으로 말하자면 일본
사회를 향한 비판의 시점이 취약했던 것이죠. 이것도 또한 재일
조선인이라는 존재에 맞닥뜨려진 분단 현실이 낳은 하나의 소산
입니다.

　　그리고 최승구 씨라는 가와사키川崎에서 지역 활동을 하는
분이 저를 비판한 글이 인터넷(「기고 서경식론(1)-더블 스탠다드에
대하여」, 『한겨레』 일본판 사이트, 2016년 4월 10일)에 나와 있습니다.
제가 우에노 지즈코 씨와 하나자키 고헤이 씨 등 일본 리버럴파
지식인들을 비판하는 자세를 비판하는 글입니다.

　　이 논의의 배경에는 최승구 씨가 오랫동안 '히타치 취직 차
별 반대 투쟁'에 헌신하던 시기에, 저는 형들을 포함한 정치범 지
원이나 한국의 민주화운동 쪽에 전념했던 사정이 있습니다. 재
일조선인이 자기 해방을 이룩하기 위한 전략적 과제는 무엇인
가, 일본을 향한 반차별 운동인가, 아니면 조국의 민주화(통일까
지 내다본) 운동 참여인가. 이러한 이항대립 구도가 여기에도 반
영되어 있습니다. 제가 주장하는 바는, 이런 이항은 따로따로 존
재하는 별개의 문제가 아니라 서로가 이미 결정되어 있는 것이기
에 대립적으로 바라보아서는 안 된다는 입장입니다. 조국(남북)
의 민주화가 이루어지지 않는다면 일본에서의 반차별 운동도 성
과를 기대할 수 없습니다. 전자는 후자의 기초적 조건입니다. 단,

현실 생활에서는 역량이 한정되어 있기 때문에 자신이 힘을 쏟고 집중할 분야도 자연히 한정될 수밖에 없겠지요. 그런 상황 속에서 저는 저 나름으로 활동해 온 것입니다.

저는 '일본의 리버럴파'를 일부러 적으로 돌린 것이 아니라, 그들에 대한 냉철한 비판이 불가피하다고 판단했기 때문에 그렇게 한 것입니다. 더 넓은 문맥에서 과제를 다시 파악하고 싶었기 때문입니다. 여기서 말해 두고 싶은 건, 재일조선인은 과거를 청산하려 하지 않는 구종주국에 여전히 살고 있는 식민지 출신의 소수파라는 사실을 잊어서는 안 된다는 점입니다. 자세한 내용은 졸저 『일본 리버럴파의 퇴락』(고분켄, 2017)을 읽어 주십시오. 이를 기회로 활발한 논의가 일어나길 기대하고 있습니다.

'반‡난민'이라는 위치, '디아스포라'라는 상황

리행리　말씀을 들으면서 일본 사회에 깊게 뿌리내려 있는 역사수정주의나 증오를 비판하는 일 없이, 재일조선인에게만 일본 시민사회의 일원이 되기를 촉구하는 것은 인종주의나 식민지주의에 의한 비대칭적인 관계를 그대로 사회적으로 포섭하는 게 된다고 느꼈습니다. 제가 서 선생님과 어떻게 만났는지는 심포지엄의 발언i에서 자세히 이야기했기 때문에 오늘은 간단히 줄이고 질문으로 넘어가겠습니다. 저는 고등학교 2학년 때 서 선생

---

i　리행리, 「만남을 통해 확장된 질문」, 『서경식 다시 읽기』(연립서가, 2022)

님의『분단을 살다』를 읽었는데, 덕효 씨와 마찬가지로「새로운 민족관을 찾아서」라는 글에 특히 큰 충격을 받았습니다. '민족'을 표명하는 건 딱딱하게 굳어 버린 낡은 민족주의를 고집하는 일이 아니라 존엄을 지키기 위해서, 그리고 "탈식민지화와 분단 극복의 과정과 마주하기" 위해서라는 말에 자극을 받아 생각을 넓히는 계기가 되었습니다.

또한 서 선생님은「'에스닉 마이너리티'인가 '네이션'인가 ― 재일조선인이 가는 길」에서 다음과 같이 말하셨습니다. 야마우치 마사유키山內昌之 씨 등의 논의, 즉 "제국이 펼치던, 민족성을 초월한 듯한 일종의 능력본위주의, 또는 업적주의"처럼 제국이 마련한 '장치'를 그대로 가져오려는 논의에 대하여, "(지배 민족이 자신에게 유익한 한도 내에서) 피지배 민족의 일부를 등용하는 그런 '장치'는 차별 구조를 극복하는 것이 아니라, 오히려 교묘하게 지배하는 장치와 다름없다."라고 말씀하셨습니다. 그리고 재일조선인은 르상티망ressentiment i이나 내셔널리즘 때문이 아니라, "자신의 존엄이 부정당하는 상황에 저항하는 것이며 차별과 인간 소외의 현장으로부터 '해방'을 요구하고 있는 것이다."라고 하셨습니다.

손정의孫正義 씨 같은 재일조선인 자본가의 '활약'이나 능력주의를 전제로 한 '개인의 노력 여하로 민족 차별을 넘어설 수 있다'는 신자유주의 담론이 버젓이 통용되는 상황에 있습니다. 서 선생님이 지적했듯이 능력본위주의가 차별을 교묘하게 숨기거

i 원한. 특히 강자를 향한 약자의 복수심.

나 혹은 유지시키는 언설로서 기능하고 있다고 점점 더 느낍니다. 반인종주의나 반식민지주의 쪽에도 또한 능력주의에 포박되지 않을 만한 사상이 필요합니다. 마치 누구라도 벼락출세할 수 있다는 환상에 의해, 지금도 엄연히 존재하는 민족 차별이나 외국인에 대한 사회적 배제가 사소한 일로 간주되고 있기 때문입니다.

능력주의에 균열을 내고, 대항 담론을 만든다는 의미에서 저는 두 가지 시점이 중요하다고 생각합니다.

한 가지는 재일조선인 내부의 차이, 복합 차별, 교차성에 대한 시점입니다. 예를 들어 여성이면서 외국인인 경우처럼 복수의 차별 요인이나 구조가 얽혀 있는 경우에는 차별을 단순하게 '넘어서기'가 더욱 어려운 상황이라 할 수 있습니다.

또 한 가지 필요한 시점은 지금도 가혹한 처지에 있는 입국관리국 수용자와 난민, 기타 정주 외국인에 대한 차별배외주의까지 포함하는 반차별 사상입니다. 재일조선인 개개인의 행복 추구만으로 해결되지 않는 문제를 어떻게 고찰하고 사상적으로 연대해 갈 것인가. 그것은 제3세계로서 팔레스타인 사람이나 쿠르드 사람과 연대하고자 하는 서 선생님의 사상적 활동과도 통하는 부분입니다. 선생님이 리버럴파 일본인 지식인들을 비판한 것에 대해 최승구 씨를 비롯한 어떤 사람들은 '너무 엄격하다'고 평하지만, 선생님이 도대체 누구를 위해 분노하고 있는지를 생각해야 합니다. '공생론'자가 앞으로를 살아갈 재일조선인의 이정표를 설파한다면, 반면 선생님은 지금을 살아가는 재일조선인의 고통에 다가가 있습니다. 왜 '공생론'이 아닌 '반식민지주의'

여야 하는가 생각할 때, 제3세계인들과의 연대가 키워드가 되지
않을까 싶습니다.

이 지점에서 질문을 드리고 싶은데요, 서 선생님은 '난민'을
비유로서 가볍게 남용하는 것을 스스로 경계하면서도(『반난민의
위치에서』), 재일조선인을 '반¥난민'으로 칭합니다. 그렇게 규정
하신 데는 어떤 의도와 상상력이 작동하고 있으며, 그 규정을 통
해 어떤 논의가 펼쳐지길 기대하신 걸까요? 역사적 경위에 대해
서는 그 책에서도 말씀하고 계시지만, 다시 한 번 그 이유를 듣고
싶습니다. 그리고 2021년 현재 시점에서 돌아보았을 때, '난민'과
'반난민'의 차이나 계층화, 그리고 현대 일본의 입국 관리 문제와
세계사적인 연속성에 대해 어떻게 생각하시는지요.

서경식 '반난민'이라는 말은 제가 만든 말입니다. "재일조선
인은 '민중'인가?"라는 의문도 제기했지요. 제 자신을 '난민'이라
고 칭하는 건 주제 넘는 일처럼 느껴지기도 합니다. 세계에는 주
거와 식량, 안전조차 빼앗긴 전형적인 '난민'이라고 부를 만한 사
람이 많지만 재일조선인은 현재 그렇지는 않습니다. 그렇다고
해서 머조리티 국민과 다를 바 없다는 논의는 옳지 않다고 생각
하기에, '절반은 난민'으로 규정함으로써 생각할 여지를 남기고
자 한 것입니다.

대학 강의에서 제가 늘 하는 이야기입니다만, 재일조선인이
라는 사람들은 일본국이 만들어 낸 '난민'이라는 인식에서 출발
해야 합니다. 일본이 조선을 식민지로 지배하여 조선인이 일본
신민으로 여겨진 이후에도, 조선인은 제국 속의 피차별자로 존

재했습니다. 게다가 해방 후에 일본국은 재일조선인이 당연히 가져야 할 기본적 인권까지 '국민이 아니다'는 이유로 배제했습니다. 그래서 당신들의 나라가 우리를 '난민'으로 만들었다는 단순한 전제를 잊어서는 안 됩니다, 라고 이야기하지요. 요즈음 인터넷상에서 재일조선인이란 "제주도에서 밀항한 자들이다."라는 잘못된 인식을 가지고, "밀항해 온 불법입국자 주제에 뻔뻔하게 말하지마."라는 식의 헤이트스피치가 넘치고 있습니다. 그러나 실제로는 제주도뿐 아니라 조선 민족 전체가 일본의 식민지화와 함께 난민화된 것입니다.

지금 시점에서 난민이라고까지 단언해도 되는가에 답을 내리는 건 차치하고라도, 완전한 의미에서 사회의 정식 일원이 아니라, 여전히 국가의 비호에서 배제되어 있다는 의미에서 재일조선인은 아직도 '반난민'이지요. 난민이라는 타자를 불쌍히 여길 대상으로 볼 게 아니라, 자신 안에 있는 난민성을 잊어선 안 됩니다. 스리랑카 여성 위쉬마 산다말리Wishima Sandamali가 입국관리국의 수용소에서 비참하게 세상을 떠났지요. 죽임을 당했다고 말해도 될 것입니다. 그런 사건은 정말로 일본이라는 나라가 전혀 변하지 않았고, 오히려 악화되었다는 사실을 증명합니다. 해방 후에도 오무라大村 수용소에 들어가면 그런 비참한 일을 당한다는 말이 흔히 돌고 있었습니다. 해방 후 제주 4·3 사건이나 한국전쟁을 전후하여 총 20만 명 정도나 되는 조선인 밀항자가 일본으로 건너왔다고 전해집니다. 이들이 발각되면 끌려가는 곳이 오무라 수용소였지요. 거기서 건강을 해쳐 죽는 사람도 있었고, 자살하는 사람도 있었습니다. 한국에 송환되면 이승만 정권으로부터 탄압을 받게 되었지요. 크게 보면 위쉬마 씨가 처했던 입장과 마찬가지인 겁니다. 계속되어 온 그런 상황의 출발점에 식민지 지배가 있으며, 해방 직후의 여러 경로의 난민화가 일어 났다는 사실을 잊어선 안 됩니다. "그러니까 우리는 난민이다." 라고 단언할 수 없다고는 해도, 반은 난민적 요소가 있다는 사실 을 명심하자는 의미에서 '반난민'이라는 용어를 쓴 셈입니다.

　세계사적인 연결에서 보면, 유감스럽게도 한국 사회에는 (다른) 아시아인이나 아프리카인을 낮추어 보는 시선이 있습니 다. 재미한국인 중에도 흑인에 대한 경멸 의식이 있다곤 합니다. 모델로 삼을 만큼 성공한 소수 민족이라는 의미에서 '모델 마이 너리티'라는 말이 있습니다만, 녀석들은 능력이 없지만 우리들 은 열심히 했으니까 지위가 올라간 거라고 진심으로 생각하는 사람들도 있습니다. 심리적으로 말하면 여기에는 두 가지 측면 이 있습니다. 한 가지는 식민지 지배자인 일본을 자신들의 발전 모델로 하여, 일본에 억압을 받으면서도 일본처럼 되고 싶다는 잘못된 의식이 청산되지 않은 채 남아 있다는 점입니다. 그런 의 식을 가진 상태로는 제3세계와 연대할 수 없습니다. 백낙청 선생 님이 잡지 『창작과 비평』을 창간할 때, '제3세계적 자기 인식'을 갖자고 주장하신 건 매우 훌륭한 지적입니다. 그때 자신이 군사 정권으로부터 억압당하는 입장에 있었으면서도 강하고 명확하 게 그렇게 주장한 점은 한국의 진보적 지식인이 지녔던 훌륭하 고도 존경할 만한 점이라 할 수 있습니다.

　1950-1960년대를 되돌아보면, 한국이라는 나라는 베트남 전쟁에 참전하면서 베트남 사람들을 죽이는 쪽에 서서 아시아와

마주했습니다. 재일조선인은 일본에 있었기 때문에 그런 전쟁 범죄에서 거리를 둘 수 있었죠. 그렇다고 해서 베트남에 대해 어떤 의식을 가졌는가를 생각해 보면, 재일조선인 전체로서 스스로 베트남 전쟁에 대해 준엄히 따져 묻지는 못했습니다. 자신들은 아프리카인에 비해서 우월하다는 말을 입 밖으로 꺼내는 사람이 재일조선인 선배나 지식인 중에도 있었습니다. 저도 1960년대 정도까지는 저도 모르게 그런 의식을 가지고 있었는지도 모릅니다. 거기서 빠져나오기 시작한 건 형들의 사건이 있은 후, 프란츠 파농과 만나고, 미국 공민권 운동의 사상을 접했기 때문입니다.

보다 넓은 문맥과 시야에서 그것을 다시 정의하면 어떨까 생각해 봅니다. 형들이 옥중에 있을 때, 석방 구조 운동을 위해 미국의 여러 단체를 방문했습니다. 두 가지 예를 들면, 일본계 미국인의 지도자적 존재라고 할 수 있는 활동가들이 있었습니다. 론 후지요시Ron Fujiyoshi라는 목사와 로이 타쿠미Roy Takumi라는 급진적 활동가들을, 제3세계 출신의 연대라는 차원에서 매우 신뢰할 수 있는 친구로 만날 수 있었던 것은 저에게 매우 의미 있는 일이었습니다.

요즘은 LGBT를 보는 한국 사회의 시선이 어떤지 모르겠습니다만, 제가 한국에 왕래하기 시작한 1960년대 후반만 해도 한국과 재일조선인 사회 양쪽 모두 남성중심주의 문화였기에 게이에 대한 편견은 매우 노골적이었습니다. 일본인도 어느 세대까지는 그런 문화에서 자랐기 때문에 남성중심주의적 발상이나 여성에 대한 멸시가 지금도 이어지고 있습니다. 제가 미국의 인권 단체를 방문한 건 1980년대 중반의 일인데, 당시는 어리고 미숙

했기 때문에 저 역시 그런 남성중심주의 사고를 갖고 있었고, 게이들과 나는 공감하거나 손을 맞잡을 일은 없다고 확신했지요. 그러나 미국에 가 보니, 지문 날인 거부 운동에 연대하며 열심히 활동해 준 사람들은 샌프란시스코의 동성애 해방 운동 활동가들이었습니다.

그 사람들이 재일조선인이나 제 형들의 일에 대해서 완전히 이해하지 못했을지도 모르지만, 그래도 손을 맞잡아야 할 상대임을 실감했기에 저도 반성하고 공부도 했습니다. 일본에 돌아온 후 우연히 보라색 셔츠를 입고 병원에 가니 일본인 여성 의사 선생이 "혹시 게이세요?"라고 놀렸습니다. 그 전까지는 그런 말은 그저 농담으로 받아들였지만, 미국에서 돌아온 후에는 용서하기 힘든 발언이라는 걸 깨닫게 되었습니다. 이야기가 다소 옆길로 샌 것처럼 보이지만, 이런 경험들을 통해 재일조선인 문제나 제 형들의 인권 문제를 닫힌 공간이나 좁은 맥락에서만 보는 태도에서 조금씩 벗어날 수 있었습니다.

이 시기에 백낙청 선생님 덕분에 가산 카나파니(1936-1972)의 글을 읽었습니다. 백 선생님이 일본어로 읽은 『현대 아랍 문학선』(소주샤, 1974)을 한국에 소개했고, 일본에 있던 제가 한국을 경유하여 '재발견'했다고 할 수 있지요. 카나파니의 작품 「하이파Haifa에 돌아와서」i는 다음과 같은 내용입니다. 토지를 빼앗기고 난민이 된 팔레스타인 부부가 십수 년 만에 이스라엘에 있는 자기 집으로 돌아와 보니, 그 집에는 폴란드에서 온 유대인 난민

---

i 하이파는 이스라엘 북부에 있는 도시이다.

이 살고 있었습니다. 한편 '나크바Nakba(이스라엘의 '건국'으로 생긴 팔레스타인 사람의 추방과 이산)'의 난리통에 생이별한 아들은 이스라엘 국민이 되어 있었는데, 부모가 자신을 버렸다고 하며 심지어 '팔레스타인 사람'이라는 존재에 안주하고 있다고 부모를 격하게 비난합니다. 한 집안의 이산과 난민화를 테마로 한 고통스러운 이야기입니다만, 저는 '이건 마치 우리들 조선인 이야기다'라고 생각했습니다.

후에 카나파니는 PFLP(팔레스타인 해방인민전선)의 대변인을 역임했는데, 베이루트에서 폭탄을 맞아 죽었습니다. 그 사건이 제가 팔레스타인 문제에 대해 관심을 갖는 단서가 되었고, 그 소설의 존재를 저에게 알려 준 이가 백낙청 선생님이었습니다. 북한에서 태어난 백낙청 선생님도 고향을 잃고 난민이 되어 한국에 온 사람이지요. 이러한 시야의 확장을 통해 자신의 문제를 다시 파악해 보면, 쉬운 답과 출구가 나타난다고까지는 할 수 없더라도 어떠한 문제인가는 잘 보이게 됩니다. 그게 제가 말하는 '난민'이라는 비유가 가진 의미입니다. 그걸 나중에 '디아스포라'라는 말을 통해 다른 각도에서 보충하게 되었습니다.

그렇게 보면 세계는 난민들로 넘쳐납니다. 그러므로 재일조선인 문제를 일본과 조선이라는 좁은 틀 속에서만 생각하면 잘 보이지 않습니다. '디아스포라'는 유대교에서 유래한 말이라서, 저를 오해하고 비판하는 사람들도 있습니다. 한국에서도 어떤 진보적인 인사가 "서 선생은 왜 그렇게 유대인이 좋은 건가요?" 하고 물은 적도 있습니다. 그건 완전히 오해입니다. 왜 '디아스포라'라는 단어로 말하는가 하면, 디아스포라의 세계적 경험(전형적으로는 유대계 유럽인의 경험)에 우리들이 참조해야 할 것이 많기 때문입니다.

디아스포라적 상황에 놓인 인간은 자신의 상황을 논리적으로 말하는 일 자체가 어렵습니다. 말 자체를 빼앗겼기 때문입니다. 한 가지는 언어의 문제입니다. 어떤 언어로 누구에게 말할 것인가라는 문제가 있습니다.

아카데미즘이나 연구기관에서는 사람을 계속 훈련하고 교육시켜 발화할 수 있는 주체로 만든다는 일련의 과정을 갖추고 있습니다만, 디아스포라는 그런 아카데미즘의 위계에 들어가는 일 자체가 상당히 어렵습니다. 재일조선인과 같은 디아스포라는 그런 위계의 최하위에 참여하는 일조차 엄청난 고생을 강요당합니다. 때문에 처음부터 포기하는 사람도 있습니다. 난민화된 인간이 자기를 표현하고자 할 때, 우선 언어가 가진 제약이라는 장벽이 있기 때문입니다. 이건 단순히 '어학 능력'과 같은 기술적 차원의 장벽으로 끝나지 않습니다. 그/그녀가 겨우 습득한 다수자의 언어로 발화하더라도, 그 말을 해석하는 주권은 여전히 다수자에게 있기 때문입니다. 그 장벽을 넘어설 수 있게 한다고까지는 말할 수 없더라도, 다른 각도에서 그 장벽을 비춰 드러낼 수 있는 존재로 '아트'가 있습니다. 춤이나 음악, 그림이라는 비언어적 미디어로 표현하는 걸 말하는데, 디아스포라 아티스트 중에 여성의 비율이 높은 점도 이유가 있습니다. 로고스적인 지知의 중심은 남성이 장악하고 있기 때문입니다. 그런 점은 제가 도쿄경제대학에 취직한 이후에 점점 깨닫게 되었습니다.

그런데 일본 안에서 '디아스포라'라는 말이 유통되는 형태는 여전히 디아스포라를 소재로서만 바라볼 뿐으로, 자신들(자신들의 국가나 사회)이 그 디아스포라를 만들어 냈다고 하는 자각이나 자기반성은 거의 없습니다. 그게 일본인의 불행입니다. '디아스포라'라는 용어가 미국 학계에서 유행하니까 그걸 일본으로 가지고 오고, 일본에서 유행하니까 한국으로 가지고 갔다는 식의 이해는 정말로 틀린 것입니다. 제가 '디아스포라'라는 용어를 사용할 때, 그 용어로는 부족하다든가 결함이 있다는 지적은 기꺼이 받아들입니다만, 아카데미즘의 유행을 쫓고 있는 건 결코 아니라는 점을 말하고 싶습니다.

　'디아스포라'라는 용어를 사용하면서 받았던 반응 중 하나는 민족해방론의 입장을 견지하는 사람들이 보내는 비판적인 시선입니다. 또 하나는 '디아스포라'라는 용어를 환영하는 사람들에게서 보이는 반응인데, 국가나 민족을 멍에나 짐으로 생각하는 사람들과 소통이 원활해질 것이라는 반응입니다. 꼭 틀린 말은 아닙니다만, "저도 디아스포라입니다."라고 말해 주는 사람들에게 가볍게 "그렇군요."라고 대답할 수 없는 측면이 있습니다. '디아스포라'라는 외래어를 사용하고 있기 때문에 오해가 생기고 반발이 생긴다면, 우리들의 언어로—그건 무슨 어譜인가, 라는 문제가 됩니다만—좀 더 다듬어 발신할 필요가 있다고 생각합니다.

　자신과 주변에서 생각하고 있는 일이나 벌어지는 일에 대해 '디아스포라'라는 보조선을 그어 보면 문제가 더 잘 보이게 된다거나, 시야가 넓어질 수 있는 여지가 있습니다. 간단히 말해, 유대계 유럽인이나 팔레스타인 사람의 경험과 자신의 경험을 같이 견주어 생각해 본다는 말입니다.

발터 베냐민과 같은 유럽의 유대인 지식층은 사회적으로는 특권층에 속했지만, 대중의 반발 대상이 되어 나치에게 공격받거나 죽임을 당했습니다. 그 사람들의 사상이 지금도 우리들에게 강한 시사점을 주고 있는 것이 바로 지금 말한 점이라고 생각합니다. 피, 문화, 영토라고 하는 강고하게 보이는 기반 위에서 발신하는 게 아니라, 자신은 그러한 강고한 기반과 괴리되어 있다는 자각에서 발신하는 것. 이러한 자세는 근대에 있어 "인간이란 무엇인가?"라는 물음에 필연적으로 다다르게 만듭니다. 그런 사람들로부터 큰 시사점을 얻으면서 저는 '디아스포라'라는 말을 사용하고 있습니다. 그게 그렇게 틀리지 않았다고 생각합니다만, 여러분 생각은 어떠신지요.

제 경험을 좀 더 말씀드리자면, 1990년대에 디아스포라론이나 포스트콜로니얼 연구가 유행할 때, 일본에서 꽤 많은 논문이 발표되었습니다. 그중에는 악의는 없지만 "우리 일본인에게는 그런 필드가 없지만, 재일조선인에게는 필드가 있으니까 좋겠네요."라든가 "디아스포라가 부러워."라는 식으로 말하는 사람이 꽤 있었습니다. 일본적인 현상인건지 한국이나 영국에도 있는지는 잘 모르겠습니다만, 그런 상황에서 저는 당사자이지만 "그건 아닙니다."라고 분명히 말해야 한다는 사명감도 있었습니다. 예를 들어 리행리 씨가 대학원에 다니던 시절에는 '위안부' 문제에 관한 논문도 꽤 많이 쓰여졌지요. 그 점에 대해서 어떻게 생각하십니까?

리행리 제가 대학원에서 알게 된 사람들 중에는 포스트콜로니얼 연구를 하는 사람이 많이 있었어요. 그 사람들 사이에서 말이 와전되었다고 느낀 것은 '정체성 정치학Identity Politics' **i** 비판입니다. 방금 전 디아스포라라는 존재는 피, 문화, 영토와 같은 강고한 기반과 자신은 괴리되어 있다는 자각에서 발신한다고 말씀하셨습니다. 확실히 혈통이나 문화는 본질화할 수 없는 것들이고, 역사적·사회적인 자각에 의해서도 아이덴티티는 변하기 때문에 고정된 것이라고 볼 수 없습니다. 재일조선인의 아이덴티티는 다른 디아스포라의 아이덴티티와 마찬가지로 '순수'한 것이 될 수 없습니다. 재일조선인 커뮤니티에서 '민족'이라는 카테고리는 외부를 향해 스스로를 주장할 때에는 필요하지만, 커뮤니티 안을 향할 때에는 각각의 차이나 교차성을 없애 버릴 수도 있기에, 문맥에 따라서 문제를 내포하고 있는 카테고리입니다.

그러나 그렇다고 해서 재일조선인이나 디아스포라라는 카테고리 자체를 버려 버리면 다름 아닌 일본인 중심주의가 절대적으로 강화되는 게 아닐까 싶습니다. 재일조선인의 아이덴티티에는 본질적인 부분만 있는 게 아니라, 일본의 자민족 중심주의와 식민지주의에 의해 차별화되고 낙인찍힌 부분도 있기 때문입니다. 세계가 식민지주의나 인종주의, 분단과 전쟁이라는 군사적 폭력에 처해 있는 한, 디아스포라의 카테고리를 버릴 수 없습니다. 정체성 정치학이나 본질주의를 비판한다고 해서 '조선인'이라는 이름 자체를 버려 버리면 일본의 식민지주의와 자민족

---

i 개인의 주요한 관심과 협력 관계는 인종, 민족, 종교, 성에 기초하여 만들어진다는 논리.

중심주의를 교란시킬 수 없을 것입니다.

서경식　한국 사람들이 가진 디아스포라에 대한 이해는 어떻습니까?

조경희　한국에서는 설마 "당신들은 필드가 있어서 좋겠네요."라고는 하지 않을 겁니다. 분단국가이므로 문맥이 좀 더 복잡하지요. 한때는 "모두가 마이너리티"라든가 "나 자신도 디아스포라다."와 같은 이야기, 특히 일부 지식인 사이에서는 그런 보편주의로 향했던 경향도 있었습니다. 그러나 최근 십 년 정도 '촛불시위' 등을 거치면서 매우 급진적인 민주화 움직임도 있어서, 마이너리티를 그리 간단하게 일반화해서는 안 된다, 당사자성이 중요하다, 라는 쪽으로 이해가 높아지고 있습니다. 하지만 한편으로는 한국 내부의 민주화, 계급, 세대, 그리고 젠더와 섹슈얼리티에 대한 관심이 높아짐과 동시에 디아스포라와 재외동포, 이민, 난민의 문제가 뒷전으로 물러나 버린 점도 부정할 수 없습니다. 서 선생님이 한국에 계셨을 때와는 아젠다의 위상이 다를 겁니다. 당시에는 역시 서 선생님께서 디아스포라라는 말로 많이 발언하셨고, 그 문제를 환기하셨던 게 효과가 컸다는 생각을 다시 하게 됩니다.

재일과 '조국' ― 병역 문제를 실마리로서

조경희　유학생 간첩단 사건도 그렇지만, 조국과 디아스포라의 관계는 원래 처음부터 비대칭적이었고, 그 비대칭의 관계성을 국가나 국민이 무언가의 형태로 이용해 왔는데요. 최근의 변화 중에는 이 비대칭적 관계를 오히려 특권으로 간주하고, '국민화'함으로써 제도적으로 해소해 버리려는 상황도 들 수 있습니다. 최근에는 「병역법 시행령」이 개정되면서 한국 국적의 재일남성도 3년 이상 한국에 체재한 뒤에 영리 활동 등을 하면 병역대상자가 되었습니다. 이건 재외동포 귀환의 권리와 관계된 매우 큰 문제를 내포하고 있습니다. 실제로 올해 들어서 병역 대상이 되는 젊은 재일 남성 중 일본으로 돌아간 사람이 많은 듯합니다. 당사자 남성들은 매우 곤란한 상태에 놓여 있고, 한국에 아직적응 못했거나 특히 조선학교 출신자의 경우에는 북한과 대치상태에서 군사 훈련을 받는다는 것이 자신의 아이덴티티에 매우반하는 일이 됩니다. 한국 국적을 선택한다는 게 드디어 정치적인 문제가 되고 있는 상황이지요.

서경식　정권은 어떻게 관여하고 있습니까? 문재인 정권은?

조경희　이 움직임은 문 정권 후의 변화라기보다는 그 이전부터 신자유주의적인 제도 개혁이랄까요, 디아스포라의 권리 요구속에서 국가가 재외동포를 국민화해 가는 움직임과 관련되어 있습니다. 예를 들어 2010년 전후부터 「국적법」 개정, 「병역법 시

행령」개정, 재일조선인 이외의 국민 참정권 신설 등 여러 제도
가 정비되었습니다. 서 선생님이 계속 말씀한 국민주의가 드디
어 제도에 침투하여 중간적 존재가 무임승차하는 건 용서할 수
없다는 듯한 '국민감정'이 강조되어 왔습니다.

　　서경식　이 화제는 피할 수 없겠습니다. '진정한 한국인'으로
서 살아가기 위해서는 편한 것, 받아들이기 쉬운 것만 수용해서
는 안 된다, 라는 이야기겠지요. 필요하다면 군대에도 가야 하는
것이라고. 그리고 여성이니까 군대에 안 가도 된다는 생각도 있
고, 군대 자체에는 반대지만 병역 면제라는 특권이랄까 예외 취
급을 당연하다고 여겨선 안 된다는 의견도 있습니다. 이에 대해
어떻게 생각해야 할까요.

　　솔직히 말하자면 우리 재일조선인들은, 일본국 헌법이 표면
적으로는 명시하는 바대로 징병제를 택하고 있지 않은 나라라
는 사실에 안심하는 측면이 있습니다. 방금 전 한일조약 때에 자
신들에게도 징병제가 미치게 되지 않을까, 걱정이 있었다고 했
지만, 어쨌든 재일조선인은 징병 대상까지는 되지 않을 것 같다
는 이유로 반대 운동도 비교적 수그러들고, 저도 안심했던 기억
이 있습니다. 이 문제는 매우 중요하지만, 이건 한 나라만으로 생
각할 수 있는 문제가 아니기도 하고, 주변국과의 관계 속에서도
그리 간단히 해결할 수 있는 부분이 아닙니다. 그러니까 역시 유
토피아적으로 희망을 말하는 식이 될 수밖에 없지 않을까 싶네
요. 아쉽지만 그래도 꿈은 말해야 하는 거니까요. 제가 자란 시대
는 '평화헌법' 시절로, 그 영향을 저도 명백히 받았기 때문에 그

런 사상이 동아시아나 전 세계로 파급되길 꿈꿨습니다. "평화헌법을 세계로 보내자."라고 하는 일본인들이 말하는 그런 이상화된 의미에서가 아니라요. 그러니까 궁극적으로는 한국의 젊은이들이 병역의 중압에서 해방될 때가 와야 한다고 생각합니다.

　　조경희　확실히 과도한 경쟁사회 속에서 지금의 젊은 세대는 병역의 중압을 더 느끼고 있고, 최근에는 형식적인 평등주의, 말하자면 공정성이라는 단어가 키워드가 되고 있습니다. 공정한 경쟁을 거치는 게 최소한의 룰이라는 생각인데요, 그 점에서 여성 병역도 매우 화제가 되고 있고, 재외국민은 더욱 당연한 대상이지요. 병역을 수행한 재일조선인 남성은 "역시 병역이 도움이 되었다.", "결여되어 있던 부분을 채울 수 있었다."라는 식의 말을 하지만, 경험한 사람은 당연히 그렇게 될 거라고 생각합니다. 디아스포라가 조국의 사람들과 더불어 주체가 되어 간다는 성장 이야기는 칭찬의 대상이 되기도 하지요.

　　여기에 대해 어떻게 말할 수 있을까요. 서 선생님이 말씀하시듯 평화헌법을 옹호하는 것과는 조금 다르지만, 역시 재일조선인은 일본의 평화주의 문화를 공유하고 있습니다. 거기에 얼마나 자각적인가, 그것을 하나의 양식으로 하여 어떻게 한반도와 동아시아 평화에 개입해 갈 것인가가 문제이지요. 재일조선인은 예외로 하자고 주장하는 것만으로는 한계가 있고, 어떤 의미에서는 적극적인 평화활동가가 되어야 한다는 말이지요.

　　서경식　아마 소수겠지만 병역으로 '진정한 한국인'이 된다면

야 자진하여 참여하는 재일조선인이 있을 수 있겠지요. 병역이 국민됨의 자격이라고 하는 세계관이 오히려 강화되고 있는 시대에 살아가고 있습니다. 근본적으로 일본뿐 아니라 동아시아 전체에서 군사력을 갖지 않겠다고 선언하는 나라가 하나둘씩 늘어나야 합니다. 한반도의 경우에는 분단 상황이라는 게 늘 걸림돌이고, 심지어 분단 자체가 구실이 되는 면도 있지만, 역으로 생각하면 비핵화 프로세스를 진행시킴으로써 병역이 모병제로 바뀌고 결과적으로 병역 자체가 없어진다는 이상을 선언하는 것입니다. 이런 과정에서도 너희는 특권을 가지고 있으니 비겁하다는 반응은 계속 따라붙겠지만, 나 자신의 특권을 위해서가 아니라 이런 이상을 위해서라는 걸 명확히 밝힐 필요가 있습니다. 그러니까 남북한의 국가 운영에 대해 재일조선인의 입장에서 우리의 경험을 토대로 대담하게 제안할 필요가 있겠지요.

조경희   정말 그렇습니다. 당연한 말이지만, 사상이 필요한 시대라고 정말로 느낍니다. 자신들의 현재 상황이나 상태를 단지 호소하기만 해서는 도태되고 맙니다. 디아스포라 문제도 적극적이고 풍부한 사상으로 이어 가야 합니다.

리행리   평화 활동으로서의 '양심적 병역거부'라는 논리 말인데요. 병역이라는 게 막연한 자위自衛 수준이 아니라, 실제로는 중동 등으로 끌려가거나, 침략의 첨병이 되기도 하는 것이지요. 한국 사회에 제3세계인으로서의 아이덴티티가 얼마나 있을지. 그리고 징병 대상으로까지 확대된 재일조선인 젊은 세대에게 자

신들이 피침략의 디아스포라라고 하는 인식이나 역사적 상상력
이 얼마나 있을지 궁금해집니다.

조경희　어렵네요. 한국 사회에 스스로를 제3세계 출신이라
고 바라보는 자각이 있는가, 묻는다면 역사적으로도 그렇고 그
후의 부작용을 동반하면서 급격히 근대화를 추진한 '압축 근대'
라는 경험 속에서 그러한 상상력은 싹 사라져 버린 듯합니다.

서경식　1955년의 '반둥 회의' 즈음에는 북한이 제3세계의 지
도적 주체라는 점을 스스로 표방했고, 세상으로부터도 그런 평
가를 받고 있었지요. 한국은 미국의 괴뢰국가이자, 말할 것도 없
이 반공국가였습니다. 백낙청 선생님이 '제3세계적 자기 인식'을
갖자고 1960년대 후반『창작과 비평』을 통해 주장했습니다. 그
게 조금 의외의 발견이었던 게, 제 입장에서 보면 한국은 당연히
제3세계였는데, 한국의 사상적 상황은 국내 지식인이 '제3세계
적 자기 인식'을 갖자고 내부를 향해 새삼스럽게 말해야 하는 상
황인 건가 싶었지요. 당시 한일 기본조약 전까지는 라오스와 한
국 중 어느 쪽의 국민총생산이 위에 있는지가 논의될 정도로, 통
계상으로는 제3세계일 수밖에 없는 상황이었습니다. 어쨌든 소
위 개발 독재가 진행되는 와중에 '제3세계적 자기 인식'을 갖자
며, 일본이 걸어온 길을 우리들이 걸어서는 안 된다고 주장하는
사람이 나타나고, 그걸 지지하는 사람들이 나타난 건 매우 큰 사
건이었다고 생각합니다. 지금 한국의 젊은이들이 그런 사상적
문맥을 끊임없이 떠올리는 게 중요하다고 전하고 싶습니다. 더

빼앗긴 사람들, 예를 들어 팔레스타인 사람에게는 병역이 없습니다. 물론 스스로 게릴라가 되거나 하지만요. 병역이 없다는 건 특권일지도 모르지만, 국민으로서의 자격이 철저하게 유린되었다는 뜻이기도 하지요.

다시 한 번 말하자면, 개개인의 특권이라는 걸 현재의 구도 속에서 긍정하거나 부정하기보다, 다른 입장에 놓인 사람들이 차마 부정할 수 없는 공통의 목표를 제시하고, 그에 견주면서 현 상황을 판단하는 발상과 논리 구조가 필요합니다. 재일조선인은 확실히 힘이 없는 소수이고, 주류가 되기 힘든 존재입니다만, 그런 존재이기 때문에 보이는 것들이 있을 겁니다. 그걸 가능한 한 높이 드러냄으로써 공감 가능한 사람들과의 만남을 추구하자는 말입니다.

'민중'으로서의 재일조선인

조경희　저도 서 선생님과 어떻게 만났는지 말씀드리겠습니다. 서경식 선생님을 처음 알게 된 건 대학 시절에 『'민족'을 읽다』라는 책을 읽게 되면서입니다. 당시에 저는 조선고등학교를 졸업하고 전문대학에 입학한 후에, 재일본 조선유학생동맹(유학동)의 활동을 지속하기 위해 4년제 대학에 편입했습니다. 그때까지 저에게 있어 '조선'이란 자명한 것이었고, 그럼에도 불구하고(그렇기 때문에야말로) 그걸 대상화해서 인식하는 생각은 갖지 못했습니다. 탈냉전 분위기 속에서 '민족, 국가, 국적이란 무엇인가'라는 고민을 저 또한 하기 시작했습니다만, 일본 사회를 잘 알아야 한다는 콤플렉스와 조선학교 시절에 대한 반감도 있어서 대학 안팎에서 자주 들었던 공생론이나 민족론에 끌렸습니다. 서 선생님이 쓰신, '기성세대나 민족 단체의 경직화'나 '관념적인 조국 지향'에 대한 자기비판이 민족과의 연결 그 자체를 부정하게 되는 것으로 이어질지도 모른다고 인식하게 된 건 조금 나중의 일입니다.

저는 '조선'에 일단 거리를 두고 다시 한 번 '남'쪽까지 포함해서 한반도의 역사를 복기하는 과정이 필요했는데요, 그 과정에서 서 선생님의 글에 크게 자극받았습니다. 즉, 재일조선인에게 본질적인 건 "민족인가 탈민족인가, 혹은 본국인가 일본인가, 북인가 남인가"라는 당위론이 아니다. 한반도의 정치적 현실이 "재일조선인의 삶의 조건을 근본적으로 규정하고 있"기 때문에, 식민지 지배와 분단의 역사를 극복하는 과정에 참여하는 길을 스스로 개척해야 한다는 점을 선생님의 글을 통해 확인할 수 있었습니다. 그 후에 저는 한국으로 이주하게 되었고, 일본, 한국, 북한이 더욱 뒤얽혀 버린 관계 속에서 재일조선인을 생각하게 되었습니다. 한국으로 이동하는 재일조선인이 증가하는 건 선생님께서 일찍이 비판했던 재일론이나 민족론의 한계를 보여 주는 실태입니다.

서경식 선생님은 십수 년 전에 한국에 체재하신바 있고, 연구자나 시민과 계속 대화를 나누시면서 저작도 많이 발표하셨습니다. 본국과 재일조선인의 관계나 디아스포라론이, 그리고 한국 체재와 활동이 이후의 선생님의 사상에 어떤 영향을 주었는지에 대해 듣고 싶습니다.

논고 「재일조선인은 '민중'인가? – 한국 민중신학에 대한 물음」(도미사카 그리스도교센터 편, 『고동치는 동아시아의 그리스도교』, 신쿄출판사, 2001, 이후 『반난민의 위치에서』에 재수록)에서는 전태일과 양정명, 서승의 접점을 통해 민중이란 무엇인가를 묻고 있습니다.[i] 한국 민중신학에 내재한 일국주의나 나르시시즘의 위험성을 물으면서 동시에, 재일조선인도 또한 민중문화나 민중적 경험을 "보유하지 못하기는커녕, 그것을 빼앗겼다는 기억조차도 빼앗겼다." 그리고 "일본 자본이 한국 민중을 착취했을 때, 주관적 의도는 별도로 하더라도 그 착취에 부수한 이득을 누리고 있었다. 재일조선인은 일본 사회에서 소외당하고 차별받고 있지만, 조국의 민중 입장에서 본다면 가해자에게 가담하고 있거나 혹은 적어도 이득을 보고 있다는 이중성을 띠게 되었다."라고 쓰셨습니다. 그리고 이 이중성에 대해서 "나와 민중이 이퀄equal인 건 아니다. 어쩌면 나는 어머니(민중)를 배신하고 살고 있는 게 아닐까라는 의심과 회한을 품으며" 울부짖으며 민중을 쫓는 일에 의미를 찾고 있다고 했습니다.

재일조선인이 처한 위치에 대한 탁월한 분석이자, 또한 보편적인 시점이기에 저는 매우 감명을 받았습니다. 재일조선인이 민중적 경험을 빼앗긴 기억조차 빼앗겨 버렸다는 말은 정말 그렇다고 생각합니다. 시대의 변화와 함께 '민중'이라는 단어는 역

---

i 이 글은 『난민과 국민 사이–재일조선인 서경식의 사유와 성찰』(임성모·이규수옮김, 돌베개, 2006)에 수록되었다.

사 용어가 되었고, 현재 학술 용어로는 '서벌턴subaltern' 정도가 되겠지만, 오늘날에도 민중적인 존재가 형태를 바꿔 편재하고 있을 것입니다.

다만 재일조선인이 본국과 관계를 맺을 때, '민족'에 비해 '민중'이라는 관점과 계기가 점점 약해지고 있는 듯 보입니다. 서 선생님이 쓰셨던 '소외되어 있음'과 동시에 '이득을 보고 있는' 재일조선인의 이중성은 각각 '민족적으로 소외된 동포'라든가 '경제적으로 조국을 지원하는 동포'라는 식으로 분리되어 버립니다. 어느 쪽도 비대칭적인 관계에 머물 수밖에 없습니다. 본국과의 관계에서 "재일조선인은 '민중'인가?"라는 질문을 오늘날 어떻게 다시 세울 수 있을지, 여기에 대한 생각을 듣고 싶습니다. 질문이 다소 추상적이 되어 버렸지만, 관련 내용에 대해 자유롭게 말씀해 주십시오.

서경식 그 글은 제가 일본의 민중신학연구회에서 발표한 내용입니다. 그 연구회는 한국의 민중신학을 자세히 알고 계신 박성준 선생님이 릿쿄대학 박사과정에 유학을 왔을 때 연구회를 함께 하자는 취지로 일본인들이 결성한 것으로, 저도 거기에 초대받았습니다. 저는 크리스천도 아니고, 신학은 제 전공도 아니라서 처음에는 거절했습니다만, 박성준 선생님이 강하게 권유하셔서 참가하게 되었습니다. 그 연구회에서도 이야기한 적이 있습니다만, 결과적으로 저는 한국의 민중신학에 대한 위화감을 표명하게 되었습니다. 물론 저를 포함한 많은 사람들이 더 이상 가망이 없다고 생각했던 유신독재 시절에, 훌륭한 크리스천들이 소수나마 계속 저항을 멈추지 않은 건 대단한 일이고, 그 중심이 었던 민중신학을 나쁘게 평가하는 건 아닙니다. 그런 엄혹한 상황 속에서 불굴의 의지로 계속 싸워 나갈 수 있는 이유가 무엇인지 알고 싶다는 관심도 있어 참가했던 것이지요.

그러나 그때부터 어렴풋이 느끼고 있던 건데, 어떤 스테레오 타입화된 민중상이라고 할까요, 이상화된 민중상이 있었습니다. 평화시장의 여성 노동자나 전라도 지역의 여성 시민처럼 전형적으로 '빼앗긴 여성'을 모델로 하는 듯한 민중상 말이지요. 지하에 민중의 에너지가 마그마처럼 존재하고, 그것이 어느 날 갑자기 우리들 눈앞에 분출한다는 식의 이야기가 되어 있습니다. 그건 역사적 필연성이나 마르크스주의적인 도식에서 보면 이론적이지 않은 이야기입니다. 그러나 마르크스주의적인 도식으로는 설명할 수 없는 상황에서 그런 마그마가 분출했던 것도 사실입니다. 저는 놀랄 만한 일을 목격한 기분도 듭니다. 전태일은 그 상징적 존재인데요, 형들이 유학한 지 1–2년이 지난 후인 1971년에 그의 분신 사건이 있었고, 형들은 충격과 감동을 받았습니다.

어떤 시대적 조건 아래 보통 사람의 상식을 뛰어넘는 사건이 있었던 건 사실입니다. 민중신학연구회 분들은 그것을 '예수 사건'이라고 말합니다. 저는 처음에는 위화감이 있었지만, 연구회에 참가하던 중에 이런 생각이 들었습니다. 사회적 모순이 격화하여 이 지경까지 이르면 민중들이 반드시 이겨 낼 수 있을 거라고 말할 수 없게 되고, 이론이 제대로 뒷받침되지 않더라도 그래도 계속 투쟁해 나가고자 하는 사람들에게서는 저런 생각이 나올 수 있겠구나, 라고 말입니다. '관념론'이나 '종교'라고 단순

히 정리해 버릴 수 없는 무언가가 한국 사회 속에서 나타났다고
생각합니다.

　　그러나 그게 이론화되어 다른 시대나 다른 사회에 보편적으
로 적용될 수 있는가 하면 그렇지는 않습니다. 저는 민중신학뿐
아니라 한국의 크리스천들이 그동안 감당해 온 역할에 대해서는
매우 경외하는 마음을 갖고 있지만, 그와 별도로 민중상을 우리
들에게 가르쳐 주었다든가, 그걸 따라가기만 하면 해방에 가까
워질 수 있다는 건 조금 안이한 생각이라고 봅니다. 이런 활동을
계속해 나가면 어떤 것이 보일 거라고 구체적으로 생각하지 않
고, 그냥 계속 활동을 펼쳐 나간다는 것인데, 그들에게는 이것이
현세 속에서 효과가 있는지 없는지는 2차적인 문제일 것입니다.
그래서 쓰게 된 글이 바로 경희 씨가 언급한 논문 「재일조선인은
'민중'인가」입니다. 간단히 요약하자면 "재일조선인은 민중신학
이 말하는 전형적인 민중상에 해당되지 않는다. 하지만 그 전형
적 민중상에 부합하지 않기 때문에 재일조선인에게는 미래가 없
다는 이야기는 아니다."라는 식으로 재일조선인의 개념을 되돌
아보면서, 동시에 전형적으로 이야기되는 민중상에 대해 되묻는
내용입니다. 그렇다면 '재일조선인 민중'이란 누구인가 저에게
묻는다면, 역시 능력이 부족한 탓이겠지만, 솔직히 말해 이 나이
가 되어도 확실하게 파악했다고 말할 수 없습니다. 경희 씨가 말
씀하셨듯이 한국 사회 속에서 계급 구조도 매우 급격히 변화했
고, 자기 자신이 '제3세계인'이라는 인식을 갖지 못하는 사람들
도 많습니다. 그런 상황 속에서 "민중을 어떻게 이야기할 수 있
는가?"라는 질문은 대단히 어려운 질문이지요. 저는 그 질문에

서 도망칠 수 없고, 도망쳐서도 안 된다고 생각하지만, 민중상은 필시 종래부터 "이것이 민중이다."라고 정의되던 범주에서 크게 벗어난 듯 보이는 사람들까지 포함해서 다시 한 번 정립해야 할 개념이라고 보고 있습니다.

대학 강단에서 젊은이들을 접하면서 만나는 이른바 '순혈 (일본) 민족'이 아닌 사람이나 일본 국적을 취득해서 '일본인'으로서 살아가는 재일조선인이 갖고 있는 고민이랄까 괴로움이 그들 자신의 자각 유무는 별도로 하더라도, 상당히 심각하게 느껴졌습니다. 그들 중 몇 명은 말하고 싶지만 말할 수 있는 상대가 저밖에 없는 상황이라는 문제에 처해 있었습니다. 어떤 학생은 리포트에, 친척 결혼식에서 성이 한자로 한 글자인 사람이 많길래 "왜 그런 거야?"라고 어머니에게 물으니 "엄마 친척이나 친지야. 엄마는 실은 재일조선인이야. 그래도 절대 밖에 이야기하면 안 돼."라는 말을 들은 적이 있다고 했습니다. 그러고는 "아버지 쪽 사람(시댁)에게조차 출신 민족을 감추고, 주눅 들어 사는 어머니가 가여웠다."라고 썼습니다.

그 학생은 호적상으로는 '일본인'이지만, 저는 그때 느낀 위화감을 그가 계속 지니고 있기를 바라고 있습니다. 예전에는 이 학생과 같은 존재는 '조선인'이 아닌; 소위 '조선인'이라는 주체가 될 수 없는 존재로 치부하고, '조선인'이라는 틀 바깥으로 밀어내는 일이 다반사였던 것 같습니다. 그러나 저에게 말을 걸어오는 사람들 중에는 오히려 그런 사람이 많습니다. 혹은 부모 중 한쪽이 한국에서 온 뉴커머new comer이라고 저에게만 밝힌 사람도 있었지요.

이런 존재는 '재일조선인'이 아니다, 혹은 '민중'이 아니라며 틀을 축소하며 제외시키는 일이 도대체 누구에게 득이 되는 건지, 그리고 어떤 이득이 있는지 모르겠습니다. 그건 분명 일본 지배층에게 득이 될 겁니다.

'동료'라는 건 아픔과 슬픔을 서로 위로하고 상처를 서로 보듬어 주는 존재라기보다, 함께 '공유할 수 있는 미래상'을 그릴 수 있는가를 기준으로 한다고 생각합니다. 보통은 이런 생각은 공생론 등의 입장에서 "일본 사회를 어떻게 하면 관용적이고 다문화적인 사회로 바꿀 수 있을까?"라는 측면에서만 논의되기 쉽습니다. 그러나 일본 사회가 현재와 같은 모습인 것은, 과거 식민지 지배와, 그 결과로 지금까지 이어지고 있는 분단에 대한 책임을 계속 회피하고, 외려 협박조로 반응해 온 사실과 깊이 관계되어 있습니다. 일본 사회가 관용적인 사회가 될 수 없는 커다란 원인 중 하나가 바로 그것이지요. 다름 아닌 천황제와 식민지 지배 책임의 문제입니다.

그러한 함께 공유하는 미래상을 그린다는 목표 안에서 개인이 본명을 선언하거나 출신을 커밍아웃하는 일은 본인이 내킬 때 하면 되는 것이고, 공통의 목표를 향해 연대하고 행동함으로써 '우리들 의식'이 새롭게 만들어지고, 새롭게 태어난다고 봅니다. 그런 것 역시 '민족의식'이라고 불러도 좋겠습니다. 문제를 그런 식으로 설정하지 않으면, 지금 말한 사람들은 언제까지나

---

i 1965년 한일 국교정상화 이후 일본에 건너가 정착한 대한민국 국적자. 특히 1980년대 이후에 일본으로의 이주가 늘어났다.

우리와 함께 투쟁할 수 없는 존재로 치부되어 버립니다.

　　예전에 저는 「새로운 민족관을 찾아서 – 어느 재일조선인의 '꿈'」(『분단을 살다』에 수록)이라는 글을 쓴 적이 있습니다.i 서툴렀던 젊은 시절의 작업이긴 합니다만, 종래의 '민족'의 도식으로는 모두 포괄할 수 없는 존재들에 대해, 그들을 버리고 배제하는 것이 아니라 포함하는 쪽으로 생각해야 한다고 주장했습니다. 우리 자신을 위해서가 아니라, '조선 민족'을 위해서, 조선 민족이라는 건 이러해야 한다는 선입견에서 벗어나야 한다고 말한 거지요. 그렇게 되기 위해서는 넘어야 할 장벽이 많습니다. 우선 언어일 테고, 다음으로는 살고 있는 장소입니다. 여기저기 흩어져 있는 디아스포라 코리안들은 서로 만나는 일조차 어렵습니다. 하지만 그렇기 때문에 오히려 그런 커다란 구도를 그리면서 공감을 키워 가는 방향 외에는 나아갈 길이 보이지 않는 것 같습니다.

　　이야기를 되돌리자면, 『디아스포라 기행』을 쓰고 의외라고 생각할 정도로 한국 젊은이들에게 환영을 받았습니다. 제가 뜻하지 않던 방향으로 환영해 주는 사람들도 있어서 이래도 되는 걸까 싶은 기분이 들 때도 있습니다. 그래도 환영해 준 사람들 중에는 병역 거부자나 성적 마이너리티, 가부장적인 관습에 저항감을 가진 젊은 여성 등이 많았습니다. '가부장적인 관습에 저항감이 있다'는 건, 일본 사회는 민주적이고 열려 있는 곳이라는 오해나 동경에서 재일조선인인 저를 잘못 이상화하고 있는 면도

---

i 이 글은 『난민과 국민 사이 – 재일조선인 서경식의 사유와 성찰』(임성모·이규수 옮김, 돌베개, 2006)에 수록되었다.

있는 듯하지만요.

그러므로 『디아스포라 기행』 독자라고 해도 단편적이 아니라, 적어도 양면을 내포한 거라고 생각합니다. 그러나 거기에도 가능성은 있습니다. 재일조선인에 대해 거의 모르고, 민족통일이라는 과제를 생각한 적도 없었던 사람도 자신의 문제의식에서 접근하기 시작해서, 그 과정에서 먼 길을 돌아 우리와 만날 수도 있다는 가능성입니다. 아니, 만나야만 한다고 생각합니다. 한국에서 민족운동, 통일운동, 민주화 운동을 하고 있는 사람들도 재일조선인을 '한겨레'로 보고 동료로서 받아들이는 전략이나 전술 구도가 형성되길 바라는 것이지요.

군사독재 시절에는 한국 사회 자체가 정치적, 문화적으로 쇄국과 같은 상황이었으니까, 일본 사회와 재일조선인에 대해서도 스테레오 타입의 인식밖에 없는 사람이 많았던 건 사실입니다. 제가 한국을 다니기 시작한 다음부터 지금까지를 되돌아봐도 조금씩 개선된 듯한 생각이 듭니다만, 처음에는 '아, 이 정도 인식밖에 없는가' 하며 실망한 적도 있습니다. 교류가 진전되어 가면서 앞으로는 제가 바라던 것보다 느리긴 하겠지만 상황이 변해 갈 거라고 생각합니다.

예를 들어 영화 〈우리학교〉(김명준 감독, 2006)가 언젠가 화제가 되었지요. 그때 저는 사실 조금 복잡한 기분이었습니다. 그 영화를 통해 한국 국내 사람들이 재일조선인이라는 존재에 관심을 갖는 건 나쁜 일이 아닙니다만, 영화 속에 그려져 있는 건 재일조선인의 리얼리티 중 하나의 측면에 지나지 않고, 어찌 보면 오히려 모델화되고 이상화된 노스탤지어 대상으로서의 '조선 민족'이었기 때문입니다. 그래도 그런 작품이 한국에서 제작되어 함께 볼 수 있다는 건 큰 관점에서 좋은 일이라고 생각합니다. 동시에 안타깝지만 거쳐 나가야 할 길이라고도 생각합니다. 그런 다양한 접점을 만들어 가는 것 외에는 희망이 없다. 그것밖에 할 수 없지만, 오히려 그런 일이라면 가능하지 않을까, 라는 기분입니다.

「새로운 민족관을 찾아서」를 썼을 때는 재일조선인에게는 한국 본국의 참정권이 없었기 때문에, "모든 의미에서 정치적 주체로서 권리 행사가 전혀 되지 않은 채로 몇십 년이나 흘러 버린 존재가 바로 재일조선인이다."라고 썼습니다. 현재는 본국 참정권이 있습니다. 한국 내 참정권 인정에 조총련 계열 사람들은 반대했습니다. 저는 1990년대에 '한겨레연구회'에서 조총련 계열인 조선대학 선생님과도 관련된 논의를 한 적이 있습니다. 본국 참정권은 재일조선인의 한국 '국민화'를 추진하는 쪽으로 이어질 것이고, 조총련의 입장에서 보면 잘못된 길로 보일지도 모릅니다. 그렇지만 저는 이전부터 재일조선인의 지방 참정권이든 본국 참정권이든 당분간 부정적인 결과밖에 나타나지 않는다 하더라도 쟁취해야 할 일이라고 생각하고 있었습니다. 투표를 했다고 해서 재일조선인이 바로 적극적인 정치적 주체가 된다고는 기대할 수 없습니다. 그리고 멀리 떨어진 지역의 민족 단체는 지도자에 의해 좌지우지되는 경향이 있으므로 기득권 세력을 보전하는 역할을 할지도 모릅니다.

그래도 반대로 한국의 대통령 선거 등에서 재일조선인의 표를 획득하고자 한국의 정치세력이 일본으로 정치 활동을 확대한

다면 의미 있는 상황이 전개되리라 믿습니다. 일례로 병역 문제 같은 것이 당연히 중요한 논의가 되겠지요. 재일조선인의 특수한 역사적 사정과 생활 실정을 고려하여 병역에서 제외해야 한다는 후보와, 평등과 공정성의 입장에서 교포도 병역을 감당해야 한다는 후보가 있다고 한다면, 그런 쌍방의 논의를 들으면서 재일조선인이 스스로 선택하는 길이 생긴다면 좋겠습니다. 현실에서는 한국 정치계가 재일조선인을 그런 대상으로도 보고 있지 않습니다. 재일조선인이 그런 대상이 되어 가는 건 결코 나쁜 일이 아닙니다. 한 사람, 한 사람이 그런 회로를 통해서 하나의 주체가 되어 가기 때문입니다.

　　일본에서 헌법 9조를 '개악'하고자 하는 움직임이 집요하게 지속되고 있습니다. 그렇게 되면 일본 국적으로 귀화한 사람들에게도 장래에는 징병 등이 부과될 가능성이 있지요. 일본 이름을 사용하고 완전히 '일본인'으로 살아온 사람들이 '이대로 간다면 일본이야말로 살기 힘들지 않을까?'라든가 '태어난 아이들을 일본인으로 키우면, 결국 징병될지도 몰라' 같은 문제, 즉 민족과 국적의 귀속이라는 문제에 직면하게 될 것입니다. 그런 지점에서 다시 서로가 '조선 민족'으로서 만나는 일이 일어날지도 모르겠네요.

　　한겨레연구회에서 활동하던 시절에 저는 항상 조선대학 선생님에게 "재일조선인이 많이 사는 지역에서 지방의원을 배출해야 한다, 여러분들이 온 힘을 모으면 도의원 한두 명 정도는 낼 수 있지 않겠냐."며 지방 참정권 요구를 인정받아야 한다고 제안한 적이 있습니다. 결국 쓴웃음으로 끝나는 대화로 마무리되었지만요.

'에스닉 마이너리티'인가? '네이션'인가? 라고 물을 때, '네이션'의 함의를 기존의 스테레오 타입의 네이션 개념 안으로 자리매김할 게 아니라, 복잡하게 보이는 자신들의 상황을 하나의 '네이션'으로서 다시 파악해야 한다. 과연 그런 발상을 가질 수 있는가? 라는 이야기입니다.

여러분은 저보다 대략 20년 정도 젊으니까 제 입장에서 보면 다다음 세대 정도가 되겠지요.

최덕효 씨는 미국과 영국에서 생활한 경험도 있고, 각 지역의 마이너리티 활동에 대해 알고 계시겠지요. 예를 들어 영국에 남아시아계 마이너리티와 카리브해계 마이너리티, 아프리카계 마이너리티가 있을 겁니다. 그 사람들은 독립 지향인가, 혹은 영국 제국의 신민 쪽으로 기울어져 있는가, 그렇지 아니면 전혀 다른 미지의 길로 가려고 하는 건가. 또한 스코틀랜드 독립 움직임이나 EU 탈퇴 경향과 마이너리티는 어떤 관계에 있는가? 우리에게 이러한 문제는 단순히 연구적인 관심이라기보다도, 매우 절실한 실천적 관심사가 될 수 있습니다.

사실 동아시아는 제2차 세계대전으로 그 전까지 식민지 종주국이었던 나라가 패전한 지역입니다. 일본이라는 커다란 장애물이 있기 때문에 진행되지 않고 있지만, 그런 경험에서 생겨난 '민중'들이 서로 공유할 수 있는 비전을 이야기하는 지역으로 파악해도 좋지 않을까 싶습니다. 동아시아에서 그런 활동을 해 나가면서 재일조선인이 재일조선인으로서의 고유한 경험을 이론화하고, 여러 민족 간의 연대라는 꿈을 다시 그리는 일을 여러분에게 기대하고 싶습니다.

한국 경험을 둘러싸고

조경희　『디아스포라 기행』과 한국에서의 경험에 대한 말씀을 듣고, 덕효 씨의 질문과 언어에 대한 이야기까지 이어 가면 좋겠네요.

최덕효　서 선생님의 한국 체재 경험과 그 당시에 쓰신 글「모어와 모국어의 상극 – 재일조선인의 언어체험」(『식민지주의의 폭력』, 고분켄, 2010년 수록)i에 대해 말씀을 듣고 싶습니다.

제가 생각하기로 한국 사람들에게 모어와 모국어의 상극이 주는 고뇌에 대해 말하면, 재일조선인 특유의 경험으로 즉, 남의 일처럼 받아들이는 경향이 있지 않나 생각됩니다. 역사적으로 이런 고뇌는 재일조선인 특유의 경험이 아니라, 예를 들어 서 선생님이 지적하셨듯이 한반도에서 나고 자라고 '8·15' 해방을 제주도에서 맞이한 김시종의 언어 체험과도 공통하는 것입니다. 즉 일제 강점기에 '조선에 사는 조선인이면서 조선어 읽기, 쓰기를 못했던' 자들도 해방 직후에 이런 언어 갈등을 경험했다고 할 수 있겠지요. 한반도에서는 언어의 탈식민지화를 추진하면서 '국어'를 확립해 간 반면, 재일조선인은 해방 직후 민족교육을 통

---

i　이 글은 『언어의 감옥에서-어느 재일조선인의 초상』(권혁태, 돌베개, 2011)에 수록되었다.

해서 탈식민지화를 달성하고자 했던 노력이 미 점령군과 일본 정부에 의해 좌절되었던 역사적 경위가 있습니다. 남북한 사람들에게 재일조선인의 언어체험을 말할 때 남의 일이 아니라 공통의 경험과 공통의 토대로서 얼마만큼 끌어들일 수 있을지, 그것이 재일조선인의 사상을 기록해 나갈 때 풀어야 할 커다란 과제가 아닌가 합니다.

그리고 재일조선인은 조선어를 습득하고 "조선어를 국어로서 사용하고자 하는 조국 사람들의 노력에 … 적극적으로 연대해야" 하는 한편, "한국 또는 북한을 향해서는 '다른' 모어(=일본어)를 가진 '같은' 공동체의 일원이라는 주장, 즉 '모어의 권리'를 주장하고자 한다."라고 하신 서 선생님의 주장도 매우 중요합니다.

서경식 예전에도 썼습니다만, 저는 저의 한국어(모국어) 능력이 불충분하다는 걸 뼈저리게 느껴 왔습니다. 좀 더 능숙해지려고 했지만 노력이나 능력 부족의 문제도 있어서 불완전한 채로 이렇게 나이가 들었습니다. 그렇다고 한다면 그런 저는 조선인이 아닌 건가? 나를 한국인이라고 불러서는 안 되는 걸까? 결코 그렇진 않다고 생각합니다. 이런 상황이 오히려 '조선인'인 것이라고 말하고 싶습니다.

한국에서 만난 어떤 택시 기사와의 대화를 에세이에 쓴 적이 있습니다(「국가, 고향, 가족, 개인-'애국심'을 생각하다」, 『일본 리버럴파의 퇴락』에 수록).i 그 기사는 식민지 시절에 오카야마岡山에서 자라면서 일본어 교육을 받은 사람이었습니다. 해방 직후 귀국했더니 한국전쟁으로 군대에 소집되었는데, 군에서 모어(조선어)를 잘 못해서 힘든 일을 당했다고 했습니다. 머리에 떠오르던 노래는 일본의 동요 〈고추잠자리〉였다고 합니다. 우연히 택시에 탄 저를 일본에서 온 일본인이라고 생각하고 자신의 개인사를 이야기해 준 것입니다. 이런 사례가 한국에서 예외적인 게 아닙니다. 오히려 이것이 국내에서 자란 사람까지 포함해서 어떤 세대에게는 공통의 경험으로 남아 있습니다.

시집 『농무』로 유명한 신경림 시인의 작품 중에 식민지 시절 히로시마에서 고된 노동을 한 친척의 이야기가 나옵니다. 그 시에는 (조선어화한) 일본어가 드문드문 나옵니다. 해방 후에 그런 뒤섞인 언어를 '순혈화'하자, '순수한 모국어'로 되돌리자는 움직임이 있었던 건 충분히 이해할 수 있지만, 그러나 이 '순혈화'라는 게 과연 무엇을 의미하는 것일까요?

예전 1990년대 초의 일입니다만, 한국의 민주화 운동 진영에서 국회의원이 된 사람과 '피진 잉글리쉬pidgin English'ii에 대해 이야기한 적이 있습니다. 태평양제도 사람들이나 미국의 '흑인 슬럼가' 사람들이 쓰는 영어는 백인이 보자면 문법적으로 '파괴된 영어'이지만, '파괴되어 있다'는 사실은 누가 정하는 것인가. 피진 잉글리쉬도 그들에게는 정당한 언어이다. 언어가 피진화되

---

i　이 글은 『다시, 일본을 생각한다 – 퇴락한 반동기의 사상적 풍경』(한승동 옮김, 나무연필, 2017)에 수록되었다.

ii　영어와 다른 언어가 혼합되어 만들어진 언어를 말한다. 주로 식민지 지배를 통해 서양어가 유입되면서 서로 의사소통되지 않는 언어를 쓰는 사람들 사이에서 자연스레 형성된 언어를 피진이라 하며 그 사용자들의 자손들을 통하여 모어화된 언어를 크레올Creole(크리올)이라 한다.

어 있다는 것을 정통적인 언어가 파괴되었다고 볼 게 아니라, 오히려 그 언어가 풍부해지는 과정으로 볼 수도 있지 않을까, 라고 저는 말했습니다. 특별한 이야기가 아니라, 다나카 다쓰히코田中克彦 씨의 저서(『말과 국가』)에도 써 있는 내용입니다. 그렇지만 그 사람은 매우 놀라며 "네? 정말 그런 식으로 생각합니까?"라고 말했고, 대화는 그걸로 끊어져 버렸습니다.

저는 그분의 심정을 이해해야 합니다. 조선어학회 사건(식민지 통치하에서 1942년에 조선어학회의 회원이 투옥된 사건)뿐 아니라, 조선어 그 자체가 일본 제국주의의 폭력에 의해 파괴되고 금기시되었고, 해방과 독립 후에 겨우 그걸 회복해 가는 과정에 있는데 일본에서 사는 동포에게 그런 말을 듣는 건 받아들이기 어려웠을 겁니다. 그러나 마찬가지로, 상대방 또한 일본에서 태어나 자란 탓에 일본어가 모어이고 조선어 발음도 잘 못하지만 그래도 '조선인'이고자 하는 재일조선인이라는 심정을 이해해 줬다면 어땠을까요? 그런 상호관계를 쌓아 가길 원했지만, 현실에서는 좀처럼 어려웠습니다.

반세기 전 학생 시절, 재일본한국학생동맹(한학동)에 들어갔을 때, 처음으로 본명을 이야기하고, 이제 막 조선어를 공부하기 시작한 재일조선인 친구와 만난 적이 있습니다. 그는 미음(ㅁ) 받침 발음이 잘 되지 않아 자신의 성인 김을 일본식으로 '기무'라고 발음할 수밖에 없었습니다. 그런 사람도 있습니다. 그걸 비웃거나 창피 주지 않고, '기무'도 '김'도 모두 金이라고 감싸 안아 줄 수 있는 시야를 가질 수 있는지가 중요합니다. "너는 자기 성조차 제대로 발음 못하니까 더 이상 조선인이 아니다."라고 생각할

게 아닙니다. 좀 더 말하자면 저는 만약 조선어를 한 마디도 못하
더라도 일본 제국주의에 의한 식민지 지배 역사의 결과로, '나는
누구인가?'를 끊임없이 생각할 수밖에 없는 존재, 그런 사람이라
면 충분히 대화할 수 있고, 같은 '조선인'으로서 만날 수 있다고
보는 것입니다.

　　최덕효 씨는 본국을 경험하고 실의나 좌절을 느꼈던 건가
요? 덕효 씨는 그래도 그런 문제의식에서 멀어지지 않고 영국이
라는 연고가 없는 머나먼 곳에서 그 문제를 계속 생각하고 있지
요. 다른 마이너리티라든가 다른 제3세계인과의 대화 속에서 사
고를 심화시키는 단서를 발견하려고 하지요. 바로 그 점이 '조선
인'이라는 뜻입니다. 제가 말하는 게 현실정치의 리얼리티에서
보자면 약해빠진 이야기나 문학적인 꿈에 지나지 않을지도 모르
지만, 그래도 우리들은 꿈을 이야기해야 한다고 생각합니다. 간
디가 인도 독립을 외쳤을 때 당시 많은 사람들에게는 꿈같은 이
야기였지 않습니까?

　　한국에서 보낸 2년의 생활은 제게 매우 큰 경험이었고, 솔직
히 말하면 그 시간 동안 이해되지 않는 경험도 많이 했습니다. 그
러나 '조국에 절망했다'라든가 '힘든 일을 겪었다'고 쉽게 말하는
사람에 대해서 저는 비판적입니다. 옛날에 형이 저에게 "조국 사
람들 앞에서 아무렇지 않게 큰 목소리로 일본어로 말하지 마."라
고 한 적이 있습니다. 여기에 나의 모어인 일본어로 말하는 것이
왜 안 되는가, 라고 항변할 수는 있겠지만, '조국 사람들이 어째서
싫어하는가'에 대해서는 이해를 하고 있어야 한다는 말입니다.
그런 배려 없이는 만나고 싶은 사람과 만날 수 없다는 것이지요.

저는 특별히 좋은 분들을 만나 교제했기 때문에 그렇게 생각하는 건지도 모릅니다만, 한국 체재는 저에게는 격려가 되는 경험이었습니다. 만약 인생에서 그 일이 없었다고 하면 더 힘들었을 겁니다. 고국의 좋은 사람들과 만날 기회를 전혀 가지지 못한 채로 인생을 마감하는 재일조선인이 많이 있습니다. 그건 그 사람의 책임이 아니라, 구조적인 문제입니다. 가장 큰 문제는 민족의 분단이고, 나아가 일본과의 관계, 민족교육에 대한 일본의 철저한 억압을 들 수가 있겠지요. 이러한 구조적인 문제가 해소된다면, 관광이나 친족 방문 등 가벼운 마음으로 한국을 방문하는 것도 좋고, 가 보니 꽤 좋았다고 느꼈던 일부터 시작해도 좋다고 생각합니다. 그런 계기에서 시작해서 정치 문제나 역사 문제 등으로 점차 접근할 수 있다면 좋을 것입니다.

한 젊은 재일조선인이 저에게 이런 이야기를 해 준 적이 있습니다. 일본에서는 소외감으로 홀로 울곤 했었는데, 한국을 방문해서 '이모'와 아무 말 없이 그저 손을 맞잡고 있어도 눈물이 줄줄 흐르고 가슴속 무거운 덩어리가 녹는 것 같았다고 말이지요. 그 사람의 어머니가 뉴커머 한국인이었는데, 일본어를 잘 못해서 운영하는 가게에서 종종 계산을 틀려 손님에게 싫은 소리를 듣기도 하고, 남편한테도 괴롭힘을 당해 술을 마시며 울기 일쑤였다고 합니다. 어린아이였던 자신은 그런 엄마가 싫었는데, 제 수업을 들으면서 어머니가 왜 그렇게 되었는지를 생각하게 되었다고 합니다. 한국에서 친척과 만나 가슴속에 얼어붙고 응어리져 있던 게 녹았다는 말은 단순히 '조국 사람들의 따뜻한 가슴에 안겨 민족에 눈떴다'는 뜻이 아닙니다. 일본에서 겉으로 내

보일 수 없었던 것, 자신도 눈치 채지 못했던 것을 알아차렸다는 뜻입니다.

최덕효 씨의 질문에 답이 되지는 않았습니다만, 근대적 주체를 세운다는 의미를 형식적으로 생각하면, 우리는 적어도 스탈린식으로 정의된 '근대적인 민족 주체'를 세우는 데는 실패한 것입니다. 하지만 실패했다고 해서 소멸하는 건 아닙니다. 리행리 씨가 여러 번 언급해 주신 미국의 아프리카계 운동이라든가, 팔레스타인 사람들의 경험, 혹은 미얀마나 벨라루스에서 지금도 일어나고 있는 일은 우리들이 얼마 지나지 않은 과거에 경험한 일입니다. 직접 만나거나 언어로 나눌 수는 없지만, 같은 경험을 하고 있는 사람들이 있다는 걸 느낄 수 있고, 상대도 우리에게 공감할 수 있을 것입니다.

모어와 모국어의 상극

조경희　'모어와 모국어의 상극'이라는 주제에 관한 질문이라기보다 감상입니다만, 조금 이야기하고 싶습니다. 저는 모어조차도 다소 파괴되어 있다는 느낌을 늘 갖고 있어서 잠시 '언어 상실'이 된다고나 할까요. 모어와 모국어, 즉 일본어와 조선어가 서로 침투해 버리는 순간이 있습니다. 바이링구얼bilingual(이중언어) 교육 과정에서는 모어 능력이 정체된다는 연구도 있는 것 같은데요. 저는 일본에서는 조선학교에 다녔고, 지금은 한국, 즉 모국에 와 있기 때문에 더욱 그런 기분이 드는 건지도 모르겠습니다.

바이링구얼 교육을 제대로 받았다는 느낌은 없지만, 어릴 적부터 우리 노래(조선 노래)를 부르거나 했기 때문에, 어쩌면 여러분과는 다르려나요? 조선학교의 재일조선인은 꽤 특수한 언어 경험을 하고 있는 것이지요. '민족 엘리트'적인, 방금 언급된 스탈린식 정의로 말하자면 민족이나 탈식민지화에 가까운 것이라고 생각합니다만, 성장 과정에서 모어인 일본어보다도 모국어인 조선어에 더 가치가 주어져 있었기에 제 자신 속에 어떤 딜레마가 생겼던 것 같습니다.

서경식　조선학교에 다닐 때, 집에서는 어떤 언어를 썼습니까?

조경희　기본적으로는 일본어였는데, 할머니가 있었기 때문에 '짬뽕'이었습니다.

서경식　지금 한국에 가정이 있으신데 가정에서의 언어는 어떤가요?

조경희　아이가 어릴 때에는 일본어가 섞인 말을 사용했지만, 자라면서는 압도적으로 한국어 위주가 되었지요.

서경식　자녀분은 어머니의 한국어에 위화감은 없는 건가요?

조경희　아직도 있을 겁니다. 아주 많이요. 제가 틀리게 말할 때도 많고, 아이에게서 "엄마는 화낼 때 무슨 말 하는지 모르겠어."라는 말을 자주 듣곤 해요. 저는 양쪽 모두에 흔들림을 느낍니다. 즉 모어와 모국어라는 구분을 두면서 모어는 자연스러운 것으로 모국어는 이념적인 것으로 고정되어 있는 게 아니라, 모어 역시 흔들린다는 뜻입니다. 이런 경험을 하는 것 자체가 디아스포라가 가진 측면이 아닌가 싶습니다. 경계에 놓여진다는 경험 말이지요.

서경식　그렇지요. 좀 더 엄밀히 말하자면 모국어라는 개념은 국가가 있어야 비로소 성립하는 것입니다. 국가는 역사상 과도적인 거라고 생각하면, 지금 당장 국가가 없어지거나 하는 일이 일어나지는 않는다고 해도, 국가가 사라진다면 세계에는 모어밖에 없습니다. 모국어라고 하는 것은 '모母'라고 표상하는 것 자체에도 문제가 있습니다. 자신들의 일상에서 부모와의 관계에서 배우는 것이라는 의미가 포함되었겠지요. 그런 여러 양상이 다양하고 잡다하게 난립하고 있어요. 물론 거기엔 수의 논리가 작동하기 때문에 어떤 언어를 사용하는 사람이 많아지면 우세하게 됩니다만, 본래 다수의 모어가 난립하고 병존하는 게 뭐가 나쁜가 하는 생각이 듭니다. '근대의 주체'를 세울 때, 국가를 세우기 위해서 '국어'를 수립해야 했고, 이를 위해서 사전이나 교육기관을 만들고 교과서를 만들어 왔습니다. 물론 그건 역사적으로 필요한 일이었습니다. 그리고 조선학교의 특수한 점은 역사수정주의로 왜곡된 일본 사회 속에서 소수자에 의해 모국어가 '자기목적적'으로 지켜져 왔다는 데 있습니다. 현재 일본의 일상에서 조선어

가 도움이 되는 세계는 점점 좁아지고 있습니다. 공화국(북한)과
더 자주 왕래하게 된다면 이야기는 달라지겠습니다만.

조경희　그렇네요.

서경식　그런 언어의 실용성에서 보았을 때 흔들리고 있는 모
국어를 그래도 '자기목적적'으로 지키는 일이 의의는 있지만, 긴
역사에서 보자면 꼭 그게 '모국어'여야 할 필요는 없습니다. 모어
가 있으면 되지, 모어가 꼭 한 개여야만 하는 건 아닙니다. 부어
父語와 모어가 다르거나 하는 것도(본인에게는 곤란하더라도) 있을
수 있지요. 중요한 건 그럴 때 어떻게, 무엇이 사람들의 소통을
도울 수 있는가 하는 점입니다.
　　성경에 바벨탑 이야기가 있습니다만, 아우슈비츠에 잡혀 있
던 사람들은 자신들의 상황을 바벨탑에 비유했다고 합니다. 신
이 인간에게 벌을 내려 언어를 흩어 각각 다르게 만들어 버렸기
때문에 아무리 노력해서 바벨탑을 만들어도 무너지고 만다는 이
야기입니다. 즉 유럽 전역에서 여러 언어를 사용하는 유대인들
이 강제적으로 끌려와서 서로 소통할 수 없게 된 것입니다. 강제
노동을 시키는 장소로서 바벨탑과 같은 아우슈비츠가 있었던 거
지요.
　　저는 그 상황을 떠올리며 인간의 언어 생활은 본질적으로
'바벨탑'이라고 생각합니다. 그것이 '국어'나 '공용어'라는 형식
을 취해 온 건 국가의 강제력에 의해 성립된 것입니다. 그러므로
우리들이 근대를 완전히 극복한다면 그다음으로는 '언어 세계'

란 무엇인가? 라는 물음에 맞닥뜨릴 수밖에 없습니다. 어떤 의미
에서 이상적으로 생각한 면이 있지만, EU의회가 만들어졌을 때
사용되는 언어만 스무 개 이상인 상황에서 의회 활동을 하는 거
니까, 통역 역시 스물 몇 그룹이 준비되어 진행되었다고 합니다.
결과적으로 영어나 불어가 우세가 되었지만, 그런 순서를 밟으
면서 여기까지 온 겁니다. 그러므로 저는 재일조선인을 포함한
조선 민족의 의회라든가 조선 민족의 문학이라든가 하는 건 다
중 언어로 이루어져 서로 말이 쉽게 통하지 않는 상황이 정직한
모습이라고 봅니다. 그게 또 재미이기도 할 것입니다. 그러므로
경희 씨가 말씀하신 불안정에 대한 고민이라는 건 근대를 뛰어
넘는 경계에 서 있는 자의 고민입니다. 그걸 당장 내일이라는 다
급함보다 '모레부터 나아갈 방향'이라는 생각으로 뛰어넘어 주
셨으면 합니다.

조경희 네. 아이덴티티라는 건 역시 언어의 문제가 크네요.
조선학교에서는 조선인이라는 단일 아이덴티티를 지향하기 때
문에, 모어로서의 일본어를 말하면 가벼운 벌을 받게 됩니다. 게
다가 익숙해져 버린 재일조선인의 조선어가 이번엔 한국에서 통
용되지 않는 상황이 겹치면서, 즉 자신의 언어가 부정되는 듯한
경험이 반복되는 상황이 펼쳐졌습니다. 역시 모어를 통해 지적
으로 생각하고 쓰는 일에 대해 한번은 제대로 마주할 필요가 있
었습니다. 그런 의미에서 이건 제 콤플렉스와 관련된 문제이기
도 합니다만, 예전 민족교육 방법에 대해서는 약간 비판적인 생
각을 갖고 있습니다. 말씀하셨듯이 모어인가, 모국어인가 하는

식의 이항대립을 넘어, 경계에 세워진 자의 언어와 지식을 펼쳐
가는 방법이 필요하겠네요.

서경식 아이덴티티의 안정이라는 걸 저도 예전에는 고정적
으로 '○○인이라는 아이덴티티'가 정해져 있는 것으로 생각했지
만, 『디아스포라 기행』 이후 아이덴티티를 컨텍스트, 즉 맥락으
로서 파악하게 되었습니다. 즉 자신의 아이덴티티가 이러한 데
에는 이런 이유가 있다고 스스로 이해할 수 있게 되는 것이 '아
이덴티티의 안정화'라고 생각합니다. '나는 다른 사람이다'가 아
니라, 내가 다른 건 이러 이러한 이유가 있기 때문이다, 지금처
럼 되고 싶지 않다면 나 자신보다도 세상을 변화시킴으로써 바
뀔 수 있다, 라는 아이덴티티 의식이지요. 조선학교의 역사를 보
면, 압도적인 탄압이 지속되는 상태 속에서 조만간 없어질 거라
고 계속 이야기되면서도 이렇게 분투하고 있는 건 대단한 일입
니다. 경의를 가지고 봐야 할 일이지요. 거기서 본국의 발음과는
조금 다르더라도, 경우에 따라서는 열등한 조선어랄까, 서툰 조
선어로 여겨진 시기가 있기도 했습니다만, 그건 하나의 언어 변
용과 발전 과정이기에 콤플렉스를 가질 필요는 없습니다.

조선어학회의 연구자들이 탄압받거나 고문으로 죽임을 당
한 건 일제 시대 말기입니다. 정통 언어라고 하는 '표준조선어(표
준말)'가 정해진 게 해방 이후부터라고 한다면 겨우 70년 정도밖
에 지나지 않은 일입니다. 조선어가 지금도 급격한 변용 과정 중
에 있는 상태 자체가 조금도 이상한 일이 아닙니다. 그 변용을 초
래한 요소나 요인 중 하나가 재일조선인의 존재라는 사실은 오

히려 자연스러운 일입니다. 저는 조경희 씨의 아드님이 어떤 언어 사용자로 성장해 갈지 기대됩니다.

마지막으로 ― 젊은 세대를 향하여

최덕효 마지막으로 재일조선인 젊은 세대를 향해 짧은 메시지를 전해 주실 수 있으실까요? 『일본 리버럴파의 퇴락』에 수록된 「다음 세대의 사람들에게 ― 다시 재일조선인이 나아갈 길에 대하여」라는 글이 있습니다.i 2014년 코리아NGO센터 강연 기록이었는데요, 그 후로 7년이 지났습니다. 그 강연에 덧붙이는 형태로 무언가 말할 게 있으신지요. 서 선생님은 그 강연에서 다음과 같이 발언하셨는데, 매우 인상적이었습니다. "일본 사회라는 한정된 조건 속에서만 재일조선인의 미래를 이야기하는 건 매우 편협하다고 할 수 있습니다. 그러는 게 무리는 아닙니다. 왜냐하면 우리들은 그러한 장소에 갇혀 있기 때문에 넓은 시야로 다른 변수를 파악하는 게 꽤 어렵기 때문입니다. 그렇지만 적어도 스스로 지식인이라고 자임하는 사람들은 그런 노력을 해야 하고, 그런 발신을 해야 하는 것입니다."

그리고 또 강연 마지막 부분에서 '어두운 예감'도 말씀하셨습니다. 미국 사회에서 아프리카계 시민이 경찰에게 공격받는

---

i 이 글은 『다시, 일본을 생각한다 ― 퇴락한 반동기의 사상적 풍경』(한승동 옮김, 나무연필, 2017)에 수록되었다.

사건이 일어나는데, 똑같은 일이 일본에서도 일어날 가능성이 있다고 하셨죠. 일본 사회의 폐쇄적 상황 속에서, 설 곳이 없다는 생각에 휩싸인 재일조선인 젊은이가 폭발하고, 그걸 계기로 일본 경찰이 재일조선인을 마구 때리고 일본 사회가 전체주의 상황으로 방향이 바뀔 수도 있는 디스토피아적인 예감을 토로하셨지요.

서경식 디스토피아적이라고 말씀을 하셨는데, 저는 좀 더 절박한 위기감이 있습니다. 실제로 재일조선인계 금융기관에 대한 방화미수 사건이 있었습니다. 일본이 총을 규제하지 않았다면 난사 사건이 일어났어도 전혀 이상하지 않을 정도입니다. 때문에 이건 상상 속의 일이 아니라, 현실의 위협이라고 생각합니다. 일본의 배외주의가 지금까지는 소수의, 소위 '넷 우익'라고 불리는 사람들에게 국한되어 있었던 것처럼 보이지만, 실은 아베 정권 이후, 정계의 중심으로까지 연결되면서 점점 더 심각해지고 있습니다. 꼭 종래의 민족적 편견 때문만이 아니라도, 예를 들어 사가미하라相模原 야마유리원やまゆり園의 장애인 살육 사건i처럼 비합리적인 욕구 불만은 예전 유대인이 유럽에서 당한 상황을 떠올리게끔 할 정도로 사회적 약자를 대상으로 향하고 있습니다. 저는 그런 상황이 굉장히 임박했다는 위기의식이 있습니다. 오히려 재일조선인 쪽에 그런 위기의식이 희박한 게 아닌가, 라

---

i 2016년 7월 26일 일본 가나가와현 사가미하라시 북쪽의 장애인 시설에 예전 시설 직원인 20대 남성이 침입해 19명을 살해한 증오 범죄 사건.

는 생각이 들 정도입니다.

　객관적으로 보면, 지금 일본과 한국의 외교 관계는 매우 나쁩니다. 그렇지만 예컨대 '위안부' 문제와 '징용' 문제는 그만둘 수 없는, 조선 민족이 근간으로 벌여야 할 투쟁으로서 앞으로도 계속 이어질 것입니다. 이에 대해서 일본 사회가 폭력적인 형태로 반격해 오는 일이 많이 일어날 수 있습니다. 그때 배외주의의 표적이 되는 건 재일조선인입니다.

　10년 전 쯤에 교토 조선학교를 향한 재특회在特會(재일조선인의 특권에 반대하는 시민들의 모임)의 공격이 있었을 때, '어떤 젊은 재일조선인 여성'이 저에게 메일을 보냈습니다. 바로 여기에 계신 리행리 씨지요. 저는 그 일에 대해 "이런 참혹한 사회를 젊은 세대에게 남겨 주게 될 줄은…."이라고 답을 쓴 적이 있습니다 (『식민지주의의 폭력』의 「후기」에 수록). 그 후로 지금까지 상황은 더 악화되었습니다. 리행리 씨 입장에서 보자면 대학에 들어가 얼마 안 된 시기에 그런 사건을 당했고, 그 후로도 조금도 나아지지 않은 상황 속에 있는 것이지요.

　더 거슬러 올라가면, 저는 1995년에 재일조선인 유지들의 도움을 바라며, 「이제는 가만히 있을 수 없다」라는 글(『분단을 살다』에 수록)을 썼습니다. 그때 '위안부' 부정론을 외치는 극우파 녀석들은 "재일조선인, 특히 대한부인회의 데모가 지나간 뒤엔 마늘 냄새가 나서 참을 수 없다."라는 말을 서슴지 않고 해 댔습니다. '이렇게 저열하다니!' 그런 생각에 저도 인내심에 한계를 맞았고 이러저러한 행동으로 대응하자며 재일조선인 유지들과 함께 성명을 낸 것입니다. 그 이후로도 일본 사회는 계속 퇴락하고만 있습니다. 방향을 전환할 만한 조짐이 보이지 않아요.

예전에 (임철, 조경달, 조선대학교의 강성은, 고연의 같은 분들이 주도하여 가능했던) '한겨레연구회'가 주체가 되어, 한국의 원로 역사가 강만길 선생님이 2000년경에 일본에 오셨을 때에 이케부쿠로에서 강연회를 열었더니 많은 동포가 모였습니다. 지금은 그런 일이 거의 없습니다. 그 원인에는 두 가지 측면이 있을 겁니다. 하나는 지금 조선학교 학생조차 밖에 다니려면 치마저고리를 벗고 다른 옷으로 갈아입고 다녀야 할 정도인데요. 오랫동안 이어져 온 배외주의의 결과로, 재일조선인 내부도 분열되고 무력감이 만연해진 상황이 있을 겁니다. 그리고 또 하나는 본국의 상황을 들 수 있습니다. 강만길 선생님이 오셨을 때는 우리도 연구회 이름을 '한겨레'라고 붙였듯이 남북 간 교류나 대화가 촉진되면서 평화통일을 향한 길이 어렴풋하게나마 보이기 시작하던 때였습니다. 민주정부인 김대중 정권도 탄생되고, 통일의 기운이 재일동포 사회에도 반영되던 시기입니다. 현재는 본국의 상황도 그렇지 않은 데다가 더욱 굳건해지기만 한 일본의 배외주의에 대항해서 재일조선인이 무엇을 할 수 있을지는 답하기 쉽지 않습니다. 가능하다면 여러분 같은 젊은 세대들이 힘써서 현재 상황에 대한 태도를 표명한다거나, 혹은 좀 더 넓은 범위에서 찬동하는 목소리들을 모아 주면 좋겠습니다. 나아가 일본과 한국이라는 지리상의 국경을 넘어서, 재미동포나 재유럽동포까지도 포함하는 형태로 말이죠. 일본의 배외주의를 우려하는 모든 코리안의 태도 표명이라고 할 수 있겠지요. 그걸 최덕효 씨가 영국의 셰필드에서 발신하신다거나 그러면 좋지 않을까요. 성명하나로 세상이 바뀌는 건 아니지만, 그런 일의 효과는 긴 시간이 걸리는 겁니다. 저는 제가 예전에 했던 일을 지금 여러분이 다시 떠올리며 문제로 여겨 주시는 걸 보고 '아, 이 정도로 오래 걸리는 것이구나' 생각하곤 합니다. 저 역시 남은 인생에서 할 수 있는 일을 해 나가고 싶습니다. 그게 저의 '현장'이기 때문입니다.

리행리 일본의 배외주의와 역사수정주의가 동아시아 분단의 극복과 평화에 있어 얼마나 큰 장벽이 되고 있는지가 중요한 논점이 되겠네요. 그 답을 위해 일본에 있는 재일조선인이 분단을 넘어 무엇을 할 수 있을지 계속 생각하고자 합니다.

『분단을 살다』에 나오는 '근대'를 통째로 극복한다는 말에 관련한 것인데요. '포스트 모던'이 전개되는 가운데, 근대가 식민지나 노예를 권리의 울타리 바깥쪽에 두고 방치해 온 문제를 해결하지 않은 채, 근대를 빠져나가려는 경향이 보입니다. 식민주의에 대한 대항 담론을 만들고자 할 때 '커다란 이야기'를 그리면서 사고하는 게 여전히 중요하다고 봅니다. 하지만 제국이나 글로벌한 민중에 관해 이야기할 때, 마르크스주의적인 구도만으로는 모두 포괄할 수 없는 존재를 어떻게 바라봐야 할까요? 이 문제는 젠더 편향적이거나 식민주의 분석에는 약한 마르크스주의 이론이나, 혹은 젠더/계급 시점이 결여된 민족주의만으로는 해결할 수 없습니다. 반식민주의에 대한 사상적 연마를 위해서는 이론과 운동의 반복에 덧붙여 보편과 특수의 반복도 필요합니다. 그런데 동세대 재일조선인 연구자들 사이에서는 이론 연구를 하는 사람과 역사 연구를 하는 사람들 간에 단절이 일어나고 있

습니다. 세계사적인 디아스포라 문제를 바라봤을 때, 유대인에게
도 그렇고 재일조선인에게도 각각의 개별적이고 구체적인 문맥
차이도 있으므로, 안이한 보편주의도 위험합니다. 그렇지만 근대
이후의 세계적 과제를 해결하고자 할 때에는 개개의 특수성에만
주목하는 것보다도 현재 난민이나 외국인 노동자들이 놓여 있는
상황, '블랙 라이브즈 매터Black Lives Matter'i 운동 등에 어떻게 공
명해 나갈 것인지도 중요합니다. 이를 위해서는 세계사적 문제
와의 관련성을 살펴보는 게 필수적이라 할 수 있습니다.

　　사회변혁 수단으로서의 참정권에 대해서도 생각해야 합니
다. 재일조선인이 일본의 참정권을 얻는 건 일본 시민사회에 포
섭당하는 것이기도 하기 때문에, 지금의 일본 정치체제 아래 투
표권이 주어진다고 해도 그다지 의미가 없는 건 아닐까, 라는 생
각도 듭니다. 그러나 차별금지법과 관련해서도 재일조선인 대다
수에게 참정권이 없는 점은 큰 장벽이 되는 것 같습니다. 사회적
실천의 장에서 성공하는 경험도 적고, 지역의 구체적인 문제를
해결할 수단조차 제한되어 있으므로 재일조선인이 폐색감이나
절망감을 가질 수밖에 없는 것이 현재의 상황입니다. 물론 투표
만이 정치 참여를 의미하는 건 아니지만요.

서경식　　지금까지 살아오면서 이곳저곳을 돌아다니며, 한국

---

i　"흑인의 목숨도 소중하다."라는 뜻으로 지난 2012년 미국에서 흑인 소년의 목숨을 앗아
간 백인 방범 요원이 이듬해 정당방위로 무죄 판결을 받고 풀려나면서 시작된 흑인 민권
운동.

의 좋은 분들과 만난 것은 물론, 팔레스타인 사람 라지 스라니 씨와 같은 존경할 만한 제3세계 사람들과 만날 수 있었던 건 제게 커다란 행운이었습니다. 이스라엘군이 가자지구를 폭격했을 때, 라지 스라니 씨가 실시간으로 "나는 지금 쏟아지는 폭탄 속에 있다."라고 메일을 보내왔습니다.

솔직히 말하면 저도 재일조선인이나 그들의 상황에 대해 비관적이 될 때가 있습니다. 하지만 그럴 때면 1930년대 말의 선배들은 얼마나 더 절망적이었을까 상상합니다. 예를 들어 「치안유지법」 위반으로 구속되어 후쿠오카 형무소에서 옥사한 시인 윤동주는 얼마나 절망적이었을까, 하고 말이지요. 동시대를 살고 있는 다른 나라의 친구들, 예를 들어 라지 스라니와 비교해도 우리들이 더 절망적이라고 할 수 있을 것인가, 라고요.

눈을 외부로 돌려 바깥에서 조선을 바라보면, 조선이 더욱 잘 보이게 됩니다. 『나의 서양미술 순례』도 미술에 대해 쓴 것처럼 보이지만 실제로 썼던 이야기는 조선의 일, 재일조선인의 삶입니다. 서양미술 이야기니까 서경식은 '조선에 관심이 없다'고 생각하는 사람이 있다면 그건 얕은 생각입니다. 어디에 가든지 무엇을 하든지 우리들은 '조선인'이기 때문입니다.

최덕효   저는 해외에서 생활하게 된 지 벌써 15년이 지났고, 문자 그대로의 의미에서는 '재일在日' 조선인이 아니게 되어 버렸지만, '재일'과 '조선'의 현장 밖에서 살면서도 이에 대해 이야기하며 표현하는 것이 지닌 의의를 늘 생각하며 연구에 임하고 있습니다. 미국에서 공부하던 시절에 아프리카계나 아시아계 미국인들의 역사 연구에서 커다란 자극을 받았고, 또한 재일조선인 역사 연구의 측면에서도 그들과 '연결되고 싶다'는 기분을 늘 가지고 있습니다. 최근 영국에서는 '블랙 라이브즈 매터 운동'의 영향도 있어, 고등교육 커리큘럼의 '탈식민지화'가 활발히 제창되고 있습니다.

마이너리티 출신 연구자들의 비판적인 논의나 사상 활동을 접하면서 재일조선인의 역사나 경험으로부터도 세계에 무언가를 발신해야 한다는 생각이 강해집니다. 재일조선인의 경험은 그런 보편성과 중요성을 충분히 지니고 있다고 생각하며, 긴 역사적 시야로 볼 때 백 년, 아니 그 이상으로 남을 만한 사상을 재일조선인의 경험 속에서 풀어낼 수 있지 않을까 싶습니다. 재일조선인의 경험을 보편적인 연결을 통해 사상적으로 추구하고, 또한 언어로 남기고 있는 것이 바로 서 선생님의 작품이라고 저는 생각하고 있습니다. 이번 대담을 준비하면서 작품들을 다시 읽고, 서 선생님 사상의 핵심을 추출해 보면서 다시 한 번 그 중요성과 가능성을 실감했습니다.

서경식   최덕효 씨가 있는 그 장소(영국)가 바로 '현장'입니다. 거기서만 볼 수 있거나 말할 수 있는 것이 있기에, 그곳에서의 활동이 다름 아닌 현장 활동입니다. 현장을 고정적으로 생각할 필요는 없습니다. 20-30년 전에는 미국에서 공부하고 영국에서 가르치는 재일조선인이 나오리라고는 상상할 수도 없었습니다. 그건 우리들의 상황이 글로벌화의 파도에 놓여 있기 때문이라고도 할 수 있는데요. 확장된 패러다임 속에서 계속 이야기해 나가는 건 현장에서 펼칠 수 있는 하나의 실천이라고 할 수 있습니다. 최덕효 씨는 영국이라는 쇠멸해 가는 구舊제국 한가운데에서 연구와 이론 활동을 하고 계시지요. 몰랐던 걸 알아차리게 되거나 의외의 장소에서 친구를 발견할 수도 있을 겁니다. 그런 경험을 재일조선인 사회나 일본어권, 조선어권에도 의욕적으로 다시 발신해 주시면 좋겠다고 생각합니다. 사상으로서, 그리고 먼저 살아 온 사람의 샘플로서 저를 주목해 주신 점에 마음 깊이 감사드립니다.

　　조경희　저는 서경식 선생님과 이처럼 오랫동안 이야기를 나눈 일이 없었기 때문에 무척 좋은 기회였습니다. 좀 더 듣고 싶은 말씀도 많습니다만, 오늘을 계기로 또 이런 자리와 기회가 마련될 수 있다면 기쁘겠습니다. 제 현장은 어디일까? 그런 생각을 하니, 벌써 한국에 온 지 15년이 넘었네요. 저는 스스로를 '재한在韓 재일조선인'이라고 말합니다. 모순된 표현이긴 하지만, 재일조선인에서 한국으로 치환되는 게 아니라, '재일 플러스 재한'이라는 식으로 역사가 쌓여 가는 거라고 생각하고 있습니다. 다시 말해, 어느 쪽을 선택하는 게 아니라, '홈home'을 늘려 가는 것이 중요하지 않을까 생각합니다.

　　재일조선인 중에 고립된 인생을 사는 사람들에게 자신의 장소나 '홈'이 있으면 좋겠습니다만, 민중일 경우 더더욱 선택지를 늘릴 수 없는 게 현실이지요. 실제로 코로나 상황 때문에 지금은 왕래도 어려워졌습니다만, 긴 안목에서 볼 때 북한을 포함해서 남북한, 혹은 해외로까지 눈을 돌려 우리들의 '홈'의 가능성을 넓혀 갈 수 있지 않을까 합니다.

한국에도 재일조선인에 대한 활동을 하고 있는 사람들이 꽤 있습니다. 최근에는 재일조선인에 대한 국정원의 불법 시찰 문제나 '국가보안법' 문제 등이 재조명되고 있고, 아까 말씀하신 병역 문제를 포함해서 재일조선인의 관점에서 분단체제의 모순을 살펴 가는 일이 점점 필요하게 될 거라고 생각합니다. 지금은 저희들이 모두 따로 따로 분리되어 있기 때문에 20년 전 한겨레연구회가 한 것과 같은 성명문이라는 형태는 다소 어려울 수도 있지만, 앞으로 대처해야 할 어떤 일이 생겼을 때 이어질 수 있는 관계를 만들어 가고 싶습니다.

서경식 지금 우리들 눈앞에 임박해 있는 것은 일본의 역사수정주의와 배외주의에 저항해야 한다는 과제입니다만, 시선을 더 미래에 두자면 전쟁 위기에 저항하는 일이기도 합니다. 전쟁 위기는 언제나 우리 앞에 먹구름처럼 드리워져 있습니다. 일본과 한국 사이에, 혹은 일본과 조선민주주의인민공화국 사이에, 더 나아가서는 한반도의 남북 사이에 무력충돌이 일어난다면, 우리 같은 중간적인 존재는 한번에 일소되어 버린다 할까, 혹은 어느 한쪽에 강제 편입되어 목숨을 내어놓게 될 수도 있습니다. 그런 위기를 염두에 두면서, 평화를 지킨다는 공통 과제를 가지고 앞으로도 서로 협력해 나가면 좋겠습니다.

2021년 1월 23일 도쿄경제대학과 숙명여대에서 온라인으로 개최된 서경식 교수 정년 퇴임기념 심포지엄 〈현대문화와 인문주의(휴머니즘)의 미래를 묻다―서경식의 비평활동을 단초 삼아〉의 기록이다. 심포지엄은 일본 측의 우카이 사토시, 다카하시 데쓰야와 한국 측의 권성우, 최재혁의 발표에 이은 서경식의 응답, 도쿄경제대학 소속의 모토하시 데쓰야, 시부야 도모미, 리행리의 코멘트로 이루어졌다. 이 책에서는 『서경식 다시 읽기』(연립서가, 2022)에 게재한 권성우, 최재혁, 리행리의 발표·코멘트 원고를 제외하고 전문을 수록했다.

2

한일을 오가는
비평 활동의 다면성

발표
1

'재일'을 '생각하기'와
'재일'을 '살아가기'

/ 우카이 사토시

'재일'을 '생각하기'와 '재일'을 '살아가기'. 어찌 보면 무슨 뜻인지 잘 와닿지 않은 제목이겠습니다만, 이 말에 어떤 의미를 담고자 했는지 점차 이해하실 수 있도록 이야기를 풀어나가 보려 합니다.

제가 서경식 선생의 책을 본격적으로 읽게 되기까지는 어떤 단계가 있었습니다. 1970년대에 교토에서 학창 시절을 보냈던 일과도 관련되어 있습니다. 서경식 선생은 1995년 『겐다이시소』 10월호(23권 10호)에 「김지하 씨에게 부치는 편지 – 자기분열의 고통」이라는 인상적인 글을 발표했습니다. 박정희 군사독재의 유신에 맞서 민주화 운동을 펼쳤던 대표적 시인으로서 오랜 시간 투옥 생활을 경험한 김지하 씨에게 서경식 선생은 "지금 당신은 그 시절에 가졌던 이상에 의문을 던지고 있지만, 그 당시 당신의 이름은 '보통명사'였습니다. 그 숙명을 계속 감당해야 할 역사적 책임이 있지 않습니까?"라고 묻습니다. 매우 냉엄한 호소였고, 그렇게 말할 수밖에 없었던 서경식 선생 자신도 강한 충격을 받았던 일이었을 겁니다. 그 글을 읽었을 때, 저는 1970년대 교토의 거리 풍경을 떠올렸습니다. 길거리 전신주마다 "서씨 형제 석방"을 요구하는 포스터가 붙었던 그런 시절이었습니다.

포스터에는 고문을 당한 서승 선생의 법정 사진이 사용되었습니다. 거리로 나서면 그런 이미지와 마주치는 것이 일상이던 시절이었습니다. 서경식 선생에게는 정말 괴롭고 힘든 시기였겠지요.

그러나 한편으로 현재의 일본을 생각하면, 그런 포스터를 거리 곳곳에서 볼 수 있었다는 사실에 격세지감을 느낍니다. 앙리 르페브르Henri Lefebvre식 표현을 써 보자면 "도시에 대한 권리"가 아직 살아 있었고, 그 권리가 민중에 의해 행사되던 시절이었기에 가능한 풍경이었을 겁니다. 그때 교토 거리의 풍경은 소위 '보통명사로서의 서씨 형제'를 표현하고 있었다고 할 수 있지 않을까요.

그런 상황을 거치며 서경식 선생은 1971년부터 유신 체제 아래 한국의 감옥에 갇혀 있던 두 형을 둔 동생이라는 '보통명사'적 입장에서, '고유명사로서의 서경식'을 표현하기 위한 작가 활동을 개시하게 됩니다. 그러나 「김지하 씨에게 부치는 편지」 이후 제가 느낀 인상은 '서경식'이라는 이름 역시 자신의 독특한 표현을 통해 세상에 알려지게 되었지만, 아무리 해도 **일반적인 고유명사**는 되지 않는, 아니 될 수 없는 것이 아닐까 하는 생각이었습니다. 정치범의 동생이라는 입장과는 별도의, 또 하나의 '보통명사로서의 서경식'으로 향하는 벡터vector가 항상 존재했기에 다른 작가에게서는 볼 수 없는 긴장감이 저에게는 늘 느껴졌던 것입니다.

　　그 인상은 제가 서경식 선생을 처음 보았던 사건의 기억과도 이어져 있습니다. 1992년의 일입니다. 콜럼버스가 1492년에 이른바 '신대륙 발견'을 한 뒤, 그로부터 500년에 걸친 근대 식민주의의 역사가 시작되었던 셈이라, '콜럼버스 신대륙 발견 500년'을 재고하는 의미로 집회가 열렸습니다. 거기서 서경식 선생이 발언하는 장면을 보았던 것이죠. 30년 전 기억이라 그 후로 제 속에서 각색된 부분도 있지 않을까 걱정이 됩니다만, 간단히 말하자면 '프란츠 파농을 이야기하는 자로서 서경식'을 발견했다고 할 수 있습니다. 그때 발언에서 서경식 선생이 인용한 파농의 말은 『대지의 저주받은 사람들』 중 「민족 문화」라는 장에 등장합니다. "우선 자기 자신의 소외를 명확하게 의식하지 않으면 결연히 나아갈 수 없다."라는 구절입니다. 이 말을 참가자 대부분이 일본인이던 이 집회에서 서경식 선생이 인용했다는 사실은 어떤 의미를 가질까요? 요컨대 그 자리에 있던 사람들, 바로 일본인 한 사람 한 사람을 향해서, 더 나아가 '인간'을 향해서 던진 외침이었다고 할 수 있습니다. "이 자리에 와 계시는 일본인이라면 분명 '결연히 나아가고' 싶은 분들이라고 믿고 싶다. 그렇다면 자기 스스로가 어떻게 '소외'되어 있는지를 진지하게 생각해 주시길 바란다."라는 외침이자 메시지였다고 생각합니다.

　　그 후로 저는 탐닉하듯 서경식 선생의 책을 읽었습니다. 형들의 석방 운동 중에 쓴 『길고도 험한 여정 – 서씨 형제 옥중의 삶』(가게쇼보, 1988)을, 그리고 어머님이 돌아가셨을 때 집필한 정말 잊을 수 없는 글인 「죽은 자의 무거운 짐을 풀기 위하여」(오기순 씨 추도 문집 간행위원회 편집·발행, 『아침을 보지 못한 채 – 서씨 형

제의 어머니 오기순 씨의 생애』, 1980)를 읽었습니다. 그리고『나의
서양미술 순례』와『어린아이의 눈물 – 어느 재일조선인의 독서
편력』(가시와쇼보, 1995)이라는 작가적 성격이 조금 더 드러난 저
작으로 옮겨 갔습니다.

그러나 제가 오늘 이 자리에서 언급하고 싶은 것은, 그중 어느
쪽에도 속하지 않는, 즉 활동가도 작가도 아닌, 이른바 교육자로
서의 서경식입니다. 특히 '재일조선인'이라는 존재를 어떻게 생각
해야 하는가? 라는 문제를 두고 고투해 온 서경식 선생을 보면서
제가 배운 점과 지금 생각하고 있는 점을 말씀드리고 싶습니다.

교육자로서의 서경식 선생의 업적은 이와나미 북클릿 형태
로 나온『황민화 정책에서 지문 날인까지 – 재일조선인의 '쇼와
사'』(이와나미쇼텐, 1989)라는 저작부터 시작됩니다. 서경식 선생
과 안면을 트게 된 이후로 20세기의 마지막 약 5년간 이 세기를
어떻게 정리할 것인가에 대한 작업을 함께 하자고 서경식 선생
의 권유를 받았습니다. 함께 일을 하며 지지와 가르침을 받고 성
장할 수 있었기에 지금까지도 감사의 마음을 잊지 않고 있습니
다. 한 가지 사례가 아사히신문사에서 출판된『20세기 천 명의
인물』(전 10권, 1995)에 참가한 일입니다. 여기에 서경식 선생이
기고하신 글은 나중에『사라지지 않는 사람들 – 난민의 세기의
묘비명』(가게쇼보, 2001)이란 단행본으로 정리되어 출판되었습니
다. 그리고 마이니치신문사에서도『20세기의 기억』(1998-2000)
이라는 방대한 시리즈를 펴냈습니다. 지금 생각해 봐도 두 출판
물은 편집자들을 정말 힘들게 한 방대한 기획이었습니다. 특히
『20세기의 기억』의 경우는 저희 두 사람의 친구였던 편집장 니

시이 가즈오西井一夫 씨가 격무에 시달리다 결국 세상을 떠난 아픈 기억도 떠오르게 합니다.

　　그리고 제가 대담 상대 중 한 명으로 참여한 인터뷰집 『새로운 보편성으로 - 서경식 대담집』(가게쇼보, 1999)이 있습니다. 또한 지금이야말로 특히 되새겨 볼 필요가 있는 싸움이었다고 생각되는, 당시 도쿄 도지사인 이시하라 신타로石原慎太郎의 '삼국인三國人' 망언i과 관련된 저서도 떠오릅니다. 바로 서경식, 다카하시 데쓰야, 우쓰미 아이코內海愛子 씨가 공동으로 펴낸 논집 『이시하라 도지사의 '삼국인' 발언, 무엇이 문제인가』(가게쇼보, 2000)입니다. 저 역시 이 책에 글을 보탰고, 『계간 젠야』(2004년 창간)에도 대담이나 기고 같은 형태로 이 문제에 관여했습니다. 최근에는 동일본대지진과 후쿠시마 원전 사고가 발생한 다음 해인 2012년에 유네스코 한국위원회가 주최하여 서울에서 열린 〈동아시아의 역사 화해에 관한 국제청년포럼〉에 서경식 선생의 추천으로 함께 참가하기도 했습니다. 이렇게 함께했던 일 하나하나가 제가 공부를 시작한 이후 자기를 형성해 나가는 과정과 깊이 관련되어 있습니다. 자기 형성의 길은 아무리 나이를 먹어 간다고 해도 멈춰서는 안 되는, 말 그대로 '과정'이어야겠지만, 그 속

---

i　이시하라는 2000년 4월 9일 육상자위대 기념행사에서 "불법 입국한 많은 '삼국인', 외국인에 의해, 큰 재해가 일어난 때에는 커다란 소요 사건까지 일어날 수 있다."라는 발언을 해서 비판을 받았고, 며칠 후 도청 기자회견에서는 한신 대지진 당시 소요 사건 사실이 없었다고 지적하는 기자에게 더 강력한 범죄를 저지르는 불법입국, 불법주둔 외국인이 많다고 반박했다. '삼국인'이란 패전 직후에 일본에 거주하는 조선인과 대만인 등 '종래 일본 지배하에 있던 여러 나라의 국민'을 가리키는 말이었다.

에서 서경식 선생은 제게 늘 가장 중요한 인물로 존재했습니다. 저는 "이럴 때, 이런 상황에서 서경식이라면 어떻게 생각할까?" 라고 머릿속으로 떠올려 보며 그 길을 걸어온 것 같습니다.

　서경식 선생은 특히 '재일' 문제와 관련하여 다양한 발언을 해 왔습니다. 방금 전 말씀드린 『20세기 천 명의 인물』이나 『20세기의 기억』에 실은 짧은 평전 같은 글도 여럿 있습니다. 그 전체를 다 훑어보기는 도저히 불가능하지만, 제가 반복해서 읽는 글은 『'민족'을 읽다 - 20세기의 아포리아』(일본에디터스쿨 출판부, 1994)에 수록되어 있습니다. 책 속에는 문학평론가 백낙청 선생의 『지혜의 시대를 위하여 - 현대 한국에서』(서경식·이순애 역, 오리진출판센터, 1991)를 논한 장이 있습니다. 『창작과 비평』의 편집장을 역임한 백낙청 선생의 이 선집은 서경식 선생이 번역자 중한 명으로 참여하여 일본어로 출판된 책입니다. 서경식 선생에게 백낙청 선생은 대선배이자, 한국 민주화 운동의 소용돌이에서 지식인으로서 어떻게 사고하고 행동해야 하는지 큰 지침이 된 분이지요. 매우 존경받는 백낙청 선생이 당시 발표한 지 얼마 되지 않았던 글 「지혜의 시대를 위하여」i를 읽으며 서경식 선생은 '지혜'라고 부르는 것을 어떻게 이해하면 좋을까. 이 한 가지를 이해하기 위해서 얼마나 많은 절차와 상상력과 감성을 필요로 하는가를 이야기합니다. '생각한다'는 행위의 규범이 될 만한 글이라고 생각합니다.

---

i 백낙청의 이 글은 『창작과 비평』 1990년 봄호(통권 67호)에서 처음 발표되었고 『민족문학의 새 단계: 민족문학과 세계문학 3』(창비, 1990)에 수록되었다.

글은 쿠르드인 커뮤니티에서 겪은 경험을 이야기하면서 시작됩니다. 런던에 간 서경식 선생은 명품을 사러 여기저기 돌아다니는 일본인 관광객들의 모습을 보고 그것이 단순히 관광객의 쇼핑 행위에 그치지 않고, '매우 돌출적인 현대 일본의 얼굴'이라고 짚어 냅니다. 또 다른 거리에서는 쿠르드인 커뮤니티와 만납니다. 이 두 무리를 대비하면서 글을 시작한 후, 한국의 논쟁 속에서 백낙청 선생의 『지혜의 시대를 위하여』라는 책이 가진 의미에 대해 한 걸음 한 걸음 다가갑니다. 백낙청 선생의 발언과 표현에 경의를 표하면서도 한편으론 얽매임 없이 한없이 자유롭습니다. 저는 그런 사고 하나하나와 언급 앞에 잠시 멈추어 생각하곤 했습니다. 서경식 선생은 쿠르드인 커뮤니티가 음식을 만들어 나누어 먹는 장소에 가서 환대를 받았습니다. 요리가 매우 입에 맞았다고도 말했습니다. 그리고 이야기는 이렇게 이어집니다.

그들은 저같이 너무나 명확히 쿠르드인으로는 보이지 않는 사람에게도 차별을 두지 않고 맞아 주었던 겁니다. (…) 그들 사이에 홀로 있으면서 제가 떠올린 기묘한 상상은 이렇습니다. 여러분(일본인 여러분)이 이해하실지 모르겠지만, 일본의 패전 직후 '재일본조선인연맹'과 같은 조선인의 자주적 단체가 몇 개 생겼는데 그 연맹 사무실에 서양인이 혼자 찾아와 앉아 있었다면, 지금 나와 같았을까, 라는 생각이 들었던 거지요.

— 『'민족'을 읽다』, 28-29쪽

강연을 책으로 만들었기 때문에 구어체로 되어 있는데요,

일본에도 쿠르드인 커뮤니티가 생긴 지금 다시 읽어 보니 여러 의미에서 지난 30년의 시간을 되돌아보게 됩니다. 1990년대의 최대 사건은 아무래도 소련과 동유럽 사회주의권의 붕괴였습니다. 이 글에서는 잡지 『조쿄情況』(1993년 8·9월호)에 발표된 철학자 히로마쓰 와타루廣松涉 씨와 러시아 역사 전문가 와다 하루키 씨의 대담「그 후의 러시아, 그 후의 사회주의」를 참조하면서, 이 사건이 우리에게 내민 사상적 과제를 검토하기도 했습니다. 같은 시기에 한국에서는 민주화가 한 걸음씩 진전됨에 따라 지금까지 논의되던 민족·민중주의 사상, 민족주의적 민주주의 혁명뿐 아니라, 노동운동 역시 매우 중요하게 부상하고 있었습니다. 서경식 씨는 『20세기 천 명의 인물』 중 한 명으로 시인 박노해 씨를 언급하셨습니다. 박노해의 시집 『노동의 새벽』(1984, 일본어판은 『いまは輝かなくとも─朴ノヘ詩集』, 강종헌·후쿠이 유지福井裕二 옮김, 가게쇼보, 1992)이 많이 읽히던 시절이기도 했지요. 그런 복잡한 문맥 속에서 백낙청 선생의 '분단체제론'을 어떻게 바라보아야 할 것인가, 라는 문제는 매우 중요한 논점이었습니다.

　서경식 선생은 재일조선인 문제를 생각하기 위해서는 적어도 이 정도의 분석 틀과 맥락의 추출이 필요하다고 생각한 듯합니다. 즉 같은 세대 재일조선인 지식인이나, 혹은 보다 광범위한 세대가 펼친 '재일론'의 줄기 속에서도, 서경식 선생의 접근법은 특히 두드러집니다. 서경식 선생과 에드워드 사이드의 대화도 이 저작과 강연 즈음부터 시작되어 그 후로도 오랫동안 계속됩니다. 사이드는 아도르노Theodor Adorno(1903-1969)를 참조하면서 아이덴티티를 과도하게 강조하는 민족주의─사이드는 이를 제국주의의 유산으로 보고 있습니다만―로부터 거리를 두는 입장입니다. 서경식 선생은 그런 사이드를 유보적으로 참조합니다. 한편 백낙청 선생이 이 시기에 했던 '제3세계적 자기 인식'이란 말에도 아포리아(난문)가 있다는 점을 지적합니다.

　　1990년대 중반이 되면 한국 자체도 단순히 제3세계라고 말할 수 없지 않은가, '아亞제국주의화'i가 일어나고 있는 건 아닌가? 라는 의문을 품지요. 한반도의 '분단체제'라고 말할 경우에 이 '체제'라는 용어를 유럽 말로 번역하자면, '시스템system'인지 '레짐regime'인지, 아니면 '시추에이션situation'인지를 한국에서 펼쳐진 논쟁의 문맥을 해부하면서 매우 신중하게 파고들어간 후 다음과 같이 말합니다.

　　북이 남을, 남이 북을 서로 규정하고 있고, 상호 모순의 원인이자 결과가 되고 있다는 현실은 두 국가, 두 사회가 단순히 대항하고 있다는 의미가 아니라, 구성원 개개인의 내부까지 침투해서 그 삶을 규정하고 있다는 뜻입니다. 그런 모순이 말 그대로 '분단체제'라는 하나의 체제가 되어 존재하고 있다는 의미입니다.

　　　　　　　　　　　　　　　　　　　　　　　― 『'민족'을 읽다』, 70쪽

　　개개인의 내부를 규정한다고 하는 점에서는 사르트르적인

---

i　제국주의 국가에는 종속적 위치에 있으면서 자국보다 덜 발달한 국가에 대해서는 제국주의적 정책과 의식을 취하는 경우로 브라질, 멕시코, 한국과 같이 급속한 산업화를 경험한 나라의 특징으로 꼽을 수 있다.

'시추에이션'이라고 할 수 있을지도 모르지만, 한편으로는 '레짐' 혹은 '시스템'이라고도 할 법한 것과도 연결되어 있다는 뜻이죠. 이러한 '체제'를 세 개의 서양 외국어 중 어느 하나에 일차적으로 끼워 맞추는 건 불가능하다면서 백낙청 선생이 했던 '체제'라는 말의 용법은 그렇게 폭넓게 이해해야 하는 게 아닐까 하는 입장을 제시했다고 할 수 있습니다.

그것(분단 – 옮긴이)을 극복하는 문제는 계급적 방향에서의 접근만으로는, 혹은 민족해방이라는 접근만으로는 다룰 수 없는, '예술적이기까지 한 변증법'까지 요구하고 있다는 뜻입니다. 얼핏 보면 한국적인 특수한 문제처럼 보이지만 실은 그렇지 않습니다. 예를 들어 쿠르드인은 (…) 터키 정부에게 박해를 받지만, 유럽의 입장에서 보자면 터키 국적을 가진 외국인으로서 존재하고 있습니다. 그건 터키의 문제이면서 동시에 유럽의 문제라고 할 수 있을 만큼 복합적이지요.

— 『'민족'을 읽다』, 71쪽

이처럼 쿠르드인과 조선인의 '상황'을 마주보는 거울처럼 제시하여 백낙청 선생의 「지혜의 시대를 위하여」를 읽어 가는 것은 서경식 선생이 아니면 도저히 불가능한 독창적인 접근일 것입니다. 이러한 작업은 서경식 선생에게 있어 재일조선인을 포함한 디아스포라 코리안의 '상황'을 생각할 때 빼놓을 수 없는 전제입니다.

우리 조선 민족이 해외에 있다고 해서, 한반도에 존재하는 분단체제와 무관하지 않습니다. 무관하기는커녕, 강력하게 삶을 규정받고 있지요. 하지만 이를 일본 사회의 계급 문제나 일본 사회의 민족 문제와 같은 기준만으로는 설명할 수 없는 것입니다. (…) 한반도에 통일된 나라가 생기고 그 나라가 이른바 평화롭고 배외적이지 않은 평등한 나라라면, 우리의 삶의 기반은 근본적으로 달라집니다. (…) (디아스포라의 조선인 커뮤니티가) 각각의 국민국가의 국민으로 분해되는 게 아니라 민족적으로 하나의 공동체를 이루더라도, 그것이 하나의 국가로 수렴하는 건 불가능하다, 그리고 억지로 수렴하게끔 해서는 안 된다, 라는 말이지요.

— 『'민족'을 읽다』, 73-74쪽

　　"라는 말이지요."라고 마무리하는 것은, 여기까지 펼쳐진 모든 논의의 맥락을 백낙청 선생의 글 「지혜의 시대를 위하여」를 통해 서경식 선생이 읽어 냈기 때문입니다. 여기까지 도달하기 위해서, 다소 길게 말한 런던 에피소드부터 분단체제 아래의 재일조선인의 상황을 생각하기 위한 절차가 주도면밀하게 쌓아 올려진 것입니다. 이러한 방식의 사고와 글쓰기는 저에게는 매우 커다란 발견이었고, 실제로 많은 것을 배울 수 있었습니다.

　　논쟁사적으로 말하자면, '조국파'와 '재일파'라는 갈래가 1980년대 즈음부터 '재일론'을 이루는 큰 축이 되어 왔다고 봅니다. 굳이 말하자면 조국파에 속하는 서경식 선생이 두 입장의 분열 자체를 어떻게 극복해야 하는가, 라는 과제에 맞서 말 그대로 '20세기의 아포리아'인 "'민족'을 읽"는 일을 한 것이죠. 때문에 저는 『'민족'을 읽다』를 서경식 선생의 초기 업적 중 가장 중요한 저작 중 하나라고 생각합니다.

　　그러나 21세기에 들어오면 서경식 선생은 이를 '반≠난민'이라는 형태로 다시 파악하게 됩니다. '디아스포라'라는 말도 쓰지만, 저는 이 '반난민'이라는 말이 매우 중요한 것 같습니다. 다음으로 말씀드리고 싶은 글은 『반난민의 위치에서 – 전후 책임 논쟁과 재일조선인』(가게쇼보, 2002)에 수록된 「'일본인으로서의 책임'을 둘러싸고 – 반난민의 위치에서」입니다.i 방금 전, 런던의 쿠르드인 커뮤니티 에피소드에서 시작된 논고를 소개해 드렸는데, 이번 글은 프랑스 아비뇽에서 우연히 들어간 베트남 식당에서 생긴 일로 시작합니다. 베트남 사람과 만났던 두 번의 만남에 관한 이야기입니다. 서경식 선생에게는 매우 괴로운 시간이었던 것 같습니다. 예전 베트남 전쟁 당시에도 서경식 선생은 일본에서 베트남 청년과 만난 적이 있었는데, 그때와는 상황이 완전히 달라졌기 때문입니다. 선생의 입장이 바뀐 것이라고 할 수 있지요. 그때의 괴로움과 '소외'를 되도록 '분명하게 의식하는' 것이 앞으로 '일본인으로서의 책임'을 논할 때 꼭 필요했습니다. 이러한 연관성은 결코 빠트리고 읽어서는 안 되는 지점일 것입니다.

　　아비뇽에서 두 번째로 베트남 사람과 맞닥뜨렸을 때는 상당히 어색하게 될 수밖에 없을 것을 각오했다. 지금 나는 '난민'이 아니라 한국의 '국민'인 것이다. 엄밀히 말하면 한국에서도 일본에서도

---

i 이 글은 『언어의 감옥에서-어느 재일조선인의 초상』(권혁태 옮김, 돌베개, 2011)에 수록되었다.

참정권이 없으니 반난민 혹은 반국민이라고 불러야겠지만 말이다. (…) 그렇지만 나는 '한국인으로서의 책임'을 져야 한다는 것을 받아들이 수밖에 없다. 왜냐하면 나는 한국 정부가 발행하는 여권을 가지고 여행을 하고 있기 때문이다. 전 '용병대장'이 발급한 여권 덕분에 나는 이 아비뇽에 올 수 있었다. 여행을 하기 위해, 난민으로서 사는 것의 불이익과 고통에서 벗어나기 위해 마지못해 선택한 것이기는 하지만, 나는 내가 한국이라는 국가의 국민이라는 사실을 추인한 것이다. 이런 생각이 나를 심히 우울하게 만들었다.

— 『반난민의 위치에서』, 62-63쪽 [ii]

'어떤 나라의 국민으로서의 책임'이라는 관념을 곧바로 내셔널리즘으로 규정하는 일본 리버럴파와의 논쟁을 통해서, 서경식 선생은 이 '반난민'이라는 개념을 조탁해 냈습니다. 저는 '개념'이라기보다는 '사고의 자세'라고 부르고 싶은데요, 어쨌든 매우 중요한 사상적 과제의 장이 이러한 반난민이라는 용어를 통해 펼쳐지며 제시되고 있는 것 같습니다.

『반난민의 위치에서』에 수록된 글에서는 '반난민 혹은 반국민'이라는 말이 사용되고 있는데, 저는 '반난민'과 '반국민'에서 '반半'이라는 말의 뜻이 각각 다를 수밖에 없다고 생각합니다. 이 지점에 제 생각을 조금 덧붙여 보고 싶습니다. 『분단을 살다 – 재일을 넘어서』(가게쇼보, 1997)에 수록된 글 「새로운 민족관을 찾

[ii] 인용은 『언어의 감옥에서-어느 재일조선인의 초상』(권혁태 옮김, 돌베개, 2011)의 241, 243쪽을 따랐다.

아서 – 어느 재일조선인의 '꿈'」i에서 서경식 선생은 소련 시절에 스탈린이 제기한 민족의 정의를 언급합니다. 즉 스탈린주의 민족론에서는 언어, 혈연, 집합적인 거주지 등 몇 가지의 요소가 불가결하게 여겨졌고, 그 요소가 모두 충족되지 않으면 자치를 인정받는 '민족'으로 간주되지 않습니다. 이 이론의 문제점은 구체적인 민족 경험을 '자격'의 유무로 환원해 버리는 데 있습니다. 이번에 사정상 원문을 확인하지 못하고 기억에 의존해서 말씀드립니다만, 서경식 선생은 이 점을 특히 강조하고자 했습니다.

  이 논점을 부연해서 생각해 보면, '국민'이라는 특권을 누릴 '자격'의 일부가 결여된 상황을 두고 '반'이라고 하는 것과, 아무런 '자격'도 갖지 못한 건 아니기에 난민은 아니라는 차원에서 '반'이라고 하는 것은, 아무래도 다른 의미가 되지 않을까요. 서경식 선생이 이중의 함의를 '재일론'에 입각해 전개한 것은『겐다이시소』의 특집 「난민이란 무엇인가」(2002년 11월호)에 실린 「'반난민'을 통해 보이는 것」이라는 인터뷰에서입니다. 서경식 선생은 "재일조선인은 무권리 상태인데, 당장은 생존권을 위협받고 있지 않다."라며, 우선 '재일' 전체를 '반난민'으로 규정했습니다. 그러나 또 하나의 중요한 한계로서 "한국 국적을 보유한 나는 '조선적'을 가진 사람들처럼 무국적 상태는 아니다."라는 점도 지적합니다. 즉 '재일' 중에는 다른 형태의 '반난민'이 있다는 인식입니다. 이처럼 '반난민'의 '반' 속에는 여러 층위가 있다,

---

i 이 글은『난민과 국민 사이 – 재일조선인 서경식의 사유와 성찰』(임성모·이규수 옮김, 돌베개, 2006)에 수록되었다.

이걸 세밀하게 살피지 않으면 '난민'이라는 말은 사용할 수 없다고 하는 이론적이고 윤리적인 문제 제기입니다. 재일코리안의 '난민'성은 일본에 대한 '비非'국민, 한국에 대한 '반半'국민이라는 점입니다만, 서경식 선생은 이렇게 논의를 이어 갑니다.

> 난민이라는 존재는 국가로부터 해방이기 전에, 그곳으로부터의 추방이고, 많은 경우 생존권이라는 기본권으로부터의 추방을 의미하는 것입니다. (⋯) '난민'이라는 개념을 사용할 때는 되도록 섬세하게 써야 한다는 말입니다.
>
> ─ 「'반난민'을 통해 보이는 것」, 72-73쪽

이러한 모든 '섬세'함은 '반'이라는 말의 용법 속에서 작용하고 있습니다. 거기에서 서경식 선생이 지닌 사고와 감성의 독자적 작용을 읽어 내야 합니다.

'반'의 내부를 어떻게 사고해야 하는가? 이 과제는, '쇼아 Shoah(홀로코스트)'의 생존자가 남긴 글에 대한 서경식 선생의 지속적 관심과 어딘가 깊은 곳에서 분명히 연결되어 있을 것입니다. 서경식 선생에게는 『프리모 레비를 찾아가는 여행』이라는 명저가 있는데요, 특히 레비가 마지막 책인 『가라앉은 자와 구조된 자』에서 언급한 '회색 지대'라는 말이 아마도 이 '반'의 사고와 겹치는 부분이라 생각됩니다.

'반'을 둘러싼 이 사색, 말 그대로 사'색索', 꼼짝없이 더듬어서 모색하는 그 일은, 『프리모 레비를 찾아가는 여행』에서는 '척도'에 대한 탐구라는 형태를 취하고 있습니다. '척도'가 없으면 사상은 끝없이 곤두박질치고 만다, 퇴락해 버리고 만다는 뜻입니다. 서경식 선생에게 레비는 존재 자체가 '척도'와 같은 사람이었습니다. 그랬던 레비가 1987년 죽음을 택하고 말았습니다. 그의 자살은 이 세계에는 '척도'가 있을 수 없다는 의미인 것인가. 이 절박한 물음을 안고 서경식 선생은 여행을 떠났습니다.

저는 프리모 레비의 저작에 입각해서 '척도'를 찾고자 한다면, '척도의 상한'이라는 문제에 부딪힌다고 생각합니다. 서경식 선생은 츠베탕 토도로프Tzvetan Todorov(1939-2017)의 『극한에 직면하여』를 인용하며 이 문제를 언급합니다. 다소 길지만, 그 부분을 인용하겠습니다.

저항의 의지조차도 전면적으로 파괴된 굴욕의 기억. 자신은 '카인Cain'이라고 하는 자기고발. 증인으로서의 자신의 적격한지를 둘러싼 의혹(하지만 궁극적으로 '진정한 증인'은 죽은 자이고, 이 세상에 존재할 수 없다!). 자기 자신도 인간이라는, 수치심을 느껴야 할 종족의 일원이라는 생각… 이렇게 몇 겹으로 쌓인 수치의 감각이 자신의 몸을 갉아먹어 가자, 프리모 레비는 자신의 몸을 '심연의 바닥'에 내던진 것일까?

토도로프는 결론적으로 이렇게 말한다.

"그는 바bar를 너무 높이 들었다. 인류는(문제는 단순히 독일인뿐만 아니라, 인류이기 때문에) 더 좋아지지 않았다. 레비가 관찰한 바와 같이 극히 최근의 과거마저 왜곡하거나 억압하고 있다. 죄 없는 이들은 변함없이 죄를 의식하고, 죄지은 자들은 죄가 없다고 생각한다. 일단 이런 까닭에 레비는 고통의 수위가 해마다 높아지고 있다고 느낀 것이다."(『극한에 직면하여』)

프리모 레비가 자살하지 않았다면 모든 것이 단순 명쾌했으리라.

인생은 우리 한 사람 한 사람에 의해서가 아니라, 아우슈비츠의 생존자인 레비에 의해서 긍정되고 있는 것이다. 그와 같은 경험을 한 사람이 오히려 인생을 긍정하고 있다. 그렇다면 우리가 다시금 뭔가를 고뇌할 필요가 있을까…. 그런데 그런 그가 우리들을 두고 이 세상을 떠나고 만 것이다.

　　　　　　　　　　　　　—『프리모 레비를 찾아가는 여행』, 141-142쪽

"그는 바를 너무 높이 들었다." 토도로프의 그 말을 서경식 선생은 굳이 논평하고 있지는 않습니다. 그러나 레비가 어떻게 해서든 '바'를 높일 수밖에 없었던, 그런 정신을 갖고 있지 않았다면 서경식 선생은 이렇게 철저한 접근을 시도할 수 있었을까요.

상한선이라는 것이 없는, 역설적인 '척도'인 셈입니다. 그런 '척도'는 어쩔 수 없이 죽음을 만날 수밖에 없습니다. 죽음에 닿지 않고 사는 것은 불가능합니다. '회색 지대' 내부에서 살아가면서 세상을 응시하고 생각하는 일은 이러한 '척도'에 의해서만 가능하다고 말할 수 있지 않을까요.

이 심포지엄의 부제는 '서경식의 비평 활동을 단초 삼아'입니다. 서경식 선생의 작업이 가진 비평성 또한 죽음과의 만남조차도 꺼리지 않고 '바'를 높이고 있습니다. 그렇게 함으로써 '재일'을 생각하고, '재일'을 살아가며 매일의 투쟁 속에서 성장한 비평성이 아니었을까요. 서경식 선생에게는 그것이 처음에 언급한 프란츠 파농의 말, "자신의 소외를 분명하게 의식"하는 것과 분명 같은 의미였으리라 생각합니다.

책임에 대하여, 계속 물어 가는 것

— 사반세기의 대화로부터

/ 다카하시 데쓰야

　　제가 서경식 선생을 만나게 된 건 지금
으로부터 벌써 사반세기 전의 일입니다. 소개한 분이 바로 우카
이 사토시 선생이지요. 그런 의미에서 오늘 이렇게 우카이 선생
과 자리를 함께하는 것도 감회가 새롭습니다. 사반세기 전이라
고 말씀드렸습니다만, 당시 저희 셋은 모두 마흔 언저리의 '젊은
이'였습니다. 그런데 이제 우카이 선생이 한발 앞서 정년을 맞으
셨고, 저도 서 선생과 마찬가지로 올해 정년퇴직을 합니다. 쏜살
같은 세월이라는 말을 정말 실감합니다.

　서경식 선생과 저는 사반세기 동안 두 번 정도 집중적인 대
담을 나눴고, 이를 바탕으로 두 권의 공저를 펴냈습니다. 2000년
에 간행된 『단절의 세기 증언의 시대 – 전쟁의 기억을 둘러싼 대
화』(이와나미쇼텐)i 와 2018년에 나온 『책임에 대하여 – 일본을 묻
는 20년의 대화』(고분켄)ii 입니다. 요즘도 종종 다시 펼쳐 읽곤
합니다만, 새삼스레 드는 생각은 서경식 선생과 제가 공유해 온
문제는 한마디로 말하자면 '책임'의 문제였다는 것입니다. '책임'

의 문제, 특히 '일본인의 책임'이라는 문제에 우리는 집중해 왔습니다. 도식화한다면 서경식 선생은 묻는 쪽에 섰고, 저는 질문을받는 입장에 서서 같은 문제를 마주해 왔다고 할 수 있지 않을까싶습니다.

'일본인의 책임' 혹은 '일본인으로서의 책임'. 현대 일본의사상의 장場에서 이러한 관념과 말만큼이나 기피된 것도 없지 않았을까요? '일본인의'라고 쓰면 바로 "내셔널리즘이다."라는 비판이 돌아오고, '책임'을 강조하면 곧장 "윤리주의적이다."라고비난이 쏟아집니다. 확실히 아슬아슬한 지점이 있는 표현이기도하고, 솔직히 저 역시 좋아서 쓰는 말은 아닙니다. 그럼에도 불구하고 이 말을 쓰지 않으면 표현할 수 없는 **관계성**, 혹은 '**타자와의관계**'라는 것이 있기에, 여러 혐의를 받는다는 걸 알면서도, 또한실제로 많은 혐의를 받으면서도 이 표현을 놓지 않고 계속 질문해 온 것이라고 저는 생각하고 있습니다.

저희가 만난 1990년대 중반은 마침 동서 냉전구조의 붕괴직후, 일본이 벌인 전쟁과 식민지 지배로부터 피해를 당한 이들과, 한국을 비롯한 동아시아 사람들이 연이어 사죄와 보상을 요구하기 시작한 시대였습니다. 서경식 선생과 저는 재일조선인과 일본인이라는 포지션(혹은 포지셔널리티)의 차이를 갖고 있으면서도, 일본 정부는 사죄와 보상을 해야 하며 일본인은 일본 정

i 한국판: 『단절의 세기 증언의 시대』(김경윤 옮김, 삼인, 2002).

ii 한국판: 『책임에 대하여―현대일본의 본성을 묻는 20년의 대화』(한승동 옮김, 돌베개, 2019).

부에게 사죄를 시킬 책임이 있다는 인식에서 일치하고 있었습니다. 당시는 이런 입장을 겨냥하여 '자학사관'에 기초한 '국내외 반일세력'의 공격이라고 운운하는 노골적인 일본 내셔널리즘이 대두하고 있어, 이에 대한 대응도 필요했습니다. 그렇지만 서경식 선생과 제가 어떤 의미에서 더 큰 문제로 여긴 것은, 사죄와 보상을 긍정적으로 바라보는 입장—여기서는 일단 '리버럴파'라고 부르겠습니다만—과의 관점 차이였습니다. 그 시기에 서경식 선생과 함께한 자리에서 강한 인상을 받았던 두 가지 장면을 말씀드리고 싶습니다.

하나는 1997년 9월에 '일본 전쟁책임 자료센터'가 주최한 〈내셔널리즘과 '위안부' 문제〉라는 심포지엄입니다. 기조 발표자는 우에노 지즈코 씨, 요시미 요시아키 씨, 그리고 서경식 선생과 저까지 네 사람이었습니다. 저는 가토 노리히로加藤典洋 씨의 '패전후론敗戰後論'을 둘러싸고 생겼던 논쟁을 중심으로 '일본인으로서의 책임'에 대해 이야기했는데, 이에 대해 우에노 씨로부터 "그 말이 국가의 법에 따라 종군하는 것을 당연하게 여기는 국가주의와는 어떻게 다른가?"라는 취지의 반론이 있었습니다. 저는 당연히 "전혀 다르다."라고 설명했습니다. 이 심포지엄 기록을 단행본으로 묶을 때 저희들은 새로운 논고를 요구받았는데, 서경식 선생은 「'일본인으로서의 책임'을 둘러싸고 – 반난민의 위치에서」라는 제목의 글을 발표했습니다. 한국 국적인 재일조선인으로서 겪었던 경험을 바탕으로 이 문제를 날카롭게 짚어 낸 그 글에서 한 문단을 인용해 보려 합니다.

　　일본 국민 여러분, 자신은 우연히 일본에 태어났을 뿐이며 '일본
인'일 생각은 없다든가, 자신은 '재일일본인在日日本人'에 지나지 않
는다든가, 그런 가벼운 말은 하지 않기를 바란다. 당신들이 오랫동안
식민지 지배에서 얻은 기득권과 일상생활에서 '국민'으로서의 특권
을 내던지고, 지금 바로 여권을 찢어 자발적으로 난민이 되는 기개를
보여 주었을 때만, 그 말이 진지하게 받아들여질 것이다. 그렇지 않
다면 '타자'는 당신들을 '일본인'으로 계속 지목할 것이다.

— 「'일본인으로서의 책임'을 둘러싸고—반난민의 위치에서」,

『심포지엄 내셔널리즘과 '위안부' 문제』(아오키쇼텐, 1998), 167쪽

　　이 언급 속에는 '국민'의 위치 밖으로 자유롭게 풀려난 '국민
주의'에 대한 근본적인 비판이 있습니다. 일본의 '국민주의'가 지
닌 문제점은 두 가지 형태로 드러납니다. 먼저 보수파에게는 '일
본인' 아이덴티티의 과잉에서 비롯된 국가를 향한 동일화와, 국
가주의적·국수주의적·배외주의적 폭력으로 나타나게 된다는
점입니다. 한편, 리버럴파에게는 '일본인' 아이덴티티로부터의
자유라는 환상이 가져다주는 자신의 법적, 정치적, 권력적 포지
션의 망각 내지는 부인으로 나타납니다. 따라서 리버럴파는 타
자로부터 '일본인으로서의 책임'에 대해 질문을 받더라도, 자신
은 그 질문에서 벗어나 있다고 생각합니다. 반대로 조선인으로
서, 오키나와 사람으로서 '일본인의 책임'을 묻는 상대방을 '구시
대적' 내셔널리즘에 사로잡혀 있다고 낮잡아 보는 것입니다.
　　1980년대에 인문사회과학 영역에서 일반화된 '내셔널리즘
비판'과 '국민국가(비판)론'의 조류가 포스트모던 사상과 아이덴

티티 비판론 등과 결합하면서, 리버럴하면 할수록 국가나 민족이라는 것은 이미 극복되었다고 생각하는 경향이 만연했습니다. '재일일본인'이라는 말도 그중 하나인데, 실제로 국적을 가지고 '국민'으로서의 권리를 누리면서도 '내적 망명자'나 '난민' 등에 스스로를 빗대고, 국가의 구속에서 자유로운 듯 말하는 분위기가 지적 유행이 된 것 같았습니다. '국경 넘어'라든가 '월경' 같은 말의 유행도 같은 분위기 속에서 이루어졌습니다(참고로 서경식 선생의 저서 중에도 『월경화랑』이 있습니다만, 이건 그런 분위기에서 가장 멀리 떨어져 있는 책입니다). 저는 그런 말에 위화감을 느끼면서도 내셔널한 것에 대한 회의감에서 당시 조류의 영향을 강하게 받은 것도 사실입니다. 국제회의나 심포지엄에서 다국적 연구자들과 교류를 거듭하면서, 자신이 일본 정부의 여권에 의해 보호받고 있다는 사실을 망각한 듯한 지식인을 향해 서경식 선생이 던진 비판은 정말 정수리에 일침을 가하는 것이었습니다.

　　또 한 장면은 1998년에 도쿄대학출판회에서 간행한 『내셔널 히스토리를 넘어서』i라는 책의 편집 과정에서 있었던 일입니다. 국가주의적 역사관을 향한 비판을 지향하며 리버럴파 논자들을 결집하고자 한 이 책의 제목에 서경식 선생은 홀로(분명 고립을 각오하고) 강한 위화감을 표명했습니다.ii 남북한이 분단된 상황에서 '재일'(이라는 상황)을 사는 조선인의 입장에서, 혹은 서

---

i　한국판: 고모리 요이치·다카하시 데쓰야 편, 『내셔널 히스토리를 넘어서』(이규수 옮김, 삼인, 2000).

ii　이 책에서 서경식이 발표한 글은 「어머니를 모욕하지 말라!」이다.

경식 선생의 말을 빌리면 "조국은 조선, 모국은 한국, 고국은 일본"인 사람의 입장에서 보았을 때, '내셔널한 것'은 그리 간단히 '넘어설 수 있는' 일이 아니라는 점이었고, 또는 그걸 '넘어서는' 일이 늘 옳다는 감각은 결코 두고 볼 수 없는 일이었던 것 같습니다. 서경식 선생은 말합니다. "그럴 수만 있다면 나 역시 국가나 민족 따위를 버리고 싶다."고. "그러나 국가 간 권력 관계나 식민 지주의가 엄존하는 이상, 버릴 수가 없다. 나 자신은 내셔널리즘을 지지하는 게 아니라, '내셔널리즘이라는 형태를 취하며 표현되는 해방을 향한 요구'를 지지하는 것이다."라고요. 이러한 서경식 선생과의 교류를 통해서 저는 '내셔널한 것'을 마주하는 방식에 대해 계속 질문하게 되었던 것입니다.

가토 노리히로 씨와의 논쟁에서도 중심이 된 건 '일본인으로서의 책임'이라는 문제였습니다. 『단절의 세기 증언의 시대』는 총 5장으로 구성되어 있는데, 제2장 「애도와 심판」과 제3장 「책임과 주체」를 중심으로 책 전체를 통해 우리는 가토 노리히로 씨의 '패전후론'의 논리를 비판적으로 검증했습니다. 사실 서경식 선생은 가토 씨의 논의를 처음 접했을 때, "정말 한순간이었지만 하마터면 고개를 끄덕일 뻔했다."라고 했습니다. 그건 가토 씨의 논의가 나름대로 '일본인으로서의 책임'을 받아들이는 것처럼 보였기 때문일 겁니다. 그러나 그 대담집 속에서 서경식 선생은 저와 함께, 오히려 저보다도 더욱 가토 씨의 견해에 많은 의문을 제기했습니다.

"패전 후 일본은 전쟁 중에 내세웠던 '정의'와, '침략국'으로서의 패전이라는 '뒤틀림' 탓에 '호헌파'와 '개헌파'라는 '인격 분열'에 빠져, 아시아의 타자에게 사죄할 수 없었다. 아시아의 타자에게 사죄하기 위해서는 우선 '자국의 죽은 자'를 깊이 애도함으로써 '인격 분열'을 극복하고, '우리 일본인들'이라는 국민 주체를 세워야 한다." 널리 알려진 가토 씨의 이러한 논리에 대해서 서경식 선생과 제가 얼마나 많은 의문을 제기했는지, 이 자리에서 하나하나 자세히 되돌아볼 여유는 없습니다. 다만 저와 관련해서만 말하자면, 제 반론의 최대 핵심은 당시에 썼던 다음과 같은 표현으로 대신할 수 있습니다. "우선 '우리 일본인들'을 일으켜 세우지 않으면 아시아의 죽은 자들과 마주할 수 없다고 말해서는 안 된다. '우선 아시아의 죽은 자들을 마주하지 않으면 우리 일본인들을 일으켜 세울 수도 없다'라고 말해야 옳다."

　그 후에 가토 씨는 "먼저냐 나중이냐를 문제시하는 것은 '안쪽으로부터 열어 둔다'는 의미를 이해하지 못했기 때문이다."라고 말하면서, 실제로는 '자국의 죽은 자를 앞에 두고'라고 분명히 말하며, '자국의 죽은 자를 먼저 조문하라'라고 한 '그 부분은 양보할 수 없다'고 단언했습니다. '아메리카 퍼스트America First'ⁱ가 아닌, '재팬 퍼스트', '재패니즈 퍼스트'의 도식이지요. 이걸 따져 묻는 건 당연하다고 쳐도, 제가 문제로 삼은 것 또한 단순히 '순서'의 차원이 아니라, 말 그대로 그 '안쪽'을 만드는 방식이었습니다. 침략 전쟁이나 식민지 지배라는 형태로 관련된 아시아의 죽은 자들, 아시아의 타자와 관계를 설정하지 않고서 '전후 일본'

ⅰ　미국 우선주의. 도널드 트럼프 대통령이 2017년 취임 연설 중 공언한 말에서 비롯된, 국정 전 분야에서 미국의 이익을 최우선으로 하겠다는 정책.

을 정의해선 안 됩니다. 자국의 죽은 자들에 대한 '감사'(가토 씨
는 자국의 죽은 자를 깊이 애도하는 것은 '감사'의 의미를 담은 일이라고
명백히 말합니다.)에 의해서만 '우리 일본인들'이 세워진다고 한다
면, 그러한 '전후 일본인'에게는 침략 전쟁이나 식민지 지배의 기
억과 책임도 사라지게 됩니다. 바로 그런 점이 문제라고 할 수 있
지요. 또한 가토 씨는 '개헌파'의 논리까지 포섭하여 조합한 '강
력한 사죄의 주체'를 만들어 낸다는 뜻이라고도 설명했지만, '개
헌파=야스쿠니靖國파'가 지닌 논리의 근간에 '침략'을 부인하는
점이 있는 한, 그들을 포섭하기 위해서 역사 인식까지 바꿔야 한
다는 아포리아에 빠집니다. 결과적으로 저와 서경식 선생이 제
기한 구체적인 의문은 방치된 채, 예의 '말투의 문제'로 논의가
전환되어 버렸다는 인상이 있습니다.

　'말투의 문제'의 계기는 제가 쓴 다음과 같은 글이었습니다.

　오랜 망각을 지나 역사의 어둠 속에서 모습을 드러낸 위안부들,
그들 한 사람 한 사람의 얼굴과 시선은 '오욕을 버리고 영광을 추구
하며 나아가는' '국가국민'의 허위, 혹은 자기기만을 가장 통렬하게
고발하는 '타자'의 얼굴, '이방인' 내지 '과부'(에마뉘엘 레비나스)의
시선이 아닐까. 이 오욕의 기억, 부끄러워해야 할 기억은 '영광을 추
구'하면서 버려져야 할 따위의 것이 아니다. 오히려 이 기억을 지키
면서 계속 부끄러워하는 것은, 그 전쟁이 '침략 전쟁'이었다는 판단
아래 귀결하는 모든 책임을 망각하지 않는다는 사실을 오늘날의 과
제로서 늘 의식해 간다는 뜻이다.

— 다카하시 데쓰야, 『전후책임론』(고단샤, 1999), 190쪽

가토 씨는 저의 이 표현을 "무한한 부끄러움"이라고 칭하며 그 말투에 "소름이 돋았다."라고 거리낌 없이 말했습니다. 사실 이 논쟁은 사반세기를 지난 지금도 적지 않게 사람들에게 회자 되는데, 그럴 때 이 부분(만)을 인용해서 제 입장을 "무한한 부 끄러움" 등으로 희화화해서 치워 버리는 모습을 자주 보게 됩니 다. 그럴 때 그 논자가 '읽는다'는 기본적인 행위를 중요시하는 사람인지, 소홀히 여기는 사람인지 바로 알 수 있습니다. 그 당 시 제 글에는 "무한한 부끄러움"이라는 표현은 없다는 점, 그건 '딱지 붙이기'에 지나지 않으며 인상 조작으로 이어진다는 점을 일찍부터 지적하면서, 위에서 인용한 부분을 "지극히 당연한 이 성적인 글로 읽었다."라고 분명히 말해 준 분이 서경식 선생이 었습니다. 제가 그 말에 크게 용기를 얻은 사실은 말할 것도 없 습니다.

그리고 그때 우카이 사토시 선생은 「시효 없는 수치 - 전쟁 기 억의 정신분석을 향하여」라는 논고를 잡지(『겐다이시소』 23권 1호, 1995년 1월)에 기고하여, 독일의 헬무트 콜 수상이 홀로코스트에 관해 언급한 '시효 없는 수치'와 관련한 창의적인 고찰을 전개했 습니다. 우카이 선생에 따르면, "'일본인으로서 부끄럽다'라고 말할 때, 동시에 우리는 자신의 귀속을 긍정하고 당사자성을 부 인하고 있다. 이건 기억의 유증遺贈이라는 가능성을 검토하는 데 하나의 단서를 준다."라고 말했습니다. 제 표현을 직접 가리켜 한 말은 아니지만, 저는 "계속 부끄러워한다."라는 제 표현을 단 지 "소름이 돋아" 기피하기만 하는 사람과는 전혀 다르게 수용하 는 방법을 시사해 주는 것처럼 생각되었습니다.

참고로 독일 정치인이 나치의 죄를 마주하며 '부끄러움'이라는 감각을 언급한 것은 콜 수상만이 아닙니다. 예를 들어 메르켈 수상은 2018년 12월 6일, 아우슈비츠 비르케나우 수용소를 처음 방문했을 때 이런 연설을 했습니다. "저는 이 땅에서 독일인에 의해 이루어진 잔인한 범죄, 모든 이해 범위를 넘어선 범죄를 앞에 두고, '깊은 부끄러움tiefe Scham'을 느낍니다." 그리고 이렇게도 말했습니다. "이 죄들을 마음에 새기는 일, 가해자('독일인'을 말합니다)를 지명하는 일, 희생자들의 존엄을 지키고 기념하는 일은 '끝이 없는 책임eine Verantwortung, die nicht endet'입니다." "이 책임은 우리나라에 불가분하게 속해 있으며, 이 책임을 의식하는 일은 우리의 내셔널 아이덴티티 속에 불변하는 일부인 것입니다." '깊은 부끄러움'이라는 감각과 '책임'에는 '끝이 없다'는 의식. 이를 '무한한 부끄러움'이라고 비꼬면서 냉소하는 일본은 독일과 어떤 점에서 다르다고 할 수 있을까요? 2019년 9월 1일, 2020년 5월 8일의 슈타인마이어 대통령의 연설에 대해서도 이야기하고 싶지만, 시간 관계상 생략하겠습니다.

'책임'에 대하여, 특히 '일본인으로서의 책임'에 대하여 계속 질문을 던진 중에 제가 서경식 선생과 공유해 왔다고 여기는 또 하나의 중요한 것은 '정의justice'에 대한 감각입니다. '옳음'이라고 말해도 좋을까요. '일본인의 책임'과 마찬가지로 '정의' 또한 현대 일본의 담론 현장에서는 가장 기피되는 말 중 하나입니다. '정의'는 무섭다, 정의의 유무를 말하지 못하게 하는 권력의 속성이 무섭다. 그런 식의 이미지가 매일 여러 언설을 통해 뿌려지고 있습니다. 꽤 훌륭한 지식인의 말 속에서도 정의를 향한 요청이 적극적으로 설파되는 경우는 일단 보기 드뭅니다. 그러나 '정의'라고 말해서 권력적인 의미밖에 연상되지 않는다고 한다면, 거꾸로 매우 무서운 상황이 아닌가 싶습니다. 왜냐하면 정의라는 것은 본래 그 반대의 의미, 즉 국가 권력을 포함한 강자가 약자를 억압하거나 차별, 가해, 폭력이 횡행할 때 시정을 요구하는 것을 뜻하기 때문입니다.

"전전戰前과 전쟁기에는 천황이 '정의'였다. 황군, 황국, 대일본제국의 '정의'는 무서웠다. 그런 정의가 부활하는 건 무섭다."라는 식의 말을 왕왕 합니다. 물론 그렇지만, 무서웠던 까닭은 '대일본제국'의 '정의'가 너무나도 잘못된 것이었기 때문입니다. 억압과 차별과 폭력으로 인해 많은 희생자를 낳았다는 것은 결국은 '정의'에 반하는 시대였다는 의미일 테지요. '자숙 경찰自肅警察'i은 역시 무섭고 마스크를 하지 않은 채 다닌다고 조리돌림을 당했다고 해도 그건 동조압력ii과 폭력이 주는 무서움이기에, 진짜 '정의'의 의미에는 반하는 것이지요.

서경식 선생은 앞서 말씀드린 책『단절의 세기 증언의 시대』에서 '현재 일본 사회 전반을 뒤덮은 현상'으로서 '정의 감각의 쇠퇴'를 들며 이렇게 말합니다.

현실에서는 "너희는 사회의 멤버가 아니다."라는 말을 듣던 피차

---

i　재해나 코로나 등 감염병 상황에서 방역 수칙에 따르지 않는 사람에게 경고나 위협 등의 사적 통제를 가하는 일반인이나 그 풍조를 가리키는 신조어.

ii　어느 또래 집단에서 의사결정을 내릴 때, 소수 의견을 가진 사람에게 암묵적으로 다수의 의견에 맞추도록 강제하는 것.

별자, 피억압자 들의 투쟁이 사회를 열어 왔던 것입니다. 미국의 독립 선언은 보편주의를 내걸고 있습니다만, 처음에는 선주민이나 흑인을 인간으로 인정하지 않았었지요. 그 보편주의 이념에 비춰 우리가 인간이 아니란 말인가 하고 투쟁하는 것 없이는 선주민이나 흑인이 사회적 룰의 결정에 참여하는 것은 불가능했습니다. 그러한 투쟁이 '윤리주의'라든가, 고바야시 요시노리小林よしのり 씨의 표현을 빌리자면 "순수반듯 군純粹まっすぐクン" 하는 식으로 야유와 냉소를 받고 있으며 그런 분위기가 학계나 저널리즘에도 퍼지고 있습니다. (…) 물론 정의를 요구하는 많은 운동에 그때그때 내포된 문제가 있었으며, 또한 좌절해 왔다는 것을 부정하려는 것은 결코 아닙니다. (…) 정의에 대한 요청은 언제나 있었으며 지금도 있습니다. 그러나 정의에 대한 요청 자체가 냉소의 대상이 되고 있습니다.

— 서경식·다카하시 데쓰야, 『단절의 세기 증언의 시대』

(이와나미쇼텐, 2000), 175쪽 i

그러고 나서 20년 후, 저희 두 사람의 두 번째 대담집인 『책임에 대하여』의 서두에서 서경식 선생은 현대 일본을 '척도를 상실한 혼돈'이라고 불렀습니다. "간단히 이야기하면, 약자는 도와주어야 한다는 원칙조차 이미 사라져 버린 사회 속에서 우리가 살고 있다."라는 뜻이지요. 유감스럽지만 저 역시 동감한다고 말할 수밖에 없습니다. 여기서 '척도'와 '원칙'이라고 이야기되는

---

i 인용은 서경식·다카하시 데쓰야, 『단절의 세기 증언의 시대』(김경윤 옮김, 삼인, 2000), 171~172쪽.

것, 바로 그것이 '정의'의 가장 조심스러운 형태가 아닐까 생각합
니다.

　　"서경식이 말하는 건 '옳다'. 그러나…" "다카하시 데쓰야가
말하는 건 '옳다. 하지만…" 이런 식의 '말투'로 서경식 선생이
나 제가 펼친 논의를 '윤리주의'라거나 '심문審問주의'라고 말하
며 꺼려 하는 사람들을 많이 봐 왔습니다. "서경식이나 다카하시
의 논의는 '옳다'. 그러나 '너무 옳다'"라고 들은 적도 있습니다.
마치 "너무 옳아서 안 된다."라는 말같이 들립니다. 저희의 논의
가 보수파에게 '옳다'고 여겨지는 일은 없습니다. 대부분 리버럴
파 사람들이 보이는 반응이며, 그리고 약간 연배가 있는 좌파 운
동 계열 논자들에게서도 그런 반응이 보입니다. 예를 들어 가토
노리히로 씨의 '패전후론'을 둘러싼 논쟁입니다만, 제 주장은 말
하자면 단순한 것이었습니다. "일본국은 예전 '위안부'들에 대한
속죄에 소홀했다. 놓아 버리면 되돌릴 수 없으니, 지금부터라도
책임을 인정하고 사죄와 보상을 해야 한다."는 것이죠. 이 주장
을 '옳다'고 인정하면서도 그러나 ('너무 옳다'든 뭐든) "안 된다."
라는 건 무슨 말일까요. "이 주장에 관계할 생각은 없다, 이 주장
을 스스로 적극적으로 주장하거나 호소할 생각은 없다."라는 뜻
이 아닐까요. 그리고 여기에는 "이 주장이 옳다고는 생각하지만
관계하진 않을 거예요. 관계하지 않는 쪽이 좋아요."라는 식으로
타자를 향한 메시지가 따라 붙고 있습니다. 실제로 이런 '의견'을
가졌거나 이에 동조하는 사람들이 일본 정부가 사죄와 보상을
표현해야 한다고, 예를 들어 다른 '말투'로라도 강하게 호소한 적
이 있었을까요? 견문이 적은 탓인지 저는 들어 본 적 없습니다.

　가토 노리히로 씨는 2015년에 쓴 『패전후론』 문고판 후기(지쿠마 학예문고판)에서 이렇게 말했습니다. 이 책에서 자신은 "전쟁으로 죽은 자에 대한 새로운 추도와 사죄의 방식"으로서, "지금으로 말하자면 야스쿠니 문제"와 "헌법 9조 문제에 대해서" "자신의 생각을 썼"는데, "세상은 그때 염려했던 방향으로 나아갔고, 대체로 내가 말한 대로 되고 말았다." 마치 야스쿠니파·개헌파인 아베 정권이 높은 지지율을 자랑하면서 좋은 봄날을 구가하고 있는 건, 야스쿠니 비판파나 호헌파가 상대의 논리를 안쪽으로 편입해 넣지 않았기 때문이며, 자신이 말하는 대로 하지 않았기 때문이라고까지 이야기하는 것처럼 들립니다. 사실상 일본의 우경화가 진행되는 건 야스쿠니 비판파나 호헌파 탓이라고 말하고 있는 것과 다름없습니다. 동아시아 시민이 연대했던 야스쿠니 비판운동 등은 백해무익하다는 말이 될 수 있습니다.

　여기서 "옳다. 그러나…"라는 논법의 비교적 상세한 사례로서 우치다 다쓰루 씨를 언급하고 싶습니다. 그가 가토 씨의 『패전후론』이 문고화되었을 때 수록한 해설 「비루한 거리의 기사騎士」라는 글입니다. 우치다 씨는 서경식 선생과 저의 논의를 이전부터 '심문주의'라고 비판해 온 사람입니다. 처음에 인용한 서경식 선생의 "지금 바로 여권을 찢어서"라는 문장을 "'내 의견을 듣지 않는 놈은 비非국민이다'라는 말과 같은 '공갈'"이라고 치부한 사람입니다. 『책임에 대하여』의 대담 중에도 서경식 선생이 언급했기 때문에, 이 글이 직접적으로는 저를 지명한 비판은 아니지만 앞으로의 대화 화제로서도 공유해 두고자 합니다.

　우치다 씨는 '옳다. 그러나…'라는 논법을 더할 나위 없이 분명히 보여 주고 있습니다. 그는 "침략국으로서의 법적, 정치적, 도의적 책임을 가지고 사죄와 보상을 실행해야 한다."라는 제 주장을 인용하며 이렇게 말합니다. "다카하시 데쓰야의 말은 옳다. 그러나 나 또한 이 글을 읽으면서 '사상이라는 건 이토록 소름이 돋는 듯한 것인가?'라는 인상을 가토와 공유했던 사실을 고백해야겠다."

　우치다 씨는 제 주장이 틀린 건 아니라고 말합니다. 그게 아니라 "'일본 국민에게 '정답'을 철저히 주지시킨다'라는 불가능한 일에 한결같은 노력을 쏟고 있는 다카하시가 매일매일 천천히 다가가고 있는 '결론'에 나 자신이 거부 반응을 보였다."라고 말하는 것입니다. 그렇다면 그 '결론'이란 건 어떠한 것일까요? 차례대로 말해 보겠습니다.

　다카하시가 말하는 '정답'은 '정답'임에도 불구하고 일본 국민은 철저하게 깨닫지 못하고 있고, 가까운 미래에 일본 국민 전체의 공통된 동의를 얻을 전망도 없다. 그 경우, 이론적으로도 윤리적으로도 '옳은' 주장이 받아들여지지 않는다는 사실은, '일본 국민의 대다수는 구제불능이라고 말할 수 있을 만큼 어리석고 사악하다'라는 판단에 가담하는 것이라고밖에 설명할 수 없다. 논리라는 경제는 다카하시와 그의 독자들을 언젠가 그런 판단으로 인도할 것이다.

　　　　　　　　　　　　　　　ー 우치다 다쓰루,『비루한 거리의 기사』

　　　　　(가토 노리히로,『패전후론』, 지쿠마쇼보, 2015 서문), 367쪽

　이렇게 말한 뒤에 우치다 씨는 제 책『야스쿠니 문제』(지쿠마

쇼보 지쿠마신서, 2005)에서 내렸던 "군사력을 가지고 전쟁을 상
정하는 국가는 반드시 전사자를 기리는 장치를 가진다."라는 명
제를 인용하며 이렇게 말합니다. "다카하시의 주장은 여전히 '옳
다'. 그러나 역시 '너무 옳다'고 느껴진다." 그렇다면 '너무 옳다'
라는 건 무슨 말일까요.

　다카하시 데쓰야의 논리는 그대로 극한까지 밀어붙이자면, 어
떤 내셔널리즘도 인정할 수 없다는 결론까지 도달할 것이고, 모든 민
족 집단과 종교 집단의 공동성을 부정하는 것으로 귀착될 수밖에 없
다. 그가 권장하는 아시아 여러 나라를 향한 사죄라는 것도, 논리적
으로 말하면 가해 국민인 일본인으로부터 사죄를 쟁취한 것을 외교
적 실리로 계산하는 일을 아시아 여러 나라 정부에게 금지하게 해야
하고(그건 그 나라들의 내셔널리즘을 고취시키기 때문에), '전쟁 책임과
전후 책임을 완수할 수 있을 정도로 높은 윤리의식을 지닌 국민적 주
체를 세웠다'라는 의식을 가지는 일도 일본인에게 금지해야 한다(그
건 내셔널한 우월감의 표현에 다름없기 때문이다).

　원리적인 '옳음'을 추구하는 지향은 언젠가 **자기 자신의 존재
자체가 분비하는 '악'**과 조우할 수밖에 없다. 그렇게 될 때에는 "내
존재가 악이라면, 나는 사라지자."라는 '결론'을 다카하시는 분명 숙
연하게 수용할 각오이리라 생각된다.

　내 몸에 '소름'이 돋은 건 분명 그러한 '자살의 결론'을 향한 생
물학적 두려움에서이다.

　　　　　　　　　　　　　　－ 우치다 다쓰루, 『비루한 거리의 기사』

　　　　　　　(가토 노리히로, 『패전후론』, 지쿠마쇼보, 2015 서문), 369쪽

　　제 논리의 '결론'은 '자살'이라는 것입니다. 글쎄요, 만약 그렇다고 한다면 '옳은' 주장에 관계하는 사람들은 그 '옳음'을 국민 전원에게 철저하게 주지시키지 못하는 한, 모두가 "나는 사라지자."라며 '자살'해야 한다는 말이 되어 버리는 게 아닐까요. 패전 후 펼쳐진 아시아 피해 민족을 향한 보상운동은 집단적 '자살'로 귀결할 것이라고 말하고 싶은 걸까요.

　　잠깐만요, 라고 말하고 싶습니다.

　　우치다 씨는 "다카하시 데쓰야의 논리는 그대로 극한까지 밀어붙이면 이렇게 이렇게 된다."라는 식으로 말합니다. 저의 논리를 "그대로 극한까지 밀어붙여서" 극단적이고 파멸적 '결론'으로 이끌고 있는 건 우치다 씨지, 제가 아닙니다. 그리고 패전 후 책임에 관한 제 주장을 '논리적으로도 윤리적으로도' '옳다'고 그는 인정합니다. 그러나 '옳음'에도 불구하고 그 주장이 일본 국민 전원에게 받아들여지지 않는다는 사실로부터, "일본 국민의 대다수는 구제가 불가능할 정도로 어리석고 사악하다."라는 판단이 나올 수밖에 없다고 말하고 있는 겁니다. 이러한 판단을 이끌어 내고 있는 사람도 우치다 씨지, 제가 아닙니다.

　　저는 어떤 사회에서, 특히 리버럴 데모크러시를 원칙으로 하는 사회에서 어떤 정치적 주장이 '옳다'고 생각되었다고 해도, 그것이 국민 전원의 동의를 얻는 일 따위는 상상하기 힘들다고 봅니다. 바람직한 일이라고도 생각하지 않습니다. 정치적 의견의 다양성은 리버럴한 사회의 대전제이고, 자신이 관계하고 있는 운동이나 주장이 다수의 지지를 얻지 못한다고 해서 국민 대다수가 '구제가 힘들 정도로 어리석고 사악'하기 때문이라는 생각 또한 해 본 적이 없습니다. 그런 식으로 생각했다면, 이미 오래전에 포기하고 정치적 주장을 그만두었을 테지요. 제 입장에서 보면, 우치다 씨는 여기서 믿기 어려울 정도로 급진주의를 발휘하면서 '옳다'라는 주장을 엉뚱한 방향으로 극단화하며 제 입장이나 관점과는 전혀 비슷하지도 않은 과격한 '결론'(='자살')을 저에게 밀어붙이고 있다는 생각밖에 들지 않습니다.

'야스쿠니 문제'에 대해서 우치다 씨는 저를 "야스쿠니 신사를 부정하는 이상, 세계의 모든 공동체 위령 의식의 철폐를 요구하는 사람"이라고 말하고 있지만, 제 논리가 그렇지 않다는 점은 졸저를 읽으신다면 알 수 있습니다. '내셔널리즘'에 대해서도 그 내실을 파악하지 않거나 아무런 맥락 없이 "내셔널리즘이니까."라고 말하며 전부 부정하는 것도 제 입장이 아닙니다. 이 점에 대해서 서경식 선생과 교류하면서 많은 걸 배웠다는 사실은 이미 말했지만, 원래부터, 예컨대 3·1독립운동을 "내셔널리즘이니까."라며 부정하는 일은 꿈에도 생각한 적 없습니다. 지금도 오키나와의 '현외이설縣外移設'론이나 류큐琉球 독립론i을 "내셔널리즘이다!"라며 부정하는 사람들에게 이의를 제기하며 논쟁을 벌이고 있습니다.

우치다 씨는 또한 '아시아 여러 나라에 대한 사죄'의 '논리적' 귀결로서 두 가지의 '금지' 사항을 말하고 있습니다. 그러나

---

i 현외이설론이란 오키나와 기노완시의 미군 비행장인 후텐마 기지를 나고시 헤노코로 이전하는 정책에 반대하는 투쟁 과정에서 기지를 오키나와현 밖으로 이설하기를 주장하는 논의. 류큐 독립론은 1872년과 1879년의 류큐 처분으로 인해 류큐 왕국이 에도 막부에 의해 복속당해 오키나와현이 된 상황을 다시 독립국으로 되돌리자는 운동을 의미한다.

내셔널리즘에 대한 비판은 내셔널한 것의 긍정을 기계적으로 '금지'하는 게 아니지요. 본디 도대체 누가 그런 걸 '금지할' 권한을 가질 수 있습니까.

패전 후 책임의 논리는 그런 식의 글에서 희화화될 문제가 아닙니다. 또한 책임의 논리는 '원리적인 옳음을 추구하는 지향'을 부정하는 것도 아닙니다. 그렇다면, '원리적인 옳음'을 추구하며 논의해 온 철학자들의 노력 또한 부정해야 할 겁니다. 예를 들어 존 롤스John Bordley Rawls(1921-2002)에 대해서 그의 『정의론』이 중요한 비판자를 낳았고, 미합중국 국민 전체가 인정하는 생각이 되지 않았다고 해서 "자기 자신이 존재하는 것 자체가 분비하는 '악'과 '조우'해서 '자살'할 수밖에 없다."라는 식으로 말할 수 없을 겁니다. 오늘날에도 정치철학자들은 '정의'의 원리를 둘러싼 전장에서 맹렬히 싸우고 있습니다.

마지막으로 한 번 더 서경식 선생의 글을 인용하면서 마치고자 합니다.

일본인과 한국인, 남성과 여성, 가해자와 피해자 사이로 수많은 선이 그어져 있습니다. 가장 먼저 필요한 것은 그것을 확인하는 것입니다. "같은 인간이 아닌가."라는 '보편주의'로 실재하고 있는 분단을 덮어 감추는 것은 올바르지 않습니다. 그러나 왜 분단선을 확인합니까? 그것은 어떻게 해서든 그것을 넘어서기 위해서라고 말하고 싶습니다. 예를 들어 '실감'이라는 문젠데요, 학생들한테서 "나는 한국인들이 어떤 기분인지 알 수 없습니다."라는 식의 반응이 나오고는 합니다만, 이런 상황이기에 더더욱 자신과 상대가 어떠한 논리에서

연결될 수 있는가 하는, 그야말로 새로운 '척도'를 구하지 않으면 안
되는 거죠. '정의'라는 척도에 의해 타자와 이어질 수 있다는 이념이
없는 한 단절을 넘어서는 일은 불가능할 것입니다.

　　　　　　　　　　　— 서경식·다카하시 데쓰야, 『단절의 세기 증언의 시대』

　　　　　　　　　　　　　　　　　　(이와나미쇼텐, 2000), 179쪽 i

---

i　인용은 서경식·다카하시 데쓰야, 『단절의 세기 증언의 시대』(김경윤 옮김, 삼인, 2000),
175쪽.

감사합니다. 처음 심포지엄의 제안을 받았을 때 일본에서는 자주 있는 일입니다만, '아니, 제가 무슨…' 이라는 식으로 겸손을 보여야 하나 잠시 생각했습니다. 그러나 이 심포지엄의 취지는 제가 도마 위에 올라 여러분의 비판이나 분석을 받는 소재가 되는 것이기 때문에 거절해서는 안 된다는 생각이 들었습니다. 제 자신에 관한 이야기라기보다 재일조선인 속에서 서경식이라는 사람이 자리하고 있는 위치에 대한 일종의 책임감 같은 것도 작용했습니다. 그런 의미에서 정년을 앞두고 심판장에 앉은 것 같은 긴장감을 갖고 임하고 있습니다.

저는 전문적인 훈련을 받은 연구자가 아니기 때문에 귀동냥으로 배운 것들이나 직감에 의지해 여기까지 걸어왔던, 약점 많은 사람이라는 사실을 무겁게 인지하고 있습니다. 그래서 이런 저런 비판을 받게 되더라도 기꺼이 받아들이자는 마음입니다. 오늘 네 분에게 제가 상상한 것 이상으로 관대하고도 적절한 코멘트를 들어서 기쁩니다. '응답'이라고 할 만한 건 없지만, 이야기를 들으며 생각한 점을 간단히 말씀드리고 싶습니다.

우카이, 다카하시 선생의 발표에 대해서

우선 우카이 선생의 이야기를 듣고 우카이 선생이 저보다 나이가 조금 적기는 하지만 우리는 정말 같은 시대를 같은 장소에서 살아오면서 성장했구나, 라는 느낌이 들었습니다. 『'민족'을 읽다 – 20세기의 아포리아』라는 책은 저에게 있어 (형들과 관련된 책을 별도로 치면) 초창기 저작에 해당합니다. 후지타 쇼조 선생님의 권유로 호세대학의 비상근 강사가 되어 아직 어떻게 해나가야 할지 잘 모를 때, 이치무라 히로마사市村弘正 선생님이 자신과 대담을 하자고 제안해 주셔서 긴장 속에서 온 힘을 다해 몰두했던 작업입니다. 우카이 선생이 그 책을 깊게 읽고 기억해 주셔서 감사드립니다.

여담이지만 그 책 표지에는 아이미쓰靉光의 〈눈이 있는 풍경〉(fig.23)이라는 그림이 사용되었습니다. 제겐 무척 인상 깊었던 그림인데, 표지로 사용하기 위한 허락을 얻고자 유족인 부인께 연락을 드렸더니 매우 기뻐하셨습니다. 그러곤 요즘 젊은이들은 아이미쓰의 그림을 거의 알지 못한다는 말씀도 하셨지요. 저도 '젊은이' 중 한 명이었던 시절이지요.

왜 이 이야기를 하느냐면, 올해 저는 '예술학'이라는 강의의 마지막 수업을 하며 대학에서 가르치는 일을 끝맺었는데, 수업에서 마지막으로 언급한 작품이 바로 아이미쓰의 〈눈이 있는 풍경〉입니다. 1938년 일본이 전쟁으로 돌진하며 나락으로 곤두박질치고 있을 때 초현실주의적 기법으로 그려진 눈알 하나가 불길한 미래를 응시하고 있는 듯한 모습입니다. 지금까지 학생들에게 이 그림을 보여 주면, 애니메이션이라든가 SF 영화 속 괴수 등을 연상하는 경우가 많았지요. 올해도 그러려니 생각했는데, "무언가 두려워하고 있는 것 같다.", "외로운 것 같은 눈빛이다.", "조용히 쳐다보고 있자니 빨려 들어갈 것 같다." 같은 감상평이 있었습니다. 분명 지금 세상, 물론 코로나의 탓도 있습니다만, 세계적으로 불안이 넘치는 세상이 학생들의 마음 깊숙한 곳에 있는 그런 감수성을 파헤쳤다는 느낌이 들었습니다. 그리고 정년을 맞는 저에게도 어울리는 감정이 아닐까 생각했습니다. 동시에 들었던 생각은 아이미쓰가 1938년에 그린 이 작품은 아직도 계속 살아 있구나, 하는 것이었습니다. 그런 점에서도 우카이 선생이 뜻밖에 이 책 이야기를 해 주셔서 매우 감개무량했습니다.

저는 비상근 강사 시절에 『20세기 천 명의 인물』이라는 짧은 평전 시리즈를 분담해서 집필하는 일을 맡게 되었습니다. 말씀하셨듯 우카이 선생도 집필자 중 한 명이었지요. 그때 저는 아직 앞날이 보이지 않던 상황이었는데, 그래도 '글 쓰는 사람'이 되겠다고는 정했기 때문에 그 일을 작가가 되기 위한 수련 과정과 같은 것이라 생각하고 일단 수락하여 나름대로 열심히 썼습니다.

『20세기 천 명의 인물』에서는 47명에 대해서 썼습니다. 편집자는 『아사히저널』이라는 강경파 잡지에서 오랜 기간 부편집장을 맡으며 이름이 잘 알려져 있던 센본 겐이치로千本健一郎 씨였습니다. 정말 '수련 도장'에 다니듯 엄격한 훈련을 받았습니다. 아슬아슬하게 마감 날 새벽 2-3시에 겨우 완성한 원고를 팩스로 보내면, 30분도 채 안 되어 따닥따닥 소리를 내며 팩스가 센본 씨의 답장을 뱉어 냈지요. 거기서 오케이를 받아야 비로소 방바 닥에 누울 수 있었는데, 흥분해서 좀처럼 잠들 수가 없었습니다. 이 시리즈에서 제가 맡은 47명의 짧은 평전을 이후에 『사라지지 않는 사람들』이라는 책으로 정리했습니다.

그리고 이 시리즈에서 언급했던 것을 계기로 삼아 더욱 심화해서 『프리모 레비를 찾아가는 여행』이라는 책을 완성시킬 수도 있었습니다. 담당 편집자는 지금은 돌아가신 곤다이보 미에 渾大防三惠 씨였습니다. 글을 쓰면서 상당히 고생을 하고 건강에도 조금 문제가 생기기도 했지만, 돌아보면 그때 경험이 '나의 대학' 과도 같았다고 생각합니다. 공동 집필자 중 한 명이기도 했던 우카이 선생 덕분에 그 시절의 일도 떠올릴 수 있었습니다.

우카이 선생과 관련해서는 생각난 일이 또 하나 있습니다. 한국의 변영주 감독이 '위안부' 할머니들의 공동생활을 찍은 다큐멘터리 영화 〈낮은 목소리 2〉가 일본에서 상영되었을 때, 우익이 방해를 하며 스크린에 소화기를 뿌린 적이 있었지요. 그때 다른 일 때문에 우카이 선생과 통화를 했는데, "지금 소화기 사건과 관련된 기자회견이 있어서 거기에 가요."라고 하시며 "이런 때는 그냥 달려오는 게 좋아요."라고 매우 경쾌하게 권유를 해서, 우카이 선생에게 등 떠밀리듯 그 기자회견장에 가게 되었지요. 그때 회견에서 주고받았던 이야기 자체에서 제가 지적해 온 일본 리버럴파에게서 보이는 '주체의 공동화空洞化'라는 문제가 나타났다고 생각합니다만, 그건 다른 곳에서도 몇 번인가 이야기한 적이 있으니까 오늘은 생략하겠습니다.

다시 말해 우카이 선생은 활동가적인 경쾌한 '풋워크'를 보여 주는 분이어서 저는 그 점에 특히 감탄하면서 큰 자극을 받았습니다. 도쿄경제대학에서 우카이 선생과 '다문화주의 비판'이라는 제목으로 대담을 한 적도 있지요, 자세한 내용은 잡지『임팩션インパックション』99호와 100호(1996년 10, 12월)에 실려 있습니다. 우카이 선생 덕분에 팔레스타인 영화감독인 미셸 클레이피(1950-) 씨와 만나는 귀한 기회도 얻을 수 있었습니다. 그 후 클레이피와 에이알 시반(1964-) 씨가 영화〈루트 181〉의 상영을 위해 일본에 왔을 때는 우카이 선생의 협력을 얻어 두 분을 도쿄경제대학에 초대하여 특별 강연과 좌담회도 열 수 있었습니다. 이것도 '나의 대학' 시절 속 귀중한 한 장면입니다.

뜬금없는 이야기입니다만, 스즈키 미치히코鈴木道彦(1929-) 씨가 쓴 글을 읽으면, 정확히 1960년대에 스즈키 씨가 프란츠 파농을 번역한 즈음에 프랑스에서는 알제리 사람들의 독립 투쟁을 지원하는 운동이 있었고, 매우 격렬한 투쟁도 펼쳐졌음을 알 수 있습니다. 스즈키 씨는 프랑스에서 일본인 유학생으로서 현장을 목격하면서, 그 상황을 재일조선인에게 적용하면 어떤 것이 보이는가를 생각하기 시작했습니다. 우카이 선생의 경우를 스즈키 씨의 계보를 잇는다고 말해도 좋을지 모르겠습니다만, 프랑스 사상과 문학을 공부하면서 동시에 간사이關西 지역의 재일조선인들과도 교류를 하신 것입니다. 물론 학생운동과도 교류했지만요. 즉, 일단 프랑스를 경유해서 들어온 반식민지 투쟁 사상을 일본에서 실천할 장소와 만나면서 또 한 번 갈고 닦았다고나 할까, 혹은 소화한 것이 커리어의 출발점에 있다는 의미입니다. 이건 대단한 일이라고 생각합니다.

　제가 프란츠 파농에 대해 말했다는 사실을 떠올리게 해 주셨는데요, 파농이 스즈키 미치히코 씨 등에 의해 소개되기 시작한 것이 제가 고등학생 때 일입니다. 고등학교 3학년 때에 미스즈쇼보에서 『프란츠 파농 선집』(에비사카 다케시海老坂武·스즈키 미치히코 외 역, 1968)이라는 책 한 권이 나왔는데, 수험생 신분이던 저는 잘 이해하지 못하면서도 읽었습니다. 같은 재일조선인 선배 중 매우 우수하긴 하지만 불우했던 분이 "이런 걸 읽어라."라면서 권유해 준 기억이 있습니다. 그 선배와 같은 재일조선인 중 일부는(저 역시 포함되겠지만) 예컨대 '민족 통일'과 '민주화'처럼 조선 민족으로서 지닌 개별적인 투쟁 과제를 세계사적 반식민지 투쟁이라는 커다란 조류 안에 어떻게 자리매김할 수 있는가, 어떻게 세계의 민족해방 투쟁과 연대해 갈 수 있는가, 라는 문제의식을 가지고 있었습니다. 1960년대부터 1970년대에 걸쳐 제가 경험하던 일본 사회, 특히 교토와 간사이 지역의 분위기 속에서 프랑스의 반식민지 투쟁 사상과 당시 일본의 학생 투쟁, 한일조약 반대 운동 같은 것이 서로 만나고, 혹은 만나서 상처를 주고받으며 이어져 온 현재라고 해야 할까요, 그런 점을 다시 생각하게 되었습니다. 우카이 선생은 그렇게 걷기 시작한 길을 지금까지 일관되게 계속 걸어오셨고, 최근 몇 년 동안은 도쿄올림픽 개최 반대 운동도 열심히 하셨습니다. 오늘은 저에게도 어렴풋한 기억밖에 남아 있지 않은 부분까지 면밀하게 읽어 주시고 귀한 발언을 해 주셔서 진심으로 감사드립니다.

다카하시 선생은 1995년에 일본에서 클로드 란즈만Claude Lanzmann(1925-2018) 감독의 영화 〈쇼아Shoah〉의 상영 추진 운동을 하셨고, 우카이 선생과 함께 그 실행위원을 역임하셨지요. 저는 이 중요한 영화를 보러 일불日佛회관에 간 기억이 있습니다. 그때가 다카하시 선생과의 첫 대면이었는데 그저 가볍게 인사를 나눈 정도였습니다. 이듬해에 아우슈비츠 투어를 계획했을 때 함께 가겠다고 하셔서 동행했지요. 그 이후로 계속 교제를 이어 왔는데 오늘 말씀에 나온 1997년의 심포지엄 〈내셔널리즘과 '위안부' 문제〉와 이후로는 예를 들어 '기미가요·히노마루 법제화 반대'라든가, '교육기본법 반대' 혹은 'NPO 전야' 등의 활동을 함께 하며 부담을 드리기도 하고 폐도 끼쳤습니다. 그 과정에서 늘 한결같고 든든한 동지셨습니다.

매우 인상 깊었던 기억은 다카하시 선생과 알게 된 지 얼마 지나지 않았을 때였는데, 겸손한 자세로 본인은 실천적 활동은 하지 않고 쭉 공부만 해 왔다고 끊임없이 말씀하신 점입니다. 제게는 그 모습이 정통파 아카데미즘에서 난데없이 출현한 귀한 실천가이자 사회참여가라는 이미지로 다가왔습니다. 그런 점에서 (이렇게 말하면 두 분 모두에게 실례일지도 모르겠지만) 우카이 선생과는 대조적인 인상이었지요. 우카이 선생은 활동가 느낌이고, 다카하시 선생은 정통파 연구자라는 느낌입니다. '공부만 해 온 사람'이 '증언의 시대'라고 할 수 있는 1990년대 중반에 홀연히 나타났습니다. 그 점만으로도 놀랐습니다만, 그런 사람이 그 이후 약 25년간 한결같이 연구 활동과 실천과 참여의 길을 함께 걸어오신 거죠. 제가 가까운 거리에서 보는 한, 모든 주말을 실천 활동에 쏟으시지 않나 싶습니다. 정말 경탄할 만한 일이지요.

가토 노리히로 씨의 저작 『패전후론』(단행본은 1997년 고단샤 에서 출간)과 관련된 일을 말씀하셨는데, 저는 1995년 발표된 '패 전후론'에서 1996년의 '전후후론戰後後論'으로 이어진 붐은 중요 한 사건이었다고 생각합니다. 우파나 보수파는 물론이거니와, 소위 리버럴파가 자기 긍정과 자기애를 위해 짜낸 교묘한 레토 릭이 그렇게나 많은 방면에서, 특히 『아사히신문』 등 리버럴 계 열 저널리즘에서 환영받았고, 그 상황이 현재까지도 이어지고 있습니다. 현재도 우치다 다쓰루 씨 같은 동조자가 나타난다는 사실을 생각하면, 부정적인 의미에서 패전 후 일본 사상사의 중 요 사건 중 하나라고 할 수 있습니다.

저는 가끔 1990년대 일본에서 만약 다카하시 데쓰야가 없었 다면 어쩔 뻔했을까를 상상합니다. 그건 앞서 말한 실천 활동뿐 아니라 가토 노리히로 논의의 약점이랄까, 조금 더 확실히 말하 면 기만성 같은 걸 이렇게 명석하게 지적하는 논자가 다카하시 선생 말고는 좀처럼 없기 때문입니다. 그런 의미에서도 다카하 시 선생은 매우 중요한 존재입니다. 오늘 귀중한 발표를 해 주셔 서 다시 한 번 감사드립니다.

다음으로 '지식인'이라는 말에 관해 조금 말씀드리고 싶습니 다. 저는 일본에서 나고 자라 모어도 일본어입니다만, 제가 쓰는 '지식인'이라는 말은 일본 사람들 특히, 일본의 지식인들이 생각하는 의미와는 전혀 어감이 달라져 버렸다고 오래전부터 느꼈습니다. 제가 '우리 지식인들은'이라고 말하면 반드시 "아니요, 저는 지식인이 아닙니다."라는 반응이 돌아왔습니다. 저는 '지식인'이란 특권을 과시하는 의미가 아니라, 오히려 그 반대의 의미이건만…, 이라는 생각을 하면서, 그게 일본과 한국의 가장 큰 차이 중 하나가 아닐까 싶었습니다. 한국의 문맥에서는 1960년 4월 혁명, 즉 이승만을 쫓아낸 혁명 이후 오늘날까지 투쟁의 주역은 달라졌지만, 기본적으로 사회 변혁을 담당해야 할 지식인의 역할에는 자신들의 자부심을 포함하여 사회가 그런 역할을 기대하는 의식도 있습니다.

1967년에 장 폴 사르트르의 『지식인을 위한 변명』이 번역되어 출간됐을 때, 저는 고등학교 2학년이었는데 그때 그 책을 읽었습니다. '앙가주망engagement'이라는 말도 당시에 배웠습니다. 그리고 에드워드 사이드의 『지식인이란 무엇인가』라는 책이 일본 헤이본샤에서 번역되어 나온 건 1995년인데, 이 책 역시 저에게는 소중합니다. '지식인'이라는 존재는 예전부터 매우 중요했을 뿐 아니라, 오늘날 점점 더 중요해졌습니다. 지식인은 주눅 들지 않고, 자신이 모든 우연과 행운의 결과로 얻을 수 있었던 '지知'를 성실히 사회로 환원해야 한다고 생각합니다. 그런 의미에서 오늘 함께해 주신 우카이, 다카하시 두 분은 와타나베 가즈오(1901-1975), 모리 아리마사森有正(1911-1976), 가토 슈이치(1919-2008) 같은 일본의 훌륭한 지식인의 계보를 잇고 있다고 생각합니다. 그런 두 분에게 여러 자극과 깨달음을 얻게 되어 매우 행운이었습니다.

제가 우카이 선생이나 다카하시 선생과 교제한 지난 약 25년
은 소위 계급투쟁이라든가 민족해방 투쟁이라는 도식이 사회주
의권 붕괴와 함께 일시 중단된 후, 신자유주의와 글로벌리즘이
전 세계를 석권해서 일원적인 지배를 수립한 시대라고 말할 수
있을지도 모릅니다. 이는 동시에 '전후 민주주의'를 수립하고자
했던 일본이 오래 지속된 반항기를 거쳐 아베 정권을 통해 극우
국가로 이르게 된 길이라고 할 수 있습니다.

저는 형들의 일도 있어서 최고의 전후 지식인이라고 할 만한
몇 분의 선생님을 가까이서 뵙는 행운을 얻었습니다. 예를 들어
히다카 로쿠로, 가토 슈이치, 후지타 쇼조, 고자이 요시시게, 야
스에 료스케, 시인 이바라기 노리코 같은 분들입니다. 현재 일본
사회를 보면, 그들의 계보는 거의 끊어졌다고 생각할 수밖에 없
습니다. 지금 말한 분들의 성함도 쓰루미 슌스케 선생을 예외로
하면 사람들의 입에 거의 오르내리지 않습니다. 오늘은 제가 응
답하는 입장인데 이런 말을 하는 게 어떨까 싶습니다만, 우카이
선생이나 다카하시 선생이 이 계보를 이어서 발전시키며 일본
의 지식인으로서 앞으로도 활약해 주시기를 매우 기대하고 있
습니다.

굳이 말하자면, '전후 지식인'에서 '냉전 후 지식인'으로, 라
고 할까요? 혹은 '포스트 포스트모던 지식인'으로서의 역할 말이
죠. 1990년대는 이른바 포스트모던이 유행한 시대입니다. 물론
거기에는 긍정적 요소도 있었습니다. 그때까지 유통되고 있던
대문자의 주어를 탈구축하는 '내셔널리즘'이라든가, '남성'이라
는 기득권 주체를 해체하거나 하는 일 말이지요. 그런 긍정적 요

소를 받아들여 발전시키면서 앞으로의 시대를 통찰해 가는 사상
적 작업을 해 주시길 바라는 겁니다. 극히 소수였지만, 그리고 고
립되어 있었지만 확실하게 존재했던 일본의 선한 지식인의 계보
를 계승, 발전시켜 주시기를 저는 희망하고 있습니다.

　　방금 전 다카하시 선생이 저와 만난 이후 '내셔널리즘'이라
는 문제를 늘 깊게 생각해 왔다고 말씀하셔서 무척 기뻤습니다.
대부분 깊이 고찰하지도 않고 '내셔널리즘'이라고 분류하며 딱
지를 붙이는 것만으로 만족하는 일본 지식인 사회 속에서 다카
하시 선생이 점하고 있는 독특하고도 중요한 위치라고 생각합
니다.

　　쓰루미 슌스케 선생에 대해서는 저는 꽤 유보적입니다. 1990년
대부터 현재까지 예를 들어 『아사히신문』을 중심으로 하는 리
버럴 언론에서 쓰루미 씨는 압도적인 존재였습니다. 쓰루미 선
생을 어떻게 봐야 하는가, 하는 것이 일본 지식인과 전후 사상을
생각하는 데 있어 매우 중요한 문제, 말하자면 아포리아라고 생
각합니다. 전체주의적인 공산주의를 향한 비판, 시민운동, 개인
의 재발견, 잡지 『조선인朝鮮人』의 발간이나 베트남 전쟁 탈영병
에 관한 구호 활동 등등 다양한 방면에서 쓰루미 선생이 감당했
던 귀중한 역할에 대해 저는 누구보다 높이 평가합니다. 그러나
쓰루미 슌스케의 영향이라는 산맥에서, 예컨대 '자기중심적'을
주창하는 가토 노리히로 씨와 같은 존재가 나왔습니다. 1990년
대 중반 이후에는 그런 사람들이 눈에 띄게 부상합니다. 저는 바
로 거기에서 일본 리버럴리즘의 자기긍정의 충동 같은 게 보입
니다.

방금 전 다카하시 선생이 말씀한 대로입니다만, "너무 옳은
건 좋지 않다."라는 말은 본래 국가라든가 대문자 정의Justice에
대한 저항이었을 테지만, 결국 역기능으로 전락했습니다. 그 과
정을 쓰루미 선생 본인은 어떻게 보고 있었을까. 그들이 쓰루미
선생의 정당한 계승자였는지에 대해 더욱 엄격하게 검토해야 할
때가 아닌가 싶습니다. 제게는 그런 힘이 없지만, 여기 계신 다카
하시 선생과 우카이 선생, 그리고 젊은 연구자 분들에게도 함께
생각해 보자고 문제를 제기하고 싶습니다.

권성우, 최재혁 선생의 발표에 대해

권성우 선생과 최재혁 씨께 정말 감사를 드립니다. 두 분의
이야기를 듣고 솔직히 감격했습니다. 저는 2006년도부터 이듬
해까지 도쿄경제대학에서 연구안식년을 받아 한국에 2년간 체
재했습니다. 그 당시 동료(특히 다카하시 선생)에게 큰 폐를 끼치
면서 한국에 갔다는 생각도 듭니다. 하지만 결과적으로 그 경험
은 적어도 저에게는 매우 중요한 인생의 전기가 되었습니다. 두
분 외에도 한홍구 선생, 권혁태 선생, 김상봉 선생과 같은 훌륭
한 분들과 만날 수 있었습니다. 그리고 제 한국 체재 중의 산물로
『당신의 눈을 믿어라! – 통일 독일 미술 기행』(미스즈쇼보, 2010)
과 『식민지주의의 폭력 – '언어의 감옥'에서』(고분켄, 2010)i, 『시
의 힘 – '동아시아' 근대사 속에서』(고분켄, 2014) ii 같은 저작을 펴
낼 수도 있었습니다. 만약 그 기회가 없었다면 어떡할 뻔했을까

생각하면, 무척이나 귀중한 경험이었다는 생각이 다시 한 번 머릿속을 스칩니다.

그러나 동시에 정치적, 경제적, 문화적 이유에서 그런 경험이 불가능한 재일조선인 동포가 많다는 사실을 잊고 싶지 않습니다. 능력이 떨어지는 것이 아닌데도 일본 사회와 맺고 있는 관계 및 한반도의 분단이라는 정치적 이유 때문에 자유로운 한국 체재나 한국 내 동포와의 교류가 불가능한 사람들이 있습니다. '문화적'이라는 건 아주 간단히 말하면 언어의 장벽입니다만, 오늘 최재혁 씨가 말해 준 것처럼, 그 문화적 장벽 속에는 미술도 포함됩니다. '이것이 ○○민족의 미美다'라는 본질주의적 의식이 쌓아올린 장벽에 어떻게 대항할 것인가, 어떻게 극복해 나갈 것인가, 같은 과제가 있습니다. 많은 재일조선인에게 매우 어려운 과제입니다. 게다가 재일조선인은 일본 사회에서는 증오 발언에 둘러싸여 고립되고 분단되어 있습니다. 동료가 어디에 있는지도 모르는 상태가 되었습니다. 도쿄경제대학에 직장을 둔 덕분이라고 할 수 있는데, 2년간 한국에 체재하며 훌륭한 사람들을 만나고, 제 이야기를 이해해 주는 사람들이 있다는 사실을 '발견'할 수 있었던 건, 예외적인 행운이었습니다.

권성우 선생은 숙명여자대학의 강연회를 준비해 주셨는데, 그날 이야기가 「나는 왜 작가가 되었는가」라는 강연 기록으로

---

i 한국판: 『언어의 감옥에서 - 어느 재일조선인의 초상』(권혁태 옮김, 돌베개, 2011).

ii 한국판: 『시의 힘 - 절망의 시대, 시는 어떻게 인간을 구원하는가』(서은혜 옮김, 현암사, 2015).

『시의 힘』에 수록되어 있습니다. 저는 제가 한국에 대한 지식이 부족하고 언어 표현력도 부족하다는 점 때문에 항상 복잡한 생각, 단적으로 말하자면 콤플렉스를 갖고 있습니다. 권성우 선생이 저를 통해 격려를 받았다고 말씀하신 것과 반대로, 저는 권성우 선생을 비롯한 한국의 훌륭한 친구들에게 힘을 얻어 왔습니다.

권 선생의 발표를 이어 받아 '에세이'라는 표현 형식에 관해 말씀드리고 싶습니다. "왜 에세이를 쓰는가?" 이건 저에게 매우 냉엄한 질문입니다. 저는 에세이를 통해 스스로를 관찰하고 이야기합니다. '자명한 자신' 혹은 '나란 이런 사람이다'라는 전제에서 출발하는 것이 아니라, 자신을 분절화해서 관찰하며 그것을 이야기하는 작업 방법을 언제부턴가 갖고 있었습니다. 그런 방식에 '에세이'라는 형식이 매우 잘 어울린다는 말이 될 수도 있겠네요.

일본과 한국에서 생각하는 에세이의 차이를 권성우 선생도 말씀하셨습니다만, 어느 쪽이 옳다는 뜻은 아니지만 양쪽이 매우 다르다는 점은 저도 느꼈습니다. 유럽에서 이야기하는 본격적인 에세이 장르도 다른 의미에서는 존재하지만요. 제가 에세이를 쓰는 것이 단순히 어떤 재일조선인이 다양한 이야기를 쓰고 있다는 사실을 넘어, 한국에서 흔히 에세이로서 여겨지는 글과는 다른 발견이나 만남을 한국 독자에게 전해 주었다고 한다면, 무척 흥미로운 지적입니다.

그리고 백낙청 선생 이야기입니다만, 당시 '민족문학론'이라고 불리던 것은 식민지 시대에 펼쳐진 저항의 민족문학을 재발견하고 다시 읽고자 했던 움직임입니다. 방금 우카이 선생이 친절하게 상기시켜 주신 백낙청 선생의 '지혜의 시대'라는 생각과 연결되어 있습니다. 저는 그 '민족문학론'이라는 논의를 할 때 그 '민족'이라는 범주에 제가 포함되어 있는지 아닌지, 만약 포함되어 있지 않다면 '민족'이라는 개념이나 범주 그 자체를 확장하고 재정의하는 방향에서 검토할 필요가 있는지를 생각했습니다. 그건 지금까지도 이어지는 오래된 과제입니다. 그걸 떠올리게 해 주셔서 감사합니다.

제가 한국에서 친한 지인이나 저를 환영해 주는 사람들과 만나는 건, 실은 '한국'의 일부밖에 만나지 않은 것이라고 생각합니다. 저는 그런 생각과 느낌을 떨쳐 낼 수 없습니다. 한국은 지리적으로뿐 아니라 여러 가지 면에서 분단된 사회여서, 저와는 사상적, 문화적으로 전혀 다른 입장의 사람도 많이 있습니다. 그리고 제가 쓴 글에서 피어나는 일본적 냄새라고 할까, 식민지 지배 시대의 추억에 애착을 느끼는 사람도 있습니다. 작가가 자신이 읽히는 방식까지 지도할 수는 없지만, 그건 저의 본의가 아니라고나 할까요. '아, 그건 조금 아닌데…' 하는 생각을 할 때도 있습니다. 저는 매우 경계심이 강한 인간, 단적으로 말하자면 '소심한 인간'이라서 조심하고 또 조심하며 한국 분들과 교류해 왔습니다만, 권성우 선생처럼 제 글을 진중하고 깊이 읽어 주신다는 것은 매우 감사한 일이었습니다.

마지막으로 이양지에 대해서 조금 이야기하겠습니다. 아쿠타가와芥川상을 받은 재일조선인 여성 작가 이양지와는 직접 만난 적은 없지만 제 학창 시절의 후배에 해당합니다. 그 사람이 자신과 조국의 관계를 죽을힘을 다해 모색하고 탐구해 간 테마가 바로 『유희』라는 소설에 표현되어 있습니다. 그러나 제가 볼 때 그 가치 있는 갈등은 무참한 결말로 끝났습니다. 여기에 대해서는 「서울에서 『유희』를 읽다」i라는 글에 썼습니다. 무참한 결말이란, 매우 어려웠던 정신적 방황 끝에 자신이 태어나 자란 후지요시다 마을에서 보이는 후지산의 고마움에 절로 고개를 숙였다는 결말이지요. 그녀는 젊은 나이에 세상을 떠났는데, 무척 아까운 재능이었다고 생각합니다. 그러니 후지산의 고마움을 느끼며 한 번 더 버텨 내서, 조금 더 절망적이어도 되니까 그다음 단계까지 나아갔으면 어땠을까 싶습니다. 물론 그건 '아직 살아 있는' 우리들의 과제이기도 하지요.

최재혁 씨는 도쿄예술대학 대학원 박사과정에 재학하고 있던 즈음부터 만났고, 제가 도쿄경제대학에서 하고 있던 젊은 학생들과의 연구회에도 몇 번 참가했지요. 지금 생각하면 번역뿐 아니라, 예를 들어 제가 한국의 대구미술관에서 이쾌대에 관해 이야기할 때라든가, 중요한 자리에서 통역을 해 주시는 고마운 존재이기도 합니다. 그리고 오늘 이야기를 듣고 생각했는데, 제가 저보다 젊은 세대 한국 지식인들의 사고방식을 알고 싶을 때 매우 커다란 도움이 되어 주신 교사 같은 존재라고 해도 좋을 것 같습니다.

---

i 이 글은 『언어의 감옥에서 ─ 어느 재일조선인의 초상』(권혁태 옮김, 돌베개, 2011)에 수록되었다.

저는 '조선미술'과 그 개념 단계에서부터 격투하면서 『나의 조선미술 순례』라는 책을 썼는데, 그때의 든든한 동행자이자 지원자이기도 했습니다. 지금은 「일본 근대미술 순례」라는 에세이를 최재혁 씨의 번역으로 한국의 『월간미술』에 연재하고 있습니다.ii 별것 아닌, 이제껏 해 온 연재나 발표처럼 생각될지도 모르지만, 일본의 근대미술이 일본의 근대 자체와 깊이 얽혀 있는 이상, 그 당시의 작품을 한국에 소개한다는 건 실로 매우 어렵기도 하고 어떤 면에서는 위험하기도 한 작업이지요. 그러니까 일본의 근대미술을 일방적으로 칭찬하는 일이 되어선 안 되고, 그렇다고 해서 고정적인 시점을 가지고 비난하며 만족해도 안 됩니다. 일본 근대미술이라는 것이 형성되어 갔던 문맥을 풀어내면서 그 길에 등장한 매력 있는 미술가 개개인을 소개하고, 동시에 그 미술이 한국 및 조선과 어떠한 관계에 있는가를 끊임없이 상기시킬 수 있는 내용을 써야 합니다. 그리고 '조선' 내부에 침투하고 있는 '일본'을 대상화한다는 것은, 스스로를 해부하는 것과 같은 작업이기도 합니다. 꽤나 어려운 일입니다. 제가 정년퇴임 이후에도 계속 이어 갈 작업이므로 최재혁 씨라는 든든한 동행자와 함께 열심히 해 나가고 싶습니다.

길어졌습니다만 마지막으로 한마디 하겠습니다. 디아스포라나 경계인이라는 명명에 대한 이야기입니다. 좋아하건 싫어하

---

ii 연재 글 일곱 편을 모아 『나의 일본미술 순례 1 ─ 일본 근대미술의 이단자들』(최재혁 옮김, 연립서가, 2022)로 간행되었다.

건 한국에서는 제가 '디아스포라'라는 말을 보급시켰다고 하는 사람들이 있습니다. 사실인지 아닌지 저는 모릅니다만, 『디아스포라 기행』(이와나미쇼텐, 2005)이라는 책이 한국에서 번역되어 꽤 많이 읽힌 것은 사실입니다. 방금 전 "좋아하건 싫어하건"이라고 말한 것은 어떤 의미에서든 나름의 이유를 가지고 신랄하게 비판하는 사람들도 있다는 뜻입니다.

비판하는 이들의 초점은 디아스포라라는 일반화된 말에 빠지지 말고, 식민지 지배를 받았다는 사실을 끊임없이 명심해야 한다는 것입니다. 그건 방금 다카하시 선생이 말씀한 것처럼 '내셔널리즘'을 관념 속에서만 상대화하며 만족하려는 자세를 감지한 사람들이 하는 비판입니다. 저는 이러한 비판에 대해서는 이해할 수 있는 부분이 있기에 거침없이 딱 잘라 거절할 생각은 없으며 언제나 유보적으로 디아스포라라는 용어를 사용하면서 집요할 만큼 주석을 달고자 노력하고 있습니다.

나 자신을 규정하고 나누고 있는 여러 개의 구분선을 바라보며 내가 어디에서 왔는지, 어디로 향해 가는지, 왜 이런 상황인지, 그런 여러 맥락을 가능하면 지적으로 분절화해서 자기 이해를 하려고 애써 왔고, 앞으로도 그렇게 해 나갈 작정입니다. 이는 새로운 연대를 위해서도 필요한 일입니다. '일본인'과 '재일조선인', 혹은 '재일조선인'과 '한국인'이 서로를 완전히 이해한다는 것은 불가능하고, 오히려 그런 환상을 갖는 것이 위험합니다. 각각의 존재를 규정하고 있는 맥락을 분절화하면서 어떤 부분에서 우리가 공감하고, 혹은 비판해야 하는지를 분명히 밝혀 가는 작업을 이후로도 계속 펼쳐 가고 싶습니다.

　발표자 네 분께 진심으로 감사의 말씀을 드리며 응답을 마칩니다.

'재일조선인의 쇼와사昭和史'라는 아포리아

— 서경식과 포스트콜로니얼리즘

/ 모토하시 데쓰야

재일조선인은, 구舊종주국인 일본의 입장
에서 보면 일본의 식민지 지배 결과로 자국 내에 살게 된 타민족이고,
조선의 입장에서는 식민지 지배를 받은 결과 해외로 흩어진 재외동
포입니다. 따라서 재일조선인을 둘러싼 문제들을 해결하기 위해서는
구종주국인 일본과 구식민지인 한국 양쪽에서 '식민지 지배의 올바
른 청산'이 선행되어야 합니다.

    — 서경식,『황민화 정책에서 지문 날인까지—재일조선인의 '쇼와사'』

    (이와나미쇼텐, 1989), 5쪽

들어가며

이 글에서는 '쇼와昭和(1926-1989)'에서 '헤이세이平成(1989-
2019)'에 이르는 시기를 일본에서 '재일조선인'으로 살아온 서경
식의 역사를 아시아의 식민지화 및 탈식민지화의 문맥에서 생각

해 보고자 한다. 그 이유로 개인의 역사가 탈식민지화의 미완이
라는 일본 현대사와 시기적으로 겹친다는 점을 들 수 있다. 뿐만
아니라, 일본을 포함한 아시아 지역의 포스트콜로니얼리즘을 위
한 과제를 분명하게 파악하기 위해서는, 서경식과 같은 '재일조
선인'의 경험과 궤적을 콜로니얼리즘과 포스트콜로니얼리즘이
라는 유럽 중심적 근대 세계의 구조 속에 대입하여 생각해 볼 필
요가 있다고 생각하기 때문이다. 그리고 이를 위해서는 1945년
패전 이후, 일본의 '일국 평화 체제=미일 안보 체제'와 일본 외
아시아(오키나와를 포함하여) 국가들의 '군사독재 체제=미소 냉전
체제하의 내전'이 공존하는 아포리아를 인식하고, 이런 모순된
상황을 식민지주의 역사라는 문맥에서 비롯된 근대 일본의 성립
과정과 연결 지어 생각하는 작업부터 시작해야 할 것이다.

서두에 인용한 것처럼, 서경식은 자신의 향후 인생을 결정
지었다고 해도 과언이 아닌 책『황민화 정책에서 지문 날인까
지 – 재조일본인의 '쇼와사'』에서, 재일조선인의 '쇼와사'야말로
구종주국과 구식민지국이 "식민지 지배의 올바른 청산"을 하기
위한 관건이자, 세계 각지에서 발생하고 있는 군사적·경제적·
문화적 폭력과 차별을 해결하기 위한 실천적, 사상적인 참고 사
항이 될 것임을 명확히 인식하며 작가와 교육자로 종사해 왔다.
식민지 지배를 근대 국민국가의 필요조건으로 바라본 이 글이
서경식의 작업을 이해하는 데 도움이 되기를 바란다.

콜로니얼리즘의 역사 — 구미 편

먼저 서양 근대 사회의 콜로니얼리즘의 역사를 몇 가지 사건을 중심으로 살펴보고자 한다. 식민주의의 역사를 '콜럼버스의 신대륙 발견에 의한 서양 근대'의 역사로 파악할 경우, 먼저 주목할 곳은 이베리아 반도다. 이베리아 반도는 스페인과 포르투갈이 처음으로 식민제국을 형성한 지역이고 후발 식민제국인 네덜란드, 영국, 프랑스가 모범이자 타깃으로 삼은 지역이자, 국적·언어·문화의 통합을 근간으로 하는 근대 국민국가의 선구가 된 곳이었기 때문이다.

7세기 중동에서 발아한 이슬람 세력이 북아프리카를 통해 서유럽을 침공하였다. 타리크 이븐 지야드 장군이 이끄는 군대가 이베리아 반도를 침입한 해가 711년으로, 이후 한동안은 동이슬람 세력이 서부 기독교 세력에 대해 우위를 점하는 시대가 지속되었다. 지중해와 대서양을 연결하는 요충지인 지브롤터 해협(현 영국령)이라는 명칭도, 8세기 초 이 지역을 정복할 당시 아랍어인 자발 알 타리크(타리크 암산)라는 말에서 유래한 것으로 전해진다. 그러나 11세기 무렵부터 이베리아 반도에 대한 이슬람의 지배가 약화하고 기독교 세력에 의한 '레콩키스타Reconquista(국토회복운동)'가 시작되었다.

유럽에서 이슬람이 '외부의 타자'였다면 오랜 세월 동안 유럽 각지에서 문화적, 상업적으로 중요한 역할을 수행한 유대인은 '내부의 타자'였다고 할 수 있다. 유럽에서는 유대인을 향한 박해가 빈번하게 일어났는데, 가령 1391년 6월에 세비야에서 발생한 반유대인 폭동은 스페인 전 국토로 확산되었다. 이처럼 유럽에서는 이슬람과 유대인을 배척함으로써 기독교적 정체성이 확립되었고, 이는 곧 식민제국으로 이행하는 스페인의 사상적 골격을 형성하였다.

1469년에는 카스티야 왕국의 이사벨 1세와 아라곤 왕국의 페르난도 2세가 혼인함으로써 스페인이라는 국민국가의 기초가 마련되었으며, 이러한 정치적·종교적 체제를 기반으로 국가 내 외부에 존재하는 이단자의 포섭과 배척이 순조롭게 진행되어 갔다. 먼저 1480년에는 이단심문異端審問 제도를 도입하여 기독교 개종자를 가장한 '숨은 유대인＝마라노marrano'를 단속하는 임무를 부과하였는데, 여기서 '마라노'란 '돼지'를 의미하는 은어로 돼지고기를 먹지 않는 유대인의 풍습에서 비롯된 차별어였다. 이단심문 제도의 결과로 스페인령에는 토착 기독교도, 기독교로 개종한 '콘베르소conversos', 유대인 신분을 감추며 스페인령에 거주한 숨은 유대인 '마라노', 그리고 머지않아 국외로 추방될 운명에 놓여 있던 유대인의 네 계급이 성립되었는데, 여기서 중요한 것은 이와 같은 스페인의 국내 사정이 같은 시기에 시작된 식민지 지배와 밀접한 관련을 맺고 있었다는 사실이다.

서양식 근대의 시작을 알렸던 1492년 스페인에서는, '서양식 근대'의 막바지를 살아가고 있는 우리의 존재를 여전히 규정하는 몇 가지 사회적 범주로서, 이후 세계의 모습을 결정지은 사건이 동시다발적으로 발생하였다. 먼저 군사적으로는 1월 이슬람 세력의 마지막 요새였던 그라나다의 알함브라 궁전이 카스티야 여왕 이사벨의 군대에 의해 함락됨으로써 레콩키스타가 마무리되었다. 언어적으로는 라틴어 학자인 안토니오 데 네브리하 Antonio de Nebrija(1441년경-1522)가 평민도 습득 가능한 공용어를 만들고자 『카스티야어 문법서』를 출판함으로써 '방언'과 구별되는 '올바른 표준어'가 제정되었다. 특히 네브리하가 이사벨 여왕에게 바친 이 책의 서문에서 "언어는 제국의 도구"이며 언어의 규범화가 타자의 배제와 정복으로 향하는 과정임을 예견하였다는 사실에 주목할 필요가 있다. 이처럼 스페인 국내에서는 '국어'와 카스티야어가 규범화되었고, 스페인 밖에서는 식민지 정복 과정에서 카스티야어를 사용하는 '문명인'과 해당 언어를 구사하지 못하는 '야만인'의 차별이 진행되었다. 뒤에서 언급할 콜럼버스와 다른 항해자들의 '신대륙 발견'도 그 즉시 유럽 각국의 언어로 번역되어, 구텐베르크Johannes Gutenberg(1397년경-1468) 이래 유럽 내 지식 산업의 부흥을 지탱한 출판 기술에 힘입어, 식민지 정복에 대한 욕망을 환기시켜 갔다.

　　한편 종교와 정치의 관계를 살펴보면, 1492년 3월 31일에 공식적으로 유대인 추방령이 제정되면서 '내부의 타자'에 대한 배척과 포섭이 법제화되었고, 정부가 종교를 국가 통합의 이데올로기로 활용하는 근대 국민국가의 패턴이 성립되었다. 추방 기한을 하루 넘긴 8월 3일에 마지막 유대인이 스페인을 떠났는데, 바로 그날 콜럼버스 역시 스페인 팔로스항을 출항했다고 전해진다. 옛 유럽을 상징하는 유대인이 새로운 이산을 완수한 날과 콜럼버스(그도 유대인이었다는 설이 있다)가 신대륙을 향해 출항한 날이 갖는 동시성 — 인도로 향하는 콜럼버스의 함대가 이산하는 유대인을 전송하는 역사 드라마의 한 장면마저 상상할 수 있는 우리에게 있어, 식민지주의의 역사를 돌아보는 것이란 바로 이러한 구이방인의 추방과 신이방인의 정복이 보여 주는 동시대성을 역사의 과도기로 이해하는 것이리라. 그 후 스페인 출신의 유대인들은 포르투갈, 그리스, 터키, 북아프리카, 이탈리아, 네덜란드 등지로 뿔뿔이 흩어져 이후의 근대사에서 중요한 역할을 수행하였다.

콜럼버스가 '서인도 제도'에 도착한 것은 1492년 10월이었는데, 그는 서쪽으로 계속 항해하면 인도에 닿을 수 있을 거라 믿고 있었다. 같은 해 뉘른베르크의 마르틴 베하임Martin (von) Behaim(1459-1507)이 지구의를 발명하여 지식인들 사이에서 지구가 둥글다는 사실은 이미 알려져 있었지만, 콜럼버스와 이후 많은 탐험가들의 '신대륙' 항해를 용이하게 한 것은 천체의 고도를 측정하여 해상에서 현재의 위치를 알 수 있는 육분의의 발명이었다. 1492년이 서양 식민지주의의 출발점으로 중요한 의미를 지니는 이유는, 이처럼 근대 국민국가의 요건을 충족시키는 군사(정치), 언어(문화), 종교(민족), 외교(경제), 과학(테크놀로지) 분야에서 자타의 경계선 구축이 스페인 국내외에서 동시다발적으로 진행되며, 서양식 근대의 필요조건인 식민지 정복의 토대가 마련되었기 때문이다.

다음으로는 소위 '대항해 시대'와 서양 근대국가들의 식민지 획득의 역사를 살펴보고자 한다. 콜럼버스가 현재 바하마 제도의 과나하니섬에 도착한 것은 1492년 10월 12일이었다. 이탈리아 제노바에서 태어난 콜럼버스는 스페인의 이사벨 1세와 독일 푸거 가문의 후원을 받아 서회 항로를 통한 인도 항로를 개척하고자 했다. 당시 유럽 상인들에게, 지역 분쟁이 끊이지 않는 지중해나 이슬람 세력이 지배하는 육로 대신 대양을 횡단하는 바닷길을 통해 인도에 도착하여 실크로드와 동남아시아 제도에서 반입되는 향신료와 비단, 도자기와 같은 생산품을 얻는 것은 큰 매력으로 느껴졌던 것이다. 동쪽 항로의 경우는 이미 1486년에 포르투갈의 바르톨로메우 디아스Bartolomeu Dias(1450년경-1500)가 아프리카 남단의 희망봉 회항에 성공하였고, 이어서 1498년에는 바스쿠 다 가마Vasco da Gama(1460년대-1524)가 인도 코지코드에 도착함으로써 항로가 개발되어 이후 포르투갈에 막대한 부를 가져다주었다. 그리고 이에 앞서 1494년에는 토르데시야스 조약이 체결되어 로마 교황의 인가하에 세계는 스페인과 포르투갈로 양분되었고, 그 결과로 스페인은 미대륙을 거쳐 필리핀 제도까지, 포르투갈은 동남아시아를 거쳐 일본까지 그 영토를 넓혀 갔다.

다음으로 '세계일주'에 대해 살펴보면, 1519년 9월에 페르디난드 마젤란Ferdinand Magellan(1480-1521)이 5척의 배와 237명의 선원을 이끌고 스페인을 출항하여 서쪽 항로를 통해 신속하게 서인도 제도에 도착했지만, 남미대륙 남단을 통과하는 데 1년 이상 걸리게 되면서 1520년 11월이 되어서야 마젤란 해협을 통과할 수 있었다. 이후 마젤란 일행은 태평양을 횡단하여 필리핀에 도착하였는데, 막탄섬 라푸라푸 추장의 군대와 전투를 벌이던 중 마젤란은 목숨을 잃게 되고, 가까스로 살아남은 18명의 생존자만이 배 한 척에 몸을 싣고 동인도 항로를 역으로 거슬러 1522년 9월 스페인에 귀환했다.

이렇게 보면 스페인으로 귀환한 최후의 18명이 역사상 처음으로 세계를 일주한 사람일 것 같지만 사실은 그렇지 않다. 대항해 시대에는 이미 글로벌한 인적·물적 유통이 이루어지고 있었기 때문이다. 기록에 따르면, 마젤란 탐험대에 소속된 한 노예(이름 불명)는 필리핀에 도착했을 때 필리핀 현지 주민의 말을 알아들을 수 있었다고 한다. 즉 그는 이곳에서 스페인으로 끌려간 노예였던 것이고, 이렇게 보면 이 노예가 최초로 세계를 일주한 사람이 되는 것이다. 물론 서양 이외의 지역에서 16세기 이전에 세계를 일주한 배가 있었을 가능성은 충분히 있다. 다만 여기서 말하고자 하는 것은 최초로 세계를 일주한 사람이 누구인지가 아니라, 원양 항해술, 노예무역, 식민지 지배와 같은 서양식 근대의 제 조건을 형성하게 된 기저에는 이와 같은 상업적·문화적 글로벌리제이션이 있었다는 사실이며, 따라서 이러한 주류의 역사에 숨겨진 영웅이 존재했다는 사실이다. 식민지주의의 역사를 재검토한다는 것은, 바로 이러한 얼터너티브한(alter-native=맨 처음으로 돌아가 변혁하는 것) 역사의 탐구이자 '정사正史'에 기록되지 않은 사건의 형적을 상상하는 것이다.

남미와 북미에서 스페인 식민제국의 기초가 된 선주민 제노사이드(집단·종족 학살)의 역사에 대해서도 살펴보기로 하자. 현 멕시코 영토의 경우, 1521년 8월에 스페인 대장 에르난 코르테스Hernán Cortés(1485-1547)가 아스테카 제국의 마지막 황제인 쿠아우테목Cuauhtémoc(1502-1525)을 제압하고 수도인 테노치티틀란을 정복하였으며, 1533년 8월에는 프란시스코 피사로Francisco Pizarro González(1471 또는 1476-1541)가 잉카 제국의 왕 아타우알파Atahualpa(1497-1533)를 처형하고 11월에 수도 쿠스코를 함락시킴으로써 잉카 제국이 멸망하였다. 코르테스와 피사로가 이끄는 소수의 유럽 군대가 오랜 세월 광대한 영토를 지배했던 제국을 단기간에 멸망시킬 수 있었던 배경에는, 군사기술과 정보기술의 우월함, 다시 말해 선주민 간의 알력을 이용하여 그들끼리 싸우게 만드는 전략이 유효했던 점, 그리고 무엇보다도 유럽인이 퍼뜨린 병원균에 내성이 없었던 선주민의 몰살로 인한 격렬한 인구 변화가 있었다. 아스테카와 잉카 두 제국이 지배했던 영토에서 금은 광산을 획득한 것에 이어 1545년에는 볼리비아 남부 포토시에서 은광이 발견됨으로써, 스페인이 세계적 패권을 이룩하고 새로운 화폐 주조로 세계 경제의 변혁을 가져왔다는 사실도 잊어서는 안 될 것이다.

1565년에는 스페인의 필리핀 침략이 시작되었으니, 1492년 콜럼버스의 항해부터 대략 75년 남짓한 기간에 서회 항로를 통한 스페인의 식민 정복은 지구를 반 바퀴 돈 셈이 된다. 여기서 흥미로운 점은, 스페인의 세계 제국화가 '인도'의 글로벌화 역시 초래했다는 사실이다. 요컨대 콜럼버스가 서회 항로를 통해 도착한 '신대륙'을 인도로 오해 혹은 낙관적으로 곡해하는 바람에 그곳 주민은 인디오(스페인어·포르투갈어)나 인디언(영어)으로 불리게 되었다. 이 결과로 지구상에는 남아시아의 동인도와 미대륙의 서인도가 동시에 존재하는 복잡한 사태가 벌어지게 되었는데, 이러한 인도의 편재화는 스페인이 새로운 토지와 나라를 침략·정복할 때마다 그 지역의 선주민을 인디오로 부름으로써 국제적인 위상을 획득하였다(이에 반해 포르투갈은 현지의 민족명을 어느 정도 인정하였다. 예를 들어 토르데시야스 조약에 따라 포르투갈이 도착한

동쪽 끝 나라 일본의 선주민은 '하포네즈'로 인식되었다. 만약 스페인이
포르투갈에 앞서 일본에 도착했다면 일본 열도는 '중인도 제도'라고 불렸
을지도 모를 일이다). 이러한 맥락에서, 필리핀에서도 이베리아 반
도 출신의 스페인인인 '페닌술라레스'(반도인), 필리핀 현지에서
태어난 크레올인 '인술라레스'(현지인. 후에 스페인 식민제국을 건설
한 펠리페 2세 이름을 따라 '필리피노'로 불림), 그리고 '인디오'로 불
리는 선주민의 세 계층이 형성되었고, 그중 중간 계층인 필리피
노를 중심으로 필리핀이라는 국민국가가 형성되어 간 것이다.

　이쯤에서 아시아로 눈을 돌리면, 유럽 세력의 세계 식민지
화가 일본에도 큰 영향을 미치고 있었음을 알 수 있다. 먼저 일
본에서 대외 침략의 효시가 된 도요토미 히데요시豊臣秀吉(1537-
1598)의 '조선 정벌'(임진왜란, 정유재란)이 일어난 기간은 1592년
부터 1598년까지로, 콜럼버스 항해로부터 정확히 백 년 후의 일
이었다. 그리고 이어지는 시기에 북미 대륙에서는 영국이 최초
의 영구 식민지인 제임스타운을 건설하였고(1613), 메이플라워
호의 플리머스 도착과 최초의 아프리카 흑인 노예의 제임스타
운 도착(1620), 선주민에 의한 최초의 대규모 반식민지 투쟁과
탄압으로 불리는 포우하탄과 오페찬카나우 형제의 '부활절 봉
기'(1622) 등 미합중국의 기초가 형성되었다.

　이후 일본은 도쿠가와 막부의 쇄국을, 미국은 유럽, 아프리
카, 아시아에서 획득한 노동력의 유입을 통한 국내 산업의 발전
과 선주민 박멸을 추구하며 각각 대조적인 길을 걸었는데, 19세
기 중반 식민지주의 완성기에 이르러 이 두 국가의 노선이 맞닥
뜨리는 일이 벌어진다. 1846년부터 1848년에 걸친 미국 – 멕시

코 전쟁의 결과로 텍사스, 로키산맥 서쪽(뉴멕시코, 애리조나, 유타, 네바다, 캘리포니아)을 영유하고 대서양과 태평양의 출입구를 획득한 미국은 직접 해외 식민지 지배에 착수하였는데, 그 첫 번째 대상이 된 곳이 바로 일본이었던 것이다. 미국의 일본 침략은 1853년 페리 함대의 우라가浦賀 내항으로 이어졌는데, 페리 제독 Matthew Calbraith Perry(1794-1858)이 미국 - 멕시코 전쟁에서 멕시코 상륙 작전의 공을 인정받아 동인도 함대의 사령관으로 임명되면서 이 임무를 맡게 된 것이었다.

이러한 문맥에서 보면, 일본의 '서양식 근대화' 역시 세계적인 식민지화의 움직임 속에서, 즉 이베리아 반도에서 시작한 글로벌한 식민지화의 움직임이 미국과 태평양을 거치며 전개된 것임을 알 수 있다. 이러한 동향에 대한 일본의 반응이 소위 '메이지 유신'이었으며, 이는 단적으로 말하면 메이지 신정부에 의한 '서양식 식민지화'의 가담, 다시 말해 동아시아 지역의 침략이었다. 이러한 사실을 염두에 두고 다음 절에서는 일본에서 메이지 유신 이후 식민주의의 전개 양상을 살펴보도록 하자.

콜로니얼리즘의 역사 — 일본 편

유럽의 근대적 국민국가로서의 자립을 지향하고, 유럽형 식민주의 국가의 성립을 꾀한 일본의 동향을 통해 알 수 있는 것은, 일본이 식민지주의 국가의 마지막 주자로서 자신의 식민지화를 피하기 위해 도모한 것이 유럽 식민 지배의 역사에서도 유례를 찾기 힘든 급속하고 강권적이며, 막대한 희생을 동반한 근대화=식민지의 획득이었다는 사실이다. 이것이 약 1세기에 걸쳐 이루어진 아이누와 류큐 민족의 '내국 식민지화'에 이어, 타이완, 조선, 중국 및 아시아·태평양 국가들에 대한 '외국 식민지화'와 침략전쟁으로 귀결되었고, 동시에 메이지·다이쇼·쇼와 3대 천황의 신민으로서의 충성과 복종을 국민에게 교사·강제하는 젠더·계급·인종·민족 등 모든 방면에 걸친 견고한 차별 구조를 구축하였던 것이다. 다음 페이지의 연표를 보며 일본의 근대 국민국가=식민지 경영 체제의 구축과 좌절의 과정을 개괄하고자 한다.

1928년(쇼와 3), 서경식의 조부가 일본으로 건너온 해를 짙은 색 바탕으로 표시해 두었는데, 이 사건에 주목한다면 서경식의 가족이 '재일조선인'으로 살아온 역사가 바로 '쇼와사' 그 자체임을 알 수 있다. 이처럼 재일조선인의 내력을 일본의 타자 정복 및 타국 침략의 역사 속에 놓고 보면, 이러한 개별 사례가 결코 우연한 사건이 아니라, 일본의 식민지 국가 성립을 위한 충분조건이었음을 보여 주는 현상임을 알 수 있을 것이다. '재일조선인의 쇼와사' 역시 근대 식민지주의의 글로벌한 전개의 일환이었다는 사실은, 일본 근대화의 원동력이었던 식민지주의가 언제나 스페인-영국-미국이라는 3대 제국의 틀 안에서 이루어지고 있었음을 뜻한다. 그리고 이는, 일본이 아시아·태평양 전쟁에서 패배하여 아시아 국가들이 일본의 식민지 지배에서 해방된 1945년 이후 상황을 포스트콜로니얼리즘의 문맥에서 검토하고자 할 때 한층 명확해진다. 이에 관해서는 다음 절에서 일본 국내의 사건과 일본 외 아시아 지역에서 일어난 사건을 대조해 가며 확인하고자 한다(352쪽의 연표를 참조할 것).

콜로니얼리즘의 역사 ─ 일본편

연도	사건/항목(事項)
1868	「왕정복고령」, 5개조의 서문(五箇條の御誓文): 천황 친정에 의한 메이지 신정부 발족
1869	에조치(蝦夷地)를 홋카이도로 개명
1875	강화도 사건: 조선에 대한 '무력외교(砲艦外交)'
1877	세이난 전쟁
1879	'류큐 병합(류큐 처분)'
1889	대일본제국 헌법, 황실전범 제정
1890	제국의회 개회, 「교육칙어」 공포
1894	청일전쟁(~1895)
1895	시모노세키 조약: 요동 반도·타이완·평후(澎湖) 제도를 획득하지만, 러시아, 독일, 프랑스의 삼국 간섭으로 요동 반도를 포기
1902	영일 동맹(~1932)
1904	러일 전쟁(~1905)
1905	포츠머스 조약: 남사할린(가라후토)의 영유권, 뤼순·다롄의 조차권, 창춘·뤼순 간 철도 이권 등을 획득하고, 한국에 대한 일본의 지배권을 승인받음
1910	한국 병합
1914	제1차 세계대전 발발: 칭다오 점령
1915	중화민국에 21개조 요구
1918	시베리아 출병(~1922)
1919	베르사이유 조약: 팔라우, 마셜 제도 등 남양 군도를 위임 통치
1923	간토 대지진: 일본 각지의 자경단 등이 6,000명 이상의 일본 거주 조선인을 학살
1928	서경식의 조부(조선 충청남도 출신), 일본 이주
1931	만주사변
1932	'만주국' 건설
1937	루거우차오(노구교) 사건: 중일전쟁 발발
1941	코타바루, 진주만, 루손 섬, 홍콩 등을 침략: 아시아태평양 전쟁 발발
1942	마닐라 점령
1945	패전

포스트콜로니얼리즘의 역사 — 아시아 편

이렇게 보면 아시아 지역의 포스트콜로니얼리즘 과제는 명확해진다. 요컨대 그것은 일본의 '일국 평화 체제=미일 안보 체제'와 일본 외 아시아 국가들의 '군사독재 체재=미소 냉전하의 내전'과의 결정적인 차이를 인식하는 것, 그리고 그 차이를 세계 식민지주의 역사의 맥락에서 전개된 근대 일본의 성립으로부터 생각하는 것이다. 서경식이 『재일조선의 '쇼와사'』에서 과제로 제시한 것처럼 '구종주국, 구식민지' 국가 양쪽에서 "식민지 지배의 올바른 청산"을 하기 위해서는 먼저 이러한 인식과 고찰이 선행되어야 할 것이다.

포스트콜로니얼리즘의 역사 — 아시아 편

연도	일본
1945	패전과 미군의 점령 통치
1947	신헌법 시행
1948	전범 처형(쇼와 천황 연명)
1949	
1950	한국전쟁에 따른 특수 경기
1951	서경식, 교토에서 출생
1952	대일강화조약(샌프란시스코 강화조약)/미일안전보장조약(4월 28일)
	전상병자, 전몰자 유족 등 원호법 공포(4월 30일)
	전국 전몰자 추도식 개최(5월 2일)
1953	
1954	제5후쿠류마루(第五福竜丸)가 미국의 수소폭탄 실험으로 방사능에 노출
1956	경제백서 '이제 전후가 아니다'라고 선언
1960	안보 투쟁의 패배 및 미일 안보 체제의 영속화
1961	
1964	도쿄 올림픽 개최 / 신칸센 개통
1965	한일기본조약 체결 / 베트남 전쟁으로 특수 경기
1966	고도 경제 성장의 본격화
1971	서승, 서준식 형제가 박정희 정권에 의해 투옥
1972	오키나와 반환
1974	일본 기업의 아시아 진출 문제화
1975	고도 소비 사회의 침투
1976~	공해 기업의 아시아 이전
1978	
1980	
1986	
1987	버블 경기(~1991)
1989	서경식, 『황민화 정책에서 지문 날인까지-재일조선인의 '쇼와사'』 출판
1991	구일본군 '위안부' 김학순, 일본국 제소

연도	일본 외 아시아 지역
1945	조선·타이완, 일본 식민지 지배로부터 해방 일본군의 베트남 통치 종료 / 중국의 국공 내전 재개
1947	
1948	대한민국, 조선민주주의인민공화국 성립(한반도 남북 분단 고착화)
1949	중국 혁명
1950	한국전쟁(냉전 대립 국가의 대리 전쟁)
1951	
1952	
1953	한국전쟁 휴전(남북 분단의 반영속화)
1954	프랑스, 베트남에서 패배
1956	
1960	한국 4·19 혁명 / 남베트남 민족해방전선 결성
1961	한국 군사 쿠데타(박정희 정권 성립)
1964	
1965	미국의 베트남 폭격 개시 / 한국군 베트남 파병 (–1973)
1966	중국 문화대혁명
1971	
1972	중일 국교정상화
1974	자카르타에서 반일 폭동
1975	베트남 전쟁 종결
1976~	남북 베트남 통일
1978	베트남군의 캄보디아 침공
1980	한국, 광주 민주화운동
1986	필리핀, 마르코스 정권 타도
1987	한국에서 군정 종료, 민정 시작
1989	
1991	

서경식은 어떻게
사람들에게 영향을 주는가

— '서경식 스쿨'의 일원으로서

/ 시부야 도모미

서경식에게 받은 영향(=선물)

서경식은 어떻게 사람들에게 영향을 주는가. 이 글에서는 서경식이 사람들에게 영향을 미치는 방식에 대해 나의 경험을 토대로 말해 보고자 한다. 이에 대한 대답으로는 여러 가지를 들 수 있겠지만, 그중에서 첫째 인간의 추악함을 놓치지 않는 통찰력과 둘째 리버럴리스트적인 정형定型 문구의 부정을 들 수 있다.

이 글은 지극히 개인적인 경험의 서술이지만, 내가 궁극적으로 말하고자 하는 것은 '서경식의 말이 지닌, 사람을 움직이는 힘'이다. 지금까지 그가 행해 온 활동을 통해 현대 문화와 인본주의의 미래를 생각하고자 하는 이 책의 취지를 생각하며, 서경식의 말이 지닌 힘에 대해 논하고자 한다.

먼저 내 소개를 간단히 하자면, 도쿄경제대학에서 〈젠더론〉을 강의하고 있다. 서경식의 수업 〈인권과 마이너리티〉와 같은 시기에 생긴 과목으로, 이 두 과목은 1997년 도쿄경제대학에서 한국 출신 여성 유학생의 성희롱 사건이 발생했을 때, 사건을 엄중하게 받아들인 대학에서 개설한 것이었다. 당시 나와 서경식은 각 과목의 담당 교원으로 채용되었다.

이 과목의 개설 경위를 전해 들었을 때, 마이너리티의 권리에 대해 생각할 수 있는 학생을 육성해 주기를 바라는 대학 측의 의도를 간파하고는 내가 짊어져야 할 책임의 무게를 느끼지 않을 수 없었다. 그리고 일 년에 몇 번쯤 문득 나와 같은 일을 맡고 있는 동료가 넓은 도량과 깊은 지성을 가진 서경식이라는 사실을 떠올릴 때면, 내 부족함에 숨고 싶은 심정이 되기도 했다.

이런 의미에서 서경식과는 '동료'이긴 하지만 개인적으로 나는 그에게 가르침을 받는 '서경식 스쿨'의 일원이라는 의식이 강하다. 여기서 내가 '서경식 스쿨'이라고 부르는 모임은 그에게 배우고자 하는 사람들의 느슨한 모임을 일컫는다. 서경식은 세미나의 특별 강연이나 수업의 일환으로 실시되는 한국 연수, 본인의 심포지엄 강연 등에 나를 초대해 주었고, 나는 학생들 틈에 섞여서 이들 행사에 참가했다. 막상 가 보니 그곳에는 나 말고도 직장인이나 단골 참석자들이 있었는데, 이들은 모두 학점이나 학위와는 상관없이 서경식에게 무언가를 배우고자 모인 사람들이었다.

서경식이 이토록 다양한 사람들에게 자신의 말을 전하려고 한 이유는, 그가 일종의 '불안'을 느꼈기 때문일 것이다. 그는 현대인에게 요구되는 교양이란 한마디로 '타자에 대한 상상력'이라고 말해 왔다. 예컨대 전쟁에서 폭탄 공격을 당한 쪽의 고뇌와 아픔을 상상할 수 있는 힘은 전쟁에 저항하고 평화를 쌓기 위한 기초적인 능력이 된다는 것이다. "따라서 이런 기초적 능력을 결여한 채 젊은이들이 사회로 나가는 것이 나로서는 불안하기 짝이 없다."라고 그는 말한다.[1] 비록 나는 젊은이는 아니었지만, 날로 우경화되고 내셔널리즘이 득세하는 현대 일본에서는 성인들 역시 '타자에 대한 상상력'을 잃어버리기 쉬울뿐더러 애초에 이를 갖추지 못한 사람도 많다. 이러한 상황에 대한 위기감이 서경식으로 하여금 직장인을 포함한 다양한 계층의 사람들을 향해 다가가게 하는 배경이 되었을 거라고 생각한다.

　'서경식 스쿨'에서 배우며 그에게 받은 영향은 수도 없는데, 그 중 하나가 예술에 대한 관심을 되찾게 된 것이었다. 나는 2009년 서경식이 예술에 관해 이야기하던 자리에서 큰 화면을 가득 메운 오토 딕스의 〈전쟁〉을 보았던 때의 충격을 잊을 수 없다. 방독 마스크를 쓴 얼굴이 전쟁의 근대화를 체현하는 한편, 몸이 거꾸로 뒤집힌 병사의 다리에는 탄환이 뚫고 지나간 흔적이 생생하게 표현되어 있어 아무리 전쟁이 근대화되어도 인체의 나약함은 극복할 수 없음을 말하고 있는 듯했다. 다만 이건 2차적인 감상이고, 처음 작품을 보았을 때의 솔직한 느낌은 기괴하지만 왠지 눈을 뗄 수 없다는 것이었다. 그 후 얼마 지나지 않아 출판된 『고뇌의 원근법』에서 오토 딕스가 '추악한 것에 대한 강한 애증'을 갖고 있다고 지적한 서경식의 비평에 깊이 공감하였다.[2]

　케테 콜비츠의 이름을 알게 된 것도 서경식을 통해서였다. 2015년 여름, 그와 사키마 미치오(사키마미술관 관장)의 대담을 다룬 NHK 방송 〈마음의 시대〉에 콜비츠의 연작 판화 〈전쟁〉 중 하나인 〈어머니들〉이 등장하였다. 작품에서 어머니들은 서로 어깨

동무를 하고 그 안쪽으로 아이들을 보호하면서 외부의 적을 경계하는 듯 시선은 바깥쪽을 향해 있었는데, 강인하면서도 겁에 질린 듯한 그들의 눈빛에 압도되었다. 화면 오른편에 그려진 아이의 고양이 같은 얼굴도 인상적이었다. 서경식이 지적한 것처럼, 콜비츠의 작품에는 단지 '모성의 위대함'이나 '어머니의 강인함'만으로는 설명할 수 없는 울림이 있다. 훗날 나는 후텐마에 있는 사키마미술관과 베를린의 케테콜비츠미술관을 방문하여 이 작품을 실제로 보았다. 이처럼 서경식의 평론에는 나로 하여금 한 장의 판화를 보기 위해 먼 거리를 이동하게 할 정도의 힘이 있었다.

일종의 선물이라 할 수 있는 이러한 경험들을 하나씩 곱씹어 보는 것은 즐겁고 설레는 일이다. 하지만 그중에는 떠올리는 순간 나도 모르게 자세를 바로잡고 엄숙한 표정을 짓게 되는 영향(=선물)도 있었으니, 그건 바로 식민지주의 국가·일본의 국민으로서 나에 대해 성찰하게 된 일이었다.

이는 내가 스스로의 가해자성을 인식했음을 의미하는 것이었다. 오랜 기간 페미니즘 연구에 매진해 온 나는 '피해자'의 관점이나 서사 방식에 익숙해져 있었다. 그러나 식민지주의를 청산하지 못한 일본이라는 나라의 국민으로서 나의 가해자성과 어떻게 마주해야 할지, 그리고 어떻게 행동해야 할지에 대해 생각하는 것에는 익숙하지 않았으며 지금도 여전히 시행착오를 겪고 있다.

이에 지금부터는 서경식의 저술을 인용하며, 내가 식민지주의 국가·일본의 국민으로서 스스로를 성찰하게 한 계기가 된, 인

간의 추악함을 놓치지 않는 서경식의 통찰력과 리버럴리스트적
인 정형 문구를 부정하는 자세에 대해 이야기해 보고자 한다.

인간의 추악함을 놓치지 않는 통찰력

　어떤 이의 의도치 않은 언행에 본인이 아무리 감추려 해도
감출 수 없는, 혹은 자기 자신조차 눈치 채지 못한 이기적인 욕망
이 드러날 때 우리는 그것을 추하다고 느낀다. 서경식의 글은 이
러한 표층과 심층의 차이가 빚어내는 인간의 추악함을 예리하게
포착하고 이를 너무나 생생하게 그려 냄으로써 독자들을 섬뜩하
게 한다.

　그중에서도 1980년대에 한국에 유학하며 '한국통'이라 불리
게 된 일본인의 행동을 그린 「서울에서 『유희』를 읽다」에 나오는
문장은 매우 강렬하다.

　내가 알고 있는 일본인 저널리스트는 내 모국어를 나보다 훨씬 유
창하게 하고 나는 걸을 수 없는 서울 거리의 모습을 상세하게 묘사해
보였다. 그 지인이 서울에서 알게 된 이양지(1955-1992)를 "양지가,
양지가"라며 친한 듯이 말하는 것을 나는 쏠쏠한 기분으로 들었다.[3]

　이 글에 등장하는 이양지는 1980년에서 1992년 사이에 일본
과 한국을 오가며 작품을 발표한 재일조선인 소설가[4]로 일본인
유학생들 사이에서는 유명한 인물이었다. 또 당시 한국은 전두

환 군사정권 시기로 서경식의 형인 서승과 서준식을 비롯한 많
은 이가 정치범으로 몰려 투옥되고 서경식에게는 한국 입국이
허락되지 않았다.[5] "나는 걸을 수 없는 서울 거리"라는 대목은 이
러한 시대적 배경을 염두에 두고 읽을 필요가 있을 것이다.

서경식이 의도한 것인지 아닌지는 알 수 없다. 다만, '"양지
가, 양지가"라며 다정하게 부르는' 일본인의 묘사는, 한국에 애
정을 가진 일본인이 흔히 저지르는 '나에게는 재일조선인 친구
가 있다는 어필'을 나타내고 있다고 나는 생각했다.

이렇게 생각한 이유는, 다름 아닌 내가 그렇게 행동했기 때
문이었다. 재일조선인 친구가 있다는 사실을 담담하게 말하는
태도의 근저에 나의 폭넓은 인맥이나 내가 인종차별과는 거리가
먼 '리버럴한' 사람임을 어필하고 싶은 욕망이 있었음을 나는 똑
똑히 기억해 냈다. 내가 그랬으면서, 아니 내가 그랬기 때문에 인
간의 표층과 심층의 차이가 빚어내는 추악함을 외면하고 싶었
고, 형언할 수 없는 수치심에 사로잡혔다.

'나에게는 재일조선인 친구가 있다는 어필'은 추할 뿐 아니
라 그 자체로 죄악이기도 하다. 재일조선인의 이름을 빌려 자신
의 폭넓은 인맥을 뽐내거나 스스로를 '리버럴한' 사람으로 포장
하는 것은, 마이너리티를 내세워 머조리티인 자신의 가치를 높
이려는 행위이기 때문이다. 이는 타자, 그것도 민족 간의 권력 구
도에서 자신이 짓밟고 있는 타자를 도구적으로 이용하는 것으로
이중 착취라 할 수 있는 것이다.[6]

중학생 시절, 일본인 학생 T가 서투른 조선어를 소년 서경식
앞에서 뽐내던 에피소드 역시 인간의 추악함을 여과 없이 보여

준다. T는 서경식이 이해할 수 없는 주문呪文 같은 말을 두 번 세 번 반복하고는 모르겠다고 하자 "뭐라고? 이건 조선말이라고, 조선 녀석이 이것도 모른단 말이야?"라고 떠들어댔다. T는 패전 후 조선에서 귀환한 아버지에게 그 말을 배웠다고 했다. 무슨 뜻인지 알 수는 없어도, 서경식은 이를 호의의 의미로 받아들였다.

집에 돌아가 T가 말한 '주문'의 의미를 어머니에게 묻자 어머니는 알 수 없는 표정으로 '도대체 무슨 말을 하는지 모르겠구나'라며 자리를 떴다. 그런데 서경식이 대학생이 되었을 때, 기억 저편에서 T의 주문이 어렴풋이 떠올랐다. 그건 "우리, 탕신, 파넷소"였다. 사전을 찾아보고 그것이 각각 '우리는, 당신에게, 반했다'라는 뜻을 지닌 말임을 알게 되었다. 서경식은 그때의 기분을 '음식인 줄 알고 입에 넣은 것이 젖은 걸레였던 것 같은 기분'이었다고 표현하며 다음과 같이 말한다.

　　우리, 당신, 반했소…
　　식민지 시대에 조선반도에 있던 일본인, 그것도 처자까지 거느린 남자가 이런 서툰 몇 마디 말을 입에 올리는 때란 과연 어떤 경우일까? 필시 T의 아버지는 조선의 유곽이나 술집에서 이 말을 배웠으리라. 그러고는 조선 아녀자들을 붙들어 놓고 의기양양해하며 내뱉지 않았을까?
　　어머니께서 애매모호한 표정을 지으신 까닭도 이로 미루어 짐작할 수 있었다.
　　조선에서 일본으로 귀환한 지 십수 년이 지나고, 자식의 학우 중에 조선인이 있다는 말을 들은 T의 아버지는 그 위세 당당하던 식민지 시대에 대한 향수, 회고의 정이 울컥 북받쳐 오르기도 했으리라. 그러고는 너도 한번 그 조선인 학생을 시험해 보라며, 이 조각난 말들을 어린 자식에게 가르쳐 주었을지도 모르겠다. "그 녀석 무슨 말인지 모르겠다던데요." 하며 아버지께 보고했을 때 과거 식민 지배자였던 그는 어떤 표정을 지었을 것이며 또 무엇을 추억했을까?[7]

잠시 분노를 억누르고, T의 아버지가 지닌 식민지주의자의 추악함을 분절화해 보면 다음과 같다. 먼저 표층적으로 그의 행위는, 아들을 통해 조선인 소년에게 '이런 말을 알고 있는지' 물어봤을 뿐이다. 그러나 그 심층에는 우월감에 젖고자 하는 욕망이 존재하고 있음을 짐작할 수 있는데, 예를 들어 조선인 소년이 말의 의미를 알지 못할 경우 소년의 모국어를 그보다 더 잘 알고 있다는 우월감에 젖을 수 있고, 소년이 말의 뜻을 이해하고 얼굴을 붉히거나 화를 낸다면 그의 감정을 동요하게 했다는 우월감에 젖을 수 있는 것이다. 식민지 여성을 성적으로 지배한 경험이 있는 자신과 식민지 출신인 소년의 낙차를 즐기려는 마음도 있었는지 모른다.

조선인 서경식이 말의 뜻을 이해했든 이해하지 못했든 T의 부친에게는 이미 '이긴' 싸움이나 다름없었다. 조선인에게서 모국어를 빼앗은 일본인이 조선인을 상대로 이런 싸움을 걸다니 추악하기 그지없다. 동시에, 나 역시 어디선가 이와 비슷한 추악함을 드러내고 있을지도 모른다는 불안감을 떨칠 수가 없다.

한편 서경식의 통찰력은 자신의 추악함 역시 놓치지 않았다. 둘째 형의 권유로 교토학예대학 부속중학교에 입학한 그는,

다자이 오사무太宰治(1909-1948)의 「추억」에서 공중목욕탕에 갈 때마저 중학교 교복 모자를 자랑스레 눌러쓰거나, 교사=작은 권력자의 동정을 사기 위해 고개 떨구어 인사하는 척 연기하는 작중 소년(다자이의 분신)을 끔찍이도 혐오하지만, 이내 그 소년과 자신의 공통점을 깨닫는다.

한번 그런 데 생각이 미치자 수많은 질문들이 꼬리를 물고 쏟아져 나왔다. 과연 나에게도 '명문교'에 합격했다며 으스대고 싶은 기분이 없었다고 말할 수 있을까? '대사'를 위해, 혹은 다른 무엇을 위한다며 이런저런 핑계를 늘어놓지만, 결국 '엘리트 사회'의 일원이 되었다는 사실을 기뻐한 것은 아닐까. 나아가 이를테면 저 영어 시간의 사건만 하더라도, 나로서는 무언가 거대한 존재에 저항할 계획이었지만, '주위 사람들의 주목을 받고 싶다', '동정을 받고 싶다'는 기분이 전혀 없었다고 단언할 수 있을까. 말하자면 나 역시 "고개를 떨구어" 버린 것은 아닌가.**8**

여기서 '저 영어 시간의 사건'이란 선생님이 "I am a Japanese."라는 구문을 한 명씩 복창하게 했을 때의 일을 말한다. '재패니즈'가 아닌 서경식은 아무 말도 할 수 없었는데, 학생들의 시선이 쏠리고 선생님이 여러 번 독촉하자 그는 비장하게 말했다. "하지만 저는 일본인이 아닌데요." 그러자 선생님은 불쾌한 듯 수업 중에는 '쓸데없는 말' 하지 말고 그저 시키는 대로나 하라고 말할 뿐이었다.**9**

가슴 아픈 사건이었다. 일본인 학생에게는 자신의 민족적 정체성에 부합하는 구문을 복창하게 하고 조선인 학생에게는 그렇지 않았으니, 원래대로라면 민족차별로 규탄받아야 할 사안이며 서경식에게는 전혀 잘못이 없다. 그럼에도 서경식은 가까스로 말을 짜내어 비장하게 대답했던 자신의 모습에서 일종의 '연기성', 이 글의 표현을 빌리자면 표층과 심층의 차이가 빚어내는 추악함을 느꼈던 것이다.

서경식의 글을 읽다 보면 자신이 지닌 초능력 때문에 스스로 고통 받는 이야기의 주인공을 떠올리게 된다. 타인의 것이든, 자신의 것이든, 인간의 추악한 면모를 남보다 갑절이나 예민하게 간파하는 통찰력이 서경식 본인의 인생을 괴롭게 하는 것은 아닐까. 물론 그를 괴롭게 하는 근본적인 원인이 일본의 식민지주의인 이상, 그에게 책임을 돌리는 것은 적절치 않다. 이런 사실을 알면서도 인간의 추악함을 더없이 적확하게 언어화하는 서경식의 문장력에 나도 모르게 이런 생각을 하고 마는 것이다.

리버럴리스트적 정형 문구의 부정

식민지주의 국가·일본의 국민으로서 나를 성찰하게끔 등을 떠민 두 번째 요소는, 리버럴리스트적인 정형 문구를 부정하는 서경식의 태도였다. 여기서는 호헌 운동에서 자주 듣는 정형 문구 "평화헌법 덕분에 전후의 평화와 번영을 수호할 수 있었다.", 그리고 반헤이트 운동에서 들었던 "나는 공교롭게도 일본에 있게 된 '재일일본인'일 뿐이야."라는 내용에 대해 언급해 보고자 한다. 특히 후자의 경우는 반헤이트 운동뿐 아니라 다양한 문맥에서 내셔널리즘과 거리를 두고자 하는 '양심적인' 일본인들에게 듣게 되는 말이다.

2015년, 나는 교내에서 아베 정권의 안보 관련 법안에 반대하는 운동을 시작하였다. 이것은 내가 자발적으로 움직인 최초의 운동이었는데, 법안 관련 소식을 접했을 때 이건 기필코 반대해야만 한다고 직감했기 때문이다. 곧이어 전국 각지의 대학에서 단체를 만들고 반대 성명을 발표하는 연구자들이 속속 등장하였다.

나는 서경식에게도 찬동자가 되어 달라고 부탁했는데, 그는 내가 스스로 운동을 조직한 것을 크게 격려해 주었지만 찬동자가 되는 것만은 정중히 거절하였다. 당시 반대 운동은 기존의 일본국 헌법에 입각한 헌법주의를 견지할 것을 주장하는 내용을 포함하고 있었는데, 그중 헌법 제1조는 천황제와 천황 개인의 전쟁 책임(및 식민지 지배 책임)을 불문에 부치는 내용을 담고 있었다. 따라서 식민지 지배를 받은 조선 민족의 일원으로서 이러한 헌법을 지지하는 운동에 찬동할 수는 없다는 것이었다.[10]

아뿔싸, 나는 머리를 움켜쥐고 말았다. 침략당한 민족의 입장에서 헌법 제1조는 식민주의를 청산하지 않겠다는 일본의 '의지'를 나타내는 것이나 다름없었다. 이런 내용을 포함한 헌법을 수호하라는 운동을 식민지 출신자에게 권유하다니. 심지어 자기 입으로 운동에 참가할 수 없는 이유까지 설명하게 하다니. 나의 무지함에 할 말을 잃었다.

서경식은 헌법 제9조에 대해서도 언급하였는데 이에 관해서는 그가 나중에 발표한 「헌법 9조를 지켜라 - '조선병' 환자의 독백」에 자세히 언급되어 있다.

"평화헌법 덕분에 전후의 평화와 번영을 이룰 수 있었다."라든 가, "전후 70년간 헌법 9조 덕분에 한 방울의 피도 흘리지 않았다."라 고 말하는 사람한테서 나는 자기중심주의와 기만의 냄새를 맡는다.

　내가 헌법 9조를 지켜야 한다고 주장하는 이유는 그것이 '일본 국민'의 평화를 지켜주었기 때문이 아니다. 그것이 일본의 침략전쟁 으로 인한 무수한 희생자들(연합국 병사들과 자국민뿐만 아니라 그 몇 배 가 넘는 피침략 민족의 사람들)의 피와 눈물로 속죄 받은 것이기 때문이 다.[11]

　글은 이렇게 이어진다.

　일본 국민 다수는 미국을 중심으로 한 연합국의 강대한 군사력 에 일본이 패배했다는 잘못된 관념을 주입받아 지금까지 그것을 간 직하고 있다. 하지만 그것은 사실의 일면에 지나지 않는다. 실제로는 중국 인민을 비롯한, 침략당한 쪽의 끊임없는 저항이 일본의 침략을 거꾸러뜨렸다. 따라서 헌법 9조는 이른바 전후의 재출발 당시에 내 건 "다시는 침략하지 않겠습니다."라는 국제 공약이라고도 할 수 있 다. 그 약속을 상의도 양해도 없이 저버리는 것은 용납할 수 없다.[12]

　엄밀히 말하면, '피 한 방울 흘리지 않고 지낼 수 있었다'는 말도 애초에 사실이 아니다. 한국전쟁 당시 일본은 미군의 병참

기지가 되어 한국인과 중국인의 피를 흘리는 일에 가담하였으며, 비밀리에 소해 작업에 투입된 일본인 역시 피를 흘렸다. 또 일본은 베트남 전쟁, 걸프 전쟁, 이라크 전쟁에서도 타자의 피를 흘리는 일에 동참하였다.

　"흘린 것이 '일본인의 피'만 아니면 괜찮다는 것인가. 앞에서 언급했듯 일본인이 한 방울의 피를 흘리지 않았다는 것은 거짓말이지만, 여기에는 자신만 안전하고 편하면 괜찮다는 자기 본위의 심성도 드러나 있지 않은가?"[13]

　헌법 제9조에 대한 서경식의 지적을 말로 들었을 때는 가볍게 넘겼지만, 훗날 『시진카이기詩人會議』(2016년 8월호)에 실린 그의 「헌법 9조를 지켜라」를 읽고는 다시 머리를 움켜쥐었다.
　"평화헌법 덕분에 전후의 평화와 번영을 이룰 수 있었다.", "전후 70년간 헌법 9조 덕분에 한 방울의 피도 흘리지 않았다."와 같은 정형 문구는, 안보 관련 법안에 반대하는 집회나 데모, 그리고 온갖 호헌운동에서 이른바 '양심적인' 사람들이 자주 하는 말이었고, 나 역시 그 말을 믿어 의심치 않았다.
　하지만 생각해 보면, 이는 피해자의 존재를 고려하지 않은 독선적인 주장에 불과한 것이었다. 헌법 제9조의 본질은 가해자가 '더 이상 가해하지 않겠다'는 대외적인 선언이었다. 가해 사실에 대한 반성도 없이, 가해자가 자신의 안위를 '지킬 수 있었다'고 당당하게 말하는 추악함과 불공정함이라니. 내가 관심을 갖고 연구해 온 젠더 문제(성폭력이나 가정폭력 등)에 대입해 보면 바로 알 수 있는 문제의식을 민족 문제에서는 깨닫지 못했던 나의 어리석음에 머리를 움켜쥘 수밖에 없었다. 평화니 호헌이니 하지만 결국 일국주의적 리버럴리스트에 불과했던 것이다.

서경식이 부정한 리버럴리스트적 정형 문구의 또 다른 사례를 들어 보겠다.

2013년, 한국인을 비롯해 많은 외국인이 살고 있는 신오쿠保新大久保에서 외국인에 대한 헤이트스피치 집회가 열렸다. 당시 연구차 한국에 머물고 있었던 나는 헤이트스피치에 대항하는 행사에 자금을 보내는 방식으로 응원하였고, 2014년 일본에 귀국한 후에는 헤이트스피치 반대 집회에 참가하거나 혐오 행위 규제를 촉구하는 연설을 (손에 꼽을 정도로 적지만) 하는 등, 할 수 있는 선에서 민족 혐오에 대한 반대 의사를 표명해 왔다.

이러한 과정에서 다양한 우연적인 계기로 일본에 오게 된 외국인들을 친근하게 느끼게 되었고, 나 역시 우연한 계기로 일본에 태어나게 된 것일 뿐이라고 믿게 되었다. 혐오 반대 활동에 참가하는 다른 사람들 역시 비슷한 말들을 하곤 했으며, 심지어 '재일일본인'이라는 표현까지 사용하였다. '재일일본인'의 정확한 뜻은 알 수 없지만 '재일외국인'이라는 말에서 파생된 것만은 분명했고, 일본이라는 국가와 동일화할 수 없는 일본인을 가리키는 말이라고 생각하였다. 그리고 이 말이 나의 마음을 정확하게 표현한다고 느꼈다.

하지만 '나는 어쩌다 보니 일본에 있게 된 재일일본인일 뿐'이라는 생각이 어리광에 불과하다는 사실을 서경식의 글을 읽고 통감하였다. 2017년에 간행된 평론집 『일본 리버럴의 퇴락』에 실린 「'일본인의 책임'에 관하여 – 반半난민의 입장에서」를 읽었을 때의 일이다.

일본 국민 여러분, 자신은 우연히 일본에 태어났을 뿐이며 '일본인'일 생각은 없다든가, 자신은 '재일일본인'에 지나지 않는다든가, 그런 가벼운 말은 하지 않기를 바란다. 당신들이 오랫동안 식민지 지배에서 얻은 기득권과 일상생활에서 '국민'으로서의 특권을 내던지고, 지금 바로 여권을 찢어 자발적으로 난민이 되는 기개를 보여 주었을 때만, 그 말이 진지하게 받아들여질 것이다. 그렇지 않다면 '타자'는 당신들을 '일본인'으로 계속 지목할 것이다.[14]

등골이 서늘했다. 자발적으로 난민이 될 기개 따위 나에게 있을 리가 없었기 때문이다. 그런 주제에 '어쩌다 보니 일본에서 태어난 재일일본인'이라는 등의 말을 잘도 태평하게 내뱉고 다녔다. 식민지 지배로 얻은 특권에 대한 반성도 없이 안전지대에서 데라시네déraciné(실향민 – 옮긴이)를 자처하는 건 '지배자의 처신' 그 자체이지 않은가.

게다가 서경식의 이와 같은 논고를 이미 예전에도 읽은 적이 있었다는 사실이 나를 아연실색케 했다. 「'일본인의 책임'에 관하여 – 반半난민의 입장에서」가 처음 발표된 건 1998년으로, 그 전해에 열린 심포지엄 〈내셔널리즘과 '위안부' 문제〉의 내용이 책으로 발간되었을 때 심포지엄 발표 내용을 보충하여 수록한 논고였다. 그 당시에도 그 후에도 나는 이 글을 읽었다. 다만 말 그대로 눈으로 글자를 읽었을 뿐 내용을 제대로 이해하고 있

지는 않았다. 그러면서 '서경식 스쿨의 일원'인 척했던 나 자신이
부끄럽기 짝이 없었다.

서경식의 글은 사회학자 우에노 지즈코의 주장에 대한 비판
의 연장선상에서 쓰여진 것이었다. 우에노는 「페미니즘은 내셔
널리즘을 초월할 수 있을까」라는 글에서 '국민'이란 건 '나'를 구
성하는 다양한 관계성 중 하나에 불과하며 '단일한 카테고리의
특권화와 본질화'를 거부한다고 밝혔다.[15]

하지만 서경식에 의하면 "그런 건 다 아는 말"이다. 개인이
다양한 관계성으로 구성된다는 사실을 원래부터 주어진 전제로
하고, 타 집단에 대한 특정 집단의 가해 책임이 문제가 되는 상황
에서는, '너'라는 존재가 벗어날 수 없는 바로 그 단일한 카테고
리가 소환되는 것이다. 거기에 응하지 않는 것은 책임을 회피하
는 것이고 대화를 거절하는 것이다.[16]

우에노의 글은 결국 카테고리(혹은 아이덴티티)는 피구축물
에 불과하다는 보편적인 명제를 바탕으로 '일본인으로서의 책
임'을 거부하는 것이었다. 그리고 이러한 잘못은 우에노뿐 아니
라 다른 일본의 '지식인'들 역시 범하고 있었다. 1996년 5월 '위
안부' 피해자 여성들의 증언을 담은 영화 〈나눔의 집〉(한국어 제
목: 〈낮은 목소리 2〉)이 우익 세력의 반발로 상영을 방해받았을 때,
이에 반대하는 '양심적' 지식인들은 영화 상영을 위한 기자회견
을 열고 공동 성명을 발표하였다.

그때 나온 이야기가 '〈나눔의 집〉은 특정 국가를 겨냥한 영
화가 아닌 보편적인 전쟁과 성폭력을 다룬 영화이므로, 우리는
우익국가주의자들의 반발로부터 언론의 자유, 표현의 자유를 지

켜야 한다'는 것이었다. 서경식은 이 발언을 듣고 당혹감을 느꼈다고 한다.

그렇게 말할 수 있을까. 물론 영화 제작자의 의도나 영화에 담긴 메시지는 보편적인 것일 수도 있겠지만, 그렇다고 해서 영화에 등장하는 일본인의 당사자성을 그런 식으로 해제해 버려도 되는 걸까. 지금 일본이 저지른 전쟁범죄가 만천하에 드러나고 있으며, 그에 대한 대처가 오늘날의 일본인에게 요구되고 있다는 인식으로 이 영화를 받아들여야 하지 않을까.[17]

전쟁과 성폭력의 보편성을 부각시켜 언론과 표현의 자유라는 보편적인 가치로 논점을 흐리는 지식인. 이에 대해 서경식은 '일본인에게 요구되고 있는' 그 한 가지가 잊혀지고 있음을 비판하는 것이다.[18]

'리버럴'한 사람일수록 '일본인'이라는 카테고리와 아이덴티티를 받아들이기를 거부한다. 거기에는 단일한 카테고리나 아이덴티티를 본질화하고, 일본 내셔널리즘에 포박되는 것에 대한 경계심이 자리하고 있을 것이다.

하지만 서경식이 「'일본인으로서의 책임' 재고再考」에서 도식화한 것처럼, 일본인이라는 아이덴티티를 본질화하지 않고도 얼마든지 '일본인으로서의 책임'을 인정하고 완수할 수 있다.[19] 그리고 다카하시 데쓰야가 앞에서 언급한 1997년 심포지엄 이후 실천해 오고 있는 것처럼, 내셔널리즘 관습에 복종하거나 국민국가에 융화·동일화하지 않고 '일본인으로서의 전쟁 책임'을 지

는 것 역시 가능하다.[20]

선물에 보답하기 위해

지금까지 내가 서경식에게 받은 영향(식민지주의 국가·일본의 국민으로서 스스로를 성찰하게 된 것)을 바탕으로, 인간의 추악함을 놓치지 않는 서경식의 통찰력과 리버럴리스트적인 정형 문구를 부정하는 자세에 대해 살펴보았다.

나는 서경식에게 내 안의 식민주의를 성찰하는 관점을 선물받았다. 하지만 성찰하는 것만으로는 충분하지 않을 것이다. 일본인의 반성하는 태도 같은 것을 그는 이미 물리도록 봐 왔기 때문이다. 그가 2000년 '일장기·기미가요' 반대 집회에 보낸 메시지는 신랄하다. 그는 지금껏 '제자를 전쟁터로 내몰지 마라', '자기부정'과 같은 정형 문구를 외쳐 온 리버럴리스트의 모습에 대해 '이 말들을 했을 당시에는 빈말은 아니었겠지'라고 비판하고, 시간이 흐르면 '너나 할 것 없이 시치미를 떼고 모르는 일이라는 듯한 표정을 짓는 것'에 기가 막혀 한다. 너무 맞는 말이라 반박조차 할 수 없다.[21]

그럼 서경식의 선물에 보답하기 위해서는 어떻게 해야 할까. 식민주의를 청산하기 위해 계속해서 노력하는 수밖에 없다. 일상에서 마이너리티 민족을 착취하는 언행을 멈추고, 사회운동에서 접하게 되는 정형 문구의 오류를 바로잡아야 할 것이다. 또 헌법 제1조가 내포한 식민주의를 지적하고 천황제 폐지를 현실

적 과제로 삼아, 너무 늦은 감이 있지만 '위안부' 피해 여성들에
대한 국가 차원의 배상을 일본 정부에 요구해야 할 것이다. 이외
에도 해야 할 일은 산적해 있다.

　이러한 노력으로 식민주의를 청산할 수 있을지는 알 수 없
다. 어쩌면 불가능할지도 모르며, 아니 불가능할 가능성이 크다.
그럼에도 불구하고 계속 투쟁해야 한다고 서경식은 말한다. 결
코 절망을 용납하지 않겠다는 의미로 나는 그 말을 받아들였다.

주

1 徐京植, 『夜の時代に語るべきこと―ソウル發「深夜通信」』(每日新聞社, 2007), 34쪽(인용은 『시대를 건너는 법―서경식의 심야 통신』, 한승동 옮김, 한겨레출판, 2007, 36쪽).

2 徐京植, 『汝の目を信じよ:統一ドイツ美術紀行』(みすず書房, 2010), 117쪽.

3 徐京植, 『植民地主義の暴力―「ことばの檻」から』(高文研, 2010), 173쪽(인용은 『언어의 감옥에서―어느 재일조선인의 초상』, 권혁태 옮김, 돌베개, 2011, 82-83쪽).

4 李良枝, 『李良枝全集』(講談社, 1993), 685-688쪽.

5 徐京植, 『植民地主義の暴力』, 173쪽(『언어의 감옥에서―어느 재일조선인의 초상』, 권혁태 옮김, 돌베개, 2011, 82쪽).

6 머조리티가 자신에게 마이너리티 민족 출신의 친구가 있다는 사실을 가지고 자신이 민족차별과 무관함을 어필하고자 하는 행위의 논리적 오류는, 최근 "I have Black friends."라는 문장이 지닌 오류로 인해 널리 알려졌다. 이 문장은 '나에게는 흑인 친구가 있다'는 사실을 가지고 백인이 자신은 인종차별주의자가 아님을 나타내려고 하는 문장인 것이다.

7 徐京植, 『子どもの淚―ある在日朝鮮人の読書遍歷』(高文研, 2019), 177-178쪽(인용은 『소년의 눈물』, 196-197쪽).

8 위의 책, 106쪽(인용은 『소년의 눈물』, 121쪽).

9 위의 책, 98-99쪽(인용은 『소년의 눈물』, 113-114쪽).

10 이 논점에 관해서는 徐京植, 『日本リベラル派の凋落』(高文研, 2017), 38-39쪽 참조(인용은 『다시 일본을 생각한다―퇴락한 반동기의 사상적 풍경』, 한승동 옮김, 나무연필, 2017, 248쪽).

11 위의 책, 33쪽(인용은 『다시 일본을 생각한다―퇴락한 반동기의 사상적 풍경』, 한승동 옮김, 나무연필, 2017, 248쪽).

12 위의 책, 33쪽(인용은 『다시 일본을 생각한다―퇴락한 반동기의 사상적 풍경』, 248쪽).

13 위의 책, 40-41쪽(인용은 『다시 일본을 생각한다―퇴락한 반동기의 사상적 풍경』, 259쪽).

14 위의 책, 339쪽(인용은 『언어의 감옥에서―어느 재일조선인의 초상』, 권혁태 옮김, 돌베개, 2011, 261-262쪽).

15 上野千鶴子, 『ナショナリズムとジェンダー』(青土社, 1998), 197쪽.

16 徐京植, 『日本リベラル派の凋落』(高文研, 2017), 338-339쪽.

17 日本の戰爭責任資料センター 編, 『ナショナリズムと「慰安婦」問題』(青木書店, 1998), 197쪽.

18 '언론과 표현의 자유'가 일본인의 가해 책임(혹은 일본의 식민지주의로 인한 피해)을 호

도하는 구도는 2015년에도 반복되었다. 예컨대 수많은 사실 오인과 더불어 '위안부'가 '일본군과 동지적 관계였다'고 주장한 『제국의 위안부』의 저자 박유하는 2014년 6월 '위안부' 피해 여성들로부터 '허위의 사실을 유포하여 명예를 훼손시켰다'는 이유로 고소당했다. 2015년 11월 서울 동부검찰청이 '명예훼손죄'로 박 씨를 불구속 기소하자, 우에노 지즈코를 포함한 54인의 연구자는 박유하의 형사 고소에 대한 항의 성명을 발표하고 "대한민국 헌법이 명기하고 있는 '언론·출판의 자유'와 '학문·예술의 자유'가 침해되고 있음을 우려하지 않을 수 없다."고 밝혔다. 다음 달, 한국 국내외 연구자와 활동가 380인은 이에 대한 성명을 내고, 박유하에게 형사 책임을 묻는 것은 적절하지 않다면서도 검찰의 기소가 피해 여성에 의해 이루어진 점을 고려해야 한다며, 문제의 본질이 피해 여성에 대한 인권 침해가 아닌 학문과 표현의 자유 문제로 옮겨 간 것에 대해 우려를 표했다(金富子,「上野流フェミニズム社會學の落とし穴−上野ー吉見論争とその後を振り返る)」,『商學論叢』58권 5·6호, 中央大學商學部, 2017, 126-127쪽).

19 徐京植,『日本リベラル派の頹落』, 366쪽.

20 日本の戰爭責任資料センター 編,『ナショナリズムと「慰安婦」問題』(青木書店, 1998), 57쪽.

21 徐京植,『日本リベラル派の頹落』, 31-32쪽.

3

예술 표현을 둘러싼
두 번의 대화

영상 제작을 함께한 20년

/ 가마쿠라 히데야 + 서경식

서경식이 보내는 메시지 — 가마쿠라 히데야

　이 글 뒷부분에 실린 '서경식 씨와 제작한 방송 목록'은, 제가 제작에 관여한 방송만을 적었습니다. 서경식 씨는 이 외에도 많은 감독과 NHK 방송을 제작하였으며, 그중에는 오키나와 사키마미술관에서 사키마 미치오 관장과 케테 콜비츠에 관해 대담을 나눈 방송이나, 나치 독일의 박해를 받은 화가 펠릭스 누스바움을 다룬 〈일요미술관〉과 같은 방송도 있습니다. 오늘은 서경식 씨와 저의 관계에 관해 이야기하고자 하기에, 많은 방송 중에서도 특별히 제가 디렉팅을 담당한 방송만을 실었습니다.

　저는 서경식 씨와 20년간 13편의 프로그램을 제작했습니다. 2000년 9월에 방송된 〈파멸의 20세기〉가 첫 프로그램이고, 2017년 아미라 하스(1956-)와 서경식 씨의 대화를 담은 〈분쟁의 땅에서 도착한 목소리〉가 현재로서는 마지막 작품입니다. 이 프로그램이 방영된 이후 3년의 세월이 흘렀다는 사실에 조금 놀랐습니다만, 사실 작년에는 코로나 팬데믹으로 같이 술 한잔 나눌 기회조차 없었지요. 서경식 씨와는 이래저래 20여 년을 동고동락해 왔습니다. 우리는 가족 동반으로도 자주 만났어요. 저에게 서경식 씨는 더없이 소중한 인연으로, 스승이자 친구 같은 존재입니다.

　이번 기회에 그와 만든 방송을 하나하나 떠올려 보니, 서경식 씨는 다양한 방송을 통해 하나의 일관된 메시지를 각기 다른 방식으로 전달하고 있었다는 생각이 듭니다. 그리고 거기에는, 처음부터 의도한 것은 아니겠지만, 그의 논점을 지탱하는 여러 개의 중요한 '축'이 있었던 것 같습니다.

　그 축의 하나는 서경식 씨의 성장 과정에서 형성된 '디아스포라'나 '마이너리티'의 문제입니다. 재일조선인으로서 자신이 품어 온, 그리고 현대 일본 사회를 살아가는 문제와 밀접하게 연관된 사상의 표현인 셈이죠. 동시에 이는 동아시아의 문제로 보편화됩니다. 책임 당사자인 일본이라는 국가와 일본인의 체질이 식민지 지배와 전쟁을 겪은 후에도 거의 변하지 않았다는 사실을 20년간의 방송을 통해 알 수 있습니다.

　그의 논점을 지탱하는 또 하나의 축은, 아우슈비츠의 증언자인 프리모 레비의 작품과 인생이 내포하는 문제들입니다. 서경식 씨는 정치범으로 수감된 형들의 석방을 위해 한국에서 동분서주하던 시절에 프리모 레비의 글을 접했다고 합니다. 영혼의 파장이 맞았달까요. 역시 프리모 레비는 서경식 씨에게 보편에 대한 인식을 일깨워 준 존재가 아닐까 싶어요. 저는 서경식 씨와 만난 지 2년째 되던 해에 〈이탈리아, 사라지지 않는 증인〉을 제작했습니다. 그의 저서를 원작으로 한 최초의 방송이었지요.

이처럼 프리모 레비는 서경식 씨에게 있어 인생에 기준점이 되는 인물입니다만, 그에 관한 방송을 편집하며 깨달은 것은, 팔레스타인 문제 역시 서경식 씨에게는 매우 중요한 사안이었다는 사실입니다. 이후 방송에서는 변호사 라지 스라니와 신문기자 아미라 하스가 서경식 씨와 직접 만나 팔레스타인에 관한 대화를 나눴어요. 두 사람은 각각 팔레스타인의 분쟁 지역인 가자지구와 요르단강 서안지구에서 생활하고 있었는데, 이처럼 폐쇄적이고 고립된 사회에서 살아가는 사람들이 들려주는 이야기는, 재일조선인 마이너리티로서 일본 사회의 머조리티 속에서 고립된 감각을 지니며 살아온 서경식 씨의 말과 공명하는 부분이 있었을 것으로 생각됩니다.

나치 통치하에 탄압받고 학살된 유대인이 제2차 세계대전 이후에는 이스라엘을 건국하여 팔레스타인 사람들을 유린했습니다. 아우슈비츠 강제수용소의 생존자인 프리모 레비는 이러한 이스라엘의 폭력에 반대하는 성명에 서명하였고, 이 때문에 그는 같은 유대인 사회에서 고립될 수밖에 없었지요. '집단'이라든가 '테두리' 안에 속하는 것만으로 설명할 수 없는 인간 존재의 존엄함을 팔레스타인과 유대인 사회의 관계로부터 깨닫게 됩니다.

서경식 씨와 대화를 나눈 사람들은 경계선 안쪽에 몸을 두고 안도하는 것과는 거리가 먼 사람들이었습니다. 특히 인상 깊었던 인물은 서경식 씨 형의 석방 운동에 앞장선 쇼지 쓰토무東海林勤 목사예요. 서경식 씨는 그를 은인이라고 부릅니다만, 쇼지 목사는 석방 운동을 하는 와중에 아들의 면회를 위해 수없이 한국을 오간 서경식 씨의 어머니 오기순 여사를 가까이서 지켜보며, 여사가 어떻게 거대한 세력에 맞서 저항하셨는지를 진지하게 생각했습니다. 서경식 씨는 대화를 통해 쇼지 목사의 그런 깊은 생각들을 이끌어 냈죠.

서경식 씨의 논점을 지탱하는 마지막 축은 바로 후쿠시마 문제입니다. 후쿠시마 문제란 말할 것도 없이 원전 사고로 인한 방사선 피폭 문제를 일컫는 것으로 물론 그 자체도 중요하지만, 서경식 씨는 거기서 한 걸음 더 나아가 원전 사고가 우리에게 시사하는 바를 집요하게 파고들었습니다. 그는 방사선 문제가 야기한 사회 단절이나, 재해민들의 사회적 망각과 배제에 대한 저항 방식을 끊임없이 고민했는데, 이러한 그의 문제의식은 스베틀라나 알렉시예비치(1948-)의 관점과 통하는 부분이 있었던 것 같습니다.

후쿠시마에 관해서는, 서경식 씨와 〈후쿠시마를 걸으며〉라는 60분짜리 분량의 방송을 만들었습니다. 원전 사고가 있고 반년이 채 안 된 시점에 함께 후쿠시마를 둘러보며 촬영한 다큐멘터리인데, 여기서 서경식 씨는 '동심원의 패러독스'라는 인상적인 말을 남깁니다. 간단히 말해, 심하게 오염된 피해 지역 사람들—즉 '동심원'의 심부에 있는 사람들—은, 자신이 처한 현실이 너무나 힘든 나머지 오히려 그 상황을 잊으려고 하며, 이를 언급하지 않기를 바라는 양상을 보입니다. 그러나 동심원의 중심부에서 멀어지면 멀어질수록 상황은 달라지지요. 그리고 '동심원'의 가장 바깥쪽, 그러니까 중심에서 가장 먼 곳에서는 전혀 다른 상황이 벌어집니다.

후쿠시마 제1원전 사고에 가장 민감하고 적절하게 반응한 것은 머나먼 유럽의 국가들이었습니다. 이탈리아에서는 베를루스코니 정부가 2020년까지 신규 원자로의 건설 추진 계획을 가지고 있었지만, 후쿠시마 사고 발생 3개월 후인 2011년 6월에 시행한 국민투표의 결과 95퍼센트가 반대를 표명하여 원전 건설이 무효화되었습니다. 독일도 모든 원전을 폐쇄하는 법안을 가결하였고, 스위스 역시 원전 가동을 중단하기로 결정했습니다.

이쯤에서 서경식 씨가 말한 '동심원'을 떠올려 보면, 후쿠시마뿐 아니라 일본 사회 전체가 '동심원'의 중심부에서 사고 정지 상태에 빠져 있다고 할 수 있습니다. 그리고 일본이라는 '동심원'의 주변부에 있는 사람들이 현실을 훨씬 냉정하고 객관적으로 바라보고 있었다는 사실을 뒤늦게 알게 되는 겁니다. 이러한 상황은 지금도 마찬가지입니다. 심각한 '실제 손해'를 '풍문 피해'와 같은 말로 호도하고, 현실을 직시하기를 방기하며, 단지 피해를 축소하고 무마하고 잊으려 합니다.

상황은 계속해서 나빠지고 있다고 생각됩니다. 이러한 상황 속에서 서경식 씨의 '동심원' 이야기는 저에게 여전히 깊은 울림을 주는 투시도가 되어 주지요.

영상을 제작하는 가마쿠라 히데야의 자세 — 서경식

가마쿠라 씨와 알게 된 지 20년, 그리고 이 대학에서 20년간 근무하고 정년을 맞이하게 되었다는 건, 알렉시예비치 씨의 방

송을 제작한 지 정확히 20년이 되었음을 의미하지요. 신기하게
도 날짜가 정확히 일치합니다. 먼저 가마쿠라 씨에 관해 말해 보
자면, 나와 처음 만났을 당시 그는 아직 한창 나이의 젊은이였지
요. 마흔 살도 되기 전이었으니까요. 하지만 이미 〈조문상의 유
서 - 싱가포르 BC급 전범재판〉(1991)이라는 명작 다큐멘터리를
제작할 정도로 유능한 감독이었습니다. 첫 부임지인 NHK 나고
야 방송국에 계실 때였던 걸로 기억합니다만, 일본군 BC급 전범
으로 처형된 조문상趙文相이라는 조선인을 다룬 작품이었죠.

가마쿠라 씨는 이 방송을 계기로 BC급 전범 출신 이학래李鶴來
씨에 관해서도 30년에 걸쳐 취재를 했습니다(이학래 씨는 이 대담
이 있은 지 4개월 후인 2021년 3월 28일에 세상을 떠났다). 가마쿠라 씨
는 감독의 입장에서 인물을 추적하는 차원을 넘어, 제가 연구년
을 맞아 한국에 머무르고 있을 때는 이학래 씨의 성묫길에까지
동행하여 그 장면을 촬영했습니다. 그것도 머지않아 방송으로
제작이 될 거라고 생각합니다.

그 후에 가토 슈이치 선생이 돌아가셨습니다. 가토 선생이
이 대학에서 심포지엄을 개최하셨을 때도 가마쿠라 씨에게 많은
도움을 받았어요. 가토 선생의 다양한 면모를 담은 가마쿠라 씨
의 영상은, 그 일부가 영화에 등장하기도 했지요(〈하지만 그게 다
가 아니야 - 가토 슈이치 유령과의 대화〉, 2009). 가마쿠라 씨는 이처
럼 다양한 분야에서 폭넓게 활동하는 능력자입니다.

편견일 수도 있겠습니다만, 저는 다른 방송 관계자들의 의
뢰를 받아 취재에 응한 적이 있었지만 대체로 실망하는 경우가
많았습니다. 제대로 알지 못하는 상태에서 취재하러 왔기 때문

이죠. 제가 매우 집중해서 이야기를 하고 있는데 갑자기 "네 좋습니다. 지금 하신 말씀을 그대로 다른 각도에서 한 번 더 찍을게요." 하며 끼어드는 일이 비일비재했어요(웃음). 누군가의 진심 어린 이야기를 한낱 소재로만 취급해서 이를 분해하고 조립하는 방식에 익숙한 사람들이었죠. 하지만 가마쿠라 씨는 달랐어요. 자신의 피사체가 어떤 인물이고 어떤 글을 쓰는 사람인지 충분히 공부한 후에 촬영에 들어갔죠. 가마쿠라 씨의 촬영팀인 나카노 히데요中野英世 씨 역시 앵글이 어떻고 조명이 어떻고 하는 촬영 관련 이야기는 일절 하지 않았습니다. 그는 저의 책을 꼼꼼하게 읽었지만, 그에 관해서도 비평하는 논조의 말은 전혀 하지 않았죠. 술자리에서나 조심스럽게 언급하곤 했어요.

이 목록에 실린 대부분의 작품은 깊은 밤 자유롭고 편안한 분위기의 대화 속에서 탄생한 것들입니다. 너무나 감사한 일이지요. 고백하자면, 저는 처음에는 형들의 석방에 일조하고자 하는 마음에, NHK가 제작비를 대 주고 홍보가 될 만한 것이라면 한번 해 볼까 하는 마음도 전혀 없지는 않았습니다. 그러나 이렇게 훌륭한 가마쿠라 씨 팀과 만나게 되면서 그런 마음은 사라졌고, 제 자신에게도 무척 유익한 작업이 되었습니다. 다행한 일이지요.

지나친 개입이었다고도 생각하지만, "이 장면은 필요 없지 않을까.", "이 대목은 이런 식으로 찍는 게 더 나을 거 같아."와 같은 말들도 부담 없이 나눌 수 있는 사이가 되었어요. 가령, 프리모 레비의 방송 중에 아오스타 계곡의 도라발테아강 부근에서 반달을 올려다보는 장면에는 제가 레비의 『주기율표』의 한 구절을 낭독하는 신이 나옵니다. 저는 괜찮은 장소를 발견하면 낭독할 생각으로 일본에서 『주기율표』를 챙겨 갔는데, 사전에 그런 내용을 의논하지는 않았어요. 그러니까 이 장면은 우연히 포착된 장면인 셈인데, 가마쿠라 씨는 이처럼 사전 협의 없는 갑작스러운 연출에도 즉석에서 그 의도를 이해하고 수용해 주는 뛰어난 감독이지요.

비슷한 일화를 또 하나 이야기하자면, 〈후쿠시마를 걸으며〉를 촬영할 때 저는 가이바마라는 지역의 해안에서 쓰나미로 표류한 폐자재가 쌓여 있는 광경을 바라보며 즉흥적으로 쉬르레알리슴(초현실주의)에 대해 이야기했습니다. 어떤 계시 같은 것을 받은 듯한 순간이었어요. 그런 경험을 할 거라곤 예상하지 못했지요. 그곳이 어떤 장소인지 모른 채, 그냥 한번 가 볼까 하는 마음에 찾아갔던 거거든요.

촬영은 언제나 이런 식이었습니다. 해안가에 표착물이 퍼져 있는 광경을 본 순간, "이거다!" 하고 외쳤지요(fig. 22). 거기서 이야기한 하라 다미키의 시에 관한 내용은 현장에서 제가 낸 아이디어였습니다. 미리 갈 장소와 내용을 정해 두고 취재했다면, 그런 장면은 나올 수 없었을 거예요. 이처럼 가마쿠라 씨는 현장의 즉흥성을 최대한 살려서 취재합니다. 하지만 이런 현장성이란 우연히 얻어지는 행운이 아니죠. 평소 그가 자신이 다룰 소재를 깊이 있게 연구하고 촬영에 임하기 때문에 비로소 가능한 것입니다.

NHK의 단점이 있다면, 가마쿠라 씨의 작품성을 가능한 한 축소하려고 한다는 것입니다. 뮌헨 국제 다큐멘터리 영화제에서

〈프리모 레비를 찾아서〉의 상영 요청이 있었을 때에도, NHK는 "이건 가마쿠라 히데야 감독의 작품이라고 할 수 없다. 저작권은 NHK에 있다."며 난색을 표했다고 합니다. '너(가마쿠라 씨)는 NHK의 부속품'이라는 거죠. 하지만 저는 그 작품은 NHK가 만든 게 아니라, NHK라는 장소에서 가마쿠라 씨와 그의 동료들이 만든 작품이라고 믿고 있습니다.

〈기억의 유산 ─ 아우슈비츠, 히로시마에서 온 메시지〉(2008)라는 작품은 '이시바시 단잔石橋湛山 기념 와세다 저널리즘상' 대상을 수상했는데, 가마쿠라 씨는 NHK의 간부들이 모두 모인 시상식에서 "여러분, NHK에는 전체주의가 만연하고 있습니다."라는 말로 수상소감을 시작했다고 합니다(웃음). 그런 사람이에요, 가마쿠라 씨는.

저는 도쿄경제대학에 처음으로 정규직에 고용되며 메시지를 발신하는 입장이 되었고, 가마쿠라 씨와의 만남을 통해 텔레비전 방송으로도 저의 메시지를 전달할 수 있게 되었습니다. 다시 생각해 봐도 믿을 수 없을 만큼 큰 행운이었다고 생각합니다. 가마쿠라 씨와 함께 만든 작품 중 몇몇은 한국에도 소개가 되었는데, 그런 의미에서도 동아시아 일각에서 행해진 작은 문화적 저항의 기록이 될 수 있지 않을까 생각합니다.

만남 — 알렉시예비치와의 만남을 매개로

가마쿠라　서경식 씨와 처음 만났던 때에 관해 이야기해 보고
싶어요. 서경식 씨와 함께 만든 첫 번째 프로그램인 〈파멸의 20세
기〉는 〈러시아, 작은 사람들의 기록〉이라는 프로그램을 제작하는
과정에서 탄생한 방송입니다. 이 프로그램은 알렉시예비치의 증
언문학에 등장하는 인물들의 '그 후의 삶'을 알렉시예비치와 함
께 추적하고 그녀의 인생 여정과 중첩시켜 보여 주고자 기획한
방송이었는데, 프로듀서인 사쿠라이 히토시櫻井均와 편집을 담당
한 스즈키 요시코鈴木良子와 편집하며 이야기를 나누던 과정에서
〈파멸의 20세기〉라는 프로그램이 탄생한 겁니다.

러시아, 특히 시베리아나 벨라루스, 체르노빌 원전 사고가
발생한 우크라이나 — 그곳은 알렉시예비치가 태어난 곳이기도
합니다만 — 와 같은 지역의 여행은 일정에 쫓겨 촬영 시간 자체
도 제한되기 십상입니다. 그런 탓에 우리 촬영팀은 알렉시예비
치를 충분히 찍지도, 그녀와 차분히 인터뷰하지도 못한 채 일본
으로 돌아올 수밖에 없었지요.

그러던 중 사쿠라이와 스즈키로부터 "각 사건에 대한 알렉
시예비치의 느낌이나 사색의 내용을 제대로 들을 기회가 한 번
더 있었으면 좋겠다."는 말을 들었습니다. 무리인 줄 알면서도
밀져야 본전이라는 생각으로 알렉시예비치에게 연락하니, "도쿄
라는 곳에도 한 번쯤 가 보고 싶었어요. 제가 가지요."라는 답장
이 왔습니다. 이렇게 해서 알렉시예비치의 일본 방문이 성사되
었지요.

이렇게 되니 살짝 욕심이 나더군요(웃음). 알렉시예비치가 이번 방문에서 들려줄 이야기를 〈러시아, 작은 사람들의 기록〉에 삽입할 인터뷰의 소재로만 사용하기에는 아깝다는 생각이 들었습니다. 모처럼 알렉시예비치가 일본까지 오게 되었으니, 그녀가 보고 생각해 온 것들과 공명할 수 있는 대화 형식의 인터뷰를 해 보면 어떨까. 이를 통하여 한층 깊이 있게 생각하고 고민하는 기회를 마련할 수 있지 않을까 싶었지요. 이 인터뷰가 〈러시아, 작은 사람들의 기록〉의 제작에 중요한 초석이 될 거라 판단하여 〈ETV 2000〉(지금의 〈ETV 특집〉)에서 방송 대담을 만들기로 했습니다.

그래서 알렉시예비치의 관점이나 논점에 공감할 수 있는 대담 상대를 찾게 되었는데, 그때 사쿠라이가 제일 처음 거론한 인물이 바로 서경식 씨였습니다. 누구나 알 만한 유명 인사는 아니지만 일본 사회나 역사에 대해 매우 냉철한 시각을 지닌 분이라고 말이죠. 부끄럽지만 사실 저는 그때까지 서경식 씨에 대해 잘 알지 못했습니다. 이케부쿠로의 찻집이었던가요, 사쿠라이와 함께 서경식 씨를 만나러 나간 자리에서 처음으로 그와 이야기를 나눴습니다.

그때는 알렉시예비치도 무명에 가까웠기 때문에 우리는 "알렉시예비치라고, 이런 이런 글을 쓰는 벨라루스의 작가가 일본에 오는데 함께 대담을 해 주셨으면 좋겠습니다."라고 취지를 설명드렸어요. 하지만 역시나 서경식 씨는 바로 출연을 승낙하지 않았습니다. 어떤 것을 함께 이야기해야 할지, 어떤 테마가 적절할지에 관해 거듭 날카로운 질문을 던졌지요. 사쿠라이가 말한

대로 매우 냉철한 시각을 지닌 분이었습니다.

이를 계기로 서경식 씨와 저의 오랜 교제가 시작된 셈인데, 당시 제가 느낀 서경식 씨의 첫인상은 결코 친해지기 쉬운 사람이 아니라는 것이었습니다. 그래서 오히려 '이 사람은 진짜다'라고 생각했지요. 그때부터 그의 저서를 두루 읽으며 함께 방송을 만들어 갔습니다.

당시 저는 〈ETV 2000〉이 NHK 방송들 중 양심적인 프로그램이라고 생각하고 있었습니다. NHK의 수신료는 학업이나 업무 등으로 '현장'에 갈 시간이 없는 많은 이들을 대신해 우리가 그 '현장'을 찾고, 그곳에서 조사한 사실을 전달하기 위한 '기부금' 같은 것이라고 생각합니다. NHK의 방송은 "너희에게 취재비를 맡길 테니, 권력을 제대로 감시해서 부조리가 있으면 알려달라."고 격려하는 분들의 '크라우드 펀딩'으로 제작되고 있다고 할 수 있을지도 모릅니다. 저는 시민들의 '크라우드 펀딩'으로 만들어지는 NHK 방송이야말로 국가 권력의 개입을 허락하지 않는 가장 건전한 방송이 될 수 있을 거라고 생각했어요. 하지만 그 후, 여러분도 아시다시피, '전시 성폭력戰時性暴力'을 다룬 방송 편집 과정에서 이해할 수 없는 정치적 개입으로 인해, 현장 프로듀서나 데스크가 도저히 용납할 수 없는 개찬이 일어났지요.

그래도 2000년 당시는 아직 다양한 메시지를 적극적으로 발신할 수 있는 시대였습니다. 만일 지금 〈파멸의 20세기〉 같은 제목을 붙인다면 '제목이 왜 이러냐'고 야단맞겠지요(웃음). 지금은 어설프게 사람을 안심시켜서 희망을 갖게 하는 방송이 난무하고 있는 듯한데, 이에 비해 당시는 그렇지 않은 방송을 만들 수 있는 시대였다고 생각합니다. 알렉시예비치도 서경식 씨도 당시에는 그렇게 알려진 분들이 아니었습니다만, 그래도 이때 ETV에서는 무명인이 방송에 출연하는 것을 누구도 이상하게 여기지 않았고, '유명하고 말고는 상관없다. 중요한 건 내용이다'라는 제작자의 신념과 철학이 존재하고 있었습니다. 그랬기에 알렉시예비치와 서경식 씨의 대담 방송이 제작될 수도, 방영될 수도 있었던 거겠죠.

알렉시예비치와 서경식 씨는, 2016년에도 재차 대화를 나눴습니다. 이와 관련해 재미있는 일화를 덧붙이자면, 2016년 알렉시예비치가 다시 일본을 찾았을 때, 그녀는 노벨문학상을 수상한 유명 인사가 되어 있었습니다. 그러자 방송 관계자들은 일본 쪽에서도 노벨상 작가에 걸맞은 저명인을 섭외하는 게 어떻겠냐고 '조언'해 주었어요. 이를테면 같은 노벨상 수상 작가인 오에 겐자부로(1935-2023)를 초청해, 'NHK 스페셜'로 '거물들의 대담'을 꾸미자고 말이지요. 저는 이 모처럼의 '조언'을 거절하기로 했습니다. 물론 'NHK 스페셜'로 제작하면 예산은 늘어나겠지만, 대담 상대의 선정 등에 조건이 붙을 가능성이 있었기 때문이죠.

저에게는 2000년에 알렉시예비치와 서경식 씨가 이야기를 나눴었다는 사실이 중요했습니다. 이후 16년의 세월 동안 무엇이 어떻게 변했는지, 어떤 문제들이 제기되어 왔는지를 함께 확인하는 작업에 큰 흥미를 느끼고 있었지요. 원전 사고만 봐도 그렇습니다. 2000년 당시에는 알렉시예비치만이 체르노빌 원전 사고를 경험한 상태였지만, 2016년에는 서경식 씨 역시 후쿠시마 원전 사고를 체험한 당사자가 되어 있었죠. 심지어 그는 후쿠

시마를 여러 번 취재하기도 했어요. 이런 일들을 포함해 16년의
세월 동안 세상은 많이 변했고, 기존의 삶을 송두리째 바꿀 정도
로 큰 사건도 많이 일어났습니다. 우리를 둘러싼 상황이 점점 악
화되어 가는 가운데, 저는 알렉시예비치의 대담 상대로 서경식
씨만큼 적격자는 없다고 생각했습니다.

알렉시예비치와 서경식 씨의 두 번째 대화를 담을 방송으로
선택한 〈마음의 시대〉는 저에게는 매우 중요한 프로그램이었습
니다. 〈마음의 시대〉를 잠깐 홍보하자면(웃음), 이 방송은 NHK
의 E테레(Eテレ-교육방송)에서 매주 일요일 오전 5시에 방영되는
60분 분량의 방송인데, 정말 좋은 방송입니다(웃음). 무슨 말이냐
면, NHK의 많은 방송 프로그램이 수신료 수입과 직결되는 만큼
시청률 확보에 대한 압박을 많이 받지만, 이 방송은 시간대가 시
간대이니만큼—새벽 5시에 일어나 텔레비전을 보는 게 쉬운 일
은 아니죠—시청률의 압박에서 자유롭습니다. NHK 직원 중에
도 보는 사람이 거의 없으니까요(웃음). 이런 방송이기 때문에 여
러 의미에서 '압박감'을 면할 수 있습니다.

출연자의 인생이나 사상에 차분히 귀 기울이며, 지금 우리
에게 필요한 것, 현재 우리에게 요구되는 것들을 깊이 있게 생각
할 수 있는 흔치 않은 방송인 거죠. 다큐멘터리 감독으로서 저 역
시 지금까지 다양한 방송을 만들어 왔지만, 〈마음의 시대〉는 '사
람의 이야기에 귀 기울이는' 다큐멘터리의 기본과 원점이 실천
되는 방송이며, 인터뷰하는 저의 입장이나 생각이 직접적으로
드러나기 때문에 어설픈 내레이션이나 테크닉으로 눈속임할 수
도 없습니다. 가장 난이도가 높은 다큐멘터리 방송이라고 할 수

있죠.

저는 〈마음의 시대〉가 땅에 스며들 듯 잔잔하게 알려지기를 바랍니다. 은은하게 알려지는 게 중요해요(웃음). 요란하게 홍보하다 보면 불필요한 시청률 경쟁에 휘말릴 수도 있으니까요. 방송국 안이 아닌 방송국 밖에서, 긴 시간을 두고 서서히 퍼져 가는 것이 제일 좋지요. 황폐한 대지 구석구석에 서서히 뿌리를 내리는 버드나무처럼 말이에요. 사실 서경식 씨와 만든 방송도 2008년부터는 계속 〈마음의 시대〉였습니다. 어떤 의미에서는 매우 상징적인 일이죠.

저는 2000년 알렉시예비치와의 대화를 계기로 서경식 씨를 알게 되었습니다. 이후 그와 다양한 장소에서 여러 사람을 만나는 여행의 축적을 거치며 16년의 세월이 흐른 뒤에 만든 방송 역시 알렉시예비치와의 대화였지요. 20세기는 말 그대로 '파멸의 20세기'였지만, 당시 '최악'이라고 생각했던 수준을 넘어서는 '최악'의 상황이 21세기에 벌어지고 있고, 은폐와 개찬으로 이런 상황을 제대로 볼 수조차 없는 상태가 되어 버렸습니다. 지금보다 더 나빠지는 건 아닐까. 서경식 씨와 만든 방송들을 보며 생각하게 됩니다.

서경식　2000년이라는 해는 여러 가지 의미에서 큰 전환점이었지요. 알렉시예비치의 테마는 소련의 붕괴가 '작은 사람들'에게 지니는 의미였습니다. 일본에서는 냉전의 승자 미국과 패자 소련이라는 식의 단순한 구도를 바탕으로 신자유주의의 복음이 널리 퍼지는 계기가 마련되었습니다. 물론 알렉시예비치는 복잡

한 상황을 있는 그대로 바라보고자 하는 분이기에 함부로 말할
수는 없겠습니다만, 그녀와 이야기를 나누고 그녀가 쓴 글을 읽
으며, 이데올로기의 승자와 패자라는 단순한 도식으로 역사를
이해하는 것이 아니라, 실제 그곳에서 살고 있는 사람들이 받은
고통과 흘린 눈물을 이야기하고자 하는 분임을 알게 되었습니
다. 솔직히 저는 조금 당황했어요. 소련이나 동구 지식인에 대한
충분한 지식을 갖고 있지 않았거든요. 실존하는 그녀를 마주하
곤 난처함을 느꼈지요.

　라트비아, 리투아니아에서 우크라이나에 이르는 지역은, 나
치 독일의 침략과 소련의 스탈린 체제로 인해 20세기 들어 가장
많은 민간인이 목숨을 잃은 지역입니다. 지금은 독재자 루카셴
코(1954-)가 정권을 잡고 있지요. 이렇게 끊임없이 짓밟히고 유
린되어 온 지역에서, 그럼에도 불구하고 사람은 계속해서 살아
가야 하는가. 이것이 저의 의문이자, 머릿속을 떠나지 않는 과제
였습니다.

　2016년, 알렉시예비치가 일본에 왔을 때에도 이런 것들을
질문했습니다. 그러나 제 질문에 대한 그녀의 대답은, 이렇게 하
면 우리가 승리할 수 있다는 식의 전략적인 것이 아니라—물론
그런 대답을 기대한 것은 아니지만—, 어떤 의미에서 너무나 망
막하고 광범위한 이야기였습니다. 러시아 문학에 등장하는 여성
들은 이런 사람들이라든가, 시베리아로 호송된 연인이나 남편을
위해 자진해서 시베리아의 유형지에서 살아가는 사람들이 있다
든가 하는 이야기 말이지요. 심지어 이들은 수 세기에 걸쳐 존재
해 온 사람들입니다. 그곳에 희망이 있냐고 묻는다면 희망은 없

어요. 하지만 그럼에도 불구하고 희망이 없는 곳에서 사람은 어떻게 살아가야 할 것인지를 예의주시하며 글을 써 내려간다는 것이었어요.

이러한 지적知的 행위는 결코 쉬운 일이 아닙니다. 개인적인 의견입니다만, 일반적으로 남성의 경우는 문제를 이성적으로 해결하려 할 것이고, 해결하지 못하면 포기하거나 패배할 거예요. 알렉시예비치 같은 사람이 활동을 지속하며 글을 쓰는 것은 우리가 가진 척도라는 것이 어쩌면 매우 얄팍한 것일지도 모른다는 사실을 일깨워 주지요.

이런 사람들에게 관심을 갖고, 방송에 출연시키고, 심지어 저 같은 무명의 마이너리티를 그들의 대화 상대로 기용할 수 있는 사람이 바로 가마쿠라 씨입니다.

영상 제작 현장 — 〈프리모 레비를 찾아서〉를 사례로

가마쿠라　〈ETV 2000-파멸의 20세기〉를 제작할 당시만 해도 방송이 어떤 메시지를 전달할 수 있을까를 끊임없이 자문하며 열정을 가지고 방송을 만드는 사람들이 있었습니다. 시청자의 경우도 마찬가지예요. 〈파멸의 20세기〉라는 잔잔한 방송을 독자적인 시각으로 감상하고 평가해 주는 사람들이 있었습니다. 서경식 씨도 그중 한 명이었지요.

그에 비해 지금은 자기만의 지표를 갖지 못한, 혹은 가지려고조차 하지 않는 사람이 늘어나, 시청률이나 인터넷 조회수 같은 외부의 수치만 보고 걱정하는 사람이 많은 것 같습니다. 옛날을 그리워한다고 나아질 건 없겠지만, 그래도 당시에는 어떤 '현장'이 있었는지, 조금 전에도 언급했던 〈프리모 레비를 찾아서〉에 관해 좀 더 자세히 이야기해 보고 싶습니다. 서경식 씨와 우리들의 '현장'은 어땠는지, 어떻게 방송이 만들어지게 되었는지에 관해 말입니다.

　이 방송을 제작하게 된 계기는, 동료 카메라맨인 나카노 히데요 씨와 한잔할 때의 일이었습니다. 나카노 씨가 가방에서 서경식 씨의 『프리모 레비를 찾아가는 여행』을 꺼내더니 "이 책을 다큐멘터리로 만들어 보면 어떨까?" 하고 묻는 겁니다.

　우리 촬영팀은 로케 촬영이 없을 때도 모여서 한잔 걸칠 때가 자주 있는데(웃음) 그럴 때는 대체로 방송과 관련 없는 주제—최근에 본 영화라든가, 그 영화에서 좋았던 대목이라든가, 뉴스의 보도 방식에 대한 생각이라든가 말이죠—에 대해 얘기합니다. 술집이 문을 열 저녁 즈음이 되어 "가마쿠라, 슬슬 나가 볼까." 하는 나카노 씨의 연락을 받으면, 부랴부랴 준비해 다 함께 거리로 몰려가곤 하는 식이지요.

　나카노 씨가 『프리모 레비를 찾아가는 여행』을 보여 준 날도 그런 여느 날 중 하루였습니다. 책의 여기저기에는 연필과 볼펜으로 그은 선과 메모가 빼곡했고, 포스트잇도 빽빽하게 붙어 있었어요. 몇 번이고 반복해 읽었다는 걸 한눈에 알 수 있을 정도로 책은 너덜너덜했죠. 나카노 씨는 알렉시예비치와 대화하는 서경식 선생의 모습에 감명을 받아 그의 저서를 이것저것 찾아 읽었는데, 그중에서도 프리모 레비라는 인물에 점점 빠져들게 된 것 같습니다. 서경식 씨가 토리노로 프리모 레비를 찾아가며 그에게 자신의 인생을 중첩시킨 사색의 과정에 깊이 매료되었던 그는, "가마쿠라, 이제 서경식 씨와 방송 만들 일 없을까? 나도 참여하고 싶은데."라고 먼저 말을 걸어왔지요.

　저는 서경식 씨를 알고 나서 그와는 왠지 죽이 잘 맞는달까, 말이 통한달까—솔직히 처음에는 조금 무서운 사람이라고 생각했지만—그래서 친한 친구처럼 지냈는데, 그와 일면식도 없는 나카노 씨가 그의 책에 관해 열정적으로 이야기하는 걸 보고 놀랐습니다. 술잔을 기울이며 서경식 씨의 책에서 감동받은 구절을 서로 주거니 받거니 인용하고 낭독하고 하다 보니, 책을 낭독하는 방송을 만들어 보자는 방향으로 이야기가 흐르더군요. 하지만 우리 둘 다 그건 좀 아닌 것 같아서, 최종적으로는 서경식 씨가 직접 '현장'을 여행하며 그 과정에서 생겨난 새로운 만남이나 사색을 영상으로 담자는 데 의견이 모였습니다. 『프리모 레비를 찾아가는 여행』을 바탕으로 새로운 '여행' 이야기를 만들어 보자는 이야기로 후끈 달아올라 그대로 다음 날 아침까지 달렸지요(웃음).

　하지만 문제는 그다음이었어요. 기획안을 받아주는 데가 없는 거예요. 그러던 와중에 당시 BS1의 〈세계·내 마음의 여행〉이라는 프로그램이 눈에 들어왔습니다. 각계각층의 유명 인사가 원하는 장소를 찾아가는 방송이었는데, 그중에는 훌륭한 기획도 꽤 있더군요. 유미리柳美里(1968-)가 아버지의 고향인 한국을 찾은 방송이나 소설가 이회성李恢成(1935-)이 사할린 동포들을 찾아간 여행은 정말 좋았습니다.

그래서 저는 이 방송에 가능성을 타진해 보기로 하고, 〈세계·내 마음의 여행〉 담당 부서에 기획안을 거의 강제로, 억지로 밀어 넣어서 결국 오케이 사인을 받아냈어요. 여기서 제가 '억지로'라는 표현을 쓴 이유는, 사실 이 방송은 "긍정적인" 방향을 기본 노선으로 하고 있어서, 장소나 테마를 선정할 때도 "부정적인" 성향의 기획은 꺼리는 경향이 적잖이 있었기 때문입니다. 그런 까닭에 첫 번째 편집 시사회 때는 담당 프로듀서에게 "어두워. 좀 더 밝게 안 될까?"라는 말도 들었지요. 물론 편집을 바꾸지는 않았지만요(웃음).

이렇게 해서 〈세계·내 마음의 여행: 이탈리아·사라지지 않는 증인〉이라는 제목의 45분짜리 방송을 만들게 되었습니다. 그런데 이 로케 촬영 당시, 사실 우리 촬영팀은—서경식 씨도 그러셨을 거라 생각합니다만—내심 조금 다른 것도 함께 구상하고 있었어요. 그건 〈세계·내 마음의 여행〉 촬영차 '현장'에 간 김에, 내용을 좀 더 심화시킨 별도의 영상을 하나 더 찍자는 것이었습니다. 저도, 나카노 씨도, 애초에 이 현지 촬영을 〈세계·내 마음의 여행〉에만 담으려고 생각하지는 않았어요. 어떤 방송이 될지는 몰라도 짧은 촬영 기간을 최대한 활용해서 그때그때의 발견을 카메라에 담아 오기로 마음먹었지요. 그래서 현지에서는 〈세계·내 마음의 여행〉에는 사용하지 않을 법한 장면들도 주저 없이 촬영했습니다.

그때 촬영한 내용이 머지않아 90분짜리 '하이비전 스페셜'로 세상에 나오게 되었습니다. 하지만 이 방송도 〈세계·내 마음의 여행〉과 마찬가지로 위성방송이기에 시청자는 한정될 수밖에 없었지요. 한 명이라도 더 많은 사람이 방송을 봤으면 좋겠다는 생각에, 반년 후 지상파 E테레의 〈ETV 2003〉이라는 방송에서 편성을 확정지었습니다.

나중에 들은 얘깁니다만, 당시 부副부장은 "이건 그냥 가마쿠라의 취향이잖아."라며 편성을 꺼렸다고 합니다. 편집 담당인 스즈키 요시코 씨는 그 말을 듣고, "충분해요. 좋은 취향이라고 생각하는데."라며 웃었다지만요(웃음). 그래도 어떻게든 기획안을 통과시켜 주려고 애쓴 동료들 덕에 방송을 할 수 있었습니다.

〈ETV 2003〉은 45분짜리 방송으로 한 편에 내용을 다 담을 수 없었기 때문에, 전편과 후편으로 나눠서 2월 5일과 6일 밤에 이틀 연속 방영하기로 했습니다. 그런데 이 방영일이 너무나 상징적이었어요. 이 날짜는 회계연도 말기에 해당하는 날이었는데, 그러니까 이 시기에는 내보낼 방송이 모자라기 때문에 '시간 때우기용'으로 우리 방송을 편성해 준 거였지요. '방송이 모자라니까 어쩔 수 없지. 이거라도 넣을까' 하는 식으로 방영을 허락한 셈인데, 결국 그 방송이 그해 '갤럭시상' 연간 그랑프리를 받았습니다. 이런 경험이 있기 때문에, 저는 세상에는 아직 빛을 보지 못한 방송이 아주 많이 있을 거라고 생각해요. 이 방송은 운 좋게 세상에 나올 수 있었지만, '국민 정서에 맞지 않는다'든가 '시청률을 확보할 수 없다'는 이유로, 또는 '수지 타산이 맞지 않는다'는 이유로 배제되는 훌륭한 방송이 아주 많이 잠들어 있음에 틀림없습니다.

서경식 〈프리모 레비를 찾아서〉는 제 마음속 1위라고 말할 수 있을 정도로 소중한 방송입니다. 저는 1996년 프리모 레비의 무덤을 찾은 적이 있습니다. 그해 여름에는 다카하시 데쓰야 씨 일행과 아우슈비츠도 방문했어요. 그곳에는 그림처럼 멋진 장소가 많이 있더군요. 그런 곳들을 보고 있자니 영상으로 찍어서 다른 사람들에게도 보여 주고 싶다는 생각이 들었는데, 때마침 방송을 만들자는 제안을 주셔서 저의 소망을 실현시킬 수 있었어요. 행복한 추억이지요.

우리는 하루 일과를 마치고 호텔 근처 선술집에서 위스키를 마시곤 했어요 — 말이 위스키지, 중국집이나 태국 요릿집에서 내주는 정체불명의 짝퉁 위스키였죠 —. 취할 수만 있다면 그게 뭐든 상관없었습니다(웃음). 일정을 마치고 나면 그때부터 촬영팀 사람들과 신나게 수다를 떨었는데, 이 사람들은 제가 방에 올라온 후에도 그때부터 또 마시러 가곤 했어요. 돌이켜 보면 그 모든 것들이 참 중요했던 것 같습니다. 그들은 그렇게 저의 필생의 사업에 동참해 준 셈이지요.

가마쿠라 방금 서경식 씨가 촬영팀 얘기를 해 주셨는데, 저는 이 여행에서 인상 깊었던 장면에 관해 이야기해 보고 싶어요. 좀 전에 서경식 씨도 말씀하셨지만, 〈프리모 레비를 찾아서〉 방송을 보면, 서경식 씨가 아오스타 계곡의 도라발테아 강변에서 프리모 레비의 『주기율표』의 한 구절을 시작으로 이야기를 이어가는 장면이 나옵니다. 일몰 직전에 간신히 찍은 푸르스름한 색채의 신scene이지요.

실은 그날, 아오스타 마을의 카페에서, 프리모 레비가 파르티잔 활동 중에 체포되어 연행되는 장면을 목격했다는 노인을 우연히 만났습니다. 그는 축구 생중계를 보기 위해 카페에 들렀는데, 이야기를 들어 보니 그 역시 전쟁 중에 파르티잔에 가담한 적이 있었더군요. 우리는 그에게 거의 반강제로 프리모 레비가 연행된 현장에 데려가 달라고 사정했습니다.

경기가 막 시작하려는 참이었지만(웃음), 노인은 우리와 함께 가게를 나서 주었어요. 그리고 함께 촬영용 차량을 타고 고갯길을 오르는 동안 '리베르타(자유)'에 관한 이야기를 들려주었습니다. 산 정상에 도착해 보니, 세상에나, 그곳에는 프리모 레비의 시비詩碑가 세워져 있었어요. 울창한 숲일 줄로만 알았던 정상에는 파르티잔의 무덤도 있었고, 무덤을 내려다보는 장소에 위치한 건물 벽에는 '리베르타를 위해 쓰러져 간 이들에게'라는 비문도 새겨져 있었어요. 파르티잔의 묘표墓標 옆에는 프리모 레비의 시를 새긴 비석도 놓여 있었지요. 우연에 우연이 겹쳐, 예상치 못했던 일들이 눈앞에 연달아 벌어지고 있었습니다.

눈 깜짝할 새에 시간이 흘러, 아오스타 계곡의 험준한 산에는 석양이 지기 시작했습니다. 눈 덮인 산이 석양에 물들어 가는 광경이 숨 막힐 듯 아름다워 서둘러 촬영을 시작했지요. 하지만 나카노 씨는 후딱 구도를 잡고 사진을 찍을 수 있는 사람이 아닙니다. 아무리 서둘러야 하는 상황에서도 찍을 대상을 차분히 관찰하고, 몇 번이고 셔터를 누르며 가장 의미 있는 한 장면을 포착하지요. 이번에도 역시 그는 해가 저물 때까지 움직일 생각이 없었습니다. 촬영을 마쳤을 때는 이미 주변에 어둠이 내려앉고 있었지요.

　　우리는 번개처럼 차를 달려 고갯길을 내려왔습니다. 사실 서경식 씨는 아오스타에 가면 도라발테아강을 꼭 보고 싶다고 했었는데, 그날은 아오스타에서의 촬영을 마무리하고 토리노로 돌아가야 하는 날이었어요. 서경식 씨는 잠깐이라도 보겠다며 컴컴한 차 안에서 지도를 펼쳐 들고 도라발테아강을 열심히 찾았지만, 도라발테아가 어디에 있는지 도무지 찾을 수 없었어요. 그런데 이 무슨 기막힌 우연일까요. 해가 지기 직전에 우리는 도라볼테아 강변에 도착한 겁니다.

　　'아, 이게 도라발테아강이구나'라고 생각한 순간, 서경식 씨가 후다닥 차에서 내리는 게 아니겠습니까. 그때 저는 그의 손에 책처럼 보이는 무언가가 들려 있는 것을 보았지요. 하지만 그가 그걸 가지고 뭘 하려고 하는지는 저도 촬영팀도 전혀 알지 못했습니다. 사전에 얘기도 없었을뿐더러 주위가 어두워서 그때부터 협의할 수도 없었지요. 그래도 나카노 씨는 반사적으로 카메라를 어깨에 메고 녹음 기사인 가이甲裵 씨가 마이크 케이블을 카메라에 꽂고, 그대로 서경식 씨의 뒤를 쫓아갔습니다. 아무 말 없이 마냥 강가를 걷기만 했어요. 서경식 씨도 어디서 무얼 해야 할지 아무 계획이 없었던 거죠. 그래서 저는 그의 등 뒤에 대고 "서경식 씨, 강이네요." 하고 말을 걸었습니다. 그러자 그는 천천히 우리 쪽으로 고개를 돌려 "네. 이게 도라발테아강이네요." 하더니 차분히 이야기를 하기 시작했습니다.

　　여기부터가 방송에 나오는 상징적인 장면입니다. 장장 5분에 달하는 이 장면은 사실 무편집 원 테이크로 촬영한 장면이에요. 서경식 씨가 조금 전까지 우리가 있던 산 정상을 가리키며

"저 산에서 프리모 레비가 체포됐지요…"라고 말을 꺼내면, 그때까지 그의 얼굴을 클로즈업하고 있던 카메라는 그대로 방향을 산 쪽으로 돌려 산 정상을 찍기 시작합니다. 그리고 카메라는 곧장 서경식 씨에게 돌아가는 대신 앵글을 360도로 회전시키며 전체 풍경을 담은 후, 마지막으로 서경식 씨의 모습을 포착합니다.

카메라 앵글을 360도로 회전시키면, 주위의 모든 풍경이 마치 파노라마처럼 화면에 담기게 됩니다. 당시 촬영 현장에는 서경식 씨와 나카노 씨 외에 저와 녹음 담당인 가이 씨도 있었고, 조금 더 떨어진 곳에는 운전기사와 통역 담당자가 있었어요. 자칫하면 이 모든 사람이 앵글에 잡힐 수도 있는 상황이었죠. 하지만 나카노 씨는 "지금부터 카메라를 360도 회전시킬 거니까 잘 피하세요."라는 등의 말은 일절 하지 않았습니다. 물론 나카노 씨 근처에서 카메라의 움직임을 보고 있던 우리는 렌즈의 움직임에 따라 적절하게 몸을 숙여 피할 수 있었지만, 놀라웠던 건 카메라에서 멀리 떨어져 있던 이탈리아인 운전기사의 행동이었습니다. 그때까지 어둠 속에서 비상 점멸등을 켜고 있었는데, 어떻게 알았는지 카메라가 그쪽으로 향하기 직전에 점멸등을 끄는 것이 아니겠습니까.

이처럼 이 장면에는 미처 영상에 담지 못한 수많은 비하인드 스토리가 담겨 있습니다. 행운이라고밖에 달리 할 말이 없는 순간들이었어요. 정말 멋진 여행이었습니다. 20-30년에 한 번 있을까 말까 한 일들이 연속해서 일어났거든요. 축복을 받은 듯한, 무언가에 홀린 것 같은 촬영이었어요.

서경식 맞아요. 이 얘기는 지금까지 몇 번인가 한 적이 있는데, 그야말로 술 한잔 하며 말하고 싶은 흥미로운 에피소드지요. 아오스타 계곡의 파르티잔 출신 할아버지가 축구 중계를 보러 카페에 왔다가, 우리를 현장에 데려다주기 위해 카페 문을 열고 나서는 바로 그 순간, 마을 교회의 종소리가 울렸어요. 기적 같은 우연이었지요. 가마쿠라 씨에게는 모든 상황이 그런 식으로 절묘하게 맞아떨어져요. 철저하게 계획을 짜고 타이트하게 촬영을 진행하지 않아도 그런 영상을 찍을 수 있는 사람입니다.

20년을 함께하며 ― 지금과 지금부터

서경식 저와 가마쿠라 씨는 지난 20여 년간 출연자와 방송 제작자의 관계를 넘어, 방송이나 책 등 문화적 발신이 어떻게 이루어져야 할지에 대해 이야기를 나눠 왔습니다. 물론 그건 면밀한 취재를 바탕으로 정확한 정보를 제공하는 것이어야 하겠지만 그것만으로는 부족합니다. 단편적이고 수치화된 정보를 넘어, '인간'의 슬픔이나 고뇌, 그 감촉과 숨결을 전달할 수 있어야 하지요. 거기에는 베테랑 배우의 숙련된 연기로도 완벽하게 표현해 낼 수 없는 무언가가 있습니다. 이것을 놓치지 않고 포착하여, 넘치거나 부족함 없이 보여 줄 수 있는 사람이 좋은 다큐멘터리 작가라고 생각합니다.

가마쿠라 씨와 오랜 세월을 함께하며 깨닫게 된 것은, 그가 어떤 사건을 다루든 가장 중점을 두는 건 '인간'이라는 점입니다.

그렇기 때문에, 촬영이 끝난 후에도, 촬영 중에 만난 사람들(실제 방송에는 사용되지 않은 장면들을 포함하여)에 대한 인상이 제 기억 속에 오래도록 남아 있지요.

알렉시예비치나 후쿠시마 원전 사고의 피해자인 하세가와 겐이치長谷川健一, 프리모 레비의 친구였던 토리노의 유대인 여성들과 아오스타 계곡의 파르티잔 노인, 그리고 팔레스타인 가자 지구의 인권운동가인 라지 스라니까지. 방송을 위해 만났지만, 모두 제 마음 깊은 곳에 선명한 인상을 아로새긴 인물들입니다.

가마쿠라 씨는 이런 사람들을 찾아내고―냄새를 맡아 탐지한다고 말하고 싶을 정도인데요― 그들의 가장 좋은 면모를 끄집어내서 영상으로 만들어 제공합니다. 이건 물론 다큐멘터리 제작을 위한 기본적인 소양과 테크닉이 있기에 가능한 것이기는 하지만, 궁극적으로는 '인간'에 대한 그의 끊임없는 관심이 만들어 낸 것이라고 생각해요. 제 생각에 가마쿠라 씨는 '휴머니스트'라고 부르는 게 적절할 것 같아요. 휴머니스트가 아니고서는 할 수 없는 일들을 하고 있으니까요.

실은 저 역시 가마쿠라 씨에게 많은 은혜를 입었습니다. 때때로 제가 처한 상황을 힘들다고 느끼거나 비관적인 생각에 사로잡힐 때가 있는데, 그럴 때마다 지금껏 제가 만나 온 훌륭한 사람들의 모습을 떠올리곤 하거든요. '알렉시예비치는 지금 벨라루시에서 최선을 다하고 있겠지', '라지 스라니 씨는 지금도 가자 지구에서 열심히 싸우고 있겠지' 하면서 말이지요. 가마쿠라 씨와 그의 동료들이 아니었다면 이런 사람들을 만날 수 없었을 겁니다. 이들은 단지 '훌륭한 사람'이라는 추상적 개념이 아니라,

구체적인 실체로 제 안에 살아 숨 쉬고 있지요. 그리고 미흡하나
마 저 역시 누군가에게 그런 존재가 되고 싶다는, 그래야 한다는
마음을 갖게 됩니다.

현재, 문화 발신 현장은 어디든 큰 곤란에 직면하고 있습니
다. 제가 생각하기에 당분간 세상은 점점 나쁜 방향으로 흘러갈
것 같아요. 그래도 10년, 20년, 아니면 수십 년이 지난 후에 누군
가가, 2000년부터 2020년까지는 어떤 시대였는지, 어떤 사람들
이 어떤 비애나 고뇌를 안고 살아가고 있었는지, 이런 것들을 되
돌아보고자 할 때, 가마쿠라 씨의 다큐멘터리 작품들은 아주 유
용한 자료가 될 수 있겠지요. 비록 단기간에 효과가 드러나지는
않을지 몰라도, 참된 의미에서 인류에게 꼭 필요한 것이고 유의
미한 문화적 공헌임에 틀림없습니다. 저 역시 가마쿠라 씨와 그
의 동료들 덕분에 이런 보람 있는 일에 보탬이 될 수 있었음에 감
사하고 있습니다. 다시 말하지만, 가마쿠라 씨와 그의 동료들을
만나 함께 일할 수 있었던 것은 제 인생 최대의 행운이었습니다.

가마쿠라 2017년에 함께 방송을 만든 후 어느새 3년의 세월
이 흘렀습니다만, 이게 끝은 아니겠지요. 사실 서경식 씨와는 예
전부터 『나의 서양미술 순례』에 기반한 여행을 영상으로 찍자고
이야기를 나눠 왔습니다. 서경식 씨는 1991년 이 책을 출판하신
이후, 『디아스포라 기행』과 『당신의 눈을 믿어라 ― 통일 독일 미
술 기행』과 같은 저서들을 발표해 왔습니다. 2012년에는 『나의
서양음악 순례』라는 책도 출판하셨지요. 서경식 씨가 포착한 미
술과 예술의 저변에 있는 것을 말 그대로 '순례'하며 전달하는 내

용입니다. 이제 4K나 8K와 같은 초고화질 영상이 출현하는 시대
가 되었으니, 미술을 감상하는 데는 최적의 환경이지 않겠습니
까(웃음). 그런 방송을 실현시킬 수 있도록 앞으로도 서경식 씨와
함께 노력하고 싶습니다.

가마쿠라 히데야가 서경식과 함께 제작한 방송 목록

방영일	프로그램명
2000년 9월 4-5일	〈ETV 2000-파멸의 20세기~스베틀라나 알렉시예비치와 서경식~ 전편·후편〉(ETV, 45분·2회)

※ 관련 방송 : 2000년 11월 4일 〈NHK 스페셜-러시아, 작은 사람들의 기록〉

※ 스베틀라나 알렉시예비치: 1948년 우크라이나 출생. 벨라루스의 다큐멘터리 문학 작가. 「전쟁은 여자의 얼굴을 하지 않았다」, 「체르노빌의 목소리—미래의 연대기」 등 소련 체제하를 살아가는 '작은 사람들'의 목소리를 구성하는 독자적인 증언 문학 장르를 확립하여 2015년 노벨문학상을 수상했다. 서경식과는 2000년, 2016년에 대화를 나눴다. 2020년 8월, 벨라루스 대통령 선거 당시 루카셴코의 재임을 반대하는 저항 운동에 호응하여 '정권이양 조정 평의회' 간부로 취임하였으나, 친구와 동료 들이 연달아 체포·구금되자 9월 28일 국외로 탈출하여 현재 독일 망명 중이다.

2002년 8월 11일	〈세계·내 마음의 여행: 이탈리아 사라지지 않는 증인〉(BS1, 45분)
2002년 9월 29일	〈하이비전 스페셜-프리모 레비를 찾아서~아우슈비츠의 증언자는 왜 자살했는가~〉(BS 하이비전, 90분)
2003년 2월 5-6일	〈ETV 2003-아우슈비츠 증언자는 왜 자살했는가~ 작가 프리모 레비를 찾아서~ 전편·후편〉(ETV, 45분·2회)

※ 갤럭시상 텔레비전 부문 2003년 그랑프리

2003년 9월 6일	〈하이비전 스페셜-팔레스타인 공명하는 목소리~E. W. 사이드의 제언으로부터~〉(BS 하이비전, 90분)

※ 관련 방송 : 2003년 4월 26일 〈BS 프라임 타임-사이드의 '이라크 전쟁'을 말하다~개전 전야·카이로~〉(칸 국제영상제 출품작)

2008년 4월 6일	〈마음의 시대-이산자로 살아가기: 작가 서경식〉(ETV, 60분)

※ 서경식의 추천으로 노미네이트된 2008년 작품 〈기억의 유산~아우슈비츠·히로시마에서 온 메시지~〉는 이시바시 단잔 기념 와세다 저널리즘 대상·독일 국제영화제 금상 수상

2011년 8월 14일	〈마음의 시대-나에게 3·11이란~후쿠시마를 걸으며: 작가 서경식〉(ETV, 60분)

2012년 12월 23일	〈마음의 시대-어린 아이들에게~목사·쇼지 쓰토무 × 서경식〉 (ETV, 60분)

※ 쇼지 쓰토무 : 1932년 출생. 일본 기독교단 이나기稲城 교회, 오이즈미大泉 교회 등에서 40년 이상 목사로 활동했다. 일본 기독교 협의회(NCC) 총간부, 고려 박물관 초대 이사장 등을 역임했다. 1970년에서 1980년대에 걸쳐 한국의 민주화운동에 김대중 등과 관여하였고, 서승, 서준식 형제의 석방을 위해 힘썼다. '원자력 행정을 묻는 종교인 모임' 멤버로 원전 문제에도 대처했다. 해당 프로그램이 방영된 날로부터 8년 후인 2020년 8월 20일 노환으로 별세했다.

2014년 12월 7일	〈마음의 시대-가자 지구에 '뿌리'를 내리다~팔레스타인 변호사 라지 스라니 × 서경식〉(ETV, 60분)

※ 라지 스라니 : 1953년 팔레스타인 가자지구 출생. 변호사로서 팔레스타인인의 인권보호활동에 종사하여 이스라엘과 팔레스타인 당국에 의해 여러 번 투옥되었다. 1985년·1986년 국제 앰네스티 「양심의 수인」, 1991년 로버트·F·케네디 인권상 수상. 1995년 가자 시내에 팔레스타인 인권 센터를 설립하여 점령하 가자지구의 실태를 전 세계에 발신하고 있다. 2003년, 2014년 일본 방문 시, 서경식과 2회에 걸쳐 장시간 대화한 것을 방송으로 만들었다.

2017년 4월 9일	〈마음의 시대-'작은 사람들'의 목소리를 찾아서~작가 스베틀라나 알렉시예비치 × 서경식〉(ETV, 60분)
2017년 12월 3일	〈마음의 시대-분쟁지에서 전한 목소리~『하아레츠』신문기자 아미라 하스 × 서경식〉(ETV, 60분)

※ 아미라 하스 : 1956년 이스라엘 출생. 헤브라이 대학 졸업 후, 이스라엘 신문『하아레츠』기자로 활동하였다. 팔레스타인인을 취재하기 위해 가자지구 및 요르단강 서안 지구 라말라에 거주하며 취재 활동을 이어 가고 있다. 이스라엘 점령 실태를 날카롭게 보도하는 그의 기사는, 에드워드 사이드도 자주 인용하는 등 국제적으로 높은 평가를 받아 왔다. 2017년 9월에 일본을 방문하여 도쿄, 교토, 오키나와, 히로시마를 취재하고 강연하였다. 서경식과의 대화는 10월 10일 도쿄경제대학에서 이루어졌다.

'오키나와'라는 장소에서 예술을 생각하다

/ 사키마 미치오 + 서경식

동시대인으로서

서경식   제가 이 미술관에 처음 온 게 언제였죠?

사키마   미술관이 문을 연 게 1994년 11월이었니까 올해(2021년)
로 27년 되었네요.

서경식   그럼 미술관이 생기고 얼마 안 되어 '소녀 강간 사건'i
이 발생한 거네요.

사키마   그렇죠. 미술관이 생긴 이듬해의 일이었습니다.

---

i   1995년 9월, 오키나와에 주둔하던 미군 3명이 당시 초등학교에 재학 중이던 여학생을
강간한 사건. 이를 계기로 오키나와에서는 미일 지위 협정에 대한 비판으로부터 기지에 반
대하는 소리가 높아졌다.

서경식   저는 그 사건이 발생한 직후에 미술관에 왔던 것 같습니다. 이후, 강연을 하러 오거나, 학생들을 데려오거나, 팔레스타인의 라지 스라니 씨(변호사·인권운동가, 1953-)나 한국의 사진가 정주하 씨 같은 분들을 이곳에 모시고 와서 이야기를 듣기도 했고, 다큐멘터리 방송도 몇 편 찍었지요. 언제나 〈오키나와전투도沖繩戰の圖〉(화가 마루키 이리丸木位里, 마루키 도시丸木俊 부부의 작품, 1984)를 앞에 둔 바로 이 공간에서였습니다.(fig.24) 돌이켜 보면, 마치 오키나와에 있는 제 응접실인 것마냥 사용해 왔지요. 대담을 시작하기에 앞서 다시 한 번 감사를 드립니다.

오늘은 동시대를 살아온 사람으로서, 미술을 중심으로 다양한 것들에 대해 이야기를 나누고 싶습니다. 먼저 사키마 씨는 1946년생으로 저보다 5살 연상이시고, 릿쿄立正대학에 다니신 걸로 알고 있습니다. 몇 년 정도 대학에 다니셨지요? 꽤 많은 무용담이 있었던 것 같아요.

사키마   당시는 방황도 많이 했지요. 대학은 7년 정도 다녔어요. 1967년에 입학했고요.

서경식   저는 1969년에 대학에 들어갔으니까 학년으로 치면 두 학년 차이네요.

사키마   제가 삼수를 했거든요.

서경식   다섯 살 차이 정도면 '같은 세대'라고 해도 되겠죠.

당시 일본의 학생운동은 대학이나 정부에 대해서만이 아니라, 당파 간에도 싸움이 잦아 상당히 힘든 시대였습니다. 주변에는 대학을 졸업할 수 없게 된 친구도 여럿 있었지요. 다만 저는 재일조선인이었기 때문에 그들과는 입장이 조금 달랐습니다. 여러 당파로부터 권유도 있었습니다만, 나는 너희들과 다르다, 나에게는 민족의 통일이나 민주화와 같은 중요한 과제가 있다, 그에 비하면 너희들의 사상은 대동소이하다고 생각되기 때문에 어느 쪽에도 들어갈 생각이 없다고 했지요. 그때는 겨우 18살이었고 호기롭게 그런 말을 할 수 있었어요. 사키마 씨가 쓰신 책(사키마 미치오, 『아트로 평화를 만든다 – 오키나와·사키마미술관의 궤적』, 이와나미쇼텐 이와나미 북클릿, 2014)을 보면, 릿쇼대학에서 무장 투쟁파 운동에 열심히 참가하는 와중에도 자신의 뿌리랄까, 배경에 관해서는 다른 학생들과는 다른 무언가를 느끼고 계셨던 것 같아요.

사키마　그랬지요. 무장 투쟁파라고 해 봐야 밖에서는 기동대, 안에서는 예체능 계열과의 투쟁이었습니다. 당시 전공투 논의의 중심에는 '오키나와' — 오키나와 탈환, 오키나와 해방 등—가 있었습니다. 때문에 학생운동의 각 당파는 제 이름 사키마를 보고 '오키나와의 전위'가 왔다며 크게 환영해 주었습니다. 서로 자기 편으로 끌어들이려고 손님처럼 떠받들어 주었지요. 하지만 막상 이야기를 나눠 보면 그들은 오키나와에 관해 아는 게 없었습니다. 추상적이고 정치적인 슬로건으로 오키나와를 이용할 뿐이었죠. 그래서 역시 그들과 나는 다르다고 느끼고, 흥미와 의욕을 잃은 채로 운동을 지켜봤습니다.

서경식 거기에는 식민지인으로서 저와 사키마 씨, 그리고 식민자인 그들 사이의 온도 차 내지 관점의 차이가 있었을 걸로 생각됩니다.

사키마 맞아요. 오키나와의 실상을 알지도 못하면서 매우 정치적인 발언으로 오키나와에 관해 논의하고 있는 듯한 인상이 강했지요.

서경식 당시 오키나와에서는 조국의 평화헌법 체제로의 복귀라는 슬로건이 있었는데요. 실제로는 당파마다 다소 뉘앙스의 차이가 있었을 거라고 생각됩니다만, 사키마 씨나 주변 사람들은 어떻게 느끼고 계셨습니까?

사키마 제 성姓은 오키나와의 사키마지만 실제로 나고 자란 곳은 가족이 전쟁 중에 소개疏開한 구마모토였습니다. 그러니까 사실 오키나와를 잘 모르는 오키나와인인 셈이지요. 그래서 오히려 당시 저는 복귀 운동에서 자주 사용되는 평화, 반전, 헌법 9조와 같은 말들을 매우 순진하게 받아들였습니다. 오키나와를 모르면서 오키나와에 대해 논의하는 학생운동에는 가담할 수 없었지만, 오키나와에 돌아가 일하고 싶다고, 오키나와의 운동에 참가하고 싶다고 절실하게 느끼고 있었습니다.

서경식   흥미로운 이야기네요. 아주 어린 시절부터 구마모토에서 자라신 거죠. 그렇다면 본토와 일체화한다거나 본토 머조리티에 동화하고 싶다는 지향이 있었다고 해도 이상할 것 없는데 말입니다. 재일조선인 중에도 그런 사람이 있거든요. 하지만한편으로는 본 적도 없고 그곳에서 태어난 것도 아니고, 말도 할줄 모르는 9만 명 이상의 사람이 북한으로 '돌아간'(1950년대 말부터 1960년대 사이에 일어난 '귀국 운동'을 가리킴) 것이 오키나와의 조국 복귀 운동과 같은 시대였고요. 또 한국에 돌아가서 민주화 운동에 동참하겠다던 시대이기도 하지요. 사키마 씨의 그런 오키나와 정체성은 어떻게 확립된 것입니까?

사키마   제가 자란 곳은 구마모토 시골로, 피차별 부락이 있을 정도로 차별 의식이 강한 지역이었어요. 당연히 오키나와에대한 차별도 있었지요. 아들이 콤플렉스를 느끼지 않기를 바라신 건지 부모님은 오키나와의 좋은 점만 이야기하셨습니다. 돌이켜 생각해 보면, 부모님의 오키나와 이야기에는 전쟁으로 잃어버린 고향에 대한 애착이 깃들다 보니, 듣는 우리들에겐 한층아름다운 이야기로 받아들여졌던 거지요. 그런 연유로 우리 집에서 오키나와는 '갈' 곳이 아니라 '돌아갈' 장소였습니다.

서경식   그런 이야기를 함께 나누고 알아주는 친구가 구마모토에 있었습니까?

사키마   아니요. 없었습니다.

서경식 그런 의미에서는 비교적 고독한 소년이었겠네요.

사키마 난폭한 소년이었어요. 동급생을 때리는 일이 잦았지요. 환갑 때 동창회에 나가 보니 학생 시절에 저에게 맞았던 녀석들이 꽤 있더군요. 그들을 어떻게 대해야 할지 몰라 난감했습니다. 그러나 막상 그 친구들은 '미치오는 나쁜 놈에게서 약한 우리를 지켜줬어'라고 말하길래 놀랐습니다. 맞는 쪽도 판단을 하는 거겠죠. 제가 폭력 소년이 된 배경에는 오키나와에 관한 많은 것들이 잠재의식 속에 있었기 때문인지도 몰라요.

서경식 그래도 매우 풍족한 가정환경에서 자라셨지요. 대부분의 재일오키나와인, 예를 들어 오사카 다이쇼구大正區 근방에 사는 사람 중에는 더 노골적으로 차별 받고 형편이 어려운 사람들도 있지 않습니까. 그런 사람들과의 교류나 연대, 혹은 대립 같은 건 없었습니까?

사키마 직접적으로는 없었어요. 아버지는 패전 후 한동안 구마모토의 오키나와 현민회縣人會에 열심히 다니셨는데, 언제부턴가 나가지 않았어요. GHQ(연합국군최고사령관총사령부. 미군을 지칭)에 소환되어 오키나와와 일본은 다른 나라고, 오키나와인은 일본인과 다른 민족이라는 이야기를 끊임없이 들어야 했기 때문이지요. 그런 분위기에 편승한 오키나와 출신 지도자들이 미군정하의 오키나와로 돌아가 잇따라 출세했는데, 아버지는 그런 상황을 불쾌하게 생각하신 것 같아요. 미국의 분단정책에 동조하며 이를 이용해 출세하는 현민들의 모습에 비판적이셨습니다. 당시 구마모토현 현민회에 있던 사람이 훗날 미군정하 오키나와에서 행정 주석이 된 오타 세사쿠大田政作(1904-1999)예요. 그는 아버지의 중학교 동창이었는데, 아버지는 "그 녀석은 미국의 앞잡이일 뿐"이라며 경멸했지요. 아버지는 그런 걸 정말 싫어했기 때문에 저에게 국제적인 인물이 되어야 한다는 말을 심심찮게 했습니다. 하지만 말만 할 뿐 그를 위한 지원은 일절 없었기 때문에, 그런 이야기는 성가시게 느껴질 뿐이었습니다.

서경식　본토에 대한 오키나와의 자립성을 주장하는 입장이란, 결국 본토와 오키나와의 차이를 이용하려는 움직임이었던 셈이네요. 반대로 본토에서 오키나와를 포섭하고 이용하려는 움직임도 있었습니다. 오키나와로서는 그에 대해서도 저항하겠다는 양면성이 있었던 것 아닐까요. 예전에 들은 바로는, 전후 오키나와에서는 미국의 그늘에서 벗어나 자립, 혹은 독립하고자 하는 지향성도 있었다고 하는데, 그런 사람들은 소수였던 걸까요.

사키마　그건 잘 모르겠어요. 소수이지 않았을까 싶네요.

서경식　사키마 씨 아버님은 그런 생각은 전혀 갖고 있지 않으셨나요?

사키마　없었을 거예요. 개업의이던 아버지는 의료 활동에 몰두하셨습니다. 현실적으로 생각하고 판단하는 일이 잦았고, 정의라는 이념을 기준으로 일을 결정하는 일은 없었지요.

서경식 이런 말씀을 길게 드린 이유는 저 역시 그 무렵 재일 조선인은 마이너리티로서 어떻게 살아가야 할까라는 커다란 문제에 직면하고 있었기 때문입니다. 베트남 반전 운동 당시에도, 사키마 씨가 말씀하신 것처럼, 제 친구를 포함해 일본인 학생들은 막연한 일반론을 펼치며 왜 옳은 일에 동참하지 않느냐, 지금부터 데모하러 갈 거니까 너도 같이 가자 등과 같은 이야기를 했습니다. 나는 너희들과 상황이 다르다, 나의 조국이 지금 군사 독재정권하에 놓여 있기 때문에 거기에 맞서야 한다고 해도 도무지 이해하지 못했습니다. 다만 제 주변에는 재일조선인 친구도 있어서 이런 문제에 관해 함께 의논할 수 있었지만, 그런 의미에서 사키마 씨는 고독했을 것 같습니다. 어떻게 그 이후의 행로를 결정하게 되셨습니까.

사키마 그러고 보니 오키나와 출신인 친구는 없었네요. 아쉽게도 말이지요.

아트와 만나다

서경식 그 부분이 참 신기합니다. 오키나와로 돌아와서 미술관을 짓고 활동하실 때에는 매우 원만하게 주변과 잘 연계하고 조화를 이루며 일하고 계시잖아요.

사키마　제가 하는 일을 이해해 주는 사람은 사실 그리 많지 않아요. 오키나와 전투의 진실을 그린 그림이라고 알아볼 수 있는 사람은 미술 관계자 중에도 얼마 되지 않을 겁니다. 일본 본토에서도, 오키나와에서도, 화가의 진정한 의도를 이해하려 하기보다는 이런 무시무시한 그림은 나쁘다고 생각하는 사람이 많으니까요. 더군다나 마루키 씨 부부(마루키 이리·일본화가, 1901-1995. 마루키 도시·서양화가, 1912-2000)는 '중국 핵실험' 반대 성명을 발표한 것 때문에 공산당에게는 반동분자로 간주되어 오키나와의 혁신 세력과도 관계가 그다지 좋지 않았습니다. 그래도 이 그림(〈오카나와전투도〉)을 보고 감동받고 지지해 주는 사람은 많이 있지요.

　마루키 씨가 〈오키나와전투도〉를 제작했을 때, 많은 오키나와 주민들이 오키나와 전투에 대해 증언하고 그림의 모델이 되어 주었습니다. 그리고 미술관이 개관하자 그림 앞에 서서 한참 동안 많은 이야기들을 하는 겁니다. 여기 그려진 인물이 나라는 둥, 마루키 씨에게 이런 이야기를 들려줬다는 둥, 그림을 그릴 때 이랬었다는 둥 하며 말이지요. 이런 상황이 한 2-3년 계속됐어요. 저와 미술관 직원들은 그런 이야기들을 들으며 성장해 왔습니다. 그래서 지식인들 중에 연대하고 지지해 주는 사람은 적을지언정, 많은 오키나와 주민들의 공감과 지지를 얻는 그림이라는 걸 실감했습니다.

　서경식　사키마 씨는 일종의 '경계인'이라고 할 수도 있겠네요. 오키나와 사람이지만 오키나와에서 나고 자라지 않았고, 그렇기 때문에 토착성을 배경으로 주장하는 입장은 아니지요. 그렇다고 해서 일본 본토의 입장에서 메시지를 발신하는 것도 아니고요.

사키마　경험한 적이 없으니까요.

서경식　그런 '경계적'인 입장이란, 어떤 의미에선 고독하기에 가능한 측면이 있고, 고독하면서도 친구와 자금이 있기에 가능한 입장이기도 하지요. 매우 드문 일이고 매우 부러운 일입니다. 저는 사키마 씨를 롤 모델로 삼은 적도 있었어요. 저는 그런 재력도 능력도 가지고 있지 않지만요.

사키마　우연한 만남이 이런 결과로 이어진 것일 뿐이에요. 저도 오키나와를 외부에서 바라보는 이단자일 뿐입니다.

서경식　그게 중요한 거죠. 지금 말하려고 했던 게 바로 그거예요.

사키마　오키나와의 외부에서 오키나와를 보고 있었기 때문에 이런 일이 가능했을지도 모르죠. 또 그랬기 때문에 마루키 씨와도 친해질 수 있었고요. 오키나와에 있었다면 힘들었을 거라고 생각합니다.

서경식　가토 슈이치의 스승인 와타나베 가즈오는 특정 시대나 특정 사건을 그 내부와 외부에서 동시에 바라볼 수 있는 것이 교양이라고 했습니다. 군국주의 시대의 지식인은 일본을 그 내부에서만 보고 있었기 때문에 객관적인 평가가 불가능했다고 말이지요. 물론 그렇다고 해서 외부에서만 바라봐서도 안 되겠죠. 사키마 씨가 지금까지 해 오신 일들은 이런 태도와도 관계가 있는 듯합니다. 심지어 이를 오키나와 사람들이 공감하고 지지해 주었다는 사실이 대단합니다.

사키마　마루키 씨는 〈오키나와전투도〉가 모두가 함께 그린 그림이라고 말씀하곤 했습니다. 이 말이 의미하는 게 뭘까요? 조금 전에 말씀드린 것처럼, 오키나와에 미술관을 열었을 때 많은 사람들이 기쁜 마음으로 미술관에 찾아와서는, 자기가 마루키 씨에게 들려준 이야기를 마음껏 쏟아냈습니다. 마루키 씨가 오키나와에 잠들어 있던 분노의 마그마를 건드린 거죠. 그리고 마루키 씨의 분노와 기쁨, 공감, 그리고 공명이 〈오키나와전투도〉 14부 연작으로 결실을 맺은 겁니다. 모두가 함께 그린 그림이란 이런 의미임을 알 수 있었습니다.

그러면 이를 이 공간에서 어떻게 표현하면 좋을까요. 지금은 이 그림(〈오키나와전투도〉)과 마주보는 위치에 히가 도요미쓰比嘉豊光(1950-)가 촬영한 초상 사진을 걸어 두었는데요. 모두 오키나와전투에서 자신이 경험한 것을 증언하고 있는 사람들의 얼굴을 촬영한 사진입니다. 〈오키나와전투도〉는 이들의 이야기를 바탕으로 제작된 것이니, 이들의 사진을 그림과 마주보게 함으로써 이 공간에 의미를 부여하고자 한 것이지요. 이곳에는 수학여행으로 오는 중고등학생도 많이 있습니다. 중고등학교 시절은 인생에서 가장 민감한 시기라 할 수 있죠. 학생들은 이 공간의 의미를 정확하게 느끼고 이해합니다. 간혹 인솔자 선생님이 제 설명에 위로받은 학생이 있다는 이야기를 전해 주기도 합니다. 괴롭힘을 당해 죽고 싶은 심정으로 지내는 아이들이 몇 있는데, 그 아이들이 위로받고 용기를 얻었다고 말입니다.

감상문을 받은 적도 있지요. 열일곱 살 소녀가 깨알 같은 글씨로 적은 감상문에는 이런 내용이 쓰여 있었습니다. '저는 불과 얼마 전까지 죽을 생각만 하며 살아왔습니다. 하지만 오늘 이 그림을 보니 앞으로는 힘을 내서 살아갈 수 있을 것 같은 기분이 듭니다.' 이 그림에 깃들어 있는, 전쟁 중에 살아남은 이들의 '살아 달라'는 마음이 전달된 거겠죠. 정말 놀랐습니다. 예술에는 그런 본질을 전달하는 힘이 있는 겁니다. 아이들의 시선이 변화하는 모습에 용기를 얻어 계속해 나갈 힘을 얻기도 해요.

서경식   그런데 쓰신 글을 읽어 보면 대학 시절에는 딱히 예술에 관심을 갖고 계셨던 것 같지는 않아요.

사키마   전혀 없었죠.

서경식   미술관을 짓게 된 데에는 마루키 씨 부부와의 만남이 컸던 것 같은데, 학생 시절 예술에 관심을 갖거나 친구들과 예술에 관해 이야기하는 일은 없었나요?

사키마   없었어요. 당시 저는 머리 나쁘고 신체 건강한 학생의 표본이었거든요. 미술관을 짓게 된 계기는, 굳이 말하자면 돈이었습니다. 선대의 토지가 미군 기지로 사용되고 있었는데, 오키나와가 일본에 반환되기 전까지는 참새 눈물만큼 적었던 땅값이 오키나와 반환 후 6배로 뛴 거예요. 이 결과로 오키나와 사회에는 일종의 계급이 형성되었습니다. 저는 이것이 오키나와의 단결된 투쟁을 와해하는 정책이라고 여겼기에 상당히 불쾌했습니다. 그래서 이 돈은 절대 사적으로 사용하지 않겠다고 결심하고 은행에 넣어 뒀지요.

3년쯤 지났을 때, 신주쿠에 있는 백화점을 거닐고 있는데 이상한 일이 벌어졌습니다. 그때까지 전혀 관심을 갖지 않았던 백화점 물건들이 눈에 들어오기 시작하는 겁니다. 그동안 모인 돈으로 이 물건들을 살 수 있는 입장이 되니 감각도 바뀌어 버린 거죠. 등골이 오싹해졌습니다.

돈이란 건 자칫 방심하는 순간 스스로를 타락시킵니다. 저는 시험에 들었다고 느꼈습니다. 그래서 어떻게 하면 이 돈을 가치 있게 사용할 수 있을지 고민하다가, 세금을 제외한 나머지 금액을 그림 수집에 사용하기로 결심한 것입니다.

서경식   같은 상황이라도 중심이 바로 서 있지 않은 사람은, 그 돈으로 좋은 것을 누리려고 할 겁니다. 그러나 그걸 용납하지 않는 무언가가 사키마 씨 안에는 존재하고 있었던 거겠죠. 그건 종교적인 것일 수도 있고, 또 오키나와의 정체성일 수도 있지요. 그런 무언가가 있었나요. 그걸 알려준 스승 같은 존재가 있다든가 말이죠.

사키마 오키나와에 살면서 고통 받은 사람들이 있는데, 우리 가족은 거기서 빠져나와 오키나와 전투의 참혹한 고통을 겪지 않을 수 있었습니다. 왠지 모를 양심의 가책을 느꼈지요. 그래서 처음에는 일본 서민 문화를 풍요롭게 한 우키요에浮世繪(에도 시대에 유행한 채색 목판화) 작품을 모았습니다. 그리고 에도江戸 문화의 꽃인 우키요에를 이해하기 위해서는 가부키도, 라쿠고落語도, 스모도 봐 두면 좋겠다고 생각해 침술사 일을 하면서 에도 문화에 푹 빠져 살았습니다. 그러던 어느 날 정신이 번쩍 들었어요. 노는데 정신 팔린 에도 시대의 나리들과 별반 다를 바가 없는 것 같아서요. 이래서는 안 되겠다고 생각했습니다.

서경식 그걸 깨닫게 된 계기는 무엇이었을까요?

사키마 우에노 마코토上野誠(판화가, 1909-1980. 대표작은 〈히로시마 3부작〉 등)의 작품을 보았을 때였어요. 그림을 보는 순간 말문이 턱 막혔습니다.

서경식 예술의 힘이 작용한 거네요.

사키마 우에노 마코토를 통해 점점 역사를 이해하게 되었습니다. 그러면서 자연스레 우키요에로부터 멀어졌지요. 원래 밑천은 땅을 운용해서 생긴 돈이었으니까, 이러다 벌 받겠구나 싶었죠. 땅값을 잘 활용해야겠다는 생각으로 시작한 컬렉션이었으니까요.

서경식 오키나와 전투의 처참한 실정이라는 건, 가만히 있는다고 저절로 보고 듣게 되는 것도 아니고, 당시로서는 불필요하게 느껴지기도 했을 텐데요. 스스로 나서서 자료를 찾아보거나 사람들과 이야기를 나누기도 하셨습니까?

사키마 오키나와에 돌아와 보니, 아주머니들이 모여 밥을 짓고 차를 마시면서 이야기를 나누는데, 수다의 끝은 언제나 오키나와 전투 이야기였습니다. 조금 전까지만 해도 생글생글 웃고 있던 사람들이 오키나와 전투 이야기만 나오면 사실 여부를 둘러싸고 대판 싸움이 벌어지는 것 아니겠어요. 네가 틀렸네, 내가 틀렸네 하면서 말이지요. 그러곤 각자 씩씩거리며 집으로 돌아갑니다. 전쟁같이 극한 상황 속에서 새겨진 기억은 그대로 굳어져 고쳐지지 않는다는 것을 알지만, 상당히 난처했습니다.

도쿄의 친구들에게 이런 이야기를 하면, 누군가는 꼭 이런 말을 합니다. 오키나와 전투에서 희생된 건 오키나와만이 아니지 않냐고. 전 국토가 폭격을 받아 폐허가 되지 않았냐고. 오키나와만 곤욕을 치른 것처럼 말하지 말라고 말입니다. 그러면 저는 그들이 체험한 공습과 오키나와의 지상전은 완전히 다른 것이었다는 것을 설명해야 하는 입장에 처합니다. 알려 주고 싶고, 알려 줘야 할 것이 정말 많은데도, 제가 몰라서 그러지 못하는 게 너무 괴로웠어요. 그런 일이 자주 있었습니다.

서경식 그렇게 말씀하시지만, 실제 우리 모두 같은 인간이라는 식의 말로 특정한 체험을 희석시키고 무화시켜 버리는 언설이 있지요.

사키마 1983년이었던 걸로 기억합니다만, 마루키 씨 부부가 오키나와 전투를 소재로 한 그림을 그리고 있다는 소식을 신문에서 접했을 당시에는 그들이 어떤 사람들인지 몰랐습니다. 〈원폭도〉(마루키 부부가 그린 15부 연작 그림. 제작연도는 1950-1982)조차 본 적이 없었습니다만, 마음 깊은 곳으로부터 왠지 모를 벅찬 기분을 느꼈습니다. 지금 생각해도 신기해요. 친구들에게 '이 그림을 봐 줘. 내가 말하고 싶은 것들이 모두 그려져 있으니까'라고 할 만한 그림을 발견했다고 생각했지요.

서경식 마루키 부부의 이전 작품에 대해서는 그 당시에는 잘 모르셨나요?

사키마 전혀 몰랐습니다. 하지만 오키나와 사람으로서 두 분께 사례하고 싶다는 생각까지 했어요. 오키나와 전투를 그리는 분들이라는 게 계기가 되어 서로 알고 지내게 되었지요.

서경식 그렇군요. 제 경우를 말씀드리자면, 저 역시 미술에 눈뜬 이래 미술로부터 위로받으며 살아온 측면이 있습니다. 다만 사키마 씨의 이야기를 듣고 있자니, 걸어온 길은 상당히 다른 것 같아요. 저의 경우는 중학교 시절 수학여행으로 간 구라시키의 오하라미술관에 굉장히 깊은 인상을 받았습니다. 또 당시 제가 살던 교토에는 오카자키 공원의 국립근대미술관이나 시립미술관과 같은 좋은 미술관이 여럿 있어서, 서양회화─엄밀히 말하면 사에키 유조와 같은 일본의 화가들이 그린 서양회화였지만─에 대한 동경이 있었어요. 제 주변의 재일조선인 사회와는 꽤나 동떨어진 취미였지요. 일반적으로 재일조선인 가정에서 화집을 사 보거나 가족끼리 미술관에 가는 일은 없었으니까요. 그리고 머지않아 아우슈비츠라든가 케테 콜비츠의 예술에서 나의 배경과 공통되는 부분을 발견하게 되었습니다. 그러니까 사키마 씨와는 정확히 반대 방향으로 예술을 경험해 온 셈이지요. 사키마 씨 컬렉션 중에는 조르주 루오(프랑스 화가, 1871-1958)나 콜비츠의 작품이 다수 포함되어 있는데, 이 작품들은 마루키 씨를 만난 이후에 수집하신 겁니까?

사키마　아니요, 그건 마루키 씨를 알기 전에 모은 것들입니다.

서경식　역시 또 다른 예술과의 만남이 있었던 거네요.

사키마　저도 어린 시절 미술관에 다녔어요. 아버지가 미술 애호가셨거든요. 당시 구마모토에는 현립미술관이 없었기 때문에 후쿠오카 현립미술관이나 구루메ㅅ留米의 이시바시미술관에 다녔습니다. 아버지는 개원의로 항상 바쁘셨지만, 쉬는 날에는 미술관에 데려가 주셨죠. 아마 신문 같은 데서 본 내용이었겠지만 아오키 시게루青木繁(서양화가, 1882-1911)의 〈바다의 행복〉(1904)

에 관한 이야기 같은 걸 열심히 들려줬어요. 존경하는 아버지가 들려주는 말씀이니 저도 열심히 들었죠. 그래도 막상 그림을 보잖아요, 그럼 뭘 그린 건지 도통 모르겠다는 인상을 받고 돌아오곤 했습니다. 그래도 그런 경험이 바탕이 되었다고 생각해요. 학생 시절 어떤 글에서 나라奈良에 관한 내용을 읽는데 초등학교 3학년인가 4학년 때 보았던 아오키 시게루의 〈덴표시대天平時代〉(1904)라는 작품이 문득 떠오르는 거예요. 십수 년이 지나 까맣게 잊고 있었던 그림이 글과 함께 되살아났습니다. 놀랐지요. 그토록 깊은 곳까지 침투해 있었나 싶어서요.

그리고 또 하나, 이런 것도 예술적 체험이라고 할 수 있을지 모르겠지만, 중학교 2학년 때 어머니가 돌아가셨습니다. 저는 막내였기 때문에 어머니와 누님들에게 엄청 귀여움을 받았어요. 아버지도 적적하셨는지 어머니를 그리워하며 불단 옆에 고류지廣隆寺 미륵보살 복제품을 걸어 두셨어요. 불단에는 어머니의 사진이 있었기 때문에 저는 외로울 때면 불단 앞에 앉아 어머니를 만났습니다. 그러다 문득 미륵보살을 보면 마음속 슬픔의 응어리가 단숨에 녹아내렸습니다. 그런 감각을 경험한 적이 있지요. 그때 이후로 불상에 푹 빠져 불상 사진을 자주 보았습니다. 동급생 여자아이가 어떤 불상과 닮았다든가, 볼 주변은 저 불상과 닮았다든가 분석하며 말이죠. 그런 소년이었습니다.

미술관이라는 장소를 만들다
— 예술의 현장, 컬렉션의 사상

서경식 미술관을 지으려고 하셨을 때 말입니다만, 당시는 팝
아트의 전성기로 전람회에 가면 추상화 같은 작품 일색이었죠.
그에 비해 마루키 씨의 작품은 조금 특별하달까, 어떤 의미에선
시대에 뒤떨어진 스타일이라고 배제되는 면도 있었잖습니까. 이
에 대한 갈등이랄까 고생은 없었습니까?

사키마 저는 단순한 사람이에요. 주류 미술가들은 무시합니
다. 제 마음에 든 작가만 모으지요. 제가 가진 미술 지식은 아주
좁다고 할 수 있어요. 그 외에는 아무 것도 눈에 들어오지 않으니
까요. 컬렉터라는 건 그런 거 아닐까요.

서경식 맞아요. 물론 자기만의 콘셉트를 갖지 못한 컬렉터도
있긴 하지만요. 투기 목적으로 그림을 수집하는 사람처럼요. 자
신의 콘셉트를 일관하는 사람만이 진정한 컬렉터라고 할 수 있
겠지요. 컬렉터 중에 구보시마 세이치로窪島誠一郎(미술평론가, 시나
노 뎃생관·무곤칸 관장. 1941–) 씨를 아시지요? 언제부터 알고 지내
셨습니까?

사키마 나가노현에서 우에노 마코토의 전람회를 열었을 때,
거기서 알게 되었지요.

서경식   용케도 그런 컬렉터가 있었네요.

사키마   대단한 사람이죠. 회사를 경영할 수 있을 정도의 센스도 있는 사람이니까요.

서경식   궁금해서 여쭤 보는 건데요, 컬렉터들끼리 컬렉터는 이래야 한다든가, 이런 게 컬렉터의 철학이라든가 하는 이야기도 하십니까?

사키마   딱히 잘 하지는 않아요. 그래도 구보시마 씨와는 미술관을 경영하는 컬렉터 입장에서 공통된 고민거리가 많으니까 자주 함께 술을 마시는데, 사흘을 내리 마셔도 이야깃거리가 끊이질 않아요.

서경식   저는 어릴 때부터 무라야마 가이타村山槐多(1896-1919)나 노다 히데오野田英夫(1908-1939)의 그림을 보러 시나노 뎃생관(현재 가이타 에피타프 잔조관)에 자주 다녔어요. 그리고 그 후 무곤칸無言館이 생겼지요. 무곤칸을 어떻게 바라봐야 할지 생각하면 복잡해집니다. 화가들을 순수 미술학도로 치부해도 괜찮을까 싶어서요. 무곤칸 앞에는 팔레트 모양의 기념비가 세워져 있는데 거기에는 희생된 미술학도들의 이름이 새겨져 있습니다.(fig.25) 조선인의 이름도 눈에 띄는데, 그중에 3-4명은 창씨개명한 일본식 이름으로 적혀 있지요. 작품은 남아 있지 않다고 합니다. 한국에서도 이들에 관해서는 일본의 미술학교에 진학하여 전쟁에 동원된 사람이라는 정도로만 알려져 있을 뿐 그다지 관심이 높지 않습니다. 이제 와 새삼스레 작품을 모으려는 사람도 없지요. 구보시마 씨는 이들에게 애착을 가지고 있지만, 그들의 총부리가 누구를 겨누고 있었는지에 관해서도 언젠가 제대로 전시해 보고 싶다고 말씀하셨습니다.

그래서 여쭙습니다만, 오키나와는 특히 오키나와 전투에서는 곤욕을 치렀습니다만, 아시아의 입장에서 보면 대일본제국의 일부라기보다 오히려 그 최전선에 내몰려 있었던 것 같습니다. 이에 대해선 어떻게 생각해야 할까요. 이런 미술관을 운영하시다 보면 그런 복잡한 문제에도 부딪치게 되실 텐데요.

사키마 　그런 가해와 피해의 문제에 관해서는, 다행스럽게도 마루키 씨가 이 그림에 명확하게 표현해 주었어요. 예를 들어, 구메지마久米島 주민이었던 재일조선인 구중회具仲會 씨를 학살하는 천황 군대의 모습 등은 아시아 침략이 오키나와 전투의 비참함을 초래했다는 인식에서 그려진 거죠. 애초에 오키나와의 후텐마普天間 기지도 오키나와 전투 당시 일본군이 만든 것인데, 지금 거기서 10시간 정도만 비행하면 전 세계 어느 전장에나 도달할 수 있습니다. 이처럼 오키나와의 군사기지는 세계의 분쟁 지역과 밀접하게 연결되어 있습니다. 이러한 현실 속에서 평화를 생각했으면 합니다. 수학여행을 온 학생들에게는 이런 이야기를 들려주고 있지요.

서경식 　여기서 강연회가 열렸을 때 한국에서 온 게스트가 한 발언이 기억에 남습니다. 한국전쟁 당시 그는 부산에 살고 있었는데, 미군 폭격기가 그의 머리를 스쳐 폭탄을 투하하기 위해 북쪽으로 날아갔다고 했지요. 그는 말했어요. "그 폭격기는 여기(오키나와)서 출발한 것이었어요! 당신들은 그걸 알고 하는 말입니까?"라고요. 신랄한 말이죠. 하지만 알고 있어야 합니다. 그런 중층적인 문제를 해결해 가는 것이 지금 같은 시대에는 더욱 필요하지요. 그런 일들을 이곳에서 실천하고 계신 건 정말 훌륭한 일입니다.

사키마　베트남 아이들의 그림을 전시하자는 말이 나왔을 때도 비슷한 걸 생각했습니다. 베트남 전쟁 당시 오키나와에서 B-52 폭격기가 출격함으로써 비참한 상황이 전개된 거니까요. 오키나와는 그걸 막지 못했습니다. 이걸 어떻게 생각해야 할지. 문제에 맞닥뜨린 기분이 들었습니다. 이런 상황들을 고려하며 전람회를 개최했는데, 반면 이런 문제들에 대해 아무 생각이 없는 사람도 있었지요. 당시 심포지엄에 베트남 평화박물관의 부관장이 참가하셨는데, 그에게 오키나와의 한 고위층 인사가 "우리는 베트남 전쟁 반대 운동을 활발히 펼쳐 왔는데, 베트남에서는 이에 대해 어떻게 생각하고 계십니까."라고 묻는 겁니다. 수치스러움에 얼굴이 화끈거렸어요. 전쟁을 막지 못했다면 그에 대한 책임을 먼저 느껴야 하는 것 아닙니까. 그 발언을 한 사람은 오키나와 혁신 세력의 장로였기에 더 놀랄 수밖에 없었죠.

서경식　지금 하신 말씀은 처음 듣는 이야기입니다만, 자주 있는 일이지요. 미술관 안에서는 다양한 것들이 보입니다. 말씀을 들으면 들을수록, 이 미술관은 마루키 씨의 그림만으로는 설명할 수 없는 곳이라는 생각이 드네요. 그게 바로 이 미술관의 매력이기도 하지요.

사키마　오키나와가 가혹한 경험을 한 것은 틀림없지만, 오키나와에 집착한 나머지 오키나와 외에 아무 것도 보지 못하는 경우가 있어요. 이러한 편협성에서 벗어나 좀 더 보편성을 가지기 위해서는 어떻게 해야 할까요. 첫째로 사회적·역사적인 시간축을 바로잡아야 할 것이고, 둘째로 조선(한국)에서 봐도, 중국에서 봐도 납득할 수 있을 만한 설명을 할 수 있어야 한다는 생각이 듭니다.

서경식　하지만 집착하는 것도 중요하죠. 그런 모습을 보고 "너는 너무 고집스러워."라는 식으로 머조리티가 말하는 건 용납할 수 없습니다. 부당한 것을 부당하다고 말하는 부담을 마이너리티가 짊어지게 되니까요. 우리가 그들을 일깨워 줘야 합니다. 부조리하다고 생각하는 것만으로는 아무것도 바뀌지 않으니까요. 다른 나라의 경우를 봐도 마찬가지입니다. 민주주의 본국일수록 민주주의가 무엇인지 모르는 사람들이 많아서, 주변의 마이너리티에 의해 각성되는 경우가 많이 있습니다. 사키마미술관이 오키나와의 정치적 입장이나 오키나와의 미술을 발신하는 데서 나아가, 그런 다양한 구조가 보이는 장소로서 기능해 주었으면 합니다.

사키마   저도 그럴 수 있기를 바랍니다.

아시아의 얼터너티브·아트·네트워크를 향해

서경식   얼마 전에 한국의 민중미술 화가 홍성담(1955-) 작가
의 전시회를 개최하셨지요. 비교적 최근 일이네요.

사키마   원래 그 전시는 홍성담 작가가 오키나와에 올 것을
전제로 기획한 것이었습니다. 헤노코邊野古i의 영감님, 할머님 들
과 함께 작품을 만들어서 전시할 생각이었는데, 코로나 팬데믹
으로 홍성담 씨가 올 수 없게 되었어요. 그래도 소장품도 있고 모
처럼 기획한 거니까 진행하기로 한 거죠.

서경식   그리고 또 한 명 있지요, 이윤엽 씨.

사키마   예. 파견미술단(사회운동의 현장으로 향하여 미술로 투쟁
을 지원하는 민중미술운동 단체)의 중심 멤버지요.

서경식   그 밖에도 작품 대여 의뢰를 받아 케테 콜비츠의 작
품을 중국이나 한국으로 순회하기도 하지요. 그런 식으로 이곳

---

i 오키나와현 나고名護시의 어촌 마을로, 미군의 해상기지 건설 지부로 결정되어 각종 시
민단체와 오키나와인의 반대 운동이 일어났다.

이 동아시아의 아트 네트워크의, 뭐랄까, 대항적이고 대안적인 거점이 되었으면 좋겠다고 생각합니다.

사키마　그러게요. 예술의 힘을 빌린다면 작은 경비로도 큰 성과를 올릴 수 있을 테니까요.

서경식　컬렉터와 큐레이터, 미술관 운영자들끼리 지금 말한 것과 같은 문제의식을 공유할 네트워크를 만들어 보면 어떨까요.

사키마　네트워크는 이미 있어요. 예를 들어 도쿄예술대학에서 민족음악을 연구한 고이즈미 후미오小泉文夫(1927-1983)가 쓴 「아시아 속의 오키나와 음악」은 매우 흥미로운 글이에요. 이런 얘기들이 쓰여 있지요. 오키나와 음악을 들으면 이상한 기분이 든다. 오키나와 음악을 원류로 삼아, 이것이 조선으로, 일본으로, 중국으로, 그리고 동남아시아로 전해지면서 각각의 민족음악이 형성된 것 같은 기분이 드는 것이다. 하지만 실제로는 정반대이다. 오키나와의 청년들이 아시아, 중국, 일본, 조선으로 건너가 그곳 사람들과 신뢰 관계를 구축하고 중요한 음악의 정수를 배워와서 그걸 바탕으로 오키나와 음악을 만들었기 때문에, 시간을 두고 들으면 오키나와 음악이 마치 아시아 음악의 원류인 듯한 기분이 드는 것이다. 민족음악 전문가의 이런 지적에서도 알 수 있듯이, 긴밀한 문화적 네트워크가 사람들의 마음속에 실제로 존재하고 있는 겁니다. 학생 시절, 한국이나 타이완을 여행하면, 가는 곳마다 오키나와 청년이라는 이유만으로 환대를 받았지요.

서경식 그건 언제쯤이었습니까?

사키마 학생 시절이니까 이미 반세기도 전입니다. 친구들 대여섯 무리가 같이 갔었지요.

서경식 그 시절 한국에 가는 사람은 드물었는데 말이에요.

사키마 논산이었나요. 그 주변 지역을 여행하고 있을 때의 일입니다. 숙소에서 밥을 먹고 있는데 동네 할아버지가 다가와서는 일본 어디서 왔냐고 묻는 겁니다. 친구들이 돌아가며 대답을 하고 제 차례가 되어 오키나와에서 왔다고 하자, "자네 류큐에서 왔는가, 류큐 자네 잠시 이리 좀 와 보게." 하며 자기 테이블 쪽으로 손짓해 부르더니, 계속 음식을 권하면서 엄청나게 환대를 하는 거예요. 이야기는 금세 활기를 띠었습니다. 열흘 간 여행하면서 두세 번 비슷한 일을 겪었어요. 이야기의 흐름은 대체로 "그건 그렇다 치고, 근현대기에 류큐도 조선도 힘든 근현대기를 겪었더랬지. 그래도 지지 말고 힘내자."는 위로와 연대의 인사였습니다. 놀랐어요. 타이완 타이중에서도 비슷한 일을 겪었거든요. 50년 전의 타이중은 그야말로 시골이었는데, 거기서 만난 한 영감님이 "그렇긴 해도 류큐는 훌륭한 문화를 가지고 있어."라고 하는 거예요. 이 말을 들었을 때도 기뻤습니다. 제가 아시아를 이해하는 근저에는 이런 젊은 시절 교류를 통해 얻은 감각이 흐르고 있지요. 오키나와는 동아시아 속에서 이러한 일종의 신뢰 관계를 역사적으로 구축해 왔어요.

서경식　조금 전에 말씀드린 것처럼, 스스로 민주주의자라고 생각하는 사람들에게 민주주의는 형해화되고 오히려 그 주변에서 민주주의의 정수를 보존하고 키워 가는 광경을 상상하게 됩니다. 2004년 나하에서 「주변화된 자가 헌법의 가치를 안다」라는 테마로 강연을 했을 때도, 일본국 헌법의 정신은 오히려 오키나와에 있다는 이야기를 했었지요(강연 기록은 잡지 『젠야』 창간호, 2004년 10월호 수록). 같은 얘기를 미술에도 적용할 수 있을지 몰라요. 전 세계 어디나 막강한 자본력을 바탕으로 한 수집 호사가들은 있지만, 자기만의 콘셉트를 가지고 작품을 모으고 전시하는 사람에게는 으레 자신의 입장이나 정치적 문맥에 대한 자각이 있지요. 그런 사람들의 연대가 필요할 텐데, 지금은 분단되어 있어요. 정치적으로 분단되어 있고 자본적으로 분단되어 있습니다.

사키마　그렇지요. 연대를 돈독히 할 필요가 있지요. 제 앞으로의 과제이기도 합니다.

미야기 요토쿠에 관하여

서경식　오늘은 미야기 요토쿠宮城與徳(화가 겸 사회운동가, 1903-1943. 조르게 사건에 관여한 혐의로 체포되어 옥중 사망)에 관해서도 여쭙고 싶습니다. 벌써 몇 년 전의 일입니다만, 미야기 요토쿠의 작품이 나고의 박물관에 있다는 이야기를 듣고, 연락을 취해서 미야기의 출신지인 나고까지 작품을 보러 갔습니다.(fig.26)

놀라웠던 건 나고에서는 미야기 요토쿠라는 인물이 긍정적으로
평가되고 있었다는 점입니다. 일본 본토에서 미야기는 국가에
반역한 정치범으로 함부로 입 밖에 내서는 안 될 인물이었지요.
하지만 나고에서 미야기는 '살아있다'고 여겨지고 있었습니다.
물론 기념 잡지 등을 보면 남은 가족들은 몹시 고생했던 것 같지
만, 오키나와에서는 상당히 지지를 받고 있는 듯했습니다. 나고
의 공원에는 그의 기념비도 세워져 있었지요. 심지어 (역시 나고
출신의) 도쿠다 규이치德田球―(1894-1953. 일본공산당을 대표하는 활
동가, 정치가)의 기념비와 나란히 세워져 있었어요. 이건 본토에
서 보면 놀랄 일이지요.

　　사키마　정치라는 건 표면적인 이야기니까요. 보다 인간 내면
의 깊은 차원에서 실제 요토쿠 씨는 이런 사람이었다는 이야기
를 많이 들을 수 있어요. 예컨대 향수 향을 풍기는 하이칼라의 멋
쟁이 오빠였다고 할머니들은 말합니다. 하지만 그건 어디까지나
'나고의 미야기 요토쿠'인 것입니다. 우리 섬마을의 유명인이었
다는 감각으로 떠들어대는 거죠. 하지만 그게 전부는 아닙니다.
미야기는 조르게 기관의 일원으로 인류사적인 임무를 수행한 사
람이었으니까요.

　　서경식　그래도 그는 고향의 자랑으로 여겨지고 있네요. 본
토였다면 고향의 수치라고 여겨질지도 모르는 일이잖아요. 지금
일본에서는 미술관에 대한 정치적 개입이 매우 심각해지고 있어
우려되는 상황입니다. 〈아이치 트리엔날레〉 등이 특히 그렇습니

다(2019년 8월 국제예술제 〈아이치 트리엔날레 2019〉에서 개최된《표현의 부자유전·그 후》가 우익 세력의 협박으로 전시를 중지하게 된 사건). 한국, 중국과의 관계에서 배외적인 비난·공격도 두드러지지만, 천황제 역시 점점 터부화되고 있지요. 오키나와에서는 미야기 요토쿠의 언급에 대한 보수 세력의 압박 같은 건 없습니까?

사키마　없는 것 같아요. 보수 세력도 그 정도까지는 잘 모를걸요. 여기까지 오는 정치가는 없으니까요. 요즘 정치가들은 이런 세계를 알지 못합니다.

서경식　미야기 요토쿠를 포함해 미국으로 건너가 활동한 사람들을 보며 항상 생각하는 게 있어요. 본토에서 보면 이곳은 일본열도의 끄트머리이지만, 오키나와에서는 바다 저편으로 펼쳐지는 세계가 보이지요. '부담 없이'라고 할 수는 없겠지만, 꽤 많은 이가 미국으로 갑니다. 스카우트 제의를 받아 일하러 간다든가 하는 식으로 말이지요. 게다가 유럽으로 간 사람들과 달리, 미국으로 간 사람들 중에는 미야기처럼 돈을 벌면서 미술을 배운 사람들이 여럿 있었습니다. 이런 걸 볼 때마다 오키나와라는 장소가 지닌 독자성을 새삼 느낍니다. 미야기 요토쿠는 그런 독자성을 상징하는 존재라는 생각도 들지요. 나고 출신 사람이 국제적인 반전 평화 활동의 가장 핵심적이고 중요한 부분에 관여한 셈이니까요. 비극적이고 고통스럽게 죽음을 맞이하긴 했지만요. 이런 사실들을 제대로 평가하고 전람회뿐 아니라 심포지엄 등을 통해 널리 알리는 일을 오키나와 쪽에서 해 주시기를 기대하고 있습니다.

사키마   그렇습니다. 예전에 나고에서 열린 미야기 요토쿠 관련 심포지엄에서 그가 자살을 시도한 이유에 관한 논의가 있었어요. 모진 고문을 견디지 못해 이런저런 자백을 해 버려 남은 이들에게 피해를 줄 수도 있으니, 이를 막기 위해 죽음을 택할 수밖에 없었을 거라는 이야기였죠. 그 말을 듣고 저는 뭐랄까, 대단히 오키나와적的이라고 느꼈습니다. 타인에게 폐 끼치는 것을 지나치게 염려하는 농밀한 인간관계랄까요. 그런 환경에서 살아온 이가 바로 미야기 요토쿠입니다. 물론 좌익이나 혁명가 문제도 있었겠지만요.

서경식   좀 끔찍한 이야기를 하자면, 저의 형 서승도 한국에서 정치범으로 몰려 고문을 받고, 같이 활동한 친구들의 이름을 대라는 협박에서 벗어나고자 분신자살을 시도했어요. 그렇다 보니 필연적으로 저는 이걸 미야기의 죽음과 관련지어 생각하게 됩니다. 심지어 자살에 실패한 다음부터는 점점 더 가혹한 고문을 받았어요. 정말 잔인한 이야기지요. 이건 좀 다른 이야기이긴 합니다만, 오자키 호쓰미(1901-1944, 조르게 사건의 주모자로 몰려 사형을 당한 저널리스트)의 옥중 편지(『애정은 반짝이는 별과 같이』)를 보면, 미야기를 매우 염려하고 있는 것을 알 수 있습니다. "미야기 군은 결국 잘못되었나. 몸이 그리 약했으니 말이야."라는 식으로 말이지요. 미야기를 애도하는 한시도 썼어요. 오자키 호쓰미는 타이완에서 자란 사람이었습니다. 식민자의 자녀이고 엘리트 계층이었으니 미야기와 입장은 달랐겠지만, 그들 사이에는 일종의 연대의 리얼리티가 있었던 것일지도 모르겠습니다.

사키마　일본 국내밖에 모르는 사람과 외지도 알고 있는 사람은 사회를 바라보는 눈이 전혀 다르다고 할 수 있지요. 전후 일본 문화계에서 활약한 이들 중에는 만주에서 귀환한 사람이 많지 않습니까. 재일코리안도 많고요. 이들은 모두 일본 밖을 알고 있는 사람입니다. 오키나와 사람들도 아직 더 많이 밖으로 나가야 한다고 생각합니다.

서경식　그래도 오키나와 디아스포라는 전 세계에 퍼져 있지 않습니까.

사키마　맞아요. 전전기의 오키나와현은 이민자가 보내준 돈으로 먹고살았던 시대가 있을 정도입니다. 그 돈은 결코 부유해서 보낸 돈이 아니었어요. 자린고비 노릇을 하며 모은 돈을 전부 보낸 것이죠. 그야말로 '가난한 과부의 전 재산'이었습니다. 이민이 고향을 빼앗지는 못합니다. 〈세계의 오키나와인 대회〉(오키나와에 뿌리를 둔 사람을 해외에서 오키나와로 초청하여 개최하는 이벤트. 1990년에 제1회를 개최한 이래, 대개 5년에 한 번 개최)는 회를 거듭할수록 규모가 커집니다. 섬이라는 사회는 바다를 통해 세상과 이어지고 있으니까요.

케테 콜비츠로부터 시작하다
― 지금, 미술과 미술관의 의미란

사키마 요즘 NHK의 미술 방송인 〈일요미술관〉이 우리 미술관을 취재하고 있습니다 (〈마루키 이리·도시 〈오키나와전투도〉―전쟁을 그리며 여기까지 왔다~사키미미술관〉, 2021년 6월 20일 방영). 차분하게 작품을 보여 주는 방송을 제작하고 싶다면서, 이 거대한 〈오키나와전투도〉를 아주 조금씩 천천히 카메라를 움직이며 찍더군요. 카메라의 움직임을 따라가 보니, 놀랍게도 수많은 모자상이 눈에 들어왔습니다. 몇몇 모자상은 알고 있었지만, 나머지는 줄곧 개념적으로만 봐 오고 있었지요. 마루키 도시 씨는 〈원폭도〉 연작 중 〈물〉에서 죽은 아이를 품에 안은 어머니의 모습을 그렸는데, 그걸 그렸을 당시에는 엄청난 비난을 받은 모양이에요. 자고로 모자상이란 희망을 표현해야 하는 것인데 이런 절망적인 모자상을 그렸냐고 말이지요. 하지만 도시 씨는 "지금도 여전히 전쟁은 진행 중이다. 핵무기의 위협 속에서 앞으로는 죽은 자식을 품에 안을 어머니가 많이 생길 것이다. 그러니까 20세기의 모자상은 이런 모습으로 그려져야 한다."며 강행했다고 합니다. 이때까지 저는 이런 이야기를 한낱 에피소드로 듣고 있었어요. 어리석었죠. 저는 이 말을 깊은 사상으로 받아들일 필요가 있다고 생각했습니다. 그래서 이번에 《모자상》전(2021년 4월 15일-5월 31일)을 개최하게 되었지요. 이 모든 발상은 케테 콜비츠에서 비롯한 겁니다.

서경식　말이 나온 김에, 케테 콜비츠에 관해서도 여쭙고 싶네요. 콜비츠의 작품은 사키마 씨가 수집한 최초의 서양인 작품이라고 들었습니다.

사키마　케테 콜비츠를 알게 된 건, 루쉰의 작품「심야에 적는다」를 읽었을 때입니다. 루쉰의 청년 동지가 국민당에 의해 살해당했습니다. 그는 그때의 통한의 심정을 케테 콜비츠의 연작 판화〈전쟁〉중 하나인〈희생〉을 잡지에 싣는 것으로 '자신만의 무언의 기념'으로 삼았다고 합니다. 케테의 그림을 본 많은 이들이 그 의미를 느낄 수 있었다는 거지요. 그런 감정을 전할 수 있는 그림이 존재한단 말인가. 저는 그 그림이 너무나 보고 싶었어요. 십수 년이 지나 실제로 그 그림을 보게 되었을 때, 아름답게 단순화된 깊이 있고 상징적인 그림이라고 느꼈습니다. 감동적이었죠.

서경식　학생 시절에는 루쉰을 많이 읽었지요. 학생운동을 하며 루쉰을 알게 되신 겁니까?

사키마　대학에서 동양사를 전공했어요. 그래서 루쉰 정도는 읽어 두지 않으면 안 된다는 일종의 교양 필독서와 같은 기분으로 읽었지요. 절박한 심정으로 읽었던 건 아니고요.

서경식　그래도「심야에 적는다」나「망각을 위한 기념」등은 모두 특별한 글이지요. 오래도록 기억에 남을 듯한.

사키마   맞아요. 거기 나오는 문장을 달달 외울 정도로 많이 읽었으니까요.

서경식   그러게요. 그럼 루쉰에서 시작해 케테 콜비츠의 작품에 관심을 갖게 되신 겁니까?

사키마   예. 그래서 마침 이시모다 다다시 씨의 『역사와 민족의 발견』(도쿄대학 출판회, 1952)의 삽화로 〈희생〉(fig.18)이 실린 것을 보고 책을 샀습니다. 하지만 그림이 작아서 잘 느낄 수 없었어요. 역시 실물을 보고 싶다고 생각했지요. 그렇게 해서 실물을 본 것이 긴자에 있는 슈유秀友화랑에서였습니다.

서경식   지금 저는 '전후 문화 세대'에 관한 글을 쓰고 있습니다. '전후 문화 세대'라는 말은 후지타 쇼조 씨가 자신이 전후 문화 세대의 마지막 주자라고 말씀하신 것에서 비롯한 것입니다. 물론 이시모다 씨도 여기에 포함되지요. 이런 사람들이 공유하는 특정 시대의 문화가 있었던 것 같습니다. 이시모다 씨의 책에는 케테 콜비츠의 삽화와 함께 재일조선인 시인 허남기 씨의 「화승총의 노래」라는 시가 소개되어 있습니다. 덕분에 이 시는 그 시대에 큰 영향력을 가진 작품이 되었다고 생각합니다. 사상적으로도, 문화적으로도 말이지요.

사키마   굳이 말하자면, 제가 즐겨 읽은 건 이시모다 씨 다음 세대의 글들이었어요. 노사카 아키유키野坂昭如(작가, 1930-2015)

라든가 에이 로쿠스케永六輔(방송작가, 1933-2016) 같은 사람들 말이에요. 형님같이 친근감을 느끼며 읽었습니다. 저는 그런 문화의 영향을 받은 것 같은 느낌이 드네요.

서경식　다케우치 요시미竹内好(중국문학자·평론가, 1910-1977)도 읽으셨나요?

사키마　다케우치 요시미는 훨씬 윗세대지요. 루쉰을 알기 위해 읽은 적이 있는데 글이 무거웠어요. 어렵다고 느꼈지요.

서경식　저는 여전히 다케우치 요시미가 번역한 루쉰이 최고라고 생각합니다. 좀 더 평이한 번역이 있긴 해도요. 어쨌든 그래서 케테 콜비츠 수집을 시작하게 되셨다는 건데, 일전에 그 작품이 비쌌다고 말씀하신 기억이 있습니다.

사키마　비쌌지만 구매했습니다. 케테의 작품에 완전히 마음을 빼앗겼거든요. 〈죽은 아이를 안은 어머니〉(fig.16) 같은 작품이 특히 그랬죠.

서경식　자연히 오키나와의 경험을 떠올리게 되지요. 그것이 사키마미술관 컬렉션의 또 하나의 근간을 이루고 있고, 중국이나 한국으로부터 대여 의뢰도 있고요.

사키마　마루키 도시 씨와 우에노 마코토 씨도 케테 콜비츠를 제대로 공부한 뒤에 그림을 그렸습니다. 저의 컬렉션도 지금까지 차례차례로 전개되어 왔는데, 돌이켜 보면 그 핵심적인 위치에 케테가 있다는 생각이 듭니다.

서경식 요즘 사람들은 케테 콜비츠를 어떻게 보고 있다고 생각하십니까. 작품을 보는 사람들이 무언가를 민감하게 받아들이고 있다는 느낌이 드십니까?

사키마 그런 것 같아요. 시대가 다르긴 해도 케테의 작품에는 힘이 있으니까요. 예를 들어, 한 여인이 아이들을 보호하는 모습을 그린 〈씨앗들을 짓이겨서는 안 된다〉(1941)라는 판화가 있습니다.(fig.27) 이걸 본 사람은 그림 속 여인이 헤노코의 할머니라고 느낍니다. 오키나와 전투 때 손자를 보호하려 한 할머니들의 모습과 오버랩되는 거지요. 그들은 깊이 공감하며 감상합니다. 케테의 모자상은 심오한 표현의 경지에 도달하고 있기 때문에 시대를 초월해 감동을 선사하죠.

서경식 일본의 사회구조가 바뀌었기 때문에, 지금 젊은이들은 사키마 씨 댁과 같은 대가족은 상상하기 어려울 겁니다. 다만 지금 코로나 팬데믹 상황으로 아이 양육에 허덕이는 미혼모와 여성 자살자가 늘어나고 있습니다. 케테의 시대와는 또 다른 형태로 어머니들의 고뇌가 나타나고 있지요. 케테 콜비츠의 작품은, 이러한 시대의 고뇌까지 아우르고 이와 공명하는 무언가를 지니고 있어요.

사키마   맞아요. 특히 그런 상황에 놓인 여성들에게는 가슴 뭉클하게 와닿겠지요.

서경식   올해 온라인 수업으로 예술학 강의를 진행하면서 몇몇 화가를 다뤘는데 그중 하나가 케테 콜비츠였어요. 작품을 보여 주며 학생들의 의견을 물었더니 반응이 예전과는 많이 달랐습니다. 온라인 수업의 경우, 주위의 반응을 크게 신경 쓰지 않고 자신의 의견을 말할 수 있는 거죠. 학생들은 사회를 상대하기 힘겹다고 느끼고, 남들이 자기를 어떻게 볼지를 굉장히 신경 씁니다. 하지만 온라인으로 수업을 하면서 굉장히 참신하고 깊이 있는 감상을 들을 수 있었어요.

사키마   저도 코로나로 수학여행을 올 수 없게 된 학생들을 대상으로 온라인 수업을 한 적이 있어서 잘 압니다. 온라인으로 하는 편이 독창적이고 좋은 의견이 나오지요?

서경식   그건 일장일단이 있는 것 같아요. 작품을 본 당시에는 아무 말 않고 지나가더라도, 그 와중에 느끼는 어떤 미묘한 감정 같은 게 중요하지요. 그건 아주 많은 시간이 흐른 뒤에 무심코 떠오르기도 하거든요. 이런 것이 미술 교육의 또 하나의 핵심이라고 생각합니다. 다만 콜비츠의 〈죽은 아이를 안은 어머니〉(fig.16)—야차夜叉나 도깨비 같은 얼굴을 한 어머니가 아이에게 달려들어 물어뜯고 있는 듯한—에 대한 학생들의 반응은 매우 민감했습니다. 그때까지는 아름다운 것에만 반응했달까,

더럽고 무서운 것은 보고 싶지 않다고 쓰던 학생도 많았는데 말이지요. 그건 다행이라고 생각합니다.

사키마   전쟁으로 자식을 잃으면, 뭐랄까, 이성을 잃고 과격하고 폭력적으로 슬퍼하게 되는구나 생각하게 되지요.

서경식   조금 전에 말씀하신 〈일요미술관〉 방송도 잘 만들어서 젊은이들이 많이 봐 주면 좋겠어요. 동시에 이 압도적으로 큰 〈오키나와전투도〉를 실제로 보는 것도 중요하겠지요. 그래서 말인데요, 조금 전 이야기와도 관련이 있습니다만, 코로나 팬데믹으로 최근 1년 이상 학생들이 이곳에 오지 못하고 있지요.

사키마   궤멸 직전입니다.

서경식   궤멸이라고 말씀하시니 걱정입니다만, 사키마미술관은 괜찮습니까?

사키마   괜찮지 않지요(웃음). 이 미술관은 수학여행으로 유지해 온 거나 다름없으니까요. 하지만, 미술관을 지었을 때, 아무도 오지 않아도 문을 열겠다는 각오로 시작했어요. '먼 바다로 떠나는 배의 안전 무사를 기원하며 등불을 밝히네' 같은 노래를 부르곤 했습니다. 그때의 초심을 잃지 않고 힘을 낸다면, 적자이긴 해도 버티지 못할 건 없어요. 그래도 이런 상황이 2, 3년 계속되면 힘들긴 하겠죠.

서경식　학생들이 이곳으로 수학여행을 오게 된 계기는, 미술 관에 관심을 갖고 학생들을 데려와 준 선생님이 있었기 때문인 것 같은데요, 그런 멋진 선생님도 있구나 싶습니다.

사키마　그런 선생님이 각 현에 한 명 정도만 있어도 좋겠지 요. 처음에는 히로시마의 스기우라 씨라는 중학교 교사가 찾아 왔습니다. 그와는 지금도 계속 친하게 지내고 있어요. 스기우라 씨는 오키나와의 신문을 계속 읽고 있었던 것 같습니다. 미술관 준비 단계부터 관련 정보를 파악하고 있었지요. 히로시마 출신 이라 마루키 씨의 그림도 알고 있었고요. 그렇게 해서 수학여행 이 실현된 겁니다. 그는 당시 교원 조합의 지부장을 맡고 있었기 때문에, 우리 미술관을 많이 소개해 줬고 덕분에 점점 알려졌습 니다.

서경식　요즘에도 그런 분이 계시나요?

사키마　지금은 잘 없지요.

서경식　이건 일본 사회 전체의 문제입니다만, 교원 노조도 많이 약화되었고, 연령층도 바뀌었지요. 정치적이어서 싫어하는 부분도 물론 있겠지만, 애초에 예술이나 미술이라는 이유만으로 꺼리는 것 같달까요. 교사 스스로가 지나치게 경직된 생각을 가 지고 있는 것 같아요. 화가의 이름을 외우게 하는 게 교육이라고 생각한다든지 말이에요. 심각한 상황이지요.

사키마 맞아요. 세속적인 개념이 판을 치는 바람에, 진정한 의미에서 중요한 것을 보지 못하는 느낌이 들어요.

서경식 아름답지 않은 그림이 가진 힘이랄까, 그 매력을 알기 위해서는, 다소 거부감이 들더라도 그것을 보는 과정이 필요하겠지요. 슬쩍 보고는 "아름답지 않다."고 단정짓는 것은 위험하다고 생각합니다. '추하다', '어렵다'와 같은 거절의 태도가 말이지요.

사키마 교과서에서 마루키 씨의 〈오키나와전투도〉나 〈원폭도〉가 삭제되었을 때, 마루키 씨는 문부성(당시)에 항의하러 갔다고 합니다. 그러자 문부성 간부가 하는 말이 끔찍한 그림이기 때문에 학생들에게 보여 줄 수 없다는 겁니다. 마루키 씨는 끔찍하지 않은 전쟁화라는 게 가당키나 하냐며 반박했다고 합니다.

서경식 그러게 말이에요. 그런 의미에서의 미술 교육이란 것도 있을 수 있겠네요. 보기 좋은 편안한 그림만 봐서도 안 되겠지만, 그렇다고 단지 공포스럽거나 무섭기만 해서도 안 되겠지요. 그 속에 숨겨진 화가의 의도까지 전달하는 것은 쉬운 일이 아닙니다. 저도 제 나름대로 노력을 하고 있지만 말이죠. 앞으로도 사키마미술관이 이러한 활동에 앞장서 주시기를 바라는 바입니다.

사키마 잘 부탁드립니다.

서경식   저야말로 잘 부탁드립니다. 그럼 오늘은 이 정도로 할까요. 시간 내 주셔서 감사합니다.

부기

사키마미술관에서 촬영한 서경식 관련 다큐멘터리로는, 이 대화 서두에서 소개한 라지 스라니와의 대담 방송(자세한 내용은 이 책의 408쪽 「가마쿠라 히데야가 서경식과 함께 제작한 방송 목록」 참조) 외에 여러 개가 있는데, 특히 사키마 미치오 관장과의 대화를 중심으로 한 NHK 교육 텔레비전 방송 〈마음의 시대 - 종교·인생 시리즈 - 나의 전후 70년〉 중 한 편인 〈피해자들 속에서 - 오키나와에서 콜비츠와 만나다〉(2015년 8월 30일)가 중요하다. 그리고 사키마미술관에서 개최된 《빼앗긴 들에도 봄은 오는가 - 정주하 사진전》(2013년 7월 24일-8월 26일) 관련 심포지엄에 관해서는, 다카하시 데쓰야·서경식 편저의 『빼앗긴 들에도 봄은 오는가 정주하 사진전의 기록』(고분켄, 2015)에 실린 「오키나와 '고통의 연대'의 가능성」(서경식[사회], 정주하·한홍구·히가 도요미쓰·김영환 외 역)을 참조해 주기 바란다. 또한 정주하 씨의 후쿠시마 촬영 현장을 취재한 다큐멘터리로 NHK 교육 텔레비전 방송 〈마음의 시대 - 종교·인생 시리즈 - 나에게 3·11이란〉, 〈빼앗긴 들에도 봄은 오는가〉(2013년 5월 12일)가 있다.

감사의 글

      이 책은 저의 도쿄경제대학 정년퇴직을 맞아 동료 선생님의 뜻으로 묶일 수 있었습니다. 제가 이해하기로는 원래 이런 식의 책은 오랜 시간 학문을 갈고 닦은 연구자의 업적을 기리기 위한 성격을 지니거나 그래야 합니다. 저는 본격적인 연구자가 아니라, 그저 '아웃사이더'이며 업적이라고 불릴 만한 연구도 없습니다. 그럼에도 주저하던 마음을 접고 제안을 승낙한 까닭은, 저라는 존재에 흥미와 관심을 가진 사람이 있는 이상, 기꺼이 스스로를 소재로서 내어 드리고 도마 위에 몸을 뉘여야 한다고 생각했기 때문입니다. 저를 향한 질문에 가능한 한 정직하게 대답해야겠다는 마음가짐으로 임했습니다. 그 결과가 이렇게 훌륭한 책으로 정리될 수 있었기에 제게는 참으로 과분한 일이라는 생각이 듭니다.

    책을 만드는 과정에서 예상치 못했다고 말할 정도로 많은 분들의 도움을 받았습니다. 감사의 말을 꼭 전해야겠다는 생각으로 담당 편집자께 부탁을 드려 몇 페이지를 할당받을 수 있었습니다.

먼저 편집 실무를 맡아 수고해 주신 도쿄경제대학의 동료 교원이었던 도베 히데아키 씨, 하야오 다카노리 씨, 리행리 씨에게 마음 깊이 감사의 말씀을 전합니다.

게다가 이 책에 수록된 심포지엄에 보고와 코멘트를 맡아 준 권성우, 최재혁, 다카하시 데쓰야, 우카이 사토시, 모토하시 데쓰야, 시부야 도모미, 인터뷰에 참가한 다카쓰 히데유키 등 여러분, 그리고 심포지엄의 통역을 담당해 주신 도쿄경제대학 졸업생 하마무라 미사토濱村美鄉 씨에게 감사드립니다.

또한 이 책에 담긴 토론과 대담, 좌담회에 참석하고 활발한 논의를 펼쳐 주신 영상 작가 가마쿠라 히데야, 사키마미술관의 사키마 미치오 씨에게도 감사드립니다. 특히 사키마 씨에게는 작품 도판의 제공을 포함해 무척 많은 협력을 받았습니다.

젊은 재일조선인 출신 연구자와 나눈 좌담회에는 영국 셰필드대학의 최덕효 씨, 한국성공회대학의 조경희 씨, 그리고 좌담회의 진행을 맡은 리행리 씨가 참석해 주셨습니다. 도쿄경제대학의 졸업생 홍창극 씨가 번역을 맡아 주셔서 큰 도움이 되었습니다.

그리고 제가 도쿄경제대학에 재직하던 때, 〈21세기 교양프로그램〉의 설립과 운영을 비롯해 각 방면에 걸쳐 지도를 해 주신 후지사와 후사토시, 데라치 고이치寺地五一, 고故 마키하라 노리오牧原憲夫, 오오카 아키라大岡玲 선생님께도 감사드립니다. 전학공통교육센터를 기반으로 하는 교양교육(인문교육)의 충실한 발전을 위해 동료로서 노력을 아끼지 않은 선생님들 모두 성함을 밝혀야 하겠지만, 여기서는 우선 신조에 히로나오新正裕尚, 아소 히로

유키麻生博之 두 분을 대표로 하여 인사를 드립니다.

저처럼 대학의 제도나 관행에 어두워 여러분께 폐를 끼치기 쉬운 사람이 큰 실수 없이 정년을 맞을 수 있었던 것은 항상 친절히 지지해 주신 교직원 여러분 덕분이었습니다.

첫머리에 제 자신을 '아웃사이더'라고 말씀드렸습니다. 그런 제가 도쿄경제대학에서 자유롭게 활동하며, 조금이나마 삶의 흔적을 남길 수 있었던 것은 여러분의 아량과 관용 때문이라는 것을 자각하고 있습니다. 도쿄경제대학의 이 귀한 기풍이 앞으로도 유지되고 발전하기를 바라는 마음입니다.

또한 한국에서도 제 정년퇴직에 맞추어 기념문집 『서경식 다시 읽기』(연립서가)가 간행된다고 합니다(2022년 2월 출간-편집자). "디아스포라의 관점에서 국경과 국민주의의 너머를 상상하며 '고통과 기억의 연대는 가능한가?'라는 질문을 던져 온 서경식의 사유를 다시 읽고 음미하기 위한 문집"이라고 출판 취지를 설명하고 있습니다. 식민주의, 국가주의, 디아스포라, 마이너리티 등 제가 다뤘던 주제와 미술과 문학, 음악 등 다양한 장르를 오가며 사색하는 아래의 필자 분들이 기고해 주셨습니다. 권성우, 권영민, 김연수, 김희진, 리행리, 박태근, 박혜진, 서동진, 양창섭, 유유자, 윤석남, 이종찬, 정연두, 조해진, 최재혁, 하마무(하마무라 미사토), 한승동, 후나하시 유코.

이 글에서 이름을 밝힌 분들뿐만 아니라, 도쿄경제대학에 재직 중에 신세를 졌던 많은 분들께도 다시 한 번 감사의 뜻을 전합니다.

마지막으로 간행을 위해 애를 써 주신 출판사 고분켄의 마나베 가오루眞鍋かおる 씨께 감사드립니다.

2022년 1월 12일
혹한의 신슈信州에서
서경식

이 책의 기획은 서경식 선생이 도쿄경제 대학을 정년퇴직하기 전, 그가 펼친 일과 생각을 보다 적절히 이해하고 싶다는 마음에서 출발했다. 기획의 개요와 경과, 함께해주신 여러분의 이름을 남겨 감사의 마음을 대신하고자 한다.

이렇게 책으로 묶을 수 있었던 것은 2020년 도쿄경제대학에서 지원을 받은 두 가지 기획이 기초가 되었다.

하나는 심포지엄 〈현대 문화와 인문주의Humanism의 미래를 묻다 - 서경식의 비평 활동을 단초 삼아〉이다. 실행위원회는 도베 히데아키(위원장), 아소 히로유키, 오오카 아키라, 시부야 도모미, 다카쓰 히데유키, 하야오 다카노리, 모토하시 데쓰야로 구성되었고, 일곱 명 전원이 도쿄경제대학의 교양교육을 담당하는 전학공통교육센터에서 서경식 선생의 동료로 근무하고 있다. 이 책 제2부에는 2021년 1월 13일, 심포지엄 당일의 보고 네 편(이 책에는 일본 측 참가자의 보고문 두 편만 수록 - 편집자)과 서경식의 응답, 이어진 코멘트 세 편(이 책에는 두 편만 수록 - 편집자)을 게재했다. 원고로 바꾸는 과정에서 가필된 부분도 있지만, 당일의 내용을 거의 그대로 살렸다. 코로나19 상황 속에서도 함께 준비해 준 여러분께 감사의 말씀을 전한다. 또한 원고의 번역에는 리행리, 홍창극 씨를 비롯해, 당일 한국 측의 통역으로 하마무라 미사토 씨가 힘을 보태 주었다. 모두 도쿄경제대학에서 서경식 선생의 가르침을 받은 분들이다. 심포지엄은 코로나 바이러스 감염 확대로 인해, 발표자와 실행위원만 참가하여 온라인으로 개최하고, 그 내용을 기록하여 훗날 인터넷으로 일정 기간 공개하는 방식을 취했다. 당초 계획과 크게 달라져 아쉬움이 컸지만, 해외를 포함하여 많은 시청자가 볼 수 있었다는 이점도 있었다. 또한 당일은 마지막으로 실행위원도 함께 종합토론을 했지만 이 책에서는 담지 못했다.

　　또 하나의 기획은 〈서경식의 비평 활동에 관한 다각적 연구 – 사상·문화사적 접근을 중심으로〉라는 주제로 채택된 하야오 다카노리(연구 대표), 아소 히로유키, 시부야 도모미의 공동 연구이다. 이 글에 게재한 하야오와 시부야의 글은 이 연구 지원을 받은 성과이다. 제1부 인터뷰, 제3부의 토론과 대화는 이 공동 연구의 일환으로 기획되었다. 가마쿠라 히데야 씨와 서경식 선생의 토론은 2020년 12월 초순, 코로나 상황이 소강상태에 접어들던 무렵에 도쿄경제대학에서 이루어졌다. 당일은 NHK의 프로그램 제작 스태프도 여러 명 참가했다. 사키마 미치오 씨와 서경식 선생의 대화는 2021년 3월 말, 서경식·후나하시 유코 부부와 하야오 다카노리, 도베 히데아키가 오키나와의 사키마미술관을 방문하여 실현됐다. 사키마 씨 부부 외에도 미술관의 스태프 여러분의 많은 도움을 받았다. 〈오키나와전투도〉를 앞에 둔 공간에서 동세대인이 펼친 대화의 향연에 빠져들었던 실로 행복한 시간이었다.

또한 제1부에는 2021년 3월 24일 도쿄경제대학에서 열린 서경식 선생의 최종 강의를 수록했다. 코로나 긴급사태 선언 해제 직후라서 아직 어수선한 분위기였음에도 불구하고, 강의와 세미나, 21세기 교양프로그램 등을 통해 서경식 선생에게 배웠던 졸업생과 청강생이 많이 참석했다. 도쿄경제대학에서 서경식 선생이 가졌던 존재감을 다시 한 번 실감할 수 있었던 자리였다. 또한 퇴직 관련 행사로는 가장 마지막이었던 좌담회는 영국, 한국, 일본을 아우르는 젊은 세대 연구자가 참가했다. 어려운 논점을 둘러싸고 솔직한 이야기를 나누어 준 최덕효 씨, 조경희 씨에게 감사의 인사를 드린다. 행사 기록의 녹취 작업은 리행리, 홍창극 두 분이 담당했다.

이상의 두 기획은 처음부터 유기적인 관련을 의식하며 진행되었다. 동시에 우리는 그 성과가 학내에 머무르는 것이 아니라, 서경식 선생의 저작을 곁에 두고 읽어 왔던 독자에게 널리 제공되어야 마땅하다는 생각을 했다. 그래서 서경식 선생의 저서 다수를 세상으로 내보낸 출판사 고분켄古文硏에 출판 관련 상담을 드렸는데 흔쾌히 허락해 주셨다. 그 이후 담당 편집자 마나베 가오루 씨에게 많은 신세를 졌다. 또한 디자인은 지금까지 서경식 선생이 기획하는 심포지엄의 포스터 디자인을 맡아 준 유유자柳裕子 씨에게 부탁했다.

또한 이 책과 같은 시기에 간행되는 『인문자연과학논집

人文自然科學論集』제150호(도쿄경제대학 전학공통교육센터, 2022)는 '서경식 명예교수 퇴임기념호'로 발행된다. 도쿄경제대학 학술기관 Repository에서 열람이 가능하므로 함께 참조해 주시기를 바란다(https://repository.tku.ac.jp/dspace/kiyo/jin/150%E5%8F%B7).

　　마지막으로 서경식 선생께 다시 한 번 감사의 인사를 드린다. 재직 마지막 해는 유독 바쁜 일정에 코로나 유행까지 한창이었지만 많은 시간을 내 주셨기에 감사의 말만으로는 부족할 정도다. 앞으로도 변함없이 가르침과 인연이 이어지기를 바라며.

2022년 1월 15일

편저자를 대표하여

도베 히데아키

2000년   4월   도쿄경제대학 현대법학부 전임강사로 취임 〈인권과 마
　　　　　　　이너리티〉 강좌 담당.

2000년   5월   2000년 5월 저서 『プリーモ·レーヴィへの旅(프리모 레비를
　　　　　　　찾아가는 여행)』으로 제22회 마르코폴로상 수상.

2002년   4월   도쿄경제대학 현대법학부 조교수로 승진.

2006년   4월   도쿄경제대학 국외 장기연구원(2006-2007), 한국 성공회
　　　　　　　대학 객원교수로 서울을 거점으로 한국에서 체재.

2007년   4월   도쿄경제대학 현대법학부 준교수(제도 변경에 따른 직위
　　　　　　　개칭).

2008년   4월   도쿄경제대학 현대법학부 교수로 승진.
　　　　　　　도쿄경제대학 전학공통교육센터장(2008-2009).

2012년   7월   제6회 후광 김대중학술상(전남대학교 주관) 수상.

2018년   4월   도쿄경제대학 도서관장 취임(2018-2019).

2019년   4월   도쿄경제대학 전학공통교육센터 교수(소속 변경).

2021년   3월   도쿄경제대학 정년퇴직.

1981년 7월 (편역)『徐兄弟 獄中からの手紙：徐勝、徐俊植の10年』(岩波書店
岩波新書)

1988년 1월 『長くきびしい道のり：徐兄弟・獄中の生』(影書房)

  * 2001년 개정판 발행

1989년 3월 『皇民化政策から指紋押捺まで：在日朝鮮人の「昭和史」』(岩波書店
岩波ブックレット)

1991년 6월 『私の西洋美術巡礼』(みすず書房)

  * 1992년 한국판『나의 서양미술 순례』(박이엽 옮김, 창작과비평사)

1991년 8월 (공역/이순애) 白楽晴, 『知恵の時代のために：現代韓国から』
(オリジン出版センター)

1994년 11월 『「民族」を読む：20世紀のアポリア』(日本エディタースクール
出版部)

1995년 3월 『子どもの涙：ある在日朝鮮人の読書遍歴』(柏書房)

  * 2004년 9월 한국판『소년의 눈물』(이목 옮김, 돌베개)

  * 2019년 4월 高文研에서 복각판 출간

1997년 5월 『分断を生きる：「在日」を超えて』(影書房)

1999년 7월 『新しい普遍性へ：徐京植対話集』(影書房)

1999년 8월 『プリーモ・レーヴィへの旅』(朝日新聞社)

  * 2007년 12월 한국판『시대의 증언자 쁘리모 레비를 찾아서』(박광현
옮김, 창비)

* 2014년 9월 『新版 プリーモ・レーヴィへの旅:アウシュヴィッツは終わるのか?』(晃洋書房) 발행

2000년 1월 (공저/高橋哲哉)『断絶の世紀 証言の時代:戦争の記憶をめぐる対話』(岩波書店)

* 2002년 5월 한국판『단절의 세기, 증언의 시대』(김경윤 옮김, 삼인)

2000년 6월 (공편/内海愛子·高橋哲哉)『石原都知事「三国人」発言の何が問題なのか』(影書房)

2001년 1월 『過ぎ去らない人々:難民の世紀の墓碑銘』(影書房)

* 2007년 9월 한국판『사라지지 않는 사람들』(이목 옮김, 돌베개)

2001년 7월 『青春の死神:記憶のなかの20世紀絵画』(毎日新聞社)

* 2002년 7월 한국판『청춘의 사신』(김석희 옮김, 창비)

2002년 3월 『半難民の位置から:戦後責任論争と在日朝鮮人』(影書房)

* 2006년 4월 한국판『난민과 국민 사이-재일조선인 서경식의 사유와 성찰』(이규수·임성모 옮김, 돌베개)

2003년 9월 『秤にかけてはならない:日朝問題を考える座標軸』(影書房)

2005년 2월 (공저/加藤周一·ノーマ·フィールド)『教養の再生のために:危機の時代の想像力』(影書房)

* 2007년 8월 한국판『교양, 모든 것의 시작』(이목 옮김, 노마드북스)

2005년 7월 『ディアスポラ紀行:追放された者のまなざし』(岩波書店, 岩波新書)

* 2006년 1월 한국판『디아스포라 기행-추방당한 자의 시선』(김혜신 옮김, 돌베개)

2007년 10월 『夜の時代に語るべきこと:ソウル発「深夜通信」』(毎日新聞社)

* 2007년 9월 한국판『시대를 건너는 법-서경식의 심야통신』(한승동 옮김, 한겨레출판)

2007년 12월 (공저/김상봉)『만남:서경식 김상봉 대담』(돌베개)

2008년 4월 (공저/多和田葉子)『ソウル-ベルリン玉突き書簡:境界線上の対話』(岩波書店)

* 2010년 2월 한국판(공저/다와다 요코)『경계에서 춤추다』(서은혜 옮김,

창비)

2009년 1월 『고통과 기억의 연대는 가능한가?:국민, 국가, 고향, 죽음, 희망, 예술에 대한 서경식의 이야기』(철수와 영희)

2010년 3월 『汝の目を信じよ！:統一ドイツ美術紀行』(みすず書房)

　* 2009년 5월　한국판『고뇌의 원근법-서경식의 서양근대미술 기행』(박소현 옮김, 돌베개)

2010년 4월 『植民地主義の暴力:「ことばの檻」から〈徐京植評論集〉』(高文研)

　* 2011년 3월　한국판『언어의 감옥에서-어느어느 재일조선인의 초상』(권혁태 옮김, 돌베개)

2012년 1월 『在日朝鮮人ってどんなひと?〈中学生の質問箱〉』(平凡社)

　* 2012년 8월　한국판『역사의 증인 재일조선인』(형진의 옮김, 반비)

2012년 3월 『フクシマを歩いて:ディアスポラの眼から』(毎日新聞社)

　* 2012년 3월　한국판『디아스포라의 눈』(한승동 옮김, 한겨레출판)

2012년 7월 『私の西洋音楽巡礼』(みすず書房)

　* 2011년 11월　한국판『나의 서양음악 순례』(한승동 옮김, 창비)

2013년 5월 (공저/김용규·이용일·서민정)『경계에서 만나다-디아스포라와의 대화』(현암사)

2014년 2월 (공저/高橋哲哉·韓洪九)『フクシマ以後の思想をもとめて:日韓の原発·基地·歴史を歩く』(平凡社)

　* 2013년 3월　한국판『후쿠시마 이후의 삶-역사, 철학, 예술로 3·11이후를 성찰하다』(반비)

2014년 5월 『詩の力:「東アジア」近代史の中で〈徐京植評論集Ⅱ〉』(高文研)

　* 2015년 7월　한국판『시의 힘-절망의 시대, 시는 어떻게 인간을 구원하는가』(서은혜 옮김, 현암사)

2015년 8월 (공편/高橋哲哉)『奪われた野にも春は来るか:鄭周河写真展の記録』(高文研)

　* 2016년 3월　한국판『다시 후쿠시마를 마주한다는 것-후쿠시마와 식민주의, 후쿠시마와 연대, 후쿠시마와 예술』(형진의 옮김, 반비)

2015년 10월 『越境画廊：私の朝鮮美術巡礼』(論創社)

　* 2014년 11월 한국판 『나의 조선미술 순례』(최재혁 옮김, 반비)

2016년 4월 『抵抗する知性のための19講：私を支えた古典』(晃洋書房)

　* 2015년 8월 한국판 『내 서재 속 고전-나를 견디게 해준 책들』(나무연필)

2017년 11월 『日本リベラル派の頹落〈徐京植評論集Ⅲ〉』(高文研)

　* 2017년 3월 한국판 『다시 일본을 생각한다-퇴락한 반동기의 사상적
풍경』(한승동, 나무연필)

2018년 9월 (공저/高橋哲哉) 『責任について：日本を問う20年の対話』(高文研)

　* 2019년 8월 한국판 『책임에 대하여-현대 일본의 본성을 묻는 20년
의 대화』(한승동 옮김, 돌베개)

2020년 5월 『メドゥーサの首：私のイタリア人文紀行』(論創社)

　* 2018년 1월 한국판 『나의 이탈리아 인문 기행』(최재혁 옮김, 반비)

2021년 2월 『ウーズ河畔まで：私のイギリス人文紀行』(論創社)

　* 2019년 8월 한국판 『나의 영국 인문 기행』(최재혁 옮김, 반비)

2021년 6월 (공저/スヴェトラーナ・アレクシエーヴィチ、鎌倉英也、沼野恭子)
『アレクシエーヴィチとの対話：「小さき人々」の声を求めて』(岩波書店)

2022년 2월 (공저/권성우 외) 『서경식 다시 읽기』(연립서가)

* 보다 자세한 서경식 저작 및 관련 논문은 『서경식 다시 읽기』(연립서가, 2022)의
권말 부록 및 『人文自然科學論集』 제150호(서경식 명예교수 퇴임기념호)에 수록
된 「徐京植著作目録: 資料」(도베 히데아키/리행리 편)를 참조할 수 있다(도쿄경
제대학 학술기관 repository 홈페이지에 https://repository.tku.ac.jp/dspace/kiyo/
jin?hdnRequestId=ID000 에서 열람 가능).

찾아보기

* 서경식의 저작 중 한국판으로 출간된 경우는 번역본의 제목(부제 생략)으로 표기하고, 번역본이 없는 경우는 제목 뒤에 (日)을 붙였다.

글쓴이 · 대담자 · 인터뷰어

우카이 사토시 鵜飼哲

1955년에 태어났다. 히토쓰바시대학 명예교수이다. 저서로 『주권의 너머에서』(신지영 옮김, 그린비, 2010), 『저항에의 초대』(박성관 옮김, 그린비, 2019), 『응답하는 힘─상처투성이 세계를 다시 읽기 위하여』(박성관 옮김, 글항아리, 2020), 『テロルはどこから到来したか(테러는 어디에서 도래하는가)』, 『まつろわぬ者たちの祭り』(インパクト出版会, 2020) 등이 있다. 2부 심포지엄 기록의 발표 1 「'재일'을 '생각하기'와 '재일'을 '살아가기'」를 집필했다.

다카하시 데쓰야 高橋哲哉

1956년에 태어났다. 도쿄대학 명예교수이다. 저서로 『기억의 에티카─전쟁·철학·아우슈비츠』(고은미 옮김, 소명출판, 2021), 『희생의 시스템 후쿠시마 오키나와』(한승동 옮김, 돌베개, 2013), 『국가와 희생─개인의 희생 없는 국가와 사회는 존재하는가』(이목 옮김, 책과함께, 2008), 『책임에 대하여─현대 일본의 본성을 묻는 20년의 대화』(서경식과 공저/한승동 옮김, 돌베개, 2019), 『デリダ(데리다)』(講談社, 2015/초판 1998), 『日米安保と沖縄基地論争(일미안보와 오키나와기지 논쟁)』(朝日新聞出版, 2021) 등이 있다. 2부 심포지엄 기록의 발표 2 「책임에 대하여, 계속 물어 가는 것─사반세기의 대화로부터」를 집필했다.

모토하시 데쓰야 本橋哲也

1955년에 태어났다. 도쿄경제대학 커뮤니케이션학부 교수로 재직 중이다. 저서로 『ディズニー・プリンセスのゆくえ(디즈니 프린세스의 행방)』(ナカニシヤ出版, 2016), 『「愛の不時着」論(‘사랑의 불시착’론)』(ナカニシヤ出版, 2021) 등이 있다. 1부 인터뷰에 참여하고 2부의 코멘트 1「‘재일조선인의 쇼와사昭和史’라는 아포리아—서경식과 포스트콜로니얼리즘」을 집필했다.

시부야 도모미 澁谷知美

1972년에 태어났다. 도쿄경제대학 전학공통교육센터 준교수로 재직 중이다. 『立身出世と下半身(입신출세와 하반신)』(洛北出版, 2013), 『日本の包茎(일본의 포경)』(筑摩書房, 2021) 등이 있다. 2부 심포지엄 기록의 코멘트 2「서경식은 어떻게 사람들에게 영향을 주는가—‘서경식 스쿨’의 일원으로서」를 집필했다.

가마쿠라 히데야 鎌倉英也

1962년에 태어났다. NHK 수석 디렉터로 재직 중이다. 저서로 『隠された 戦争(은폐된 전쟁)』(論創社, 2020), 『アレクシエーヴィチとの対話(알렉시예비치 와의 대화)』(서경식과 공저/ 岩波書店, 2021) 등이 있다. 3부 대화 1 「영상 제작 을 함께한 20년」에 참여했다.

사키마 미치오 佐喜眞道夫

1946년에 태어났다. 사키마미술관 관장이다. 저서로 『アートで平和をつく る(아트로 평화를 만들다)』(岩波書店 岩波ブックレット, 2014) 등이 있다. 3부 대 화 2 「'오키나와'라는 장소에서 예술을 생각하다」에 참여했다.

다카쓰 히데유키 高津秀之

1974년에 태어났다. 도쿄경제대학 전학공통교육센터 준교수로 재직 중 이다. 「なぜ狼男は人を喰うようになったのか？(왜 늑대인간은 인간을 잡아먹게 되었을까?)」(甚野尚志編), 『疫病・終末・再生：中近世キリスト教世界に 学ぶ(역 병・종말・재생: 중근세 크리스트교에서 배우다)』(知泉書館, 2021) 등을 썼다. 1부 인터뷰에 참여했다.

조경희 趙慶喜

1973년에 태어났다. 성공회대학교 동아시아연구소 HK교수로 재직 중이다. 논문으로 「裏切られた多文化主義(배신당한 다문화주의)」(『現代思想』 46권 12호, 2018) 등이, 공저로 『殘余の声を聴く―沖縄・韓国・パレスチナ(잔여의 목소리를 듣다―오키나와·한국·팔레스타인)』(오세종·하야오 다카노리와 공저, 明石書店, 2021) 등이 있다. 1부 좌담에 참여했다.

최덕효 崔德孝

1975년에 태어났다. 영국 셰필드대학의 전임강사로 재직 중이다. 논문으로 "The Empire Strikes Back from Within"(*American Historical Review*, 2021, 126:2), 「占領と『在日』朝鮮人の形成(점령과 '재일'조선인)」(『シリーズ戦争と社会 3』, 岩波書店, 2022) 있다. 1부 좌담에 참여했다.

옮긴이

김지영

근대기 한국과 일본을 오가던 미술가들에 대한 관심 아래 동아시아 근대 미술사를 연구하고 있다. 일제강점기 일본으로 미술을 배우러 간 조선인 유학생들을 주제로 2018년 도쿄예술대학에서 박사 학위를 받았고, 한반도로 귀국하지 않고 재일조선인이 된 미술가도 다소 다루었다. 현재는 식민지 시기 조선에서 활동한 일본인 미술가들의 흔적을 쫓고 있다. 논문으로 「초현실주의 화가 마나베 히데오(김종남)의 생애와 작품 — 제1세대 재일조선인의 정체성에 대한 사례 연구」, 「전화황(全和凰)의 생애와 예술 — 재일조선인으로서의 의식의 조형화」, 「대구 근대화단의 일본인 미술가의 규모와 한일 미술 교류」 등이 있다.

신민정

20세기 전반, 국경과 민족, 문화를 초월해 제작 활동을 행한 한국과 일본의 예술가들과 그들의 작품, 미의식의 수용과 변용 양상을 트랜스내셔널의 관점에서 연구해 왔다. 2021년 도쿄대학에 제출한 박사논문에서는 파견, 유학, 종군, 사생여행 등 공적·사적 레벨에서 행해진 예술가들 및 작품의 이동을 다각적으로 검토하며 화가들 개인의 역사적 기억을 소환하고, 이를 통해 당시 한일 화단과 사회의 맥락을 이해하고자 했다. 또한 이러한 예술가의 '월경越境의 경험'이 식민지-제국 체제와 구조 속에서 한국 근대미술의 형성과 발전 과정에 제시한 비전과 한계를 생각했다. 지금은 예술을 둘러싼 중심과 주변의 문제, 불온한 이미지가 내포하는 시대성과 사회성에 관심을 갖고 연구를 수행하고 있다. 가천대학교 아시아문화연구소에 재직 중이다. 논문으로 「배운성의 파리 시기 ─ 잡지 『프랑스-자퐁』과의 관계를 중심으로」, 「일제강점기 일본인 화가에게 있어 '조선적인 것'의 의미 ─ 이시이 하쿠테이의 기행서 『그림여행』에 나타난 타자인식을 중심으로」 등이 있다.

최재혁

도쿄예술대학에서 일본·동양미술사를 전공하고 2014년 근대기 일본과 괴뢰국 만주국 사이를 경합·교차했던 시각표상에 관한 논문으로 박사학위를 받았다. 일본 근현대미술 연구와 일본 예술 및 인문서 번역을 하면서, 출판사 연립서가에서 책을 만들고 있다. 공저로 『아트, 도쿄』, 『美術の日本近現代史 ─ 制度·言說·造型』, 『서경식 다시 읽기』, 『비평으로 보는 현대 한국미술』이, 번역서로 『무서운 그림2』, 『인간은 언제부터 지루해했을까 ─ 한가함과 지루함의 윤리학』, 『성스러운 동물성애자』 등이 있다. 2011년부터 서경식이 쓴 『나의 조선미술 순례』, 『나의 이탈리아 인문 기행』, 『나의 영국 인문 기행』, 『나의 일본미술 순례1 ─ 일본 근대미술의 이단자들』을 비롯한 미술 관련 글을 번역하고 있다.

서경식 다시 읽기 2
회상과 대화/최종 강의

1판 1쇄 발행 2023년 5월 26일

엮은이 하야오 다카노리 도베 히데아키 리행리
옮긴이 김지영 신민정 최재혁

편집 정진라 최재혁
디자인 박대성
제작 세걸음

펴낸이 박현정
펴낸곳 연립서가
출판등록 2020년 1월 17일 제2022-000024호
주소 경기도 양평군 서종면 북한강로 648번길 4, 4층
이메일 yeonrip@naver.com
페이스북 yeonripseoga
인스타그램 yeonrip_seoga

ISBN 979-11-977586-5-2 03910

· 책값은 뒤표지에 있습니다.
· 잘못 만들어진 책은 구입하신 서점에서 교환해드립니다.